COURS
DE
PHILOSOPHIE

CONFORME

Au Programme de la Classe de Philosophie
de l'Enseignement secondaire.

PAR

L. LÉCHARNY

Agrégé de Philosophie
Professeur au Collège Sainte-Barbe.

1re PARTIE

PSYCHOLOGIE ET MÉTAPHYSIQUE

PARIS
LIBRAIRIE HATIER
8, RUE D'ASSAS, 8
—
1912

PRÉFACE

Ce cours de philosophie a été réduit, de propos délibéré, à un enchaînement d'idées essentielles. Ces idées n'ont pas à être inventées, elles nous sont fournies par la tradition philosophique. Les grands philosophes de toutes les écoles les ont progressivement découvertes et élaborées. Nous ne pouvons, d'après leur exemple même, qu'essayer d'en approfondir la signification et d'en étendre la portée.

D'ailleurs, n'est-ce pas la tâche propre de la philosophie et sa raison d'être, de dégager, par la réflexion, les idées directrices de toute science et de toute connaissance en général ? Elle fournit, par ce moyen, des critériums pour assigner des champs d'application aux diverses connaissances positives et déterminer le degré d'exactitude des représentations que ces connaissances nous proposent du réel. Autrement la philosophie se réduirait à la fonction ingrate et peut-être inutile de vulgariser, jusqu'à les rendre méconnaissables, les résultats des sciences positives.

Le procédé original de la philosophie, qui va des idées

directrices, cachées dans les profondeurs de la conscience, aux exemples et aux applications qui les contrôlent, les vérifient ou les corrigent, offre, pour l'enseignement même, un grand avantage. Il permet d'embrasser, de comprendre et d'éclairer toute la matière proposée à l'examen du philosophe.

Mais, en même temps que cet avantage, il présente un double inconvénient. L'entreprise de se placer, d'abord, au point de vue des idées directrices découvertes et élaborées par les philosophes est chose pénible. On sera tenté de préférer une méthode qui s'élèverait du plus connu en apparence à ce qui est moins connu, pour la routine et dans le préjugé de la connaissance vulgaire.

Nous ferons alors remarquer qu'en réalité la méthode du philosophe conduit du plus connaissable, l'intelligible, au moins connaissable, le sensible. Cet effort de réflexion a, d'ailleurs, une vertu éducative; et c'est le profit original à tirer de l'étude de la philosophie. Enfin on sera récompensé de la peine prise par l'importance des connaissances ainsi obtenues. Ce n'est rien de moins que le résultat des recherches des grands philosophes et la possibilité d'aborder la lecture de leurs ouvrages. On en recueillera, en même temps, un autre avantage, à savoir une lumière abondante et bien distribuée, projetée sur la confusion des exemples naturels, et aussi le bienfait de la hiérarchie ou des rapports introduits dans la juxtaposition incohérente des résultats des sciences positives.

Un autre inconvénient sera, pour le sens commun, la nouveauté des termes et de leur signification, qu'il est impossible d'éviter. Mais d'abord l'enchaînement des idées, suivi pendant quelque temps avec attention, ne tardera pas à faire connaître cette signification, plus ou moins détournée de l'usage courant. Au surplus, ces

COURS DE PHILOSOPHIE

termes ont été le plus souvent employés, par les philosophes qui les ont mis en crédit, dans leur sens étymologique.

Cette méthode exclut les développements oratoires, c'est-à-dire ceux qui sont légitimement employés pour l'exposition verbale et dans l'enseignement de la classe. Cet enseignement ne peut être remplacé par aucun livre. Un cours écrit ne doit être qu'un thème de développement pour la méditation personnelle ou un système points de repère pour aider au souvenir de l'élève.

Enfin, comme il n'y a d'utiles résumés que ceux que l'élève aura faits lui-même, nous nous sommes bornés à des sommaires qui indiquent la suite des i   pour chaque question, et qui pourront servir d'exe   ple, s'il y a lieu, pour le résumé propre de l'élève.

COURS DE PHILOSOPHIE
PSYCHOLOGIE ET MÉTAPHYSIQUE

INTRODUCTION

OBJET ET DIVISIONS DE LA PHILOSOPHIE

SOMMAIRE : La philosophie n'a pour objet aucun des faits observables dans la nature. Ils sont tous étudiés et réduits à des lois par les sciences positives.
Elle est la science de l'esprit connaissant ou de l'activité mentale par laquelle ces faits nous sont donnés dans la connaissance vulgaire et interprétés dans la connaissance scientifique. Elle devient ainsi capable de mesurer le rapport des faits à la réalité.

La philosophie n'a pas d'*objet* propre si l'on entend par *objet* une catégorie particulière de *faits*, semblables à ceux dont les différentes sciences humaines recherchent et établissent les lois, c'est-à-dire le mode régulier de production.

Les mathématiques étudient les relations constantes qui existent entre les différentes portions de l'étendue ; elles établissent, par exemple, que les trois angles d'un triangle sont toujours égaux à deux droits. La biologie définit les éléments essentiels ou organes constitutifs de l'existence d'un animal donné, qui sont, par suite, infailliblement rassemblés dans tous les cas de la production de cet être.

Or, on ne trouvera pas une seule catégorie de tels faits qui soient, proprement, du domaine de l'investigation philosophique. Tous les faits, qu'ils soient mathématiques, physiques, biologiques, ou même historiques, sont déjà explorés et réduits à leurs lois propres par des sciences particulières. La philosophie n'a donc pas, dans ce sens, d'*objet* qui lui soit propre.

L'histoire des progrès du savoir humain vérifie, d'ailleurs, cette remarque. La philosophie a d'abord eu la prétention de prendre pour objet propre de sa connaissance *la réalité même de la nature*, saisie directement à travers les phénomènes qui la manifestent au regard de notre expérience.

Cette prétention est, en droit, insoutenable dès qu'on se rend compte que nous ne connaissons précisément de la nature que ces manifestations ou cette *apparence*, et que toute affirmation sur *l'origine naturelle* de ces manifestations est arbitraire et incontrôlable. En fait, elle a conduit à des théories multiples et contradictoires. Il a donc fallu se réduire à l'observation des phénomènes ou des faits, et se borner à constater leur ordre empirique de production.

Aussi les *sciences positives* ont-elles occupé successivement tous les domaines d'abord usurpés par l'ambition des premiers philosophes. Elles les en ont ainsi progressivement exclus, leur enlevant, d'abord, les *faits mathématiques*, puis les *faits physiques et naturels*, les délogeant enfin de l'*étude même de l'homme* ou du domaine des sciences morales. Cette étude objective de l'humanité, attribuée jusqu'au dernier moment à la philosophie, est désormais poursuivie par les procédés des sciences ordinaires, c'est-à-dire par l'interprétation des témoignages et des documents historiques. La philosophie se trouvait donc ainsi dépossédée de l'étude même de l'homme, devenue l'objet d'une science positive et d'une méthode d'observation.

Cependant la science positive se méprend quand elle croit tirer ses connaissances ou ses notions d'une observation exclusivement passive. En effet, les *lois* et les *notions* obtenues par une science sont bien différentes des *faits* sur lesquels cette science fait d'abord porter ses observations et sur lesquels elle appuie ses inductions ou hypothèses. Les relations précises et définitives de grandeur entre les objets mathématiques ne sont ni visibles ni *constatables* dans l'espace. Encore moins peut-on découvrir directement dans un composé chimique ou dans un être vivant les éléments ou les organes qui les constituent. Il y a une intervention de l'*esprit connaissant*, plus ou moins réfléchie et consciente, et un *travail de raisonnement* toujours indispensable dans toute élaboration scientifique, et déjà dans toute connaissance ordinaire ou vulgaire. Aussi, à mesure que les méthodes d'expérience étendaient leurs investigations à plus d'objets naturels, a-t-on vu *les philosophes* se consacrer davantage à l'*analyse de l'entendement*, c'est-à-dire à la *critique des opérations de connaître*, devenue de plus en plus leur principal, pour ne pas dire *leur unique objet*.

On dira peut-être que le savant, conscient de ses procédés d'investigation et rendu certain de la justesse de ces procédés par l'efficacité des lois qu'il découvre, est plus que tout autre capable de les décrire et d'en rendre compte. La philosophie se réduirait donc, selon le vœu des positivistes, à la totalisation des résultats obtenus par les sciences particulières, et à l'énumération des procédés qui ont procuré, dans chacune des sciences, ces divers résultats. Il en pourrait résulter, à la fois, une connaissance des lois les plus générales de la *nature* et une science de la nature de *l'homme* formée de la connaissance empirique de ses procédés constants de penser, de sentir et d'agir.

Mais il est d'abord à remarquer que toute connaissance humaine positive n'est que représentative du réel, et par suite n'exprime qu'un aspect particulier de la nature.

Elle ne peut donc pas prétendre à l'établissement de lois vraiment nécessaires et universelles. En fait, ces différents aspects, loin de se laisser réduire à l'unité, s'opposent irréductiblement. La connaissance que les mathématiciens nous donnent de la nature ne s'ajuste pas d'elle-même avec les définitions des physiciens, des biologistes et moins encore avec les affirmations des sciences morales touchant le pouvoir de l'homme au sein de l'univers. Toute réduction de la diversité des faits à l'unité du mécanisme universel ne saurait être qu'une hypothèse, et, par suite, une entreprise métaphysique, c'est-à-dire philosophique.

En outre, chaque savant, dans l'élaboration de sa science particulière, ignore ou méconnaît les *principes rationnels qui dirigent toute connaissance en général*. Absorbé dans l'étude d'une spécialité, et d'ailleurs préoccupé, dans cette spécialité même, des faits à observer et des expérimentations à faire, il n'a ni le loisir, ni le désintéressement nécessaire pour *étudier l'activité mentale*, présente dans toutes les recherches, constante et uniforme dans tous ses procédés à travers la diversité des méthodes particulières. *Cette analyse de l'entendement, cette critique de l'opération de connaître, cette étude du sujet pensant, appartient en propre à la philosophie et constitue son premier objet.*

La philosophie sera donc constituée, à tout le moins, d'une étude de l'esprit connaissant, c'est-à-dire de l'activité mentale ou de l'entendement guidé, dans la recherche des lois positives, par des idées directrices ou orienté vers l'idéal de la raison. Elle est ainsi, d'abord, *la science de la science* ou *la théorie des premiers principes de la connaissance*.

Mais cette analyse de l'esprit, qui préside à toute investigation scientifique et la dirige, ne saurait être le résultat d'une observation de faits ou d'une science positive. Elle est une *réflexion*, et nous est fournie par la **conscience immédiate** que l'activité mentale prend d'elle-même par le fait même de son exercice.

La première tâche de la philosophie sera donc une *psychologie* qui étudie l'activité mentale, *au moyen de la conscience*, dans ses différentes opérations de *penser*, et par suite de *sentir* et d'*agir*. Nous connaissons par là un premier *être* ou une première *réalité*, et, par elle, nous avons le moyen d'accéder à la connaissance des autres êtres qui constituent avec nous la nature.

En effet, l'étude réflexive ou psychologique d'une activité orientée vers l'idéal du vrai, du bien et du beau, donne lieu à l'établissement d'une *logique*, d'une *morale* et d'une *esthétique* qui, réglant l'exercice de l'activité mentale, la dirigent dans la connaissance de la nature des choses.

Cette dernière connaissance, ainsi autorisée et réglée par les disciplines précédentes, est l'objet de la *métaphysique*. Elle est la science de l'être en tant qu'être, c'est-à-dire de la réalité des choses, non pas instinctivement ou directement perçue, mais seulement conjecturée conformément aux exigences de l'esprit et en raison des manifestations de la nature.

PREMIÈRE PARTIE

PSYCHOLOGIE

LIVRE PREMIER

OBJET DE LA PSYCHOLOGIE

CHAPITRE PREMIER

CARACTÈRES PROPRES DES FAITS PSYCHOLOGIQUES. LA CONSCIENCE

Sommaire : **1.** La psychologie est l'étude des opérations dans lesquelles l'activité de l'âme se perçoit directement elle-même. Cette activité immédiatement présente à elle-même s'appelle conscience. — **2.** Dans toutes les représentations que l'âme se forme des objets de la nature, cette activité est impliquée dans l'opération même de les percevoir. — **3.** La conscience est donc différente des sens, comme l'opération de percevoir est distincte des objets dont elle forme la représentation ou notion. Elle est une connaissance intuitive d'elle-même et non conjecturale, réelle et non phénoménale, incommunicable et impénétrable. Elle doit servir de modèle ou d'idéal à tous les autres procédés de la connaissance. — **4.** La conscience n'est donc ni un sens interne, ni un reflet de l'organisme physiologique. Elle n'est qu'exprimée, mais non directement présente, dans les faits moraux et les événements historiques.

1. L'objet étudié par la psychologie est caractérisé par cette propriété singulière d'être une conscience.

La psychologie peut être définie d'abord comme une étude de l'âme humaine dans ses manifestations propres, qu'on appelle les *faits* ou les *événements psychologiques*.

Il faut, pour déterminer la vraie nature des *faits psychologiques*, définir leur caractère propre de faits ou *d'événements de conscience*. Cette propriété, en effet, les distingue de tous les autres faits, quels qu'ils soient, proposés à l'étude des différentes sciences positives. Peut-être même que l'emploi du terme de *faits* psychologiques, dont on a coutume de les désigner, engendre une équivoque dangereuse, qu'il serait prudent d'éviter en se servant du terme plus exact *d'opérations psychiques* ou de *modifications de l'activité consciente*, pour signifier l'objet propre de la psychologie.

En effet, un plaisir ou une douleur, un désir, un raisonnement et la prévision de l'avenir qui en résulte, une délibération et une décision de la volonté diffèrent trop manifestement du cours des astres, de la propagation de la lumière, de la constitution anatomique ou physiologique d'un animal pour qu'on puisse, sans abus et sans danger, englober et confondre tous ces objets sous la désignation commune de *faits*.

D'ailleurs, pour mettre en lumière le caractère original de l'objet de la psychologie qui est *la conscience*, il suffira de se placer successivement, d'abord au point de vue du sens commun ou de l'observation sensible, qui est aussi celui de la science positive ; puis au point de vue de la connaissance philosophique.

Nous verrons, par là : 1° qu'il existe un tel objet, qui ne peut pas être assimilé aux objets des sciences positives ; 2° que cet objet est atteint par un mode de connaissance original incomparablement supérieur aux procédés de l'investigation scientifique.

2. Existence de la conscience.

Pour le sens commun ou la connaissance vulgaire et aussi pour la connaissance scientifique, l'ensemble des choses ou la nature se compose d'objets sensibles et observables, et nous nous apparaissons à nous-même comme l'un d'entre ces objets. Du point de vue de la connaissance philosophique, un aspect tout différent de la nature des choses se révèle.

1° Outre les objets sensibles et observables, en nous y comprenant nous-même, il faut reconnaître au moins l'existence de l'esprit, c'est-à-dire du *sujet connaissant* qui *constate* et *se représente* ces objets.

2° Cet esprit ne se borne pas d'ailleurs à percevoir, en les constatant, ces différents objets. Il contribue par son opération, ou l'exercice de l'activité qui le constitue, à la perception qu'il en a. En effet, dans toute représentation d'objet, depuis les faits de la connaissance vulgaire jusqu'aux notions élaborées par la connaissance scientifique, se trouve impliquée une activité pensante qui se représente ces objets, en faisant usage de la raison, c'est-à-dire en raisonnant. Ce *raisonnement* ou cet exercice de l'activité mentale, c'est l'esprit.

3° La vérité des faits et des objets perçus, c'est-à-dire leur réalité, objet de notre croyance et contenu de notre affirmation, dépend donc en définitive de cette opération de l'esprit. En effet, la réalité de leur existence et la définition de leur nature ou essence leur est communiquée par le raisonnement, c'est-à-dire par la vertu et le jugement de l'esprit connaissant.

Descartes, dans la seconde de ses *Méditations métaphysiques*, examine un morceau de cire et en vient à cette conclusion : « Si je juge que la cire est, ou existe, de ce que je la vois, certes il suit bien plus évidemment que je suis ou que j'existe moi-même de ce que je la vois... De même, si je juge que la cire existe, de ce que je la touche, il s'ensuivra encore la même chose, à savoir que je suis ; et si je le juge de ce que mon imagination me le persuade ou de quelque autre cause que ce soit, je conclurai toujours la même chose. Et ce que j'ai remarqué ici de la cire se peut appliquer à toutes les autres choses qui me sont extérieures et qui se rencontrent hors de moi. »

Concluons. Les représentations des choses que se forme la pensée ou l'esprit, en d'autres termes, tous les objets perçus ont donc *deux aspects* différents, quoique inséparables. Ils peuvent être étudiés de deux points de vue différents : le point de vue scientifique ou *positif*, qui les considère en tant que *faits physiques* ou naturels, et le point de vue psychologique ou *philosophique*, qui les examine sous leur aspect conscient ou en tant qu'*opérations de conscience*.

Ainsi, en tant que *faits physiques*, nos représentations sont un objet *donné* à l'esprit. Elles *désignent* une réalité différente de nos modifications et qui ne peut être, par suite, que conjecturée. En tant qu'*événements psychiques* ou psychologiques, ces mêmes représentations sont *l'opération* par laquelle nous constituons la signification ou valeur représentative des objets perçus, c'est-à-dire par laquelle une réalité objective leur est attribuée. C'est donc bien l'activité consciente qui construit l'objet sensible ou la notion scientifique et, par suite, c'est la connaissance des opérations de cette activité, impliquée dans la formation de la représentation, qui peut seule nous instruire de la vérité des objets.

L'âme, dit à bon droit Descartes, est plus aisée à connaître que le corps, car plus nous connaissons de propriétés des corps, mieux aussi nous connaissons notre propre pensée ou notre âme. Pour la même raison, la connaissance de l'activité qui pense ou de l'âme est indispensable pour que l'on puisse former une représentation, fondée ou critique, de quelque objet que ce soit.

Descartes dit encore dans la même *Méditation* : « Si la notion de la connaissance de la cire semble être plus nette et plus distincte après qu'elle a été découverte, non seulement par la vue ou par l'attouchement, mais encore par beaucoup d'autres causes, avec combien plus d'évidence, de distinction et de netteté me dois-je connaître moi-même, puisque toutes les raisons qui servent à connaître et concevoir la nature de la cire, ou de quelque autre corps, prouvent beaucoup plus facilement et plus évidemment la nature de mon esprit ? »

3. Définition de la conscience.

La conscience, c'est-à-dire la connaissance, tout à fait originale, par laquelle nous nous connaissons nous-même est donc :

1° *Intuitive*, c'est-à-dire directe, immédiate ou réflexive. Les faits psychologiques, ou mieux les opérations de la conscience se distinguent nettement, par ce caractère, de toutes les autres catégories de faits observés par les sens ou étudiés par les sciences positives. Ces autres faits ne sont perçus que par les sens, et ne peuvent être imaginés ou définis qu'au terme d'un raisonnement plus ou moins décisif. Je me *représente* la cire ou mon propre corps ; mon imagination ou mon entendement me fournissent une définition plus ou moins conjecturale de leur nature ou de leurs propriétés. J'ai de moi-même, par conscience, une *connaissance immédiate* qui n'est pas représentative, mais réflexive et réelle.

2° Cette connaissance intuitive est donc réelle et non pas seulement phénoménale ou empirique, comme celle que j'obtiens, par les sens ou par la science positive, des êtres différents de moi.

3° Cette connaissance est si parfaitement immédiate qu'elle est impénétrable ou inaccessible à tout autre qu'au sujet conscient, et qu'il n'y a aucun moyen de la communiquer. Je peux *exprimer* ou faire entendre à autrui mes pensées, mes sentiments, mes vouloirs ; il m'est impossible de les lui faire *percevoir* ou ressentir.

4° Cette connaissance, aussi parfaite que peut l'être une connaissance humaine, peut et doit servir de modèle à la méthode de toutes les autres sciences, qui ne sont concrètes et réelles, comme nous le verrons en *Logique*, qu'à proportion qu'il leur est donné de se rapprocher de cet idéal.

4. Définitions de la conscience à rejeter.

La conscience n'est donc pas :
1° Une *observation interne*, ou un regard intérieur qui atteindrait des faits ou événements psychologiques, analogues aux faits physiques ou naturels, et qui autoriserait par suite, en psychologie, une méthode imitée de la méthode des sciences physiques ou positives. La conscience se connaît elle-même. Elle est, indivisiblement, *l'objet* et *le sujet* de cette connaissance.

Nous avons vu plus haut (2) que toute représentation, tout objet perçu, présente deux aspects inséparablement unis, mais dont le discernement fait la séparation entre les sciences positives ou de faits, et la connaissance psychologique ou par conscience. Or il n'est pas possible que *le phénomène*, qui est toujours l'aspect physique ou naturel de l'objet perçu par le sujet pensant, c'est-à-dire sa relation avec le non-moi, puisse jamais devenir l'objet de la psychologie, qui s'attache à un aspect tout différent, puisqu'elle étudie *l'opération connaissante* ou l'activité du sujet, c'est-à-dire le moi.

Pourtant, cette conception d'une conscience, *sens interne*, faculté d'observation empirique, qui a fait donner le nom trompeur de faits psychologiques à l'objet de la psychologie, a été celle d'un trop grand nombre de psychologues. Elle les a exposés, sans défense, aux objections du positivisme (voir plus loin 7) contre la possibilité et, en tout cas, contre l'efficacité de l'emploi d'une pareille méthode. En effet, s'il n'existe pas une opération de l'âme, objet d'intuition immédiate et non pas d'observation empirique, objet réel et non pas phénoménal, il n'y a pas de psychologie à proprement parler ou vraiment originale et distincte des sciences de la nature.

Il faudra donc, malgré Stuart Mill qui voudrait maintenir l'existence distincte et séparée d'une psychologie empirique, accorder à Auguste Comte qu'il n'y a pas de lois psychologiques originales. « La science mentale n'est qu'une simple branche, la plus élevée et la plus obscure, de la physiologie. » S'il s'agit, en effet, d'une science de faits et d'une méthode empiriste, la psychologie ne saurait être constituée que d'inductions établies sur l'observation des faits biologiques, complétée par l'observation des faits historiques ou sociaux.

2° Mais si la conscience est le sentiment immédiat de l'activité mentale dans son opération même, elle ne saurait être regardée comme un *simple reflet*, ou *épiphénomène*, qui accompagnerait d'une matière intermittente, et n'exprimerait que d'une manière confuse, les événements physiologiques prétendus seuls réels. En effet, les événements physiologiques, c'est-à-dire l'organisme humain tel qu'il tombe sous l'observation sensible, sont seulement une *représentation* que notre esprit se forme de l'être en tant que vivant; tandis que l'activité consciente est *l'activité même* qui se forme cette représentation. Elle est donc *logiquement* antérieure à cet organisme dont on veut qu'elle ne soit qu'un reflet ou un épiphénomène. Elle en soutient et fonde la représentation ou notion, loin de pouvoir être fondée sur elle et expliquée par elle.

3° On peut, si l'on veut, appeler faits psychologiques les *événements historiques*, c'est-à-dire les manifestations de l'activité proprement humaine, réfléchie et libre. Cependant ces événements ou faits moraux ne sont psychologiques que si nous les prenons à leur source, c'est-à-dire si nous les considérons dans leur rapport à *l'activité libre et consciente* des agents historiques. Si nous les considérons, au contraire, en tant qu'ils nous sont donnés, ils deviennent pour nous des phénomènes physiques, naturels, et, par suite, une fois de plus, des représentations qui ne sont conscientes que dans et par l'activité consciente qui nous les fait percevoir.

Il n'y aura donc, tout bien examiné, de vraiment psychologique ou conscient que l'activité déployée par le sujet lui-même, ou par un sujet pensant en général. Et ce sera l'unique et véritable *objet de la psychologie*.

CHAPITRE II

PORTÉE ET LIMITES DE LA CONNAISSANCE PAR CONSCIENCE. DEGRÉS DE LA CONSCIENCE. LES PETITES PERCEPTIONS. L'INCONSCIENT.

Sommaire : **5.** Notre conscience ou activité propre est solidaire de toutes les activités de l'univers. Elle connaît son activité directement, et, indirectement, les influences qui collaborent avec elle dans toutes nos opérations. — **6.** Cette influence lui est d'abord indistincte et à peu près inconsciente. Elle donne lieu aux petites perceptions dont on ne s'aperçoit pas. On en trouve de telles dans la vie affective, dans la vie connaissante et même dans l'activité volontaire. — **7.** Il en résulte que notre conscience, d'abord capable de réflexion sur soi-même, doit s'aider ensuite d'observations portant sur les influences qui lui viennent du dehors. — **8.** D'où l'emploi nécessaire de méthodes auxiliaires qui se résument en la psychologie historique ou comparée. — **9.** De la méthode appropriée à l'objet de la psychologie.

5. Notre conscience ne renferme pas seulement des produits de son activité autonome.

De tout ce qui précède, on sera tenté de conclure qu'il peut suffire à notre activité mentale de se replier, par conscience, sur elle-même pour saisir d'une vue immédiate et infaillible sa vraie nature et celle de toutes les opérations et de toutes les modifications dont elle est capable. Mais notre conscience ne renferme pas seulement des produits de son activité autonome. Même dans l'exercice le plus volontaire ou le plus indépendant de notre activité propre, il y a toujours une collaboration de la nature ou du non-moi. Tout ce qui pénètre dans la conscience, du fait de cette influence étrangère, et dans la mesure même où il en dépend, est appelé *inconscient* ou, plus exactement, *indistinctement conscient*.

Leibniz, qui voyait dans la perception une des propriétés essentielles de l'âme, appelait ces modifications obscures de la conscience spontanée ou provoquée des *petites perceptions*, qu'il opposait à la perception claire et distincte, privilège de la conscience autonome et réfléchie. Il réservait à ce dernier genre de connaissance le nom d'*aperception*. Il peut en effet y avoir et il y a en réalité des états de la conscience ou des modalités du sujet que celui-ci *perçoit*, mais dont il ne *s'aperçoit* pas.

Notre activité propre, en tant que solidaire de toutes les autres activités de la nature, est toujours à la fois « causée et causante ». Mais plus elle est « causée » ou déterminée du dehors, moins elle met de soi dans les états où elle se trouve, et par suite moins elle a d' « aperception » de ces états. Il y a des états qui sont presque exclusivement provoqués; la conscience y est obscure, parce qu'elle est irréfléchie et *spontanée*. Il y en a d'autres où elle est réfléchie, parce que l'activité propre y prédomine et prend une connaissance distincte de sa propre opération et de ses propres effets.

6. Différents degrés de la connaissance par conscience.

Voici d'ailleurs quelles sont les principales étapes de ce progrès :

1° Le plus bas degré de la conscience correspond à ce qu'on appelle *la vie instinctive et sensible de l'esprit*, et aux modifications affectives.

Nous percevons confusément l'état de notre santé quand il est normal. Nos inclinations et nos sentiments habituels, comme l'amour de la vie, de la sécurité, notre affection pour nos proches, nous échappent quand rien ne les contrarie ni ne les menace.

Les impressions et les objets qui nous sont familiers : le contact de nos vêtements, la pression de l'air, le maniement des objets usuels, le bruit du moulin pour le meunier, etc., sont choses à peu près insensibles dans les circonstances ordinaires. Mais par la même raison qui fait que les objets nous deviennent présents et conscients chaque fois et à mesure qu'il nous est utile de les percevoir pour en tenir compte, ainsi toute impression nouvelle ou changée nous frappe et nous devient sensible, parce qu'elle nous intéresse et nous force de nouveau à réfléchir. Puis, en se répétant, elle devient à son tour indistincte et rentre dans la confusion du spectacle habituel.

2° Dans *la vie intellectuelle ou connaissante*, l'expérience pure, c'est-à-dire les sensations qui ne sont pas réduites à des objets ou à des lois, nous échappe.

Par exemple, nous ne percevons pas encore, ou nous cessons de percevoir distinctement les qualités sensibles des objets de notre perception habituelle, à l'exception de leurs propriétés visuelles ou tactiles, dont nous avons toujours à tenir compte.

Nos jugements et nos idées sur les choses ne retiennent que les rapports et oublient les termes sensibles que ces rapports relient. Le langage, qui est le premier degré de la connaissance intellectuelle, en fournit un fort bon exemple. Nous ne sommes plus sensibles qu'aux mots entendus, tandis que nous n'avons qu'une perception sourde des objets particuliers que ces mots désignent. On appelle *psittacisme* cette ressemblance de notre langage avec celui des perroquets.

3° Dans *l'activité volontaire* même, il y a des sentiments qui influent invisiblement sur nos décisions, et qui nous empêchent d'être entièrement libres ou indépendants de la nature. De là vient la partialité inévitable de nos affections et de notre conduite toujours influencée par nos sentiments.

Ainsi, selon le degré d'activité personnelle déployée et impliquée dans nos différentes modifications de conscience ou événements psychologiques, nous sommes plus ou moins conscients du résultat obtenu. Or cette activité est toujours présente, ne serait-ce que dans le fait de *recevoir* l'impression ou de *subir* l'influence venue du dehors. Il n'y a donc pas d'inconscience à la rigueur, mais seulement un faible degré, à peine sensible, de perception, qui ne laisse pas pourtant d'exister et d'être efficace. Nous verrons dans la conservation latente du souvenir (14), qui est le plus bas degré de la mémoire ou le minimum de souvenir, que les états ainsi conservés restent en nous conscients, quoique inaperçus. En effet, premièrement, il ne faut qu'une occasion pour les faire réapparaître; et, secondement, ils mêlent leur influence aux perceptions actuelles et les modifient. Tout objet perçu serait tout autre si quelqu'une des perceptions précédentes n'avait pas eu lieu.

Réciproquement, le maximum d'activité volontaire et indépendante implique encore quelque passivité et renferme, par conséquent, encore de l'inconscient : on peut donc dire que notre conscience ne perçoit jamais en elle un être absolu ou sans relation ni subordination avec le reste de l'univers. La supposition cartésienne d'un « je pense » ou d'un « moi » qui ne laisserait pas d'être, alors même qu'il n'existerait aucune des choses qui sont l'objet de notre pensée, n'est pas soutenable. La conscience que nous avons de nous-même est donc invinciblement limitée à ne se connaître que dans son rapport avec la nature, et, par suite, ne peut pas atteindre en elle une substance, une unité, une initiative absolue.

Pourtant, malgré cette part d'inconscience plus ou moins grande qui obscurcit, sans exception, toutes les opérations de notre âme, et, par suite, la connaissance que nous avons de nous-même, l'étude de la conscience n'en doit pas moins être d'abord *une réflexion*. La conscience, en effet, se connaît d'abord immédiatement elle-même, et ne peut rien connaître hors d'elle qu'à l'aide de cette première connaissance, obtenue par l'étude de soi.

7. Principales objections faites à la psychologie réflexive ou subjective.

On a cependant prétendu réduire la psychologie à n'être qu'une science d'observation et d'induction, comme le sont toutes les sciences positives. La réflexion sur soi serait, dit-on, impossible, et, en tout cas, elle serait une observation très confuse et dépourvue de tout caractère scientifique.

Première objection. — *a)* Il y aurait d'abord *impossibilité* pour l'âme *de se regarder penser*, ou de se dédoubler en objet à connaître et en sujet connaissant. C'est vouloir, dit-on, d'une fenêtre, se regarder passer dans la rue.

Par cette comparaison et d'autres semblables, on assimile faussement la conscience aux sens ou à l'observation sensible. L'on méconnaît ainsi sa vraie nature, qui est justement d'être et de se sentir être par une opération indivisible.

b) Cette méprise conduit à une autre forme de la même objection. Si je prétends, dit-on, réfléchir sur une opération ou une modification de ma propre conscience, je substitue à l'opération, objet et terme proposé d'abord à ma réflexion, l'opération même par laquelle je prétends l'étudier et en prendre conscience ; et ainsi de suite à l'infini, sans pouvoir jamais fixer ni saisir l'objet chimérique d'une conscience ou connaissance de soi par soi-même.

Mais la conscience n'est pas, elle-même, *un fait* ou un *événement passager*. Elle est, au contraire, *l'opération continue* par laquelle tous les événements particuliers nous sont *donnés*. En effet, ils sont, en tant qu'objets perçus, formés et représentés par elle. Des événements ou des faits qui se succèdent se remplacent les uns les autres et se substituent les uns aux autres. Mais la conscience, c'est-à-dire l'activité mentale, subsiste, permanente, à travers toutes les modifications qu'elle traverse et, identique, dans la diversité des représentations qu'elle forme. La mémoire qui ramène un état passé dans une perception actuelle ou présente en est une preuve.

c) N'est-il pas constant, objecte-t-on encore, que dans une violente colère, dans les moments de grande préoccupation ou d'attention passionnée, on ne se sent plus? On perd, semble-t-il, la conscience de son état à proportion de la force de l'émotion ou de l'intensité du désir. Preuve manifeste que la conscience n'est pas identique à l'état psychologique.

Mais si un homme en proie à une violente colère ne se sent pas plus qu'il ne se possède, c'est justement parce que la conscience autonome est, à peu près, absente de l'émotion qui le domine. Cependant il lui reste quelque sentiment de cette colère parce que, même maîtrisé par elle, il en subit, à tout le moins, l'influence et se trouve présent dans cette passivité même.

Il faut pourtant retenir de cette dernière objection la nécessité de recourir, pour expliquer certains mouvements de l'âme où elle n'a que peu de part, à des observations sur des êtres différents de nous-même et à des inductions sur les causes probables qui la rendent passive.

Seconde objection. — *a*) On accordera peut-être qu'il existe des sentiments internes, qui sont le domaine propre de l'observation subjective ou de l'introspection. Mais on fera remarquer que ce sentiment interne ne saurait être qu'un objet confus. En effet, cette conscience est le *reflet intermittent et inexact* d'un *organisme*, influencé du dehors par des *agents physiques* ou des *influences so-*

ciales. Ainsi l'étude qui se bornerait à cette projection intérieure des influences naturelles, ne pouvant atteindre les causes des phénomènes qu'elle étudie, serait *descriptive* et non *scientifique*. Une âme individuelle, selon le positivisme, n'est rien de plus que le produit de facteurs physiologiques et sociaux, le conséquent d'antécédents organiques et historiques. On n'en peut donc rendre un compte suffisant que par l'étude préalable de ces causes qui la produisent et qui peuvent seules l'expliquer.

b) D'ailleurs l'étude de l'âme par elle-même se terminerait tout au plus à une *monographie*, c'est-à-dire à l'étude d'un seul individu. Or la psychologie prétend connaître la nature de l'âme telle qu'elle existe en tous les êtres animés; et l'âme du psychologue, qui s'observe lui-même, renferme d'inévitables lacunes. L'étudier, exclusivement, ne conduira jamais à une connaissance complète de la nature psychique.

Cette objection méconnaît un premier point. Il y a dans chaque homme, et plus incontestablement dans un homme cultivé, le tout de la nature humaine. Les occasions peuvent nous manquer pour réaliser nos puissances virtuelles, mais nous avons en nous le germe de tous les sentiments, de toutes les connaissances, et de toutes les actions. On peut donc s'étudier soi-même et trouver en soi toute l'humanité, au moins à l'état latent.

Et, d'ailleurs, nous ne pourrons nous représenter les agents extérieurs et comprendre le genre d'influence qu'ils exercent sur nous que par des lumières tirées de notre psychologie intuitive et réfléchie. Nous ne pourrions pas interpréter les signes des émotions, pas plus que nous ne pourrions comprendre les mots, qui sont les signes des pensées de nos semblables, si nous ne trouvions en nous-même des émotions et des idées semblables, joint le pouvoir de les représenter ou de les faire entendre par des signes analogues. C'est pourquoi si, d'aventure, un événement trop anormal, comme certains crimes ou certaines actions monstrueuses, nous est raconté, il nous devient impossible de le rapporter à une cause psychologique, et nous mettons ces faits sur le compte de causes naturelles, comme la maladie ou la démence.

Cependant nous aurons à compléter les renseignements, fournis par notre conscience propre, à l'aide d'indications tirées de l'observation des autres âmes. Si riche et si développée que soit l'âme d'un individu, elle ne renferme, à l'état déclaré, qu'une partie de l'humanité. Ces observations sur autrui, surtout celles qui portent sur des âmes différentes de la nôtre, sont indispensables pour nous manifester des possibilités qui, en nous, seraient restées virtuelles et inconnues.

Par exemple, à défaut d'une imagination artistique suffisamment développée, le spectacle d'une œuvre d'art, produit de l'imagination d'autrui, nous révélera cette puissance d'imaginer qui est en nous, mais à un degré qui la rendait inefficace. De même pour les actions, les sentiments, les connaissances dont nous ne sommes pas personnellement capables.

c) On a cru aggraver encore cette objection en disant que l'individu, à l'examen duquel se trouve déjà réduit le psychologue, ne lui est même pas entièrement connu. Ce qui se passe en lui, au moment où il s'observe, est le résultat d'événements antérieurs, maintenant oubliés, quoique influant sur son état actuel. Ainsi toutes nos aptitudes actuelles ont pour conditions explicatives des antécédents inconscients ou méconnaissables.

Là encore nous aurons sans doute à réveiller le souvenir de ces influences précédentes par le spectacle de ceux qui les subissent ou qui traversent les étapes que nous avons dû traverser nous-même. Mais nous ne pourrons jamais comprendre ces manifestations étrangères que par le souvenir qu'elles éveillent en nous, à l'aide duquel seulement nous pouvons les interpréter. Sans doute, un artiste ne se ferait de son talent, un savant de sa science, un homme de sa vertu, qu'une idée très insuffisante et très fausse s'il se bornait à constater ces diverses aptitudes une fois développées. Tous nos actes enveloppent et cachent des efforts et des démarches antérieures, qui sont indispensables à consulter si on veut pleinement les comprendre. Mais aussi nous ne sommes capables de situer et de hiérarchiser ces efforts successifs, observés dans autrui, que par rapport au talent actuellement possédé par nous et immédiatement constatable en nous-même.

8. Procédés auxiliaires de la psychologie.

La portée et les limites de la connaissance par conscience ou de la psychologie réflexive étant ainsi marquées, nous avons à reconnaître les secours indispensables fournis par la psychologie appelée objective, positive et expérimentale.

Ces procédés auxiliaires seront décrits en logique, au chapitre des *Sciences morales*. On montrera alors quelles ressemblances ils ont avec les méthodes inductives des sciences physiques ou naturelles, et aussi quelles particularités notables les en distinguent et les rapprochent de la psychologie réflexive. Pour le moment, il peut suffire d'indiquer les sources de la psychologie, dite objective, sans entrer dans le détail des procédés par lesquels on exploite ce domaine.

1° **Psycho-physiologie ou explication biologique des événements conscients ou psychologiques.** — Cette méthode répond à la prétention condamnée plus haut (4) de ne voir dans les événements de la conscience qu'un *reflet* ou une traduction des modifications organiques. La psycho-physiologie entreprend, en effet, de lire ce qui se passe dans une âme, à savoir les facultés qu'elle possède et les manifestations conscientes qui peuvent en résulter, par l'examen des organes et des modifications qu'ils subissent. On croit, par exemple, découvrir ainsi, d'abord les conditions organiques et l'explication de la présence dans un être vivant d'une conscience en général; puis les conditions organiques, productrices et explicatives à la fois des différentes manifestations conscientes. On verrait ainsi apparaître, successivement, dans la série animale, le moment de la conscience, reflet et épiphénomène; puis dans les animaux supérieurs d'abord, et dans les hommes ensuite, les différents degrés de complication, de cohérence et de puissance de cette conscience. Par quoi on expliquerait, successivement, les modes de la sensation d'abord confuse, puis les divers degrés de la mémoire, les combinaisons de l'imagination, et, enfin, les inventions de l'entendement et de la raison.

Or l'importance du rôle attribué à cette méthode en psychologie paraît très discutable, car :

a) Cette méthode ne serait justifiée que dans l'hypothèse du matérialisme, c'est-à-dire si l'âme était le reflet du corps, et les événements psychologiques seulement une traduction inexacte, une expression intermittente et confuse des événements physiologiques. Or ce n'est pas la pensée qui dépend de l'étendue, mais, au contraire, c'est l'étendue et les représentations qui s'y dessinent qui sont un produit de l'activité pensante. « L'âme, dit à bon droit Descartes, est plus aisée à connaître que le corps ». Et encore : « Je comprends par la seule puissance de juger, qui réside en mon esprit, ce que je croyais voir de mes yeux ».

b) En fait, nous ne pouvons comprendre et interpréter les manifestations organiques ou corporelles que par un emploi plus ou moins conscient des facultés de l'âme. En effet, toutes les fois que l'on a recours à la psychophysiologie, il faut d'abord consulter le sujet observé lui-même sur son état mental, qui seul donne une signification psychologique à son état organique. Puis cet état mental, à son tour, ou ce témoignage doit être interprété par notre raisonnement, c'est-à-dire par des lumières empruntées à notre conscience.

Nous avons donc affaire, en réalité, même dans ce cas, à une *psychologie historique ou comparative*, puisque les modifications physiologiques n'ont de sens que par *le témoignage interprété* de ceux en qui ces manifestations se produisent. Par exemple, on ne peut attribuer à une lésion cérébrale la vertu de nous signifier un trouble de la mémoire ou de l'imagination que si on connaît, d'abord, *l'existence* et la *nature* de cette modification consciente. Or cette *existence* et cette *définition* ne nous est révélée que par un usage de notre propre activité pensante qui, ayant créé ou compris ce signe biologique nous donne ainsi le moyen de l'interpréter.

c) La méthode de la psycho-physiologie, réduite à une méthode strictement biologique, n'obtiendrait, comme la biologie elle-même, que des définitions *spécifiques*, qui ne renfermeraient rien *d'individuel* ou de psychique, et par suite ne nous révéleraient rien de ce qui caractérise une âme.

2° **Psychologie historique ou psychologie comparée.**
— La véritable et unique méthode auxiliaire est donc une méthode historique, c'est-à-dire un procédé qui appuie ses inductions sur l'observation des événements humains ou vraiment significatifs d'une activité consciente ou psychologique. A ce point de vue, l'examen des êtres les plus différents de nous-même sera naturellement la plus instructive. C'est ainsi qu'on étudie les animaux, les enfants, les dégénérés, les peuples primitifs, etc. En un mot, on doit user ici, en même temps que des informations tirées de la pathologie mentale, de toutes les ressources de la sociologie.

Mais, une fois de plus, cette étude ne sera vraiment efficace que si nous pouvons en ordonner les documents pour reconnaître et distinguer les étapes de la formation ou de l'altération des diverses facultés mentales. Or, nous ne pouvons introduire un tel ordre dans les manifestations historiques que si nous prenons notre point de vue à partir de l'âme humaine, telle que nous la connaissons en nous-même par conscience.

9. Conclusion sur la méthode appropriée à la psychologie.

Toutes les objections du positivisme sont irréfutables quand elles s'adressent à une *psychologie empirique* qui prétend user, pour la connaissance de l'âme, d'une observation interne et induire, d'après des observations ainsi faites, les lois de la vie mentale. Mais elles sont sans force contre une *psychologie réflexive*.

Sans doute, s'adressant à cette dernière méthode, ces objections s'appuient encore sur des remarques qui ne sont pas contestables. Mais, d'abord, elles méconnaissent la vraie nature de la conscience, qui n'est pas une faculté d'observation, mais une intuition, c'est-à-dire un sentiment immédiat dans lequel se confond l'objet à connaître et le sujet connaissant. Ensuite, ces objections attribuent aux difficultés, réelles, de la réflexion sur soi une gravité et des conséquences qu'elles sont loin d'avoir. Les obstacles que rencontre la psychologie réflexive dans l'emploi de sa méthode originale ne sont pas insurmontables. Il peut être difficile de « se regarder penser », mais ce n'est ni impossible, ni si rare. D'ailleurs, les défauts de cette méthode ne peuvent être réparés qu'à l'aide de la conscience réfléchie elle-même.

Il est donc nécessaire d'employer des méthodes auxiliaires, qui sont inductives, c'est-à-dire de joindre une *psychologie objective* à la *psychologie subjective* pour la compléter. Ces méthodes usent des procédés employés dans les sciences positives. Mais il faut toujours en venir à reconnaître que l'emploi de toute méthode positive et objective n'est possible que par la possession et l'exercice d'un *principe directeur emprunté à la raison*. Or ce principe directeur, nécessaire et universel, ne se découvre que dans la conscience réfléchie que l'esprit connaissant peut prendre de lui-même. Et si déjà ce principe tiré de la conscience même (*ipse intellectus*) est nécessaire dans nos investigations sur des objets *naturels* que l'on ne prétend pas rapporter à une conscience ou à une âme, à combien plus forte raison un tel principe sera-t-il indispensable quand il s'agit de recherches sur des objets qui sont des événements *psychologiques*, c'est-à-dire les manifestations de l'âme de nos semblables?

LIVRE II

LA VIE INTELLECTUELLE (CONNAISSANCE VULGAIRE)

CHAPITRE PREMIER

LES DONNÉES DE LA CONNAISSANCE. SENSATIONS. IMAGES.

Sommaire : 10. Toute connaissance commence par des données sensibles qui sont les sensations et les images. Cependant ces données sont déjà des constructions inconscientes de l'activité instinctive de l'esprit. — 11. On peut retrouver les traces de cette construction dans la survivance, au sein des images visuelles, représentatives d'objets, des sensations moins représentatives et même de l'état affectif primitif. — 12. L'opération qui forme les images de la perception visuelle est l'œuvre d'une activité instinctive qui nous est consciente dans le sentiment de l'effort. Cet effort est vraiment spontané et d'origine psychologique.

10. **Il y a, dans toute connaissance, objet sensible ou notion, des éléments donnés que l'esprit reçoit, élabore et transforme.**

Quand nous percevons par la vue un objet sensible, un fruit par exemple, il ne saurait manifestement y avoir que sa couleur qui nous soit *donnée*. Tout ce que nous percevons, en outre, d'impliqué dans son étendue colorée, comme son contact, son odeur, sa saveur, etc., tout ce qui est renfermé dans l'énonciation : je vois cet objet, est, en réalité, extrait par notre esprit de nos *souvenirs* et évoqué par notre *imagination* à propos de cette couleur, seule *donnée* de notre perception présente.

Il y a donc lieu de distinguer dans la perception de ce fruit particulier, ou de tout autre objet sensible : d'une part, *la sensation* proprement dite, à savoir l'impression de couleur maintenant éprouvée, joint les autres impressions semblables, antérieurement éprouvées dans les moments successifs de notre expérience ; et, d'autre part, le groupement ou la liaison plus ou moins consciente de ces sensations, par laquelle est constituée *l'image* qui est le contenu de la perception de l'objet. Les sensations et l'image elle-même, en tant du moins qu'instinctivement formée, sont ce qu'on appelle les *données de la connaissance*.

Les données de la connaissance constituent *l'expérience*, qui se réduit ainsi à la pure et simple observation ou constatation, à l'exclusion de toute construction faite par l'activité propre de l'esprit ou de toute interprétation.

Les *sensations* (saveur, odeur, son) et aussi les *images* (étendue colorée) sont de telles données, mais avec une différence notable. Les *sensations* sont plus spécialement des perceptions naturelles ou des impressions irréductibles à toute analyse. On ne peut, en effet, les rattacher à un procédé de l'esprit, qui, les ayant formées, pourrait alors en rendre compte. Au contraire, les *images* sont en partie réductibles à une telle opération (mémoire ou association), et par suite explicables par elle, dans une certaine mesure.

Cependant les *images* peuvent être regardées elles-mêmes comme données, bien qu'elles soient, en réalité, des perceptions acquises. En effet, l'activité de l'esprit qui les forme le fait à son insu, étant presque exclusivement déterminée du dehors dans cette construction. Nos images ou perceptions d'objets sensibles sont, en effet, formées par la soudure de sensations, juxtaposées d'abord dans l'expérience primitive, puis associées inconsciemment par la mémoire. Mais aussi, d'autre part, les *sensations* les plus simples ou les plus naturelles sont déjà des images. Il n'y en a pas, en réalité, qui n'ait quelque valeur significative ou qui ne nous représente quelque objet.

Voici, par exemple, l'odeur d'un fruit ou l'étendue colorée de ce fruit. Sans doute, il nous est difficile d'expliquer, par un recours à une opération de notre activité propre, pourquoi nous nous trouvons ainsi modifiés de cette odeur ou de cette couleur. Mais il y a pourtant déjà dans la sensation même, avant toute éducation des sens, une valeur représentative, par laquelle elle nous signifie l'existence de *quelque chose*, et qui ne peut être convenablement expliquée qu'en faisant allusion à un jugement spontané, qui est de nature psychologique. Et cela est plus particulièrement incontestable pour notre sensation visuelle d'étendue colorée, qui est manifestement une donnée complexe ou image nettement représentative, due à une opération de mémoire, d'association et d'imagination.

Mais, dès lors que la sensation n'est jamais exclusivement donnée, et qu'elle est toujours, à quelque degré, une image construite, on peut tenter de reconstituer l'opération psychique qui lui donne son aspect d'objet et sa valeur représentative. La conscience, et par suite la psychologie réflexive, peut ainsi nous fournir l'explication de la sensation elle-même, au moins dans une certaine mesure.

Toutefois, l'opération par laquelle se constitue toute sensation représentative, quoique déjà consciente, n'est ni aussi distincte ni aussi clairement analysable que l'opération nettement consciente par laquelle nous formons des notions scientifiques. On cherchera donc l'origine de la sensation dans *l'imagination instinctive* et confuse, et non pas dans l'entendement clairvoyant et réfléchi.

Par bonheur, l'étude de la genèse de la sensation nous est facilitée par la survivance, au sein des modes de sentir les plus représentatifs, comme la vision de l'étendue colorée par exemple, des modes précédents de l'expérience. Ainsi se trouvent juxtaposées successivement, sous le regard de la conscience, les étapes parcourues pour arriver au dernier degré de représentation obtenu.

Par exemple, il est constant que nos modes de sentir deviennent d'autant moins *affectifs* qu'ils sont plus *représentatifs*. Cependant il reste toujours dans la vision la plus indifférente, en même temps qu'un écho, plus ou moins affaibli, des modes antérieurs de la sensation : le contact, l'odorat, le son, une dernière trace de l'affectivité primitive subsistante. Ainsi *la vue* d'un objet s'accompagne en nous de l'impression de son contact, de son odeur, de sa saveur, etc., et recèle encore le sentiment, bien qu'obscur et méconnaissable, du plaisir ou de la peine qui a d'abord accompagné ces diverses sensations.

11. Des différents modes de sentir, depuis la sensation à peu près exclusivement subjective, jusqu'à la vision objective ou représentative.

Si nous voulons maintenant étudier la genèse des différents degrés de la sensation, notons d'abord une subordination assez facile à reconnaître des différents modes de sentir entre eux, depuis la simple représentation confuse primitive, presque exclusivement *affective*, jusqu'au mode complexe de sentir appelé perception visuelle, qui nous signifie et fait prévoir les qualités d'un objet, et qui, nous donnant le temps et le moyen de le prévenir, nous laisse, pour ainsi dire, *indifférents* à ses promesses ou à ses menaces.

Le premier mode de sentir qui, chronologiquement, précède tous les autres peut être appelé *cœnesthésie*. Ce mode est *presque exclusivement affectif*, et sa vertu représentative ne va, tout au plus, qu'à nous signaler la présence d'un objet en général, sans le situer ni, à plus forte raison, le définir. Les enfants, selon toute apparence, commencent par un tel état. Cet état, du reste, subsist encore dans ce qu'on appelle le sens de l'organisme, qui est le sentiment de la santé en général.

Cette conscience rudimentaire de l'organisme ne doit pas être, d'ailleurs, confondue avec la connaissance commune ou imaginative, acquise seulement plus tard, de nos organes, en tant que visibles, tangibles, etc. Le *sentiment* ou conscience de notre organisme nous est propre ; *la vue* ou perception de notre organisme est déjà représentative, objective, et, par suite, commune à tous. A plus forte raison faut-il distinguer ce sentiment primitif et tout affectif, de la *définition scientifique* du corps, obtenue par les biologistes au terme seulement d'un long travail intellectuel.

Le sens du *goût* vient ensuite comme un premier développement de la conscience vitale primitive. Ce mode de sensation renferme des nuances d'impression qui ne définissent pas encore les objets, mais qui cependant nous font dépasser déjà nos propres modifications exclusivement affectives, et nous font soupçonner l'action, sur nous, d'une diversité d'objets.

Le sens de *l'odorat*, à son tour, est un avant-goût ; il nous annonce, par anticipation, la saveur d'un objet plus ou moins prochaine et dans telle ou telle direction. L'objet ainsi vaguement désigné nous menace de cette saveur et de ses conséquences affectives et vitales ou, au contraire, nous les fait désirer et espérer.

Le sens de *l'ouïe* est manifestement plus *représentatif* et moins affectif que l'odorat. Cependant il ne fournit, du moins au clairvoyant, que peu d'indications sur la nature des choses, parce qu'il a été remplacé dans cette fonction par le sens de la vue. Le son ne nous sert plus qu'à entendre le langage et à recevoir les impressions musicales.

Ces premiers modes de sentir ne nous fournissent des objets que ce qu'on appelle leurs *qualités secondes*. Celles-ci sont surtout affectives et par suite ne nous instruisent guère que de l'effet produit sur nous par les objets, mais ne nous figurent pas ces objets eux-mêmes. Au contraire, les *qualités premières* fournies par *le toucher*, ou plus exactement par le sens musculaire, et par *la vue*, désignent plus clairement la nature des objets qui nous impressionnent, et servent, pour ainsi dire, de substance aux qualités secondes.

Le *tact*, qui n'est qu'un mode particulier du sens musculaire, nous met déjà en relation avec des objets différents de nous-même. Pour cette raison on a été jusqu'à lui attribuer le privilège d'être le sens instructif par excellence, révélateur de la nature des choses. Il suffira de lui accorder des informations sur un espace homogène qui sert de cadre uniforme et, en même temps, inévitable à toutes nos représentations de l'univers. Il sera donc le sens mathématique, et la géométrie des aveugles ne doit différer en rien de celle des clairvoyants.

Mais ce sens a encore des défauts et des imperfections, quant à la valeur représentative, que le sens de la *vue* est destiné à réparer. Tout d'abord, il reste encore partiellement affectif et par suite nous fait connaître les objets plutôt par rapport à nous-même que dans leur nature propre. La température et la résistance impliquées dans tout contact sont encore des qualités très relatives au sujet percevant. Le sens de la vue, dans la perception de l'étendue colorée, a le privilège d'une plus grande impartialité. En second lieu, le sens du tact est condamné à parcourir successivement les éléments de son expérience; il ne parvient jamais à les envelopper, à les joindre, comme le fait le sens de la vue, seul capable de leur donner un réel caractère de liaison et d'unité.

Le sens musculaire, que l'on a voulu distinguer des autres sens et ajouter à leur liste, nous paraît devoir être confondu avec le sens tactile, qui en est seulement le mode le plus développé et le plus instructif.

12. De l'opération psychologique ou consciente, au cours de laquelle se constitue la signification ou valeur représentative des sensations et des images.

Nous pouvons entreprendre maintenant de montrer par quels développements progressifs et continus de l'opération instinctive de penser nous devenons enfin capables de former *l'image visuelle*, première étape de la connaissance véritable ou de la représentation vraiment objective.

Pour comprendre la nature de cette opération et nous expliquer le résultat auquel elle se termine, nous avons à étudier :

D'abord la conscience spontanée, irréfléchie, présente dans le *sentiment de l'effort* vital, instinctif.

Ensuite l'opération de *conserver*, d'*associer* et de *prévoir*, par laquelle cette activité instinctive arrive à imaginer, à objectiver et à définir.

Sentiment de l'effort.

Tous nos modes de sentir, à tous les degrés de perfection qu'ils traversent, depuis la cœnesthésie primitive jusqu'à la perception visuelle, doivent être rapportés à une activité instinctive qui nous est consciente ou immédiatement perçue dans ce qu'on appelle le *sentiment de l'effort*. Cet effort senti, qui se trouve déjà confusément impliqué dans les sensations simples, mais, plus manifestement, dans toute image complexe, est une attention provoquée ou spontanée, qui, par là, se distingue de l'attention volontaire ou réfléchie.

Mais, bien que provoquée, et à peu près exclusivement

déterminée du dehors, notre activité instinctive n'en est pas moins discernable des influences extérieures, parce qu'elle est vraiment spontanée, réagissante et efficace.

Il ne faut pas d'ailleurs entendre, sous le nom d'effort conscient, une action directe de l'âme sur le corps et, par son intermédiaire, sur les autres corps avec lequel le nôtre se trouve en contact. L'âme ou l'activité pensante ne saurait agir directement sur le corps qui, en tant qu'étendu ou perçu, n'est qu'un objet *abstrait* ou *une représentation* ; et réciproquement, pour la même raison, il ne peut subir de lui aucune influence directe. L'âme n'a de puissance que pour penser et concevoir des objets, et c'est par la clarté plus ou moins grande de ses notions qu'elle se donne le moyen d'agir, plus ou moins efficacement, dans la poursuite d'objets plus ou moins véritablement conçus et plus ou moins réalisables.

a) *Thèse du sentiment afférent ou d'origine périphérique.* — Pour quelques philosophes et un plus grand nombre de physiologistes, le sentiment de l'effort ne serait que le résultat d'une influence physique exercée sur les organes, et le contre-coup, dans la conscience, des modifications physiologiques qui en résultent. On a ainsi prétendu ne voir dans le sentiment de l'effort qu'une impression passivement reçue, c'est-à-dire une suite des influences d'origine externe ou, comme on dit encore, périphérique, qui seules seraient vraiment originales et primitives.

La conscience qui en résulte serait donc simplement un *épiphénomène*, c'est-à-dire un reflet de modifications organiques. On dit encore, en opposant l'âme au corps, que ce sentiment est alors *afférent*, c'est-à-dire influant du corps sur l'âme, et non pas *efférent* ou transmis de l'âme au corps.

Mais il s'agit plus précisément de décider si le sentiment de l'effort peut naître de sensations organiques qui le précèdent et le forment en se combinant, ou s'il ne serait pas plutôt d'origine psychologique. En d'autres termes, on demande si ce n'est pas l'activité consciente elle-même qui est, en partie mais indispensablement, la cause des sensations *élémentaires* d'abord, puis, et à plus forte raison, l'explication des *représentations ou images* que nous formons par leur assemblage.

Les partisans du sentiment passif de l'effort font remarquer que dans le sentiment ou la conscience de l'effort, il y a toujours, ou bien des impressions passives concomitantes, ou bien, en l'absence de celles-ci, des impressions antérieures et remémorées, mais également passives. Ainsi tout ce que nous croyons éprouver d'énergie déployée, d'action exercée, serait réductible à des sensations passives, et, par suite, deviendrait purement illusoire.

Par exemple, si je me propose de soulever un objet pesant, sans doute je croirai d'abord éprouver, avant tout contact et indépendamment de toute pesée effective de l'objet sur l'organe, le sentiment d'un effort par lequel je me prépare à faire échec à ce poids et à le tenir en équilibre. Il me semblera donc trouver dans ma conscience, une énergie déployée, préexistant à toute influence extérieure et par conséquent distincte de cette influence. Cette conscience serait ainsi tout autre chose que le sentiment des contractions musculaires, qu'une influence externe ne peut me faire éprouver qu'au moment où elle s'exerce réellement sur mon organisme. Mais, en réalité, disent les adversaires du sentiment original de l'effort, lorsqu'on analyse attentivement le contenu de cette conscience, on n'y découvre plus que des impressions passives *actuellement subies* ou *antérieurement ressenties*. Le doigt qui se prépare à appuyer sur la détente d'une arme n'éprouve, sans doute, aucun sentiment d'origine externe puisqu'il n'a pas encore rencontré l'obstacle, mais nous éprouvons, en même temps et à notre insu, des contractions des muscles du crâne, des muscles de la respiration, etc, et c'est là *tout le contenu du sentiment d'effort*. En tout cas, si nous éprouvons vraiment dans le bras ou dans le doigt même quelque chose comme une énergie déployée, il n'y a là rien de plus que *le souvenir* d'une ancienne pesée, d'une ancienne pression qu'éveille en nous, par association, la vue présente de l'objet ; donc, au total, rien de plus qu'une impression *exclusivement passive*.

Ce premier point gagné, on va même jusqu'à ne voir dans l'*attention* dite *volontaire* qu'une transformation ou une imitation artificielle de l'attention provoquée. Par suite elle ne serait, comme celle-ci, qu'un sentiment passif, qui groupe en soi et résume des impressions antérieurement subies. Exemple : un homme qui croit *se rendre* attentif à un objet ou à une pensée ne fait en réalité que se souvenir de l'attrait exercé sur lui, antérieurement, par un objet semblable ou une pensée analogue, et, par conséquent, subir une fois de plus cette influence qui le rend attentif malgré lui.

b) Réfutation de la thèse du sentiment-reflet. — 1° Accordons d'abord qu'il n'y a, dans un effort actuellement conscient ou ressenti, que le seul souvenir d'une impression antérieurement subie, venue du dehors et réflétée dans la conscience. Il faudrait toujours en venir à expliquer la manière dont s'est produit précédemment le sentiment de cette première influence, c'est-à-dire l'impression ou la sensation primitive. Or s'il n'y avait pas, dès cette première rencontre, des tendances préexistantes, c'est-à-dire une activité propre et même un besoin déjà relativement défini et orienté, qui se trouve contrarié dans la rencontre, on ne pourrait pas rendre compte de la contrainte subie ou du sentiment d'un obstacle affronté.

2° Au surplus, il n'est même pas vrai de dire que le sentiment actuellement éprouvé ne soit rien d'autre ni rien de plus que le souvenir d'une sensation antérieurement subie. En effet, l'effort que nous ébauchons et préparons pour résister à un obstacle ou le vaincre, est en réalité la même chose que la prévision ou l'anticipation de la résistance de cet obstacle. Il est une adaptation à la résistance *prévue*. Or il y a toujours quelque changement ou quelque nouveauté dans les objets ainsi rencontrés. Par suite, il y a dans cette prévision un acte d'imagination *inventive* et déjà créatrice de l'avenir, et non pas seulement l'effet d'une mémoire simplement reproductrice du passé. La preuve en est que nous proportionnons assez exactement notre effort à la nature de chaque nouvel obstacle.

3° Enfin, l'organisme qui se reflète, dit-on, dans la conscience sous forme de sensation musculaire n'est lui-même que le terme ou le produit d'une construction mentale, donc d'une activité consciente déployée pour en former l'image. Cette activité est, par suite, logiquement antérieure à la *représentation* de cet organisme, et ne peut pas en être regardée comme un simple reflet.

Il faut seulement reconnaître que, dans le sentiment de l'effort proprement dit, distingué de l'attention volontaire qui est, pour son compte, manifestement créatrice, le contenu de la conscience est, pour la plus grande part ou presque exclusivement, d'origine externe. En effet, c'est toujours l'expérience qui nous a instruit, dans les rencontres précédentes, de la nature des obstacles ; c'est donc elle qui nous prépare et, si l'on veut, nous détermine à accommoder notre énergie propre aux circonstances analogues qui se présentent ; c'est donc elle enfin qui est l'explication *presque suffisante* du mode de cette adaptation et du sentiment, pourtant spontané, que nous éprouvons.

L'existence d'un effort spontané, ou d'une activité réelle, à l'origine de nos représentations sensibles étant ainsi établie, il reste à montrer par quelle opération cette activité forme les images de la perception.

CHAPITRE II

MÉMOIRE ET ASSOCIATION DES IDÉES. — DE L'OPÉRATION PAR LAQUELLE L'ACTIVITÉ INSTINCTIVE, CONSCIENTE DANS LE SENTIMENT DE L'EFFORT, CONSTITUE LES IMAGES DE LA PERCEPTION SENSIBLE.

Sommaire : 13. L'image sensible n'est pas le souvenir d'un objet perçu, mais l'objet perçu lui-même.
A. Conservation latente des souvenirs. — 14. L'enregistrement passif des impressions est la raison d'être de leur conservation latente. — 15. Preuves de la présence réelle des souvenirs à l'état latent. Mode de cette conservation.
B. Réapparition des souvenirs. — 16. Rappel des souvenirs sans reconnaissance. — 17. Deux procédés principaux de l'association des idées. Contiguïté et ressemblance. — 18. Insuffisance de la contiguïté. — 19. Impossibilité de la ressemblance pure. — 20. Ressemblance sentie.
C. Reconnaissance des souvenirs. — 21. Association par ressemblance perçue. — 22. Points de repère. D. Association des idées. — 23. Principales lois : Contiguïté spatiale ; continuité temporelle, ressemblance.

13. L'image sensible n'est pas le souvenir d'un objet perçu, mais l'objet lui-même tel que nous le percevons.

L'image visuelle est la première étape de la connaissance véritable. Elle est, pour le clairvoyant du moins, le mode fondamental de la représentation sensible de la nature. Toutes nos autres sensations, en effet, ne désignent leurs objets que par l'intermédiaire d'une représentation visuelle. L'odeur, ou même le contact d'un fruit, fait surgir, *d'abord*, la vue, imaginée, du fruit ; c'est toujours dans cette étendue colorée, une fois évoquée, que se résume et nous est représenté le contenu de l'objet sensible.

Mais ces images, objets de la perception visuelle, quoiqu'elles désignent déjà ou nous signifient l'existence et la nature des choses, ne sont pourtant encore que des *connaissances sensibles*. Elles sont le produit d'une activité instinctive, inconsciente de son procédé, qu'on appelle successivement *mémoire* ou enregistrement passif des impressions, *association des idées*, et enfin *imagination reproductrice*. A ces trois degrés du développement de l'activité instinctive correspondent : 1° *la conservation latente* des idées ; 2° la *réapparition* des idées ainsi conservées ; 3° la *reconnaissance* des idées qui n'étaient, d'abord, que réapparues.

Les *images*, dont il s'agit ici d'expliquer la formation, ne sont pas des *copies* d'objets sensibles, plus ou moins fidèles ou plus ou moins effacées, mais les *objets sensibles eux-mêmes*. On désigne assez souvent par le mot *image* l'impression subsistante d'un objet sensible après qu'il a disparu du champ de la perception actuelle, comme si l'objet disparu était la réalité même, et le souvenir conservé, une représentation ou un écho de cette réalité. Cette définition est trompeuse. Elle méconnaît que l'objet, dit passé ou remémoré, n'est plus qu'un moment dépassé de notre perception.

En effet, tout objet, soit présent, soit passé et absent, n'est jamais que la représentation infailliblement inexacte de la nature des choses. Mais l'image présente à la perception est, provisoirement, la seule véritable représentation objective, étant *le dernier état* obtenu de la représentation ou le dernier degré de signification atteint par notre activité connaissante au plus récent progrès de son développement. L'objet, que l'on appelle absent, n'est donc qu'un degré inférieur et dépassé de représentation. Il n'existe par suite que dans notre souvenir.

C'est donc à tort que l'on donne à un état, déjà dépassé, de la représentation le nom d'objet réel. Cet état a été, à son heure, une image ou une *représentation objective* de la nature. Ce moment une fois passé, cette image perçue, qui n'était que provisoire, tombe au rang de souvenir. Nous ne rencontrerons plus jamais cet état irrémédiablement dépassé. Incessamment, en effet, de nouvelles images se substituent aux anciennes et les relèguent au rang de représentations insuffisantes.

Je me promène dans ma ville, et je crois retrouver, à chaque pas, des objets déjà rencontrés dans mes perceptions précédentes. Il y a là une illusion. En réalité, j'emporte de chaque perception ou rencontre un souvenir qui est tantôt offusqué, tantôt rappelé par les perceptions qui lui succèdent. Mais cette image subsistante et réapparaissante n'est plus dorénavant un objet. Elle ne représente à ma pensée que moi-même dans un état antérieur. Elle me reporte à un degré de représentation qui ne peut plus être objectif. La fixité apparente de la représentation, par laquelle les objets sensibles semblent persister à travers nos perceptions successives, est trompeuse. En réalité, à chaque nouvelle rencontre, chaque nouvelle perception s'augmente de toutes les rencontres et de toutes les perceptions précédentes qu'elle remplace et perfectionne. Elle les rend vaines et imaginaires. Je crois revoir *le même* monument ou la même personne. C'est une erreur. J'ai, d'une même réalité toujours inaccessible en soi, une représentation chaque fois transformée et, toutes choses égales, meilleure et plus véritablement objective.

A. CONSERVATION LATENTE DES SOUVENIRS

14. L'enregistrement passif des impressions est la raison d'être de leur conservation latente dans le souvenir.

La première étape de la formation des images est la simple mémoire ou conservation latente des impressions traversées. Tour à tour, des objets sensibles nous apparaissent et disparaissent. Ils subsistent alors, pendant un certain temps, à l'état inconscient, jusqu'à ce qu'une occasion, tantôt un objet semblable, tantôt un objet différent, les ramène à notre souvenir. Quelle est la raison de leur disparition ? Comment se représenter le mode de leur conservation latente ?

Nous savons déjà que chaque objet rencontré n'est qu'une *représentation* ou manière de percevoir. Cette représentation s'accroît et se transforme incessamment. Elle est donc essentiellement passagère. A chaque pas, notre connaissance ou représentation déjà obtenue des objets rencontre quelque nouveauté, qui s'ajoute *synthétiquement* (ou par juxtaposition) au contenu de la notion précédente, avant de s'y assimiler et de devenir elle-même une partie de ce contenu. Cette nouveauté est sensible même s'il s'agit de la rencontre d'un objet dont nous possédons déjà la notion, comme la vue renouvelée d'une même personne. Elle est encore plus évidente dans la rencontre d'objets différents qui ne peuvent pas être perçus sans déloger les premiers, dans la mesure même où ils en diffèrent et quelquefois même s'y opposent.

Mais ces rencontres faites par un esprit expérimenté et cultivé, donc déjà en possession d'images antérieurement formées, d'objets sensibles déjà perçus, ne laissent pas une entière nouveauté aux objets de nouveau perçus. L'explication de l'oubli où retombent ensuite ces représentations n'est pas alors aussi manifeste ni aussi aisée que si l'on se place, par hypothèse, à l'origine même de la formation de toute perception et de toute notion d'objet.

De ce point de vue, nous pourrons supposer qu'un objet d'expérience ou, plus strictement, qu'une impression sensible nous est donnée ou nous apparaît comme entièrement nouvelle. En d'autres termes, nous supposerons que notre puissance primitive de connaître, qui se confond avec notre appétit initial, est presque exclusivement virtuelle, n'étant encore pourvue d'aucune image ou notion qui la prépare à accueillir et à s'assimiler les impressions qui vont lui être maintenant fournies.

Une puissance de connaître ainsi définie, rencontrant une impression qu'elle n'a pas su prévoir, et qu'elle n'a pas pu devancer par le souvenir d'une expérience déjà traversée ou par une image déjà formée, subit cette impression, l'enregistre, mais n'en doit conserver qu'une trace à peine sensible.

Dans cet état supposé, en effet, l'esprit ne peut que juxtaposer (synthèse) les impressions à mesure qu'il les rencontre. Il n'est pas capable de les enchaîner ou de les relier l'une à l'autre, puisqu'il n'y a rien dans une impression précédente qui lui fasse prévoir la suivante, totalement différente de la première. Par suite, la seconde, par l'effet de cette nouveauté même, se substitue à la première, la remplace, et la fait oublier. Passant, par exemple, une première fois de a à b et de b à c, etc., ou bien de 1 à 2 et de 2 à 3, etc., un enfant n'a, d'abord, aucune raison de rapporter chacun de ces caractères à celui qui le précède, ni de les relier l'un à l'autre. Aussi ne les retrouve-t-il pas ensuite l'un par l'autre comme il le fera plus tard, une fois instruit, soit par une constatation réitérée de leur conjonction, soit, mieux encore, par la connaissance de leur rapport commun à un même mode d'écriture ou à un même système de numération.

De la même manière, les personnes que nous rencontrons dans la rue, si nous n'avons aucun intérêt à les remarquer, c'est-à-dire si elles n'ont aucun rapport à nos dispositions actuelles, et si d'ailleurs elles n'offrent aucune ressemblance sensible avec une personne déjà connue de nous, sont enregistrées par nous, mais sans fournir la matière distincte d'un souvenir ultérieur.

L'oubli est donc une suite inévitable de l'inaptitude, initiale ou subsistante, de notre faculté de connaître à *s'assimiler* un objet ou une impression qui lui est entièrement ou seulement partiellement nouvelle. Par suite, l'esprit ne conserve pas cette impression qui ne l'a, pour ainsi dire, que touché au passage, sans le pénétrer, faute de pouvoir s'identifier, si peu que ce soit, à son contenu actuel et durable.

Toutefois, il n'y a pas en réalité d'oubli complet ou d'inconscience à la rigueur, parce qu'il n'y a jamais de faculté de connaître entièrement dépourvue d'images, ni entièrement étrangère à quelque impresssion que ce soit venue du dehors. Aussi n'y-a-t-il jamais un oubli total des impressions une fois traversées. En d'autres termes, nous ne percevons jamais aucun objet sensible sans qu'il impressionne, à quelque degré, notre activité connaissante et sans que cette modification, éprouvée par notre conscience, n'entraîne quelque suite ou quelque facilité pour nos perceptions à venir.

15. Deux remarques établissent la présence invisible, mais réelle, des souvenirs à l'état latent.

1° D'abord, il n'y a pas de perception si faible qui ne puisse revenir, à l'occasion, dans la conscience. Les souvenirs les plus complètement oubliés et les plus longtemps méconnus surgissent soudain dans la mémoire, quand les circonstances favorisent ce retour. Le fait est constant à l'état normal, et plus évident encore dans certaines crises. Or si ces impressions avaient réellement disparu de la conscience, il serait inexplicable qu'on les y vît renaître.

On a prétendu, il est vrai, emmagasiner les impressions dans un organisme physiologique et les y conserver sans conscience. Mais il n'est pas possible de faire dériver un état de conscience remémoré de mouvements mécaniques ; car il n'est pas possible de rapporter logiquement quelque état de conscience que ce soit à une combinaison d'influences qui, prises chacune à part, sont inconscientes. Le bruit ou la sensation *consciente* du flot, selon l'argument décisif de Leibniz, ne peut se composer que du bruit également *conscient* de chacune des vagues dont il est le total. Un mouvement, c'est-à-dire une modification physiologique, réellement *inconsciente*, ajoutée autant de fois qu'on voudra à elle-même, ne produira jamais que de l'*inconscient*.

2° D'ailleurs, les impressions ou modifications de conscience, provisoirement oubliées, ne vivent pas en nous d'une manière inefficace. Elles ont une influence réelle, quoique à peine sensible, sur chacune de nos perceptions présentes successives. En effet, tout ce que nous percevons et connaissons reçoit une nuance particulière, et comme un reflet de tout ce que nous avons déjà précédemment perçu ou éprouvé. Chaque objet connu serait tout autre, si l'une quelconque de ces perceptions n'avait pas influé sur nous à son heure et laissé en nous quelque trace de son passage.

Notre activité ne débute jamais, comme dans notre hypothèse, par une ignorance absolue ou une privation totale de représentations et d'images. Il n'y a pas en nous de virtualité pure, mais toujours, dès l'origine, une puissance ou prédisposition qui produit quelque effet. Toute activité consciente débute dans la vie en possession d'images qui la guident dans ses démarches, et faute desquelles elle serait exposée à des aventures périlleuses et sans doute mortelles. Toute activité vitale possède donc, même à l'origine, et, à plus forte raison, au cours de ses expériences et de son développement, des notions qui empêchent qu'aucun objet survenant ne lui soit complètement étranger. Grâce à ces notions subsistantes et toujours accrues, elle appréhende d'une vue continue et relie entre elles les impressions que son expérience lui fait successivement traverser. Aussi ne passe-t-elle jamais d'un objet à un autre, ou d'une perception à une perception sans mémoire de l'objet dépassé et, par suite, sans prévision de l'objet à venir.

On ne saurait donc expliquer même la simple conservation des souvenirs sans réapparition ni reconnaissance, par la seule coïncidence antérieure d'impressions reçues dans un esprit entièrement passif. L'attache par laquelle des souvenirs latents, mais conservés, sont mêlés à tous nos états actuels, est déjà un commencement de liaison avec ces états par l'intermédiaire d'une activité mentale qui *se sent* la même à travers toutes les étapes successives de son développement. Seulement, le lien qui unit le souvenir latent aux états présentement traversés est encore trop lâche pour l'associer effectivement à ces états et le maintenir uni à eux dans la suite des expériences.

Comment faut-il donc concevoir la présence invisible des souvenirs inaperçus ? De tels états ne peuvent être que des impressions mêlées à d'autres et confondues dans leur masse, indistinctes et indiscernables à part. Tel est le bruit particulier d'une vague, absorbé dans la clameur totale du flot ; tel est encore, pour le meunier, le bruit du moulin, perdu et confondu dans l'ensemble de ses représentations ; ou tel, enfin, le grain de poussière sur la balance, qui ne pèse pas à part, mais entre en compte néanmoins dans le poids total.

B. RÉAPPARITION DES SOUVENIRS SANS RECONNAISSANCE

16. Du rappel des souvenirs sans reconnaissance ou de l'association des idées.

Toutes les impressions traversées ne sont pas ainsi effacées, latentes ou indistinctes. Notre esprit renferme, à l'occasion de chaque objet perçu ou de chaque impression éprouvée, des représentations qui réapparaissent dans notre pensée, mais ne s'y font pas d'abord reconnaître. Il est aisé de constater, à chaque pas de la perception sensible, qu'il y a toujours dans un objet perçu bien plus de choses que les circonstances présentes n'en peuvent, à elles seules, produire et expliquer. La rugosité, par exemple, ou le poli d'un objet ne sont pas sensibles à la vue. Ces qualités ne laissent pas cependant d'être incorporées à la vision et d'en faire manifestement partie. Il faut donc que ces impressions nous viennent d'ailleurs et, sans aucun doute, de la mémoire.

Le souvenir, qui n'est que réapparu ou rappelé sans être *reconnu*, est caractérisé par ce fait que nous ne songeons pas à le rapporter à un moment de notre existence passée ou de notre expérience antérieure. Il nous est même impossible de ne pas le considérer comme présent ou actuellement donné à notre perception.

Les cas pathologiques en fournissent des exemples plus particulièrement clairs et décisifs. Par suggestion, un malade exécute un ordre qui lui a été donné, croyant agir spontanément ou de lui-même, faute de se souvenir qu'il a reçu un tel ordre. Nous ne sommes pas d'ailleurs exempts de pareilles méconnaissances même à l'état normal. Nous répétons des opinions qui nous ont été suggérées ou bien nous agissons, à notre insu, d'après un exemple ou un conseil. Ce retour spontané, et méconnu, d'un souvenir a été appelé quelquefois *réminiscence*. Le cas en est fréquent dans la production littéraire ou artistique, où il n'est pas rare de prendre pour inventé ce qui n'est que remémoré. Mais il n'est pas besoin d'aller chercher des exemples en dehors de la perception ordinaire. Toute perception d'objet sensible, à moins qu'elle ne soit analysée par un psychologue, n'est rien d'autre qu'un souvenir rappelé et *non reconnu*, c'est-à-dire un cas d'imagination instinctive et abusée. Nous croyons *voir* l'ardeur du feu, le poli du marbre, la limpidité de l'eau, alors que nous ne faisons que nous en *souvenir*. Manifestement, c'est à une imagination ainsi oublieuse et trompée qu'il faut attribuer toutes les erreurs de la perception sensible, comme les trompe-l'œil, les illusions de la perspective, etc.

Cette évocation d'impressions ou d'objets *non reconnus* suppose, évidemment, au moment de la perception initiale, une attitude de l'esprit différente de celle qui conduit à la simple *conservation latente*. Elle est différente aussi de la puissance de l'esprit qui permettra de *reconnaître* les souvenirs, de les remettre à leur place et à leur rang d'impressions antérieures, nous empêchant ainsi d'en être dupe et quelquefois victime.

Nous allons en effet montrer que l'activité mentale, qui perçoit les impressions destinées à réapparaître et qui prépare ainsi le rappel méconnu ou le simple retour des idées, fait déjà plus que *juxtaposer* les impressions successives, mais ne les relie pas encore entre elles par une *assimilation* expresse et consciente. On donne le nom d'association des idées à ce mode de groupement des impressions qui n'aboutit qu'à des retours de représentations sans reconnaissance. Leibniz les appelle des *consécutions d'idées*, qu'il distingue des *liaisons véritables*.

17. Réduction de tous les procédés d'association et de tous les modes d'évocation des idées à deux catégories : contiguïté et ressemblance.

On oppose généralement les rapports *extrinsèques*, *constatés* par l'esprit entre les objets de sa perception, aux rapports *intrinsèques* que l'esprit peut *démêler* entre ces objets, et par suite y *introduire* dans une certaine mesure. Les rapports de juxtaposition dans l'espace, de simultanéité et de succession dans le temps, seraient des rapports *extrinsèques* ou accidentels ; les rapports de cause à effet, de moyen à fin, de ressemblance, ou partielle ou totale, seraient, au contraire, des liaisons *intrinsèques* et essentielles. Plus simplement, et aussi plus exactement, on peut ramener ces divers principes d'association au rapport synthétique de *contiguïté*, d'une part, mode commun de tous les rapports accidentels; et au rapport de *ressemblance*, d'autre part, mode fondamental de tous les rapports intrinsèques. Mais cette distinction ne doit pas être prise pour une opposition irréductible. Nous allons établir, en effet, que l'on passe insensiblement du rapport le plus superficiel, qui est le rapport de *coïncidence* de deux impressions dans l'expérience, au rapport de *liaison analytique*, le plus approfondi que l'esprit soit capable de discerner dans les choses. La *simple coïncidence* des expériences, ou juxtaposition exclusivement synthétique, objet de pure constatation, aussi bien que la perception d'une *ressemblance parfaite*, qui consisterait en la réduction de divers objets d'expérience à l'identité d'une notion, sont, de chaque côté, des limites inaccessibles à la connaissance ou à la pensée.

L'*empirisme* en général, c'est-à-dire tous les philosophes qui font de l'esprit une *table rase* et ne lui attribuent qu'une simple réceptivité, est conduit par la logique de son système à ramener tous les cas de ressemblance à des cas de contiguïté. Réciproquement, les *intellectualistes*, qui dotent l'esprit de notions distinctes préexistantes à toute expérience, tendent à ne voir dans la contiguïté qu'un cas limite de la ressemblance, quand elle est atténuée jusqu'à une analogie minime et superficielle. Mais que l'on adopte l'une ou l'autre explication, on tombe dans les difficultés également insurmontables.

18. **Il n'y a pas d'association par simple contiguïté.**

Voyons d'abord comment l'on prétend rendre compte d'un retour de souvenir par la *simple coïncidence* des impressions ou des objets antérieurement perçus. Nous trouverons : 1° une interprétation fausse des faits allégués ; 2° un principe d'explication, en droit, insoutenable.

Un lieu, dit-on, évoque le souvenir d'un événement qui s'y est passé précédemment, comme le bâton évoque, dans le souvenir du chien, la douleur qu'il a subie quand il a été précédemment frappé. Il n'y a là, semble-t-il, aucune ressemblance entre les deux termes, mais seulement une coïncidence fortuite, du moins au regard de la conscience qui a seulement subi ces deux impressions juxtaposées l'une à l'autre.

Cependant : 1° l'évocation du terme absent par le terme présent doit franchir l'intervalle de l'oubli, ce qui rompt la continuité et donne à supposer quelque autre raison du rappel. Et, en effet, l'édifice actuellement perçu évoque, d'abord, *le souvenir* d'une perception de ce même édifice. Cette représentation est *semblable*, et non pas *contiguë* ou juxtaposée, à la représentation présente.

2° La simple coïncidence, d'ailleurs, ne saurait engendrer la moindre liaison entre des idées qu'elle juxtaposerait sans les unir. La juxtaposition spatiale, ou simultanéité, est déjà en réalité une *liaison* des éléments qu'elle groupe. Elle n'est donc pas indépendante de l'activité mentale, ni donnée antérieurement à son exercice.

L'espace, qui rassemble et où s'enveloppent, à nos yeux, des objets juxtaposés, et, de la même manière, les objets singuliers, qui, un à un, dans leur étendue propre, ramassent et groupent les propriétés séparément perçues que nous leur attribuons, sont déjà le produit d'une association antérieure qui n'a pas pu se former sans une intervention efficace de l'esprit percevant. Mais cette juxtaposition dans l'espace, qui n'est encore qu'une ébauche de liaison, ne met pas de relation apparente et efficace entre les éléments qu'elle groupe, du moins pour un esprit qui se borne à les parcourir et les oublie à mesure qu'il les dépasse (14).

Pour nous en convaincre, constatons que des spectacles simplement juxtaposés ne se rappellent l'un l'autre que si, ou bien du côté de l'objet, quelque attrait, enveloppant à la fois les deux spectacles, attache et retient sur eux le regard du sujet qui les perçoit; ou bien si, du côté du sujet, on supplée à ce défaut d'intérêt dans l'objet par une attention volontaire et intelligente ou une répétition obstinée. Un enfant, qui apprend une leçon, ne la retiendra que s'il s'y *intéresse*; ou si, par un acte *d'intelligence*, il en relie volontairement les différentes parties ; ou si, enfin, et à défaut de cette participation plus ou moins personnelle, il supplée à l'inattention par une *étude prolongée* et réitérée. Mais dans tous les cas c'est le sujet, ou *l'esprit*, qui associe les éléments juxtaposés de son expérience. Jamais ces éléments ne se groupent ou ne s'enchaînent l'un à l'autre d'eux-mêmes, et sans le secours de l'activité de la pensée.

Ce n'est donc pas la loi, dite de *contiguïté spatiale*, qui peut nous rendre compte de la liaison des impressions, d'abord, et du pouvoir qu'elles ont de se rappeler, ensuite, les unes les autres dans la conscience.

19. La loi de la ressemblance, alléguée exclusivement, n'explique pas mieux ce fait de la réapparition.

Et tout d'abord, il ne saurait être question d'un rapport de *ressemblance parfaite* entre la représentation évocatrice et la représentation suggérée. Dans ce cas, le terme présent se confondrait avec le terme remémoré. Un portrait identique au modèle n'évoquerait pas l'original, mais se ferait prendre pour le modèle lui-même. Une telle identité est exclusive de tout souvenir. Mais d'ailleurs elle ne saurait exister que dans l'hypothèse d'une connaissance parfaite, *intuitive* du réel, mais non pour une connaissance *discursive* comme la nôtre, qui améliore peu à peu ses notions à mesure des expériences, et se trouve invinciblement bornée à des représentations toujours inachevées et provisoires. La connaissance humaine est toujours faite d'expériences traversées, conservées, juxtaposées et groupées synthétiquement par l'activité de l'esprit. Elle n'est jamais constituée de notions qui renferment, analytiquement et une fois pour toutes, les propriétés de l'objet qu'elles définissent.

En fait, c'est toujours, tout au plus, par une ressemblance partielle qu'une idée en évoque une autre. Un portrait, par exemple, ne saurait avoir que quelques traits de commun avec l'original qu'il rappelle. Au surplus, l'évocation ne ramène pas exclusivement cette partie commune. Elle fait surgir aussi les éléments dissemblables, qui ne sont donc que contigus à la partie identique. Mais y a-t-il même une partie vraiment commune? La partie a de l'original $a\ x\ y$ n'est que reliée ou rapportée à la partie semblable a' du portrait $a'\ b\ c$; elle ne lui est pas identique, car a de l'original est, en fait, distinct de a' du portrait.

Telles sont les objections que les partisans de l'association par contiguïté peuvent opposer, à bon droit, aux partisans de la liaison et du retour des idées exclusivement par ressemblance.

Il y a pourtant lieu de faire quelques remarques sur la portée de ces objections de l'empirisme. Elles établissent seulement, mais d'une manière décisive, qu'il n'y a jamais de ressemblance parfaite ou d'identité totale entre les diverses impressions, ni même entre les divers objets parcourus par la connaissance humaine. Pourtant, il reste vrai, comme il a été dit plus haut, que la contiguïté ou juxtaposition (synthèse) ne relie, ni *en fait*, ni *en droit*, deux impressions qui pourtant se trouvent soudées l'une à l'autre dans le fait du souvenir. Il faut donc qu'il entre, dans le procédé de cette association, quelque liaison analytique, c'est-à-dire qui tienne quelque chose du rapport de ressemblance.

Or l'empirisme va jusqu'à prétendre qu'en aucun cas la ressemblance ne peut être la raison valable d'un rappel de souvenir ou d'une évocation d'idées. Une ressemblance, dira-t-il, ne peut être perçue qu'entre deux termes l'un et l'autre présents dans une même perception et confrontés par elle. Je ne découvrirai la ressemblance d'un portrait avec l'original que si celui-ci est *déjà révoqué* dans ma perception présente. Il le sera donc, évidemment, par une autre voie que la perception de cette ressemblance même.

L'empirisme méconnaît ici que notre esprit possède, par le privilège de la raison, quelque idée ou notion *a priori* de la nature des choses. Les divers spectacles parcourus par l'expérience *contribuent* à lui révéler, en l'éclaircissant, cette idée, mais ne la lui fournissent pas en réalité. Du haut de cette notion, l'esprit domine les divers moments ou éléments de l'expérience et peut les confronter pour en découvrir les rapports. La *ressemblance* ne consiste plus alors dans un rapport immédiatement perçu entre les divers objets d'expérience. Il n'est donc pas nécessaire de percevoir, en même temps et d'abord, deux objets pour découvrir entre eux un tel rapport. La ressemblance entre les divers éléments de l'expérience est établie, par le rapport commun des divers spectacles, à la notion que l'esprit possède et qu'il développe en parcourant ces spectacles ou à mesure des épreuves. Telle est, par exemple, la ressemblance perçue, entre les personnes d'une même famille ou entre les animaux d'une même espèce, par leur rapport au *type* de cette famille ou à la *définition* de cette espèce, l'un et l'autre déjà pressentis.

Il n'est donc pas impossible que le portrait, présentement perçu d'une personne, éveille et suscite en moi d'abord *la notion*, formée au cours des expériences antérieures, que mon esprit possède déjà. Cette notion est quelque chose de différent de tous les spectacles précédemment donnés de la personne. Mon esprit, qui la forme progressivement, domine et traverse tous ces spectacles. Cette notion, une fois éveillée par un nouveau spectacle, rappelle les perceptions ou représentations déjà reçues, qui sont, l'une ou l'autre, l'original du portrait. La ressemblance commune de l'original et du portrait avec cette unique notion, tel est le lien qui unit le portrait et l'original entre eux.

20. Ressemblance sentie et non perçue.

Toutefois, cette ressemblance n'est pas toujours expressément perçue, parce que la *notion* qui préside à son établissement n'est pas toujours clairement et distinctement possédée. Dans le cas de la vie instinctive et de la représentation imaginative, cette ressemblance est plutôt sentie, éprouvée, que reconnue et constatée. La vue du feu peut d'abord exciter dans l'appétit encore aveugle le désir de la chaleur ou la crainte de la brûlure. Le désir ainsi éveillé à notre insu trouve au terme des démarches, qu'il suscite et dirige, la satisfaction ou la contrariété pressentie. Il y a donc un lien entre ces divers moments d'expériences par le fait de la *continuité* du développement d'un *même appétit*. Mais dans cette poursuite d'un objet, encore indistinctement défini, l'esprit ignore les étapes qu'il franchit. Il ne peut donc pas en conserver le souvenir et le raviver dans les expériences ultérieures.

On rapportera donc le fait de la réapparition des souvenirs, non reconnus et trompeurs, à une activité qui enchaîne déjà les impressions traversées, mais à son insu. Elle le fait sans idée préconçue ou plan délibérément exécuté. Les impressions successivement reçues par elle le sont dans un ordre ou un arrangement auquel elle n'est pas encore capable de présider. Elle *subit* cet arrangement du dehors et l'enregistre sans le *comprendre;* elle le *reproduit*, le moment venu, à son insu et sans le *reconnaître*.

Toute perception d'objet sensible, nous l'avons dit, fournit un exemple de ce mode de réapparition. Faute de reconnaître, c'est-à-dire de situer dans le passé ou l'histoire de la formation de cet objet, ou les représentations successives qui ont contribué à cette formation, nous les percevons toutes en une masse indistincte, qui se fait prendre faussement pour réelle et indiscutable. Le fruit perçu par nous nous propose, faussement, toutes ses qualités comme présentes, alors que sa *couleur seule* nous est actuellement donnée. Si, au contraire, nous nous rendons compte, comme le fait le psychologue, que la perception présente d'un objet est le résultat d'expériences précédemment faites et méthodiquement enchaînées, l'illusion est dénoncée et ne peut plus nous abuser. Alors : 1° l'étendue colorée, par laquelle nous est représenté cet objet, ne nous apparaît plus que comme un *signe* qu'il faut interpréter avec plus ou moins de prudence et plus ou moins de risque ; 2° ce signe résume et condense *à nos yeux* toutes les expériences traversées. Et toutes ces expériences, comme la saveur, le contact d'un fruit ne nous apparaîtront plus que comme des moments traversés et dépassés d'une expérience qui aboutit enfin à la perception présente. C'est ce qu'on appelle la *reconnaissance* dans le souvenir.

C. Reconnaissance des souvenirs.

21. De la reconnaissance des idées ou de l'association par ressemblance expressément perçue.

A tous les moments de notre perception, et à l'occasion de tous les objets qu'elle rencontre, nous retrouvons des représentations qui se joignent à la perception présente, *sans se confondre avec elle*. Ces représentations prennent à nos yeux le caractère d'un état qui est nôtre, mais fait partie d'un moment passé de notre connaissance, et se situe dans ce passé avec une précision plus ou moins grande. Il y a donc, dans cette reconnaissance du souvenir, deux points dont il faut rendre compte : 1° le rattachement que nous faisons du passé avec le présent ; 2° la distinction que nous maintenons entre le passé qui n'est plus et le présent, c'est-à-dire l'objet actuellement perçu. Ce double trait distingue le souvenir *reconnu* du souvenir *simplement réapparu*. En effet, dans ce dernier cas, l'impression ravivée se mêle indistinctement aux données présentes et nous hallucine. Il nous est alors impossible de mesurer le degré d'exactitude d'une représentation qui n'est pas ramenée par nous au procédé qui l'a formée, ou à l'opération de l'esprit qui lui donne sa valeur représentative et qui, seule, peut nous faire juger de sa portée et de ses limites. Tel est le cas des animaux. Ceux-ci, selon Leibniz, n'ont que des consécutions d'idées sans liaison. Ils font le même dans les mêmes circonstances, mais sans pouvoir examiner ni se rendre compte si les mêmes raisons subsistent. Il en est de même pour les empiriques que nous sommes, dans les trois quarts de nos actions.

La reconnaissance du souvenir implique donc d'abord la continuité d'une activité mentale *délibérément* orientée vers l'objet qui peut satisfaire aux tendances qui l'animent ; ces tendances se développent et s'éclaircissent à travers les étapes d'un progrès qui les rapproche de l'objet désiré.

Ainsi se lient entre elles et s'assimilent progressivement les unes aux autres les différentes impressions traversées, les différents objets d'expérience parcourus, *dans l'ordre même de leur rapport à l'idéal poursuivi*. Lorsque l'entendement a pu enchaîner, par ce pouvoir d'assimilation qui lui est propre, les différentes impressions que sa recherche intelligente et consciente a parcourues pour former une notion, il conserve, dans la dernière représentation obtenue, le souvenir présent de toutes les impressions traversées qui ont contribué à former ce dernier spectacle. Lorsque je vois un homme, cette dernière perception, qui est ma représentation actuelle du type humain, conserve en elle tous les éléments successivement et progressivement reliés pour la former. De même lorsque je revois tel ou tel homme, cette dernière perception implique, parce qu'elle les résume après les avoir reliées et condensées, les différentes expériences faites relativement à ce même individu. Elle me les rend présentes dans cette perception même et à mesure de leur rapport à la constitution de la *notion* que cette perception renferme.

Mais la puissance d'assimilation, par laquelle nous formons peu à peu nos représentations ou notions, n'est jamais qu'imparfaite et incessamment progressive. Par suite, chacune de nos perceptions, relatives à un objet, n'est qu'un moment de l'opération toujours continuée de la formation de la *véritable représentation* de cet objet, qui, supposée obtenue, en serait la *notion adéquate*. La dernière représentation s'appuie donc indispensablement, comme sur des assises ou des conditions préalables, sur les représentations précédentes, *dans la mesure même et dans l'ordre* où ces représentations précédentes ont contribué à la formation de la dernière notion obtenue.

S'il pouvait exister une ressemblance exacte entre l'étape présente et l'étape déjà traversée, il n'y aurait pas souvenir, mais confusion, par identité, des deux représentations dans la seule perception présente. Mais il n'y a, en réalité, que développement d'une représentation à l'autre et, par conséquent, une ressemblance seulement partielle. Dans la formation progressive d'un concept ou d'une notion, chaque expérience ou rencontre nouvelle ajoute quelque chose à la perception précédente, la complète et la perfectionne. Le dernier concept ainsi formé évoquera donc l'ancienne représentation, comme *reliée à lui*, parce qu'elle y est *impliquée*, mais, en même temps, comme *distincte*, parce qu'elle est *dépassée* et remplacée par une représentation moins inadéquate.

C'est ainsi qu'un objet présent évoque des objets, à la fois reliés à lui et distincts de lui. Il nous les présente comme *logiquement*, donc *chronologiquement* antérieurs au degré de perception actuellement traversé, c'est-à-dire à l'objet présentement perçu.

22. Formation des points de repère pour la localisation des souvenirs.

L'explication de la mémoire que nous venons de donner a construit le souvenir avec des éléments hypothétiques, c'est-à-dire en employant les facteurs qui semblaient postulés par la nature du produit obtenu. Nous pouvons maintenant nous placer au point de vue de l'homme qui se souvient. Par une analyse, qui remonte des conséquences aux principes, nous découvrirons que les facteurs supposés sont bien impliqués, et dans cet ordre même, dans la production de nos souvenirs.

Tout souvenir complet commence d'abord par l'évocation, et, pour ainsi dire, la production immédiate, de *points de repère* immédiatement impliqués dans la perception présente. Les points de repère sont en effet les premiers souvenirs reconnus à l'occasion d'une perception donnée. Ils se situent plus ou moins près de cette perception et entre eux, selon leur rapport plus ou moins direct au contenu actuel de notre notion.

On a prétendu expliquer les points de repère, qui sont les souvenirs d'abord reconnus, par leur aspect d'*états faibles*, contrastant avec les *états forts* qui sont donnés et imposés à la perception présente. Par exemple, de l'endroit où je suis, je me souviens d'un voyage ou d'une visite faite. La vue présente est *forte* et *saisissante ;* la vue passée contraste avec elle par sa *faiblesse* et son *effacement*. Cette faiblesse suffirait à situer dans le passé les représentations qu'elle affecte et caractérise.

Mais ce n'est pas la faiblesse d'une représentation, comparée à la force de la perception présente, qui peut nous la faire rejeter dans le passé. Pour rejeter un état faible dans le passé, il faut d'abord que le passé existe, à nos yeux ou dans notre conscience, comme distinct du présent. Or les états faibles nous sont aussi présents que les états forts qu'ils accompagnent dans la conscience actuelle.

Si donc il y a des points de repère, c'est-à-dire des perceptions *passées* reliées aux perceptions présentes mais *distinctes* d'elles, c'est que la notion présente les implique et les reconnaît comme des conditions *préalables* de sa constitution actuelle. Sans la continuité perçue d'une activité mentale qui se prolonge, identique dans son effort, mais toujours développée dans son progrès, il est impossible de comprendre, ni la *succession temporelle* des états, ni le *rejet* dans le passé, qui fait la *reconnaissance* des souvenirs.

A plus forte raison sera-t-il impossible de comprendre la *distribution*, dans le passé, de points distincts, répartis de manière à situer avec eux les souvenirs qui s'y rapportent et s'y rattachent. En effet, tous les points de repère, en tant que souvenirs reconnus, sont indistinctement des états faibles qui contrastent uniformément avec la force de la perception actuelle.

Tout point de repère est donc le résultat d'une association par ressemblance, c'est-à-dire qu'il est lié à une perception présente, dans la notion de laquelle il se trouve impliqué, comme un des moments de la formation de l'objet que cette représentation exprime. Aussi, selon l'objet donné et selon le degré d'aptitude à le percevoir et à le comprendre, les souvenirs se réveillent différents, plus ou moins nombreux et plus ou moins exactement reconnus. Des esprits d'aptitude différente, un marchand, un soldat, un ingénieur, un artiste, placés devant un même objet, un paysage, par exemple, seront hantés de souvenirs différents et suivront, dans leur retour sur le passé, une piste différente. Chaque sorte d'esprit évoque pour son compte des souvenirs dissemblables selon l'objet qu'il rencontre, et qui servent de point de départ à ses associations par ressemblance.

En même temps que les points de repère et les souvenirs reconnus qui s'y rattachent, il y a encore d'autres souvenirs impliqués dans la notion présente, mais qui ne s'en distinguent pas faute d'être expressément rapportés au contenu de cette notion comme élément de sa formation. Ce sont des souvenirs simplement réapparus et même des souvenirs conservés à l'état latent. Toute cette partie des expériences passées, plus ou moins confusément et obscurément impliquée dans la notion présente, sont les raisons des lacunes du souvenir. Elles sont aussi la cause des illusions du présent et des déceptions de l'avenir.

C'est donc bien la puissance d'assimiler, constitutive de notre activité mentale, d'abord instinctive et provoquée, puis peu à peu maîtresse d'elle-même et progressivement consciente de son but et de ses procédés, qui est la véritable explication de la formation de nos souvenirs. En d'autres termes, nous ne nous souvenons pas des choses, mais de nous-même, c'est-à-dire de nos propres progrès dans la formation des notions ou l'acquisition de la connaissance des choses.

D. Conclusion sur l'association des idées.

23. Principales lois de l'association des idées.

Cette activité mentale, explication dernière de toutes nos représentations successives et de tous les progrès de notre savoir, passe ainsi par trois degrés d'aptitude à se représenter la nature des choses :

1° Elle *juxtapose* d'abord les impressions qu'elle voit se succéder ou coïncider seulement dans son expérience, faute de les avoir prévues par un concept ou une notion qui les prévient et les organise ou les distribue à mesure de leur production.

Cette *juxtaposition* est déjà quelque chose de plus que la constatation d'une simple coïncidence. La loi de contiguïté pure ne pourrait même pas rendre compte de la conservation latente des souvenirs. A plus forte raison ne permet-elle pas d'expliquer leur retour dans l'esprit, à l'occasion d'une perception actuelle, qui se trouve toujours séparée de la perception rappelée par l'intervalle infranchissable de l'oubli. Mais, en réalité, l'espace, dans lequel notre perception primitive juxtapose les impressions traversées pour les embrasser d'un coup d'œil, est déjà le produit d'une élaboration inconsciente ou instinctive. Par suite, la juxtaposition ou *contiguïté spatiale* est déjà plus qu'une synthèse pure ou qu'une simple coïncidence. Elle est une liaison ébauchée sous la forme d'un groupement, qui rend les éléments rassemblés *simultanés* et *inséparables*.

2° Nous sommes ainsi conduits à une deuxième loi, qui est la loi de *continuité temporelle*. Deux représentations s'enchaînent en raison de la *continuité de l'activité percevante* qui les traverse et les relie l'une à l'autre. Ce mode de perception n'est plus la simple réceptivité qui additionne, comme dans la loi précédente, les impressions successivement subies. Il est le procédé d'une recherche instinctive qui enregistre au passage les impressions reçues, à mesure qu'elles répondent aux appétits qui ont d'abord suscité cette recherche et qui la dirigent. C'est l'*association des empiristes* qui suppose indispensablement des tendances et des besoins préexistants. Ces besoins sont aveugles, il est vrai. Ils ne sont guidés dans la recherche de leur satisfaction par aucune idée directrice ou aucune connaissance ou notion préalable. Cependant l'activité instinctive, qui lie les impressions successives d'après la loi de continuité temporelle, est constituée d'exigences précises, qui ne sont pas satisfaites en toutes rencontres ou par n'importe quel objet. Cette activité se fixe, instinctivement ou d'après le sentiment éprouvé, aux objets qui lui sont favorables ou contraires. Elle les associe entre eux en raison de leur rapport commun à un même besoin, qu'ils satisfont ou contredisent.

Cette activité est manifestement affranchie, dans son travail de groupement, des exigences de la coïncidence spatiale. Elle choisit et retient, à travers l'espace et en dépit des intervalles, les seuls objets auxquels elle s'intéresse et s'attache. Ainsi le progrès continu de son développement se fait par un accroissement constant de sa connaissance. Les images formées par cette association d'impressions ne sont pas la simple addition des impressions déjà traversées, mais un groupement et une systématisation des expériences faites, qui les transforme en *images représentatives*.

3° *L'association par ressemblance* ne peut être effectuée que par l'entendement. Elle suppose une activité mentale qui possède des notions antérieures et supérieures aux expériences qu'elle traverse, et à l'aide desquelles elle juge et classe ces expériences à mesure qu'elles se développent sous son regard. La raison humaine renferme de telles notions, qui permettent à la recherche scientifique de grouper des éléments d'expérience en raison de similitudes qui ne sont pas apparentes dans ces éléments eux-mêmes, et ne se révèlent qu'à son regard intelligent, éclairé de *notions à priori*. Mais de telles associations sont en réalité des *jugements*.

Si un portrait rappelle l'original en vertu d'un jugement de ressemblance, c'est parce que l'idée, inscrite en nous, de l'individu représenté précède et domine à la fois sa représentation présente et sa représentation antérieure. Ces deux représentations se relient entre elles parce qu'elles sont rapportées à une idée unique, possédée antérieurement à leur apparition. De même, si des propriétés scientifiquement établies sont reliées entre elles par un jugement, c'est parce qu'une notion préexistante rassemble ces propriétés par le rapport commun qu'elles ont avec elle.

L'esprit humain, dans chaque recherche, tend vers un idéal plus ou moins clairement défini. Tous les pas qu'il fait vers cet idéal et qui l'en rapprochent, c'est-à-dire toutes les représentations traversées au cours de cette poursuite réfléchie et orientée, se relient entre eux par leur rapport commun à cet idéal, tel du moins qu'il est possédé et compris par l'esprit artisan de la recherche.

La reconnaissance et la distribution des souvenirs reconnus en points de repère est le résultat de cette poursuite d'une notion idéale, préexistante aux expériences *à travers lesquelles* et *à l'aide desquelles* on tend à la constituer.

C'est donc *la loi de continuité temporelle* qui, seule, rend un compte satisfaisant de l'évocation des souvenirs, quand ils ne sont pas encore reconnus. Ce sont aussi ces souvenirs qui constituent, par leur amas, *les images de la connaissance sensible*. La mémoire qui reconnaît est une opération intelligente dont l'homme est en conséquence, seul capable.

CHAPITRE III

FORMATION DE L'IDÉE DE CORPS. PERCEPTION DU MONDE EXTÉRIEUR.

SOMMAIRE : 24. La perception des objets sensibles n'est pas naturelle, mais acquise — 25. Illusion du sens commun qui regarde cette perception comme une connaissance intuitive. — 26. Théorie empiriste ou associationniste. Impossibilité, pour cette théorie, d'expliquer l'objectivation et la localisation. — 27. C'est l'imagination active et reproductrice, et non l'entendement, qui constitue la représentation des objets sensibles. — 28. La perception sensible est imaginaire et condamnée à des illusions irréformables.

24. La perception des objets sensibles n'est pas naturelle, mais acquise.

L'*image visuelle* ou l'étendue colorée est, pour la connaissance vulgaire, une représentation *significative d'objet*. Cela ne veut pas dire que la sensation visuelle d'étendue colorée nous renvoie à un objet enveloppé dans cette image et qui en serait la substance ou le support, mais seulement que ce mode de sentir résume et condense en lui des sensations déjà éprouvées ; contact, odeur, saveur, etc., et nous incline, irrésistiblement, à les prévoir et à les attendre à l'occasion de cette image significative.

Pour les clairvoyants, c'est toujours une image visuelle qui évoque la présence d'un semblable objet. Si je sens une odeur ou si j'entends un son, ces sensations ne déviennent significatives d'un objet particulier qu'après avoir été préalablement rapportées à une image visuelle. C'est une image tactile qui remplit cet office chez l'aveugle-né. C'est pourquoi on appelle *qualités secondes* des corps la saveur, l'odeur et le son ; et *qualité première* l'étendue, résistante ou colorée, qui passe pour matière et réalité aux yeux de beaucoup de savants.

Cette signification, attribuée irrésistiblement à une image visuelle, lui confère deux caractères principaux qu'il appartient d'expliquer à toute *théorie de la perception sensible*.

a) Le premier de ces caractères est *l'objectivité*. C'est la croyance, pour le sujet percevant, qu'une telle *image* n'est pas seulement une modification ou un état de notre conscience, mais qu'elle dépend, si même elle ne se confond pas avec elle, d'une réalité quelconque qui nous la procure avec toutes les qualités qu'elle désigne, et nous l'impose à tel moment et sous telle forme. Cette objectivité de la donnée visuelle nous donne en effet la certitude que d'autres impressions déterminées sont à prévoir et ne manqueront pas d'être rencontrées à l'épreuve. L'éclat du feu est ardent, il nous menace de brûler, de consumer et de détruire ; la couleur d'un fruit est appétissante ; l'éclat du verre est fragile, etc.

b) L'objectivité des images s'achève par la *situation locale*. Nous attribuons à nos *objets* sensibles une certaine étendue propre, qui les délimite et leur fixe une relation de distance avec tous les autres objets et avec nous-même. Cette localisation, qui n'est pas le fait d'une *perception naturelle*, mais d'une *perception acquise*, nous signifie et nous avertit qu'il faut un certain temps pour se mettre en contact avec l'objet et en subir effectivement les impressions. Celles-ci ne sont que prévues ou pressenties dans la donnée visuelle. La situation locale d'un objet marque donc le temps plus ou moins éloigné de l'échéance des menaces, ou des promesses renfermées dans la vue de l'objet.

La situation locale est, au fond, la même chose que l'objectivité. C'est, comme nous le verrons, un même procédé de l'esprit qui délimite le lieu d'un objet et qui en fait une réalité distincte des autres objets et de nous-même.

Cette localisation ne s'effectue pas d'ailleurs par une invention pure qui nous ferait projeter, hors de nous et à une certaine distance, des qualités, simples modifications de notre conscience, exclusivement temporelles ou produites successivement au cours de notre expérience. De la même manière, l'objectivation n'est pas, non plus, la transformation absolue de ce qui ne serait d'abord que simple modalité de l'esprit ou état de conscience purement subjectif, en une représentation devenue, tout d'un coup et comme par miracle, objective, c'est-à-dire significative d'une réalité influant en nous et distincte de nous.

La transformation de la perception naturelle, ou *sensation primitive*, en perceptions acquises ou *objets sensibles*, se réduit à une détermination de plus en plus diverse et de plus en plus précise *d'objets distincts*, resserrés dans une *étendue particulière*, au sein d'un objet d'abord total et confus, répandu dans une étendue commune ou espace indifférencié.

L'éducation du sens de la vue, pour les clairvoyants, consiste dans cette opération que nous allons maintenant expliquer.

1° Il faut tout d'abord établir le caractère *discursif* de l'opération ou du procédé de l'esprit par lequel se forment les images de la perception sensible. Le *sens commun*, au contraire, attribue à cette connaissance ou à cette perception le caractère *intuitif* ou direct d'une observation immédiate, qui atteindrait l'objet avant toute interprétation de l'activité connaissante.

2° Il faudra montrer ensuite que la simple réceptivité des sensations, indépendamment de tout exercice d'une vertu active de l'esprit, ne suffirait ni à *objectiver* ni à *localiser*. Les *empiristes* ou associationnistes prétendent, au contraire, que la simple mémoire, ou conservation des impressions précédemment reçues et *associées*, explique, d'une manière suffisante, la formation de l'illusion par laquelle nous attribuons une réalité et une place aux impressions ainsi groupées.

3° Il restera à montrer quel genre de raisonnement et quelle faculté particulière de l'esprit (*imagination reproductrice*) intervient pour *objectiver* et *localiser*.

Il y a, nécessairement, un usage de la raison ou des principes directeurs de la connaissance dans la formation de l'idée de corps. Seulement cette intervention n'a rien de réfléchi et de délibéré ; tandis que le raisonnement scientifique, qui aboutit à la véritable notion ou définition des choses, est à la fois réfléchi, critique et mis en garde contre les illusions possibles.

25. Théorie de la connaissance intuitive des objets sensibles.

Les philosophes sont à peu près unanimes à refuser à l'objet de la perception sensible le caractère d'un *objet réel, intuitivement ou directement appréhendé par l'esprit*. Notre conscience, en effet, ne peut recevoir et connaître les choses qui lui sont extérieures que par les modifications qu'elle en éprouve. Elle ne peut donc que conjecturer la nature des réalités qui la modifient. Elle est d'ailleurs guidée dans cette conjecture et dirigée dans la formation des images ou notions, par lesquelles elle se représente la nature des choses, par la raison qui est en elle ou les *idées directrices* de son opération de connaître. Mais, en aucun cas, il ne lui est possible d'atteindre directement la réalité, indépendamment des impressions qu'elle en subit, et en dehors du groupement, plus ou moins rationnel, plus ou moins légitime, qu'elle fait de ces impressions.

Tel est le sens général de ce qu'on appelle *l'idéalisme philosophique*. Nous ne connaissons des choses que nos propres perceptions. L'*être* des *objets sensibles*, en particulier, ne consiste que dans la *perception* que l'on en a, conformément à la formule célèbre : *esse est percipi*.

Des différences importantes, dans la manière de concevoir l'existence et la nature des réalités perçues sous la forme d'objets sensibles, naissent ensuite des différentes manières d'expliquer le procédé de la perception ou la nature de l'esprit qui perçoit. Nous allons les voir apparaître. Elles divisent les *empiristes* et les *intellectualistes*. Mais en tout cas, et d'un commun accord, les philosophes dénoncent *l'illusion du sens commun*.

Ils opposent à sa prétention d'une vue directe sur l'existence et la nature des objets sensibles, l'impossibilité d'atteindre par expérience ou contact immédiat : a) l'*unité* de l'objet ; b) son *identité* ou permanence ; c) sa *réalité* ou son action efficace sur nous-même et sur les autres objets, qui sont les trois qualités implicitement affirmées dans toute perception d'objet extérieur.

a) Les sensations, à travers lesquelles nous sont inévitablement donnés les objets sensibles, *se succèdent* les unes aux autres dans le temps de la perception. Elles ne possèdent donc pas, par elles-mêmes, c'est-à-dire en tant que *phénomènes* ou faits d'expérience, ce caractère d'*unité* qui les lie ensemble et les rend inséparables dans la représentation de l'objet. Elles ne possèdent même pas, *en tant que données sensibles*, l'aspect d'un groupement simultané dans une étendue locale, qui ne peut leur être donné, comme nous le verrons, que par une première intervention de l'esprit ou de l'activité mentale. Elles ne sont, en réalité, que des impressions temporelles incessamment substituées l'une à l'autre. Ces impressions font sans doute, par leur présence même, allusion à un objet total, mais elles n'en désignent pas et n'en définissent pas le contenu.

L'expérience que nous pouvons avoir d'un fruit ou de tout autre objet est d'abord successivement constituée de la constatation d'une couleur, d'une odeur, d'une saveur, etc., et dans un ordre quelconque. Ces différentes impressions peuvent même, du moins dans la perception primitive, être traversées et interrompues par d'autres sensations, venues d'objets tout différents, comme des bruits, des contacts, des couleurs ou des odeurs. *L'unité*, que nous affirmons dans l'énonciation : je vois un fruit, n'est donc pas renfermée dans l'expérience première. Si nous la trouvons dans une expérience ultérieure, c'est, manifestement, qu'un *travail* quelconque *de l'esprit* l'y aura introduite, en joignant, associant et liant entre eux différents éléments d'une expérience d'abord confuse, incohérente et instable.

b) Quant à *l'identité* de l'objet, la sensation ou l'expérience pure sont encore plus éloignées de pouvoir nous en instruire. Lorsque je perds de vue un objet, cette seconde perception, fût-elle identique à la première, s'en trouve, à tout le moins, séparée par tout le temps de l'interruption. Je n'ai donc pas le droit, *au nom de mon expérience*, d'affirmer que cet objet a duré ou est resté identique dans l'intervalle de mes deux perceptions. L'identité de l'objet, par laquelle je relie l'un à l'autre ces différents moments de mon expérience, vient donc d'ailleurs que de l'expérience. Même pendant le temps que la perception d'un unique objet se prolonge, les variations incessantes, quoique souvent insensibles, de cet objet *perçu* m'interdisent de lui attribuer l'identité. Un fruit, perçu depuis sa naissance jusqu'à sa disparition, subirait sous mes yeux d'incessantes métamorphoses. La cire, dont parle Descartes, depuis son extraction de la ruche et à travers toutes les modifications qu'elle peut recevoir, ne peut être dite la *même* cire, du moins au témoignage des sens ou de l'expérience, qui la voient incessamment transformée.

c) *L'activité* par laquelle un objet sensible est dit influer sur nous ou sur les autres (causer, par exemple, en nous des impressions de saveur, de goût, comme un fruit, ou brûler le bois, comme fait la flamme) ne saurait être non plus directement atteinte par l'intuition sensible, qui se limite, irrémédiablement, à nos perceptions propres ou modifications de conscience. Cependant, nous n'hésitons pas à attribuer aux objets de notre perception une semblable vertu. C'est donc par une inférence ou raisonnement, et non pas par une intuition impossible, que nous leur reconnaissons ce pouvoir. Nous ne pouvons être le témoin direct que de notre propre activité ou puissance : nous ne saurions être spectateurs immédiats de quelque autre activité que ce soit.

Concluons. La donnée sensible ne contient pas, par elle-même, la réalité que nous attribuons avec succès aux objets de la perception commune. Nous ne pouvons donc fonder notre croyance en de tels objets que sur une opération de l'esprit. Cette opération groupe des données empiriques, d'abord globalement objectives et disséminées dans un espace total, autour de *centres d'unité et d'influence*. Elle confère du même coup à ces centres des *situations respectives* et des *rayons d'influence* que les données, en tant que reçues, ne renfermaient pas en elles-mêmes. *La perception extérieure n'est donc pas une perception naturelle, mais une perception acquise.*

On peut joindre, d'ailleurs, à cette argumentation décisive une confirmation expérimentale. Elle se tire de l'observation des aveugles-nés et de l'existence des erreurs de la perception.

Les aveugles-nés, récemment opérés, ne distinguent pas d'abord des objets, séparés d'après les taches colorées que leur vision, encore inexpérimentée, peut percevoir. Il leur faut une assez longue *éducation* du sens de la vue pour arriver à délimiter et à situer des taches colorées, *significatives* de la présence et de la nature des différents objets. Les enfants témoignent, au début de leur expérience, d'une incapacité et d'une maladresse semblables.

D'autre part, les erreurs et les déformations de la perspective des sens, entre autres, seraient inexplicables, si c'était de l'objet lui-même et de sa présence réelle que nous avons connaissance dans la perception sensible. Un *même* objet ne saurait être *tantôt grand* et *tantôt petit* au regard d'une perception intuitive.

En somme, il faut *une éducation du sens de la vue* pour obtenir l'image visuelle qui nous tient lieu d'objet dans la perception commune. D'autres *perceptions acquises* donnent, plus tard, à nos différents sens la vertu de discerner des nuances de goût, de couleur, de son, de toucher ou de poids, d'abord insaisissables à la perception commune. Elles ne sont qu'un prolongement et une illustration de cette première et fondamentale éducation, par laquelle notre sens de la vue apprend à percevoir la résistance, le contact, voire même l'odeur et la saveur d'un objet, indépendamment de tout commerce actuel avec cet objet.

26. La perception sensible est, pour l'empirisme, le résultat d'une simple association d'idées. (Idéalisme empiriste).

Il y a donc *une opération de l'esprit* par laquelle les impressions ou les sensations, primitivement juxtaposées dans l'expérience, sont unies l'une à l'autre et rendues comme solidaires entre elles, pour former le *groupe constant et prévisible de propriétés* qu'on appelle l'*objet*. Ce groupe est constitué par l'assemblage de plusieurs impressions, rattachées à l'une d'entre elles comme à un centre. Ce groupement objective et localise à la fois l'image ainsi formée.

Pour le clairvoyant, ce centre est une tache colorée plus ou moins étendue que l'on appelle *signe local*. Exemple : la couleur éclatante du feu, assez précisément délimitée dans une figure visible, ramasse en soi et situe par rapport à notre corps et aux autres objets toutes les influences bienfaisantes ou nuisibles de l'objet qu'on appelle *le feu*.

Cette localisation et cette objectivation, qui vont de

pair, sont d'ailleurs de plus en plus assurées et précises à mesure qu'on s'élève des *objets inertes* aux *objets animés* et aux *individus pensants*. L'air, l'eau, la pierre et le feu sont assez difficiles à délimiter et, partant, à objectiver et à définir dans l'espace. Les plantes et les animaux offrent déjà des contours plus arrêtés et des objets mieux définis. L'homme, seul, par le concert manifeste de ses organes et de ses fonctions, nous signifie la présence d'un être véritablement individuel et réel. On quitte alors la définition spécifique pour s'acheminer vers la définition singulière et originale. Les substitutions d'individus deviennent impossibles. Aussi dit-on *un tel* homme ou même *un tel* animal, alors qu'il faut se contenter de dire *la* plante, *la* pierre, ou encore *de* l'eau, *du* feu, *de* l'air.

Les empiristes se flattent d'expliquer, et cette *objectivation* et cette *localisation*, à l'aide seulement d'impressions reçues par un esprit entièrement passif.

a) *L'objectivation selon l'empirisme.*

Ces impressions s'associeraient d'elles-mêmes sans l'intervention d'une spontanéité ou d'une vertu propre de l'esprit, réduit à la pure réceptivité. Selon les empiristes, il suffira, en effet, que des impressions se soient présentées un certain nombre de fois, dans le même ordre, à notre esprit, pour que nous ne puissions plus les séparer l'une de l'autre. Nous serons ainsi amenés à les grouper et à les prévoir irrésistiblement sous la forme d'un *objet unique*, chaque fois qu'une de ces impressions nous sera fournie ou donnée par le hasard d'une rencontre. Ainsi l'œuvre de la formation des *images corporelles* ou des *objets sensibles* serait affaire de *pure mémoire* ou tout au plus d'une *imagination* exclusivement *reproductrice*.

Or 1° : *la pure mémoire*, c'est-à-dire l'association par simple coïncidence des impressions successivement éprouvées, n'est même pas capable d'enchaîner, d'abord, entre elles, et d'évoquer, ensuite, l'une par l'autre les impressions ainsi traversées (18). Un esprit, constitué exclusivement d'une telle mémoire, serait, en effet, incapable de rester constant avec lui-même à travers des impressions incessamment modifiées et changées. Ainsi on ne pourra même pas, dans cette hypothèse, retrouver, à propos d'une impression donnée, des impressions antérieures avec lesquelles cette première impression n'a rien de commun et n'a, par suite, aucun point d'attache. Si, en réalité, une impression en évoque d'autres dans le souvenir et les groupe autour d'elle par l'imagination, c'est que l'esprit, au cours de son expérience et par son propre développement, a introduit et établi quelque rapport entre ces impressions (20). Il peut alors les évoquer à propos de la tache visuelle qui les condense et les résume et qui par conséquent les implique.

2° La perception d'un objet ne se réduit pas d'ailleurs à un retour pur et simple sur des impressions déjà éprouvées. Elle est, en réalité, *une prévision imaginative*, et consiste dans la croyance certaine, que des impressions telles et telles *seront* éprouvées. Exemple : la perception d'un fruit n'est pas seulement le *souvenir*, sa couleur étant donnée, de l'odeur, de la saveur et d'autres qualités semblables que l'on a éprouvées à la suite d'une couleur analogue précédemment rencontrée, mais bien la *conviction ferme et justifiée* qu'une odeur et qu'une saveur nouvelles vont résulter d'une rencontre avec cette donnée colorée. L'imagination n'est donc pas seulement ici une simple mémoire, c'est-à-dire une reproduction pure et simple du passé ; elle est une véritable invention de l'avenir. Création ou prévision qui n'est pas d'ailleurs illusoire, mais justifiable et toujours justifiée, dans certaines limites et sous certaines conditions assignables.

3° Au surplus, les empiristes eux-mêmes conviennent que la formation psychologique de l'image corporelle, telle qu'ils la proposent, ne conduit à rien de plus qu'à une *hallucination* ou fantôme inconsistant d'objet. Ce n'est, au bout du compte, qu'un rêve, un peu plus prolongé sans doute et un peu plus cohérent que l'hallucination du dément ou le songe du dormeur, mais, au total, aussi peu fondé.

b) *La localisation selon l'empirisme.*

Si maintenant, du même point de vue, on tente d'expliquer la *localisation* de l'image corporelle, c'est-à-dire sa délimitation dans l'espace par le groupement de sensations qui étaient d'abord simplement successives, nouvel échec de l'empirisme dans cette entreprise. L'empirisme fait d'inutiles efforts pour constituer le *signe local*, c'est-à-dire pour expliquer comment on en vient à attribuer à une tache colorée une place relativement précise dans l'ensemble du panorama sensible, et, par là, une situation relative à nous et aux autres objets.

Tout d'abord, dit l'empirisme, nous ne possédons que des modifications purement subjectives, temporelles et *intensives*. De telles impressions ne sont donc pas spatialisées et encore moins localisées dans une étendue particulière. Mais, parmi elles, il se rencontre une catégorie de sensations, appelée sensations musculaires, ou encore sensations *kinesthésiques* ou de mouvement. Ces sensations ont un caractère propre. Elles se prolongent dans le temps, elles ont une durée. Cette durée est sensible et mesurable, depuis le moment où la sensation commence de nous modifier jusqu'au moment où elle cesse d'être ressentie. Ce caractère original de la sensation kinesthésique constitue sa qualité *protensive*.

Or, des sensations *protensives* peuvent être ramenées, quant à la durée pendant laquelle on les éprouve, à une commune mesure. En effet, il y a un *ton moyen* de ce genre de sensations, plus intense quand le mouvement devient plus rapide, plus faible et atténué, quand il devient plus lent. On considérera en conséquence comme plus ou moins éloignées ou plus ou moins proches les autres sensations (couleur par exemple), en raison du temps qu'il faudra pour les rejoindre et les modifier, en conservant dans cette poursuite un ton moyen constant de la sensation musculaire. Nous situerons alors les nuances colorées à des distances diverses et dans des situations respectives, en raison de la longueur du temps ainsi mesuré. Le *signe local* qui, à la fois, désigne l'objet et le situe, résulte donc de l'association d'une sensation musculaire ou kinesthésique mesurée quant à sa durée ou qualité protensive, avec une sensation visuelle qui la rappelle, parce qu'elle l'implique après lui avoir été associée. L'empirisme croit expliquer ainsi le passage de la sensation primitive, qui est *intensive*, à la perception finale, qui devient *étendue* et, par suite, *objective* et *localisée*.

Nous croyons qu'il faut, en effet, attribuer à la sensation du toucher, modification et perfectionnement du sens musculaire, la propriété de mesurer des distances et par suite de situer les objets. Nous y avons, d'ailleurs, rapporté précédemment la perception de la spatialité (11). Mais le sens du toucher ne renferme pas en lui-même, c'est-à-dire en tant que sensation séparée, ce privilège d'étendre les impressions et de les objectiver en les localisant. Il n'est en réalité qu'un moment du développement du sentiment primitif de l'effort, c'est-à-dire le résultat d'une *certaine mémoire* et le produit d'une *certaine puissance d'imaginer* dont il faut d'abord rendre compte.

En effet, si la sensation musculaire n'est par elle-même et d'abord, comme le prétend l'empirisme conformément à ses principes, qu'une simple modification *intensive*, c'est en vain qu'une telle sensation se prolonge. Elle n'ajoutera jamais que de l'inétendu à de l'inétendu, et ne formera point un espace. Spencer croit parer à cet inconvénient en supposant un esprit qui parcourt, dans les deux sens et à plusieurs reprises, une ligne de A à N, et qui passe successivement, allant et venant, par les points intermédiaires B, C, D, etc. L'esprit ne recueille d'abord, dit-il, dans le premier parcours que des impressions successives et non simultanées. Mais à force de parcourir, dans les deux sens, cette même ligne, notre expérience se formera l'idée d'une simultanéité ou d'un espace. Nous serons, en effet, amenés à attendre les mêmes impressions à la suite des mêmes impressions dans un ordre toujours identique et posé une fois pour toutes.

Cet expédient ne sauve rien. A défaut d'une mémoire, ou, plus précisément, en l'absence d'une activité mentale qui *enveloppe d'avance*, au moins virtuellement, et qui reconnaît et situe, à mesure qu'elle les rencontre, toutes les impressions qu'elle reçoit et parcourt, les ordonnant ainsi *dans un cadre préexistant*, il n'y aura ni *mémoire* ou subsistance du déjà perçu, ni *liaison* ou identification du présent au passé, ni par suite *simultanéité* ou juxtaposition au regard de l'esprit (18).

Une fois de plus, on prétend expliquer la formation des images objectives par l'opération de la mémoire, mais on n'explique pas la mémoire elle-même. Ou bien l'explication qu'on en donne ne justifie pas les images ou représentations qu'on prétend lui faire produire.

27. De l'opération de l'esprit par laquelle se constitue l'image des objets corporels.

Il apparaît donc nécessaire de recourir, pour expliquer *l'objectivation* et *la localisation* à un appétit orienté et conscient, c'est-à-dire à une activité qui s'efforce et qui se sent capable d'introduire l'ordre dans le désordre d'abord donné. Cet appétit ou *raison spontanée* est le facteur indispensable de l'objectivation et de la localisation des sensations qui, simplement reçues ou constatées, resteraient incohérentes et, comme telles, n'apparaîtraient jamais que comme de pures modalités de la conscience.

Remarquons, d'abord, que cette activité de l'esprit, dont la présence et l'exercice sont indispensablement requis pour rendre compte de la formation de l'objet sensible, n'est pas *l'entendement*, comme le prétend Descartes, mais seulement l'*imagination reproductrice*. La perception extérieure est l'œuvre de la *raison spontanée* et non pas de la *raison réfléchie*. Cette activité mentale, toutefois, ne sera pas l'imagination abusée et trompeuse qui hallucine le dément et le dormeur, mais cette activité consciente qui reconnaît les souvenirs parce qu'elle les a groupés à mesure des satisfactions qu'elle a éprouvées dans les rencontres antérieurement subies. Si une telle imagination ne peut réformer, comme nous le verrons, des images dont le mode de formation lui est imposé, du moins peut-elle en reconnaître et l'insuffisance et les limites, et par suite n'en suivre les indications qu'à bon escient.

Descartes l'entend autrement. Selon lui, nous ne connaissons pas les choses par les sens ou l'imagination, mais seulement par l'entendement pur. Or, celui-ci ne découvre de solide et de réel dans les événements naturels que l'étendue mathématique et ses propriétés. De là suit une double conséquence : 1° le monde des objets sensibles est entièrement faux et trompeur ; 2° Dieu n'a pu créer, s'il l'a fait, que des êtres conformes aux vérités mathématiques, seul objet des idées claires et distinctes que nous pouvons avoir de la nature des choses.

Mais, tout d'abord, c'est à des groupes de sensations, c'est-à-dire à des *qualités sensibles* que nous attribuons invinciblement l'objectivité. Ensuite, un monde mathématique, une fois découvert par l'entendement analytique certain de sa notion, dissiperait, à nos yeux, le prestige du sensible. *Verum, index sui et falsi*. Enfin, le monde, interposé en apparence entre l'entendement divin et le nôtre, irait, une fois connu, se résorber dans l'entendement divin lui-même et y entraînerait notre propre entendement avec lui. La perception de la nature par l'entendement conduit à la vision en Dieu de Malebranche et à l'identification, chez Spinoza, de toute pensée et de toute étendue avec Dieu même.

Restituons donc seulement à l'origine de toute expérience et de toute formation d'image objective une activité vitale préexistante, donc *a priori*, qui embrasse virtuellement l'ordre des choses vers lequel elle est orientée. Par le développement de ses besoins ou de ses appétits, tour à tour satisfaits ou contrariés au cours de démarches aveugles, cette activité enchaîne de plus en plus étroitement les impressions subies, et en forme progressivement les objets de la connaissance sensible.

Cet appétit vital, ou effort instinctivement orienté vers l'équilibre, se trouve, dès le début, présent et impliqué dans toute impression reçue ou dans toute sensation subie. Par conséquent il perçoit, sous la forme d'un espace total, l'ensemble des impressions qui sont par lui successivement reçues. L'espace ne nous est alors donné que comme un objet global indifférencié qui s'oppose en bloc au sujet percevant. Le travail par lequel se constituent progressivement les objets sera donc de *despatialiser*, pour ainsi dire, c'est-à-dire de grouper autour de centres particuliers, isolés dans l'espace total, des impressions qui ont été éprouvées comme satisfaisant en commun à un même appétit ou à un même besoin. Exemple : un fruit d'abord perçu par sa couleur a satisfait, après l'avoir éveillé, un besoin particulier d'odeur, de saveur et de nutrition. Cette couleur et ces autres propriétés ont été les moments successifs d'*une même opération de conscience*, c'est-à-dire les étapes du *développement continu d'un unique appétit*. Ces propriétés se trouvent donc désormais solidaires dans le souvenir et se groupent autour de la qualité le plus souvent perçue, la couleur.

L'antériorité d'un appétit virtuel, ou dépourvu de toute représentation d'objet, peut n'être, d'ailleurs, que *logique* ou relative à l'explication de la genèse de l'image. Il n'y a pas, sans doute, d'appétit ou de tendance à vivre exclusivement virtuel. Étant aveugle à la rigueur, il serait incapable, si ce n'est par miracle, de se satisfaire et, partant, de survivre. On peut donc supposer que dès l'origine cet appétit vital, non seulement se représente globalement l'espace, et, par lui et en lui, l'ensemble confus de la nature, mais qu'il possède, en même temps, des représentations particulières relativement définies. Elles orientent ses démarches en lui indiquant dans une couleur, ou dans toute autre modalité sensible, l'inclusion d'une autre qualité désirable, promise et bientôt rencontrée. Tel est, sans doute, le mode de percevoir de l'instinct animal et de l'instinct humain. Cependant, l'explication de la genèse des images ou objets sensibles qui sont des groupements d'expériences et de souvenirs par l'action d'un appétit orienté et d'une tendance continue, reste *théoriquement* indispensable. Au surplus, l'exemple des aveugles-nés opérés établit le degré de confusion ou « d'indistinction », dans lequel sont perçus les objets sensibles avant toute éducation des sens et indépendamment des opérations de l'activité mentale que nous venons de décrire.

28. Caractère imaginaire ou illusoire des objets de la perception sensible.

L'objet ainsi formé par le groupement et la concentration, sur un point de l'espace, d'un système de qualités considérées comme désormais inséparables, prend, du même coup, la forme d'une étendue particulière plus ou moins précisément définie. L'*espace total* est la première forme que la raison impose aux données sensibles pour les rendre objectives. Les *étendues particulières*, dans lesquelles se localisent ensuite chaque système particulier de sensations traversées, reliées par notre appétit au cours de son développement et de ses rencontres, ne sont qu'un degré de plus d'objectivation. Elle est encore imparfaite, mais déjà relativement précise.

Il y a, en effet, dans le lieu ou étendue particulière, dans lequel se ramassent et s'unifient, au regard de notre perception, les qualités des objets sensibles, deux caractères opposés qui sont intéressants à relever. Par le *premier*, l'objet est défini ou délimité, c'est-à-dire distingué des autres objets semblablement délimités pour leur part. C'est par cette définition et cet isolement que des modalités sensibles deviennent significatives d'objets particuliers. Par le *second* caractère, au contraire, c'est-à-dire par l'espace encore subsistant dans les limites de la forme locale ainsi délimitée, et aussi par l'imprécision de cette délimitation qui empêche d'assigner à aucun objet sensible une étendue propre et immuablement fixée, l'objet reste indéterminé et confondu avec tout l'univers.

Cette *spatialité* irréductible empêche la condensation exacte, en une représentation vraiment et décidément unifiée, de propriétés qui restent relativement disjointes, et non pas encore inséparables. L'objectivité est donc suspecte dans cette mesure même. Le spectacle ou l'image représentative ainsi formée ne renferme point, faute d'une liaison définitive des éléments du groupe dans une unité inséparable, les garanties d'une prévision certaine de leur groupement constant dans l'avenir.

D'ailleurs, l'étendue définie et locale ainsi dessinée est, dès l'abord, volumineuse et a trois dimensions. Elle n'est point, en effet, comme dans la thèse empiriste, constituée par l'addition de points juxtaposés avec lesquels on ne saurait engendrer des lignes continues, et, à plus forte raison, des surfaces et des solides. Elle ne dépend pas non plus de la surface d'une rétine ou du plan plus ou moins varié que parcourt un organe tactile. Cette étendue est constituée d'un centre d'influence d'où rayonnent en tout sens des qualités d'une portée plus ou moins exactement délimitée et rattachées à un centre plus ou moins précisément fixé. Le symbole ou la représentation, par laquelle s'exprime un *objet* sensible, est donc d'abord et d'emblée un *volume* ou un *solide*.

Ainsi *les pressentiments* fondés de l'instinct vital se traduisent par une objectivation relativement exacte, tandis que l'*aveuglement* de cet instinct, qui préside *inconsciemment* à la formation de nos images objectives, se manifeste par l'imperfection du résultat obtenu. L'unification ou le groupement des propriétés n'est jamais achevé et ne donne lieu qu'à des images d'une objectivité incertaine et d'un contour vague et indéterminé. C'est pourquoi l'image sensible reste toujours un signe trompeur ou une représentation qui n'exprime qu'imparfaitement son objet.

C'est donc bien l'*imagination spontanée* et non l'*entendement critique* qui forme l'image sensible. Cette imagination groupe les impressions ou sensations telles qu'elles ont été perçues dans le passé par une activité ignorante de la vérité des choses. Elle ne nous met pas, par elle-même, en défiance contre l'insuffisance d'une telle image appliquée à la prévision de l'avenir.

De là résulte une *double illusion des sens*. D'abord notre imagination imprudente prend toujours pour un objet *présent* et *réel* ce qui n'est, en tous les cas et au mieux, qu'un objet *conjectural* et *à percevoir*. Ensuite, cette imagination, qui reproduit exactement le spectacle fourni par le passé, prévoit le même objet dans les mêmes circonstances, sans examiner si les circonstances sont bien identiques. Elle est ainsi exposée à prévoir dans un objet sensible, changé à notre insu, des propriétés semblables à celles de l'objet passé auquel il est faussement assimilé. Exemple : un bâton nous paraîtra brisé dans l'eau parce que, dans les conditions ordinaires de la perception d'un pareil aspect, nous aurions le droit de conclure à un pareil objet. Mais les conditions ici sont anormales ou changées et la mémoire imaginative n'est pas capable d'une pareille remarque ni de la rectification qu'elle impose. Sans doute, les erreurs scientifiques ne sont pas non plus toujours évitables, mais du moins sont-elles corrigées par la démonstration qui les révèle et qui, en les manifestant, les dissipe. Les erreurs sensibles, au contraire, résistent à toute démonstration et à toute épreuve.

Les erreurs de la perspective, par exemple, nous sont imposées sans remède. Même dénoncée par l'analyse du psychologue, l'illusion inhérente à toute perception d'objet sensible résiste invinciblement et continue de nous en imposer. Ce bâton est brisé, dit La Fontaine, *ma raison* le redresse. Sans doute, mais *les yeux* continuent de le voir brisé et de tomber dans le piège de l'apparence ou de la perspective.

C'est ainsi : 1° qu'un changement dans l'aspect de l'objet (trompe-l'œil) ; 2° qu'un changement dans le milieu interposé entre l'objet et nous (réfraction, image); ou 3° qu'un changement dans l'organe du sens ou dans le cerveau (maladie mentale) condamnent la perception à des erreurs invincibles. La raison les dénonce, mais ne les redresse pas.

Il y a lieu pourtant de signaler dans la perception *humaine* une première manifestation de l'esprit critique. Cette intervention la distingue de la perception exclusivement instinctive ou *animale*. Nous sommes, en effet, capables de réfléchir, *après coup*, sur les opérations, d'abord inconscientes et aveugles, par lesquelles se forment primitivement et naturellement nos images de la nature corporelle. S'il nous est, par cette réflexion tardive, impossible de redresser les erreurs des sens, du moins sommes-nous en état de les connaître et de nous tenir en garde contre elles. Il est facile de tendre des pièges aux animaux et aux simples empiriques, affirme Leibniz. Mais les empiriques ou les hommes irréfléchis peuvent soupçonner le piège, les animaux en restent toujours incapables.

CHAPITRE IV

IMAGINATION ET ENTENDEMENT. LES IMAGES ET LES IDÉES.

Sommaire : 29. La connaissance imaginative est abstraite, générale et trompeuse. — 30. La connaissance réfléchie substitue à l'image l'idée concrète, particulière et critique. Décrire et définir. — 31. Imaginer et entendre.

29. La connaissance par imagination est abstraite, générale et trompeuse.

Les *images* formées par l'activité connaissante, instinctive ou provoquée, à laquelle convient proprement le nom *d'imagination*, sont les représentations qui constituent les *objets* de la connaissance sensible ou *de la perception extérieure*. Elles sont les premières notions que nous nous formons de la nature des choses, mais elles n'en sont encore qu'une connaissance *sommaire*, *abstraite* et *générale*. C'est la *connaissance vulgaire*, à laquelle tout le monde participe, mais par laquelle personne ne se distingue.

L'*entendement réfléchi* fera succéder à ces représentations imaginatives des *idées* ou notions critiques qui seront, comparées aux images, plus *approfondies* et, partant, plus *concrètes* et plus *individuelles*.

Pour déterminer les limites infranchissables du pouvoir de notre imagination dans la représentation qu'elle prétend nous donner de la nature des choses, il faut se reporter au procédé précédemment décrit, par lequel notre activité instinctive reçoit, associe et groupe les données empiriques de la connaissance.

Or cette activité est empirique et imprévoyante, par là même bornée au nombre toujours limité d'expériences ou d'épreuves que nous avons pu faire. En effet, l'activité instinctive, qui forme l'image, n'apporte dans le procédé inconscient de cette formation aucune idée directrice, aucune notion préexistante. Elle ne sait donc que ce qu'elle a vu et comme elle l'a vu, sans critique. Nous possédons, sans doute, à l'origine de toute expérience et de tout savoir, un instinct de l'ordre qui nous fait ressentir, à mesure des rencontres, ce qui contrarie nos désirs naturels ou ce qui les favorise. Mais ce besoin de l'ordre n'est encore qu'un appétit aveugle, exclusivement déterminé, dans les représentations qu'il se forme des objets de sa recherche, par des rencontres ou des expériences.

Par ce mode de connaître, qui est celui d'une mémoire qui enregistre et associe les impressions à mesure des rencontres, nous ne saurions connaître de la nature des choses que les impressions qu'elles nous ont faites, en nombre toujours limité. L'image ainsi formée résume donc seulement la moyenne des cas traversés, comme un *portrait composite* amasse et résume les vues particulières prises sur un objet et celles-là seulement.

Une représentation ainsi formée ne peut être que *superficielle* ou *abstraite, banale* et *trompeuse*.

a) L'image est, tout d'abord, *superficielle*. L'observation empirique, qui n'est pas encore dirigée par *les notions de la raison*, faite pour nous avertir de la nature des choses et nous la signaler et démêler dans la confusion des apparences, n'atteint des choses que *leur phénomène* ou la manière dont elles nous modifient. La juxtaposition des impressions, ainsi traversées et subies, en s'amassant dans le souvenir, ne peut manifester le lien profond et dissimulé qui réunit véritablement quelques-unes seulement de ces apparences et les rend inséparables. Les impressions ainsi reçues ne laissent pas pourtant de se grouper entre elles dans l'imagination reproductrice, œuvre du souvenir, écho de l'expérience traversée. Mais ce groupement se fait sans un choix intelligent de notre part. L'apparence le plus souvent produite décide, en se répétant, de la nature du composé ou de la représentation obtenue. C'est ainsi, par exemple, que nous définissons d'abord les choses par leur forme extérieure ou délimitation locale. Cette définition est, nous l'avons vu (27), le premier résultat obtenu par l'activité mentale, ou plutôt imposé à elle, dans son entreprise de définir la présence d'un objet et de délimiter son rayon d'influence.

Il est constant que la représentation imaginative nous fait juger des objets par leur forme ou leur *quantité*, plutôt que par leur contenu *ou la qualité* qui seule les définit véritablement. Les animaux qui ont la forme d'un poisson, comme la baleine, ou d'un oiseau, comme la chauve souris, sont rangés faussement dans l'une ou l'autre de ces classes, à l'exclusion d'animaux qui n'exhibent pas cette forme extérieure, et qui possèdent pourtant les propriétés véritables mais dissimulées de l'espèce. Les classifications dites artificielles, comme la distribution des plantes en arbres, arbustes ou arbrisseaux, sont un exemple de cette illusion. De la même manière, l'observation empirique du vulgaire ou de l'ignorant attache plus de prix, dans la définition d'un caractère, aux manifestations apparentes et trompeuses qu'aux traits profonds, essentiels. Pour percer jusqu'à ces traits cachés il est besoin d'un effort intelligent d'analyse ; ils ne sont pénétrables qu'à des esprits avertis.

Une telle image est nécessairement *abstraite* et très éloignée de pouvoir définir la nature réelle de l'objet qu'elle prétend représenter. Elle ne saurait passer pour concrète et réelle qu'aux yeux du sens commun, incapable de concevoir la nature d'une chose en dehors des images qui la représentent. Pour lui, la vue directe et comme photographique d'un animal enveloppe plus de réalité que le schéma décoloré du biologiste. Il n'est pourtant pas douteux que nous appréhendons, dans les caractères *extraits* ou *abstraits* du sensible et groupés, dans la définition, par le biologiste, une notion beaucoup plus exacte, réelle et concrète de la nature de l'individu animal. Il en est ainsi de toutes les notions, dites à tort abstraites et générales, puisqu'elles nous sont fournies par la science, au terme d'une élaboration intelligente.

b) Dans un tel état d'abstraction, une image ou représentation ne peut être que *banale*. Elle est donc loin de mériter la qualité de *particulière* qu'on revendique souvent pour elle, au dépens de l'idée que l'on considère au contraire comme vague ou générale.

En effet, la particularité qu'on peut attribuer à l'image se réduit en réalité à la nécessité pour cette image de ne représenter que les expériences particulières traversées et en nombre toujours limité. D'où résulte l'impossibilité d'étendre légitimement une pareille notion aux événements de l'avenir, c'est-à-dire au delà des expériences faites. Un *portrait composite*, résultat de la superposition d'images particulières, prises sur quelques individus et d'un biais particulier, ne comprend pas et ne prévoit pas d'autres individus, ni ceux-là mêmes qui ont servi à former ce portrait, s'ils sont regardés d'un autre angle et vus dans une autre attitude.

c) Un dernier défaut des images, signalé à bon droit par l'intellectualisme, est l'incertitude de la représentation qu'elles donnent. Nous devons les regarder, sinon comme *trompeuses*, à tout le moins comme *suspectes*. Étant inconsciemment formées par un exercice instinctif ou aveugle de notre activité mentale, nous ne pouvons qu'ignorer le degré de solidité du groupement d'impressions qu'elles nous proposent. Leur formation n'est ni raisonnée ni critique ; elles subissent d'ailleurs de nombreux démentis au contact de la réalité.

Pourtant, si légitime que soit notre défiance à l'égard des représentations imaginatives, on ne doit pas les tenir toutes, et dans tous les cas, pour également suspectes. Les animaux, et l'homme aussi, dans la plupart de ses démarches, se laissent guider sans péril et sans inconvénient par les images de la connaissance sensible. La nature les a formées en nous et nous les a fournies comme un viatique nécessaire. Nous nous trouvons dispensés de les former nous-mêmes. L'instinct nous presse irrésistiblement d'en suivre les indications.

Les empiristes, qui ont reconnu ce bienfait conféré à l'homme par la nature, avant toute réflexion et en dehors d'elle, ont eu seulement le tort de voir dans cet instinct un principe de conduite suffisant pour tous les cas. Il fallait le limiter au gouvernement de la vie physique ou sensible. En effet, des images formées par une mémoire réceptive ne peuvent nous renseigner que sur les impressions passées, et nous laissent sans prévision sur les événements à venir. L'instinct qui les a groupées et formées ne se laisse pas, sans doute, abuser sur ses exigences et sur ses intérêts, mais il se contente de satisfactions immédiates et vit au jour le jour. Il ne sait donc que ce qu'il a éprouvé, incapable de prévoir au-delà des expériences faites. Les indications de l'image ne peuvent donc être suivies avec sécurité que dans les circonstances vraiment semblables à celles où cette image a été précédemment formée. Autrement nous tombons dans toutes les erreurs qui guettent la perception sensible inintelligente et irréfléchie.

L'imagination, dit Pascal, « est cette partie décevante dans l'homme, cette maîtresse d'erreur et de fausseté, et d'autant plus fourbe qu'elle ne l'est pas toujours ; car elle serait règle infaillible de vérité, si elle l'était infaillible du mensonge. Mais, étant le plus souvent fausse, elle ne donne aucune marque de sa qualité, marquant du même caractère le vrai et le faux ».

30. La connaissance réfléchie substitue à l'image l'idée concrète, particulière et critique.

La possession des idées répare tous ces inconvénients de l'image. Les idées ou notions sont le produit de l'entendement ou de l'*intelligence clairvoyante et réfléchie*. Du haut de la raison où réside, comme nous le verrons, le criterium de la vérité des représentations, et grâce au raisonnement, qui applique et met en œuvre ces idées directrices de toute recherche méthodique, nous pouvons mesurer la valeur d'un groupement d'impressions scientifiquement élaboré.

a) La représentation ainsi obtenue est *concrète et réelle*, parce qu'elle est faite d'éléments groupés par un lien véritable, fourni et authentiqué par la raison. L'image n'était que l'assemblage fortuit, ou, en tout cas, irréfléchi et sans discernement, d'impressions subjectivement éprouvées. Par suite, elle n'était qu'abstraite et superficielle. L'idée, par le moyen de la raison, pénètre jusqu'au solide et au durable des événements.

En d'autres termes, *la notion* ou l'idée générale *définit*, c'est-à-dire détermine, autant que possible, et fixe les limites à l'intérieur desquelles sont liées et renfermées les propriétés d'un objet. Ces propriétés sont les manifestations qu'il faut attendre de cet objet et qu'il est impossible de ne pas éprouver, dans toutes les rencontres. L'*image* est bornée à *la description* des manifestations déjà éprouvées et dans l'ordre même où elles l'ont été, sans qu'il lui soit permis d'anticiper l'avenir ou de définir l'objet d'après cette expérience aveugle et incomplète.

La vue commune d'un homme, d'un animal ou d'une chose embrasse, dans sa *description*, l'essentiel et l'accidentel indistinctement confondus. Elle voit cet homme petit ou grand, vêtu de telle ou telle manière, debout, assis, couché, dans cet endroit ou dans cet autre, etc. Il est manifestement interdit de compter que cette description soit applicable au-delà du moment même où notre regard la subit. Cela n'est pas moins vrai du portrait composite ou de l'image moyenne qui résulte des individus humains déjà vus, s'il s'agit de la description de *l'homme en général*, ou bien des différentes épreuves d'un même individu, s'il s'agit de la *notion d'un individu* en particulier. Nous avons vu qu'une image ainsi formée n'exprime que la *moyenne des cas traversés*.

Au contraire la *définition*, renfermée dans l'idée et obtenue par le raisonnement, dégage et abstrait, de cet amas indistinct, des traits groupés et reliés entre eux légitimement. Ces traits nous donnent à prévoir ce qu'il y aura d'inévitablement rassemblé dans tous les individus d'une classe ou dans toutes les circonstances de la perception d'un individu.

b) Une *définition* ainsi formée peut être regardée comme *concrète* ou représentative du *réel*. Elle dépouille donc la banalité de l'image et devient spécifique. Elle ne s'applique plus d'une manière indistincte à des objets en réalité différents, sur la foi d'une analogie superficielle et trompeuse. La généralité qui caractérise les idées méthodiquement élaborées ne consiste pas, en effet, en ce qu'elles s'appliquent indistinctement à des individus différents. C'est, au contraire, l'*image* de l'homme, par exemple, qui convient indifféremment à tous les spectacles où nous est présentée la forme humaine. L'*idée* d'homme, qui *ne décrit pas* seulement l'homme par ses traits apparents et superficiels, mais le *définit* par ses propriétés réelles, ne s'applique précisément qu'à l'espèce humaine et la distingue de toute autre espèce, sans laisser échapper aucun des individus qui lui appartiennent.

L'idée est donc dite générale en ce sens qu'elle embrasse d'avance, d'une vue qui plonge dans l'avenir, ce qu'il y a de durable et d'infailliblement prévisible dans tout objet, événement physique, être biologique ou individu moral, à travers les aspects successifs sous lesquels cet objet se découvrira à notre expérience. Le portrait photographique d'un individu, fût-il composite, ne vaut que pour le temps même et du biais dont il a été pris. La particularité de cette image n'en fait pas une représentation individuelle, concrète et réelle ; elle conduirait plutôt à méconnaître ce même individu en d'autres temps ou sous d'autres aspects. Un portrait fait par un peintre habile saisit dans l'aspect passager de la physionomie les traits expressifs de la personne. En même temps qu'il résume le passé, il prévoit l'avenir. De même, et à plus forte raison, la peinture d'un caractère, choix intelligent de traits distinctifs, est-elle concrète et véritable ; cette notion, extraite des différents aspects particuliers constatés par l'expérience et conservés par la mémoire, est une représentation vraiment générale. Elle convient à tous les caractères semblables, parce qu'elle embrasse dans sa définition l'ensemble des traits immanquablement groupés dans toute expérience à venir.

En résumé, une notion ou *idée générale et abstraite* est, par comparaison avec l'image, une représentation relativement *concrète* et *particulière*, c'est-à-dire la *définition* d'une individualité réelle. Toutefois l'idée reste encore générale et abstraite, c'est-à-dire commune aux différents individus du groupe qu'elle représente ou exprime et, partant, inégale à chacun d'eux. Mais ce défaut lui vient justement de retenir, par nécessité, le caractère particulier et provisoire des images et des éléments d'expérience dont nous sommes obligés de la former. Une notion, aussi élaborée soit-elle, n'est jamais que spécifique, c'est-à-dire embrasse dans une définition commune un ensemble d'objets ou d'individus en réalité différents.

c) L'*idée* est enfin *critique*. Sans doute elle n'est pas infaillible, mais du moins elle mesure, par le procédé conscient de sa formation, la portée exacte et les justes limites de ses prévisions et de sa connaissance.

31. L'homme d'imagination et l'homme d'entendement.

Cette distinction d'imaginer et d'entendre a d'importantes conséquences pour la pratique.

Un *homme d'imagination* se forme des objets qu'il désire et poursuit des représentations vives et colorées, en même temps qu'exclusives. Il est donc animé à leur poursuite et ne se trouve ni partagé, ni retenu dans ses résolutions et dans ses démarches par l'incertitude de la comparaison et la difficulté du choix.

Un *homme d'entendement*, au contraire, se prive par la réflexion de l'attrait décisif des images sensibles qu'il réduit à des notions intelligibles et décolorées. L'attitude critique, qui préside à la définition de ses objets et à la formation de ses desseins, lui fait mettre en balance le pour et le contre dans toutes les résolutions qu'il veut prendre. Il montre donc moins de vivacité dans l'entreprise et quelque irrésolution dans la conduite. Mais, en revanche, son action, moins impétueuse, est plus ferme et plus suivie. Comme il a prévu les obstacles, il n'est ni surpris ni découragé par leur rencontre. C'est là, au contraire, que l'imprévoyance de l'imaginatif se laisse déconcerter et abattre.

L'opposition entre ces deux natures d'esprit n'est pourtant pas aussi marquée que nous venons de le dire, ou bien elle ne saurait exister qu'entre des caractères absolus qui, d'un côté, seraient exclusivement imaginatifs ou instinctifs et qui, de l'autre, prétendraient à la clarté d'un jugement définitif avant de se résoudre à agir.

Dans la vérité des choses, *la pratique* et *la théorie* ne sont pas exclusives l'une de l'autre. La vivacité de l'imagination n'exclut pas la justesse de la conception ; elle peut même lui venir en aide. De la même manière, la modération et les scrupules de l'entendement ne privent pas l'esprit de vigueur dans ses conceptions et dans ses actes. Au contraire, en fortifiant les images, par les lumières de la critique qui les corrige et les confirme, l'intelligence leur donne le prestige de la vérité ; elle rend la conviction plus ferme et la démarche plus assurée.

LIVRE III

LA VIE INTELLECTUELLE. CONNAISSANCE SCIENTIFIQUE

CHAPITRE PREMIER

L'ATTENTION ET LA RÉFLEXION

Sommaire : **32.** L'attention volontaire rapprochée et distinguée de l'attention spontanée. La réflexion. — **33.** Caractères distinctifs de l'attention volontaire. Elle lutte contre l'attention spontanée, unifie et analyse. — **34.** La raison, source de l'attention volontaire et de la réflexion.

32. L'attention volontaire et l'attention provoquée.

L'*attention* est le mode d'opérer de l'activité mentale quand, appuyée sur la raison, elle *préside* à la recherche scientifique et à l'établissement des notions critiques. C'est donc l'attention qui est la source et le principe du raisonnement, du jugement et de la conception des idées générales, c'est-à-dire de ce qu'on appelle communément les *opérations intellectuelles*. Elle joue, dans la connaissance scientifique, le rôle que joue l'appétit vital (conscient dans le sentiment de l'effort) dans la formation de la connaissance imaginative et vulgaire. Avec l'attention s'introduit dans le savoir humain quelque chose de *vo-*

lontaire et *d'autonome*. Elle fait de nos idées et de nos croyances des acquisitions méritoires, et, des démarches qui se règlent sur ces idées, des actions qui nous sont imputables.

Cette attention d'ailleurs est, du même coup, une *réflexion*. Elle est en effet le déploiement d'une activité *consciente de soi* et de ses opérations, donc *réfléchie*. Plus je connais de qualités dans un corps, dit Descartes, plus aussi me connais-je moi-même. En effet, à mesure que notre attention est plus grande, c'est-à-dire plus autonome, les résultats obtenus, les représentations formées, deviennent de plus en plus notre œuvre propre. Par suite, nous avons, de cette opération, une conscience plus approfondie. Les images étaient, au contraire, le produit presque exclusif d'une influence étrangère. Nous ne pouvions pas par suite réfléchir ou nous replier par conscience sur l'opération instinctive qui la forme, ni éclaircir les résultats qu'elle obtient.

Nous n'avons, en effet, qu'une conscience vague de la manière dont s'amassent en nous les souvenirs, dont ils s'enchaînent et se groupent pour former les objets de la perception sensible. C'est pourquoi il est si difficile de rendre manifestes le procédé par lequel se constituent ces objets et les étapes qu'il faut franchir pour arriver à ce résultat. Nous avons dû, en conséquence, faire l'hypothèse d'une opération nécessaire en droit, quoique impénétrable en fait. Il a fallu recourir tantôt à des conjectures sur les notions probables qui président aux démarches des enfants, tantôt aux témoignages, délicats à interpréter, des aveugles-nés guéris.

L'opération volontaire ou délibérée, par laquelle l'esprit scientifique découvre ou comprend une loi et forme une notion, quoique encore inconsciente en partie, peut être restituée à l'aide de souvenirs subsistants dans la conscience même de l'inventeur.

Il y avait pourtant déjà dans l'exercice et dans les produits de l'activité spontanée ou instinctive quelque apparence d'attention et quelque trace de son œuvre. Aussi parle-t-on d'une *attention spontanée ou provoquée*, que l'on distingue de l'*attention volontaire et réfléchie*. Par exemple, toute impression sensible, une lumière, un son, une odeur, etc., éveille et dirige notre activité conformément aux suggestions qu'elle nous impose. Plus particulièrement, un objet sensible exceptionnel (grand bruit, vive lumière) provoque et accapare l'attention, jusqu'à nous imposer d'agir exclusivement dans le sens de ses indications. Il y a donc, même quand notre activité mentale propre n'est pas expressément et délibérément exercée, une attention élective assez semblable à l'attention volontaire. On a même pu croire, sur cette analogie, que le choix fait par l'esprit de se porter sur un objet particulier, même quand ce choix paraît libre, dépend toujours et d'abord d'une influence étrangère dont nous sommes prévenus, et que nous subissons sans y pouvoir rien changer.

M. Ribot dira, par exemple : « Le procédé par lequel l'attention volontaire se constitue est réductible à une unique formule. Rendre attrayant par artifice ce qui ne l'est pas par nature, donner un intérêt artificiel aux choses qui n'ont pas un intérêt naturel. » « L'esprit n'est tenu en éveil que par *une action* agréable, désagréable ou mixte *des objets sur lui*, c'est-à-dire par des états affectifs » (*Psych. de l'attention*, p. 49). Il en donne plus loin cet exemple : « Un enfant refuse d'apprendre à lire ; il est incapable de tenir son esprit fixé sur des lettres sans attrait pour lui ; mais il contemple avec avidité les images contenues dans un livre. Que représentent ces images ? — Le père répond : Quand tu sauras lire, le livre te l'apprendra. Après plusieurs colloques de ce genre, l'enfant se risque...., s'habitue et finalement montre une ardeur qui a besoin d'être modérée. » Telle serait la genèse de toute attention volontaire. Elle serait toujours produite par une action *afférente* des objets sur l'esprit. Les circonstances ou bien l'intervention d'une influence extérieure auront fait prévaloir un genre particulier d'attrait sur tout autre. La crainte du châtiment, l'espoir d'une récompense, ou toute autre perspective attrayante, dirige l'attention vers un objet, la fixe à cet objet et la rend forte contre l'influence contraire d'autres objets qu'elle exclut du champ de la représentation.

Mais, d'abord, on trouvera, même dans les cas d'attention provoquée et sous une passivité apparente, un *appétit* présent et *agissant* qui nous attache de préférence à certains spectacles, nous rend sensibles à certaines impressions. Par suite, il choisit déjà, en vertu de ses exigences propres, les objets qui ne le frappent et le dirigent que parce qu'ils l'intéressent. Les animaux et les enfants sont manifestement guidés, dans leurs démarches, par des représentations qui répondent à leurs besoins, et qui ont été amassées et formées en conséquence de ces besoins mêmes.

D'ailleurs, il y a davantage et tout autre chose dans l'attention volontaire. Les préoccupations de l'être instinctif sont inconstantes et variables. Les animaux et les enfants sont facilement distraits de leurs préoccupations les plus vives par une autre préoccupation, tandis que la raison de l'homme réfléchi fixe ses désirs et oriente ses démarches sur certains objets dont il est très malaisé de le distraire. Même les passions humaines, qui sont pourtant d'origine affective et de formation passive, tiennent, de l'exercice de la raison, une fixité dans les projets, une constance dans la poursuite qu'on ne trouve jamais dans les désirs les plus violents de l'animal et de l'enfant.

L'attention volontaire s'oppose donc nettement par ses résultats à l'attention dite spontanée. Nous choisissons alors délibérément, parmi les représentations spontanément offertes et en dépit de l'attrait resssenti, les représentations que nous voulons retenir. Nous suscitons au besoin de nouvelles représentations pour tenir en échec les influences spontanées et nous rendre insensibles à leur sollicitation. C'est ainsi que nous pouvons arriver, par volonté, à suivre et à analyser une idée, à contempler un spectacle déterminé à travers les bruits, les distractions et malgré toutes les perceptions qui nous sollicitent dans une direction contraire.

Ainsi, l'attention proprement dite est un mode d'activité qui, loin de dériver des influences externes, s'y oppose et les contrarie, les tient en échec, et au besoin les supprime. On ne peut donc pas regarder l'attention réfléchie comme une direction de la perception artificiellement obtenue en utilisant des sollicitations d'abord naturelles et purement instinctives. A plus forte raison ne peut-on pas la réduire, à travers de telles sollicitations, à une attitude organique mécaniquement constituée ou exclusivement déterminée par des raisons physiques.

33. Caractères de l'attention volontaire.

Voici, d'ailleurs, en procédant des plus apparents aux plus reculés, les principaux caractères distinctifs de l'attention volontaire. Une théorie qui ne fait pas intervenir une raison *à priori* dans la formation des idées et, par elle, une volonté autonome dans le choix des objets à poursuivre, n'est pas capable d'en rendre compte.

1° L'attention réfléchie a d'abord, et manifestement, le pouvoir de *contrarier l'attention spontanée* ou provoquée. Elle interrompt le cours des événements psychiques, tel qu'il nous est imposé par l'attention déterminée du dehors. En dépit des sollicitations distrayantes, elle dirige et elle fixe l'esprit sur certains objets, elle en évoque et en prolonge à son gré le spectacle. Une attention qui n'est que spontanée, au contraire, est à la merci des rencontres et des sollicitations. Elle en subit les vicissitudes, incapable de s'y soustraire et, par suite, de se diriger elle-même (instabilité mentale).

Un exemple du conflit qui s'élève entre une attention volontaire et une attention spontanée peut être tiré de la production des souvenirs dans la mémoire. Dans le cas de la réapparition simple ou sans reconnaissance des idées, il y a attention spontanée. Dans le cas de la reconnaissance ou du souvenir complet, se révèle l'intervention efficace de l'attention volontaire.

Lorsque le *retour* des idées est *spontané*, il se fait principalement suivant la loi de la succession imprévisible des expériences. C'est d'abord à notre insu et malgré nous que les souvenirs s'éveillent. Ensuite, chaque impression réapparue se substitue sans résistance à l'impression qui l'a suscitée, nous en distrait et l'expulse du champ de la conscience. De là viennent les distractions, les digressions, les coq-à-l'âne. Au contraire, dans le cas du *souvenir reconnaissant*, l'esprit qui, par hypothèse, a joint et relié les impressions à l'aide des notions qu'il possédait préalablement, les évoque ensuite en vertu de leur rapport avec cette notion même (21).

Un souvenir ou un retour sur le passé ainsi dirigé embrasse, d'une vue d'ensemble, toutes les étapes ainsi reliées qu'il rejoint et traverse de nouveau. Il oppose cette vue cohérente ou cette ligne suivie de méditation aux distractions qu'il écarte ou qu'il n'accepte que dans la mesure où elles se laissent assimiler au courant général de la pensée. L'activité mentale proprement dite, dans son travail d'élaboration intellectuelle ou dans la recherche scientifique, maintient encore plus fortement et plus victorieusement la continuité de son effort contre les sollicitations qui la traversent, l'interrompent et pourraient la faire dévier.

2° En conséquence, l'attention volontaire a pour second trait distinctif d'être *systématique* et *unifiante*. Elle ramène à l'unité d'une vue choisie ou d'un projet délibéré tout ce que les occasions nous fournissent de représentations ou de pensées relativement disjointes et incohérentes. Elle est, par suite, exclusive de ce qui ne conduit pas à son but ou l'écarte de son objet. Exemple :

Un orateur attentif et habile, au lieu de se laisser détourner de son projet par les digressions ou les interruptions, les y ramène s'il ne les élude, et fortifie sa pensée principale de celles qu'il retient et utilise.

Les partisans de l'attention exclusivement spontanée se sont mépris sur le caractère véritable de cette unité et de cet exclusivisme. Ils ont prétendu voir dans l'attention un cas de *monoïdéisme*, et, dans son objet, une représentation assimilable à l'*idée fixe* ou à l'obsession mentale : une sorte de vertige. Or la différence est grande et manifeste entre l'idée fixe d'une part, qui aboutit au vertige mental, si ce n'est même à l'aliénation complète, et, d'autre part, la possession de soi-même, la lucidité et la clairvoyance que procure l'attention volontaire.

Dans le monoïdéisme, l'idée fixe accapare et asservit la puissance de percevoir en vidant l'esprit de tout autre contenu. Il est donc au total un appauvrissement et un rétrécissement du champ de la conscience. Au surplus, non seulement il nous prive des autres idées qu'il exclut, mais il exténue, du même coup, l'idée unique qui subsiste, en la privant de ses rapports ou de ses liaisons avec ces autres idées abolies. A la limite, cette unique idée, exclusive de tout autre, nous conduirait à l'instabilité radicale de la perception et à l'anéantissement de la conscience. En effet, une idée ainsi isolée, par hypothèse, donc dépouillée de toutes ses relations avec les idées semblables et avec les idées différentes, s'évanouit et disparaît. La pensée s'abîme dans l'étourdissement et le vertige, comme il arrive à notre vue soumise à une trop rapide succession de spectacles. Une représentation ne nous est donnée, et n'est d'ailleurs possible, que par des rapports perçus et un groupement solide établi entre plusieurs éléments d'expérience. Exemple : Un bruit soudain et inouï, un spectacle étrange et méconnaissable stupéfient.

Au contraire, l'unité et la fixité procurées à nos représentations par l'attention volontaire, sont constituées par des relations multiples, établies entre des objets différents, mais ramenées à un point de vue unique. Une telle pensée ou notion, loin d'exclure les autres pensées, les suscite et même les ravive en les éclairant. Elle les comprend toutes et, les mettant en ordre, les fait valoir l'une par l'autre. Exemple : Une notion scientifique, loin d'abroger ou de supprimer les expériences ou les objets qui ont contribué à la former, les conserve, les enchaîne et les perpétue dans l'unité compréhensive de sa conception durable et incessamment vérifiée.

3° Cette réduction à l'unité et cette consistance conférées à la notion par l'établissement de relations entre les divers objets de l'expérience est, au fond, une *analyse* et *un éclaircissement*. Tandis que l'attention spontanée ne donne qu'une vue sommaire et globale des choses, c'est-à-dire une représentation superficielle et suspecte, l'attention volontaire approfondit son objet. Elle en constitue la notion de traits bien ordonnés, donc toujours cohérents, stables et prévisibles.

L'attention spontanée nous avertit seulement de la *présence* d'un objet, et ne nous instruit pas de sa *nature*. Elle peut même aller jusqu'à nous imposer la présence d'un objet faux ; nous menacer, par exemple, d'un péril imaginaire et nous précipiter, pour le fuir, dans un péril réel. C'est le cas de toutes les distractions qui détournent de l'objet important et de la méditation utile. C'est aussi le cas des passions qui s'attachent et s'obstinent, pour notre plus grand dommage, à la poursuite d'objets imaginaires, trompeurs et inaccessibles. L'analyse est une assimilation plus ou moins complète et le groupement plus ou moins lié, dans l'unité d'une notion, d'objets d'expérience perçus d'abord juxtaposés, et peut-être même séparés l'un de l'autre, mais reconnus enfin solidaires et vraiment inséparables. Or cette analyse est bien l'opération naturelle de l'attention volontaire. Elle élimine dans le spectacle donné ce qu'il y a d'accidentel, de variable et d'imprévisible, pour choisir et abstraire les éléments vraiment constitutifs, les grouper et former de leur assemblage une notion durable et définitive.

34. La raison à priori est le principe de toute attention aux choses et de toute réflexion sur soi.

Quel peut être le principe ou la force génératrice d'une telle attention? Nous avons vu qu'un esprit purement réceptif, exclusivement influencé du dehors, serait incapable de donner consistance aux visions qui l'assiègent. Celles-ci l'envahissent et le préoccupent à son insu et sans son aveu. L'empirisme recourt inutilement, pour donner l'explication d'une idée fixée ou d'un spectacle arrêté dans la conscience, tantôt à une impression affective, tantôt à une sorte de rigidité organique qui créerait dans l'esprit, par reflet, l'immobilité désirée de la représentation et de l'objet. Mais, en supposant même qu'une telle influence extérieure produise effectivement de l'attention, elle ne peut le faire que si elle éveille en nous quelque appétit préexistant qui adhère à l'influence exercée en raison de la satisfaction ou de la contrariété qu'il en éprouve. Ce n'est donc pas en raison de la présence *accidentelle* d'une impression *quelconque*.

Ce qui caractérise toute connaissance attentive, et ce qui se manifeste d'ailleurs clairement dans tous ses résultats, c'est la faculté que possède notre esprit de *faire un choix* parmi les impressions que la nature ou l'influence externe lui propose. L'attention est essentiellement *élective* ou *active*. Au lieu de subir le cours naturel des idées associées, qu'une mémoire passive a enregistrées et amassées en nous et qu'elle évoque à chaque moment malgré nous, elle est capable d'imposer à ce courant, incessamment rompu et imprévisible, une direction unique et constante. Elle nous arrache ainsi à la fascination du sensible, nous rend maître de nos conceptions, de nos projets et de nos démarches. C'est là, nous allons le voir, tout le travail et tout l'effet de l'*entendement* et de son *activité* vraiment *créatrice*. Mais pour interrompre ainsi la marche divagante des événements sensibles qui nous enveloppent sans cesse, pour choisir parmi eux, pour tirer de leur masse instable et confuse un objet de méditation clair et continu, il nous faut une puissance d'analyse et de réflexion dont, seule, une raison *à priori*, qui domine l'expérience et lui commande, peut être le principe et la source.

« La connaissance des vérités nécessaires, dit Leibniz dans la *Monadologie*, est ce qui nous distingue des simples animaux et nous fait avoir la raison et les sciences... C'est aussi par la connaissance des vérités nécessaires et par leurs abstractions que nous sommes élevés aux actes *réflexifs* qui nous font penser à ce qui s'appelle *moi* et à considérer que ceci ou cela est en nous. »

CHAPITRE II

LA FORMATION DES IDÉES ABSTRAITES ET GÉNÉRALES. LE RAISONNEMENT ET LE JUGEMENT

SOMMAIRE. — **35.** Les idées générales sont toujours la suite de raisonnements et de jugements préalables.
A. Théorie du raisonnement. — **36.** Identité fondamentale du raisonnement démonstratif et du raisonnement inventif. Déduction et induction. — **37.** Tout raisonnement implique, indivisiblement, l'expérience ou l'à posteriori et la raison ou l'à priori. — **38.** D'où la nécessité d'une analyse et d'une synthèse solidaires. — **39.** Insuffisance de la synthèse à posteriori des empiristes. — **40.** Impossibilité de l'analyse à priori des intellectualistes.
B. Théorie du jugement. — **41.** Le jugement, résultat du raisonnement. Ses principaux modes.

35. Les idées générales, notions et définitions, sont le produit du raisonnement.

La représentation produite par le procédé instinctif de l'imagination est une notion qui n'a pas été critiquée. L'esprit l'a constituée à son insu ou d'une manière inconsciente, sans la rapporter au criterium du vrai que renferme la raison. Cette image n'est valable que pour les circonstances semblables à celles où elle a été formée et vérifiée au cours des expériences précédentes. Et, même dans ce cas, elle n'atteint que l'aspect extérieur des choses ; elle ne nous donne, selon le mot de Leibniz, qu'une notion *claire*, mais indistincte ou *confuse*, des objets qu'elle nous désigne. C'est pourquoi une image peut toujours nous abuser par des analogies superficielles.

L'idée, au contraire, est le produit de l'*entendement* ou du *raisonnement*. Elle nous donne la représentation d'un avenir qui n'est pas exactement conforme au passé, et elle nous fournit des notions critiquées dont nous pouvons toujours mesurer la portée et estimer la signification véritable. On appelle de telles idées abstraites et générales, mais leur *abstraction* est le privilège qu'elles possèdent de renfermer les traits essentiels, choisis et comme *extraits* de l'amas des apparences, trompeuses et inconsistantes, fournies par les sens et l'imagination. Leur *généralité* n'est pas non plus banalité. Elles permettent de prévoir ce qu'un objet *particulier* ou un événement *d'une certaine espèce* doit être dans l'avenir. La connaissance ou notion qu'elles nous donnent s'étend à tous les lieux et à tous les temps où un tel objet nous sera donné. Elle s'applique donc à cet objet ou à cet événement à l'exclusion de tout autre. C'est l'image qui est, comme nous l'avons vu (29), banale, commune, donc abstraite et irréelle. Elle ne renferme de l'objet qu'une peinture sommaire ou description superficielle, sous laquelle peuvent se ranger des objets en réalité différents, tandis que des objets vraiment semblables peuvent être méconnus à cause d'elle (les baleines, à en juger par l'image, seraient des poissons, et les chauves-souris, des oiseaux).

L'opération, par laquelle on forme les *idées* abstraites et générales qui sont des notions scientifiques, s'appelle le *raisonnement*. Le *jugement* désigne plus spécialement le résultat du raisonnement, c'est-à-dire l'affirmation, entre les éléments d'expérience, d'un rapport découvert par la voie du raisonnement. L'ordre des opérations de l'*entendement*, en tant du moins qu'il forme des notions et découvre la vérité, est donc le suivant :

1º *Un raisonnement*, par lequel on transforme les résultats de la synthèse imaginative ou empirique (association des idées) en des relations analytiques qui rendent solidaires l'un de l'autre des éléments d'expérience. Ceux-ci n'étaient d'abord, en réalité, que juxtaposés ou coïncidents.

2° *Un jugement*, par lequel on affirme les relations ainsi découvertes.

3° La *conception de l'idée*, ou définition dans laquelle on se représente la liaison, relativement définitive et durable, d'un certain nombre de qualités, propriétés d'un objet et constitutives de son essence.

Exemple : la *synthèse imaginative* nous donne, en conséquence de l'expérience, la croyance instinctive que l'eau rouille le fer. Le *raisonnement* substitue à cette synthèse irréfléchie, donc suspecte, un rapport analytique entre la rouille et le fer humide, par le moyen terme : oxydation. Le *jugement* suivant en résulte : le fer humide se rouille. Par l'établissement de plusieurs jugements on obtient enfin l'*idée générale* et abstraite de l'eau, du fer ou de la rouille, dans laquelle est inscrite, avec l'ensemble des propriétés, la *définition véritable*.

A. — Théorie du raisonnement.

36. Le raisonnement : invention et démonstration

Il y a différents degrés de la puissance de raisonner et, par suite, différents modes de l'opération d'entendre. On les réduit généralement à deux principaux, que l'on oppose l'un à l'autre sous les noms de *démonstration* et d'*invention*, ou de *déduction* et d'*induction*.

Le premier degré du raisonnement, le plus simple et le plus facile, c'est *comprendre*, en vertu d'une démonstration et à l'aide de vérités déjà établies. C'est ce qu'on appelle le passage du général au particulier ou d'une loi connue à l'application particulière de cette loi. Exemple : l'eau rouille le fer ; donc ce fer exposé à l'humidité va se rouiller. On appelle généralement ce procédé *déductif*. C'est le cas de l'élève guidé par le professeur. Il reconnaît dans les prémisses qu'on lui allègue la raison de la vérité d'une conséquence.

Un degré supérieur de l'opération d'entendre, c'est l'*invention*. Celle-ci consiste à découvrir, en partant des événements particuliers, la loi constante ou générale qui les régit. Elle apparaît donc d'abord comme une *induction* qui remonte du particulier au général; tandis que la déduction démonstrative semblait descendre du général au particulier.

En réalité, il y a au fond de ce double procédé une opération commune et fondamentale qui est le véritable procédé du raisonnement. Il subsiste néanmoins des différences notables entre l'opération *logique* de la démonstration et l'opération *psychologique* de l'invention.

Établissons d'abord que ni l'un ni l'autre de ces procédés, employé exclusivement, ne serait capable de produire, ni la démonstration d'une part, ni l'invention de l'autre.

La *démonstration*, soit qu'on prétende l'employer pour étendre la connaissance déjà obtenue à des objets nouveaux mais semblables, soit qu'on veuille seulement prouver à autrui une vérité déjà établie, ne doit pas se borner à une *déduction pure* par laquelle on tirerait, d'une loi générale, la vérité d'un cas particulier. L'exemple classique de ce genre de démonstration ou de preuve: « L'homme est mortel; donc Socrate est mortel », a été justement critiqué par l'empirisme et plus expressément par Stuart Mill.

Un pareil procédé sera, selon cet auteur, ou bien une *tautologie*, c'est-à-dire une répétition stérile, dans la conclusion, de ce qui était déjà affirmé dans la loi générale, d'une manière plus ou moins implicite; ou bien une *pétition de principe*, c'est-à-dire la supposition anticipée de la vérité qui est en question, prise comme principe de la démonstration, alors qu'elle est l'objet ou le but à atteindre. Si je sais, en effet, et si j'affirme que l'homme est mortel, Socrate est, du même coup, mortel. Si, au contraire, il est douteux pour moi que Socrate soit mortel, je ne sais donc pas que tout homme est mortel, je n'ai aucun droit de l'affirmer. La vérité générale *renferme* la conclusion, ou bien l'ignorance de la conclusion particulière *interdit* la position de la vérité générale.

Et, en effet, la connaissance de lois vraiment générales ou de notions vraiment définitives nous procurerait une science immédiate. Tout appareil de raisonnement deviendrait inutile. Toute déduction pure, ou bien méconnaît la nouveauté des cas qu'elle prétend ramener à la loi, ou bien ne dit pas les raisons qui permettent de l'y réduire.

En réalité, toute démonstration, quand elle entreprend de rattacher un cas particulier à une loi déjà connue, doit manifester les raisons qui ont fait choisir cette loi entre autres pour l'explication ou la preuve du cas proposé. Il y a là un effort d'*invention*, c'est-à-dire une *induction véritable* qui remonte, du cas donné, aux lois dont la combinaison est propre à le résoudre. Le procédé *déductif* pur ou *analytique à priori* non seulement n'est pas un procédé d'*invention*, mais ne fournira même pas une méthode suffisante pour la *démonstration*, l'*exposition* ou la *preuve*.

Mais, d'autre part, lorsque l'on veut *inventer*, soit la mortalité de l'homme, soit la mortalité de Socrate, il ne suffira pas, quoi qu'en pense Stuart Mill, d'avoir observé, en fait, la mortalité d'un très grand nombre d'hommes. On n'en saurait conclure, par une induction *à posteriori*, que Socrate, qui n'est pas encore mort, mourra.

En effet, tout d'abord la connaissance de la mortalité des individus, objets de l'observation passée, n'est qu'une simple *constatation*. Par suite, on ne peut même pas affirmer une liaison entre la mortalité et ces différents hommes. A plus forte raison ne peut-on pas étendre aux individus vivants un attribut *simplement constaté* dans les individus passés. Si donc l'expérience ou les faits ne manifestent pas *le lien* qui unit la mortalité à Socrate ou à tout autre homme, il faut évidemment que l'esprit le tire de lui-même. Il l'ajoutera aux éléments simplement juxtaposés de l'expérience. Il rendra ainsi leur groupement assuré et infaillible, et l'affirmation de leur liaison véritable.

En somme, tout raisonnement *inventif* ou *démonstratif* est condamné à un procédé uniforme. Il faut qu'il démêle, dans une coïncidence d'expériences, les raisons de grouper des éléments essentiels et de faire, de leur liaison, une loi fondée en nature et immanquablement vérifiée.

Cette méthode ne saurait être qu'*une sorte de déduction*, dont nous aurons à exposer le véritable procédé, qui n'a rien de tautologique. On en peut dire, provisoirement, qu'elle consiste à rapporter le cas nouveau, proposé par l'expérience, à une *combinaison* de lois ou de vérités déjà découvertes et possédées par l'entendement.

Une différence importante subsiste néanmoins entre l'inventeur et le démonstrateur. L'*inventeur* a la tâche et le mérite de découvrir quelles sont les prémisses de la preuve et quelles combinaisons de ces prémisses peuvent fournir la démonstration du cas proposé. Le *démonstrateur*, avec beaucoup moins d'effort et de mérite, se borne, pour ainsi parler, à reprendre un chemin déjà tracé, qui mène des prémisses aux conséquences.

Toutefois, ni le professeur qui démontre, ni même l'élève qui se borne à suivre la démonstration et à la comprendre, ne sont dispensés de se rendre compte *pourquoi* ce sont ces prémisses ainsi combinées, et non d'autres, qui sont exigées pour la solution du problème, et requises par sa position même.

Supposons le raisonnement qui établit que deux angles d'un triangle sont égaux à deux droits. Dans les deux cas, invention et démonstration, il s'agit de manifester le rapport entre ces deux objets qui ne sont, tout au plus, que superposables ou coïncidents *en fait*, c'est-à-dire dans l'expérience passée, mais non pas reliés *en droit* donc infailliblement équivalents dans tous les cas de l'expérience future. L'inventeur, pour sa part, trouvera quelle combinaison d'égalités élémentaires est propre à établir cette égalité complexe. L'invention consiste justement à s'aviser de ces égalités particulières et de leur arrangement en vue d'établir l'égalité totale qu'il s'agit de rendre manifeste entre les deux termes proposés. Mais la démonstration, à son tour, n'est effective ou probante que si elle *rend compte* pourquoi le problème proposé se résout par ces égalités combinées et non par d'autres. Autrement elle ne s'adresse qu'à la mémoire de l'élève. Elle ne donne à son esprit ni clarté, ni certitude.

37. Facteurs du raisonnement : l'expérience et la raison.

Tout raisonnement est donc condamné, d'abord, à l'examen d'une juxtaposition d'expériences qui ne renferme pas en elle-même sa raison d'être et qui ne nous donne par suite aucune garantie de sa reproduction future. En d'autres termes, tout raisonnement commence par l'observation d'une synthèse ou juxtaposition d'éléments empiriques. Il peut arriver d'ailleurs que chacun des éléments juxtaposés soit, pour son compte, une notion déjà constituée ou un jugement déjà établi; mais la synthèse subsiste entre ces notions ou ces propositions juxtaposées, et le problème à résoudre est identique.

Par exemple, la vue de la rouille, qui se produit sur le fer humide, ou la constatation de la rosée apparue sur les plantes, ne révèlent pas au regard de l'observateur *le lien* qui rattache ces événements à leur cause efficiente et qui nous permettrait de *prévoir* leur production et d'y *pourvoir* au besoin. De la même manière, la vue de Socrate vivant n'implique pas, du moins au regard de la simple expérience, la nécessité de sa mort. Dans le cas du fer rouillé, il n'y a qu'une simple *juxtaposition* ou coïncidence entre le fer humide et la rouille ; dans le cas de la rosée, nous ne voyons même pas *quel antécédent invariable* accompagne cette production anormale de gouttes d'eau.

Quant à l'esprit qui aborde cet examen, il n'est pas constitué par un entendement purement réceptif, mais par une raison vraiment active, en possession d'un savoir *à priori* (*ipse intellectus*). En effet, placée devant les objets d'expérience synthétiquement groupés et tout au plus coïncidents, la raison du savant n'est pas vide de tout contenu. Elle comprend 1° l'*affirmation qu'il y a un ordre universel* immanquablement observé dans le cours des événements de la nature, alors que l'expérience ne peut jamais percevoir qu'un ordre plus ou moins imparfait, dans des arrangements plus ou moins particuliers et toujours provisoires ; 2° cette même raison, à un moment donné, se trouve capable d'inventer ou de supposer (hypothèse) certaines liaisons entre des éléments d'expérience ou certaines combinaisons de notions ou de lois déjà établies, pour expliquer l'événement proposé à son explication. Or la raison ne peut faire cette invention qu'en vertu d'une *aptitude* développée par les expérimentations et les découvertes précédentes. En effet, la raison du savant renferme assez de lumière pour résoudre hypothétiquement la question proposée, sans toutefois posséder des notions suffisantes pour élucider d'emblée et définitivement cette question.

Il entre donc, dans toute opération de raisonner ou d'entendre, de l'*expérience* et de la *raison*. Car notre esprit, même pour les idées *à priori* qu'il renferme, dépend, pour une bonne part, de l'expérience. En effet, les lois et les idées dont il éclaire maintenant le cas proposé ont été élaborées au cours d'expériences antérieures. Mais, en même temps, il dépasse l'expérience à tout moment puisque, dès l'origine, il affirme la nécessité de l'ordre et qu'au cours du développement du savoir, il affirme la nécessité d'un certain ordre pour une certaine catégorie de faits qui n'y ont pas encore été réduits. En d'autres termes, l'*hypothèse* qui précède l'expérimentation, dont elle est la condition et la raison d'être, ne peut pas attendre pour se constituer que l'expérimentation, qui dépend d'elle, soit intervenue. Elle est donc formée *à priori*, c'est-à-dire avant le contrôle de l'expérience où elle nous engage et qui doit seulement la confirmer.

Nous avons donc bien un esprit, c'est-à-dire une raison, qui est *à priori*, et dans sa vertu originelle de ramener à l'ordre l'incohérence des images, et dans sa puissance, actuellement possédée, de résoudre ou d'analyser un cas particulier proposé à son examen.

38. De l'analyse et de la synthèse dans tout procédé de raisonnement.

a) **Analyse.** — Le raisonnement sera donc d'abord une *analyse régressive* par laquelle nous essayerons de démêler, dans une expérience donnée, compacte et confuse, les seuls éléments qui la constituent dans ce qu'elle a de véritable et qui, rassemblés, ne peuvent manquer de la reproduire. Cette recherche ne peut se faire qu'à la lumière d'un entendement *à priori* constitué, comme nous venons de le dire, de l'idée de l'ordre universel et d'un certain degré d'aptitude à reconnaître les traces de cet ordre dans un cas particulier. Il y a d'ailleurs autant de sortes de raison ou d'aptitude à analyser qu'il y a de catégories de sciences; et chaque savant, dans chaque science, possède un degré particulier de cette aptitude, variable à mesure de son développement intellectuel.

Examinons successivement l'*analyse d'un produit artificiel*, comme une machine ou une œuvre littéraire, et celle d'un *produit naturel*, comme un animal ou un événement physique. L'*analyse du mathématicien* ne se trouvera pas différente de ces divers procédés.

L'*analyse* d'une machine, c'est-à-dire d'une œuvre arti-

ficielle, une montre par exemple, est surtout *démonstrative;* mais le procédé n'y est pas moins régressif que celui d'une invention véritable. Ce procédé ne consiste pas en effet à énumérer les parties situées côte à côte au regard de l'observateur, telles qu'elles ont été juxtaposées par l'inventeur et le fabricant. Cette décomposition d'un résultat ou d'un événement, à quoi l'empirisme prétend réduire, sous le nom d'induction *à posteriori*, tout procédé de découverte, n'expliquerait rien; dans le cas d'un produit naturel, elle ne permettrait pas de reconstruire. Il faut partir du résultat obtenu et se demander, de ce point de vue, à quelle condition le résultat donné a pu être atteint. L'analyse explicative ou démonstrative remonte donc déjà de la conséquence aux principes. De même, s'il s'agit d'analyser une pièce de théâtre, la succession des scènes n'explique rien ; il faut en saisir l'enchaînement et la distribution par rapport à l'effet total. Par ce procédé intelligent nous pouvons, non seulement nous rendre compte du résultat obtenu, mais, au besoin, le critiquer et signaler une méthode ou des corrections pour obtenir un résultat meilleur.

Il ne s'agit jusqu'ici que de reconnaître, pour la démontrer ou la rendre sensible à nous-même et aux autres, la constitution d'un produit déjà inventé. Mais s'il est question d'inventer *l'explication d'une œuvre de la nature* ou mieux encore d'introduire dans la nature une œuvre nouvelle, l'analyse est plus distinctement régressive et exige l'intervention plus manifeste d'une raison *à priori*. Les spectacles proposés par la nature à notre curiosité et à notre investigation présentent, pêle-mêle, l'essentiel et l'accidentel. Nous avons à démêler dans un être vivant ou même dans un événement physique, à travers la confusion d'une représentation ou image empirique, à quelles conditions cet être ou cet événement existent. Nous constituerons, de l'assemblage de ces conditions ou antécédents nécessaires, l'explication du fait et, en cas de besoin, la cause efficiente de sa production. Quelquefois même notre découverte des causes ou des éléments de production doit s'élever jusqu'à une véritable création. Tel est le cas lorsque nous voulons réaliser un événement conçu par nous comme désirable, malgré que la nature ne nous en propose aucun moyen et nous détourne même quelquefois d'en supposer la production possible. Les inventions de l'industrie humaine supposent toujours, à leur origine, cette audace d'entreprendre à quelque degré.

Là encore nous nous placerons au point de vue du résultat obtenu, qu'il y a lieu de considérer tantôt comme fondé et stable, tantôt comme apparent, illusoire et précaire, tantôt enfin comme seulement désirable et possible ; et nous nous demanderons à quelles conditions ou à quels antécédents efficaces doit être rapporté ce résultat pour qu'il soit réalisé et solide. C'est, selon le mot des mathématiciens, supposer le problème résolu et chercher à quelles conditions il peut l'être, c'est-à-dire sur quelles vérités il faut l'appuyer ou le fonder pour qu'il le soit.

L'analyse ou le raisonnement des mathématiciens entreprend d'égaler 12 à $7 + 5$, ou bien trois angles d'un triangle à deux droits. Dans ce but elle remonte de ces égalités, supposées véritables, à des vérités élémentaires qui, groupées *en vue* de ce résultat et découvertes *à partir de lui*, justifient, à l'épreuve, l'hypothèse qui les a fait choisir. Le physicien procède de même. A la vue de la rosée, le savant conjecture qu'elle est vraisemblablement produite par la combinaison de deux lois déjà connues, mais qui, jusque-là, avaient produit séparément des effets distincts. Il sait, d'une part, que la condensation brusque de la vapeur produit des gouttelettes, et, d'autre part, il sait que le refroidissement subit cause la condensation brusque de la vapeur. L'invention est de s'aviser que *ces deux lois combinées* résoudront le cas proposé par la présence de la rosée. Cette invention est manifestement due à l'aptitude rationnelle du savant à démêler, à propos d'une goutte d'eau, les raisons probables ou hypothétiques de sa formation dans un cas inattendu. Ces raisons, une fois découvertes, il ne reste plus qu'à les joindre et à les mettre en œuvre pour s'assurer qu'elles sont bien explicatives et productives du fait en question.

b) Synthèse. — Mais, cette jonction artificielle (synthèse) appelée *expérimentation* est indispensable. L'analyse, en effet, est l'œuvre d'une raison qui n'est ni assez éclairée, ni assez pénétrante, pour atteindre les éléments *derniers* ou *raisons véritables* de la production des effets. Cette synthèse ou construction complète donc une analyse préalable, mais insuffisante pour nous dispenser de contrôler la valeur explicative des éléments ou des causes qu'elle désigne et leur efficacité productrice.

Conclusion. — L'induction, si l'on désigne de ce nom le procédé total du savant dans la découverte des lois et la formation des idées ou notions, est bien comme on l'a dit justement : une déduction provisoire qu'il faut confirmer par une synthèse ou expérimentation pour la rendre définitive. Déduire n'est donc pas, comme le prétend l'intellectualisme, rendre explicite le contenu implicite de notions possédées toutes faites et *à priori*. C'est réduire à leurs éléments, à leurs causes, à leurs lois les événements proposés par la nature à notre expérience, en s'éclairant du savoir déjà acquis, ou, plus exactement, de l'aptitude à analyser, développée au cours de l'acquisition de ce savoir. Un savant et un ignorant assistent aux mêmes faits : le premier les débrouille et les réduit à l'ordre cohérent et stable ; l'autre les constate et ne peut tirer de ses observations inintelligentes que des préjugés trompeurs pour l'avenir. Par ce moyen, nous nous acheminons progressivement à la constitution des *jugements* et à la formation *de définitions* ou *idées générales* qui sont toujours un point d'arrivée, jamais un point de départ.

36. Théorie empiriste du raisonnement. Synthèse à posteriori.

L'empirisme ne voit dans un raisonnement rien de plus qu'une *inférence du particulier au particulier* en conséquence d'une association ou *synthèse à posteriori*. Les empiristes ont été surtout frappés du rôle de l'expérience dans l'acquisition du savoir humain, c'est-à-dire dans la formation des jugements et des concepts. Ils ont aussi remarqué l'impossibilité d'inventer quoi que ce soit si l'on ne s'appuie sur des observations déjà faites, ou des lois déjà vérifiées par l'expérimentation.

Ils ont donc conclu qu'il n'y a rien dans l'entendement qui ne vienne de la sensation ou de l'expérience passive. Ce n'est pas, dit Bacon, des ailes, mais du plomb, qu'il faut attacher aux pieds de l'homme. En d'autres termes, il faut toujours interdire à l'esprit humain de devancer témérairement les suggestions de l'expérience.

Ils en viennent ainsi à réduire toute invention et tout raisonnement à une *synthèse* ou association *à posteriori* d'éléments qui, constamment groupés au regard de notre expérience, se joignent d'eux-mêmes dans notre souvenir et nous imposent de les prévoir par une imagination irrésistible. Exemple : un tel homme mourra parce que tels et tels hommes sont en effet morts précédemment. L'intercalation d'une maxime générale entre les cas anciens remémorés et les cas futurs imaginés n'ajoute pas un iota à la preuve (Stuart Mill). L'invention d'une loi scientifique diffère en complexité, mais non par nature, de l'inférence d'un enfant qui, déjà brûlé par la flamme d'une bougie, se refuse à toucher dorénavant à quelque lumière que ce soit. Le passage du particulier au particulier, dans les deux cas, se produit par la simple présence d'un trait commun ou d'une ressemblance perçue entre le cas nouveau et les exemples précédents. Il n'y a, tout compte fait, de différence entre le savant et le vulgaire que la possession d'un don naturel par lequel le savant pénètre jusqu'à des ressemblances cachées et décisives, là où le vulgaire ne peut percevoir que des analogies superficielles et décevantes. On voit que l'empirisme refuse en réalité à l'esprit du savant toute intervention personnelle et efficace dans la formation des jugements et des notions. Il suffit en effet à l'esprit de démêler, au cours de l'expérience, les événements qui sont le plus constamment rapprochés. La nature, à notre insu, a produit ces groupements constants dans le passé et les maintient dans l'avenir. Notre croyance et nos inférences n'ont pas d'autre fondement et d'autre garantie que la continuité de ce succès.

L'analyse n'est donc ici que la constatation et l'énumération des éléments qui se groupent en fait ou se juxtaposent (synthèse) dans tous les cas de la production d'un événement ou d'un objet donné. *Le jugement* ou l'affirmation d'un rapport entre ces éléments d'expériences se réduit à l'habitude de les voir ainsi groupés, que nous fait préjuger le même ordre de combinaison dans l'avenir. *L'idée générale* ou notion n'est que l'ensemble des éléments dont le groupement a d'abord été proposé à notre observation et imposé ensuite à notre attente.

Mais, 1° même l'association spontanée et la prévision instinctive ne s'accomplissent pas sans un raisonnement secret, mais agissant et efficace. En effet, l'association imaginative, qui chez les animaux et aussi chez les hommes, en tant qu'empiriques, prévoit avec assez de justesse le cours probable des événements à venir, n'est pas, elle-même, une simple réceptivité. Elle est le produit d'une attention provoquée, et, par suite, l'œuvre d'un choix et d'un groupement d'impressions que l'activité vitale effectue en raison de ses besoins essentiels et constitutifs, donc préexistants aux expériences. Ce qu'il y a de notion, c'est-à-dire de prévision valable, dans la connaissance vulgaire ou dans les images doit être déjà rapporté à une raison spontanée.

2° D'ailleurs ces prévisions instinctives diffèrent du savoir scientifique comme l'image diffère de l'idée. L'entendement invente et découvre, l'imagination se borne à reproduire. Même dans ces limites, l'imagination conduit indifféremment à l'erreur et à la vérité. Elle préside aussi bien aux hallucinations du dément ou aux rêves du dormeur, qu'aux perceptions sensibles de l'homme éveillé et normal. Les idées ou notions, au contraire, sont formées par un esprit critique qui connaît, à la fois, leur portée et leurs limites. Leur établissement suppose donc un critérium et des règles pour discerner le vrai du faux. Un tel critérium ne peut être fourni que par l'esprit ou la raison *à priori*.

40. Théorie intellectualiste du raisonnement. Analyse à priori.

Les intellectualistes ont, pour leur part, reconnu la nécessité d'une intervention de l'esprit pour expliquer le progrès réel fait, à chaque pas, dans les découvertes scientifiques. Ils en concluent l'existence d'une *activité créatrice de l'entendement*, seule capable d'expliquer le passage du fait au droit, du particulier au général, du contingent au nécessaire, et plus particulièrement de l'inconnu au connu. Seulement, ils nous attribuent la possession d'idées ou *notions* entièrement *à priori*, donc purement intelligibles. L'esprit, ou l'activité mentale n'aurait alors qu'à les scruter ou à les *analyser* pour en déduire *à priori* les propriétés qui seront infailliblement manifestées au cours des événements sensibles. De même qu'en mathématique on peut tirer la vérité d'une proposition à établir de la vérité des propositions déjà démontrées, et, à travers elles, de définitions primitives, évidentes par elles-mêmes, et cela entièrement *à priori*, ou indépendamment de toute vérification expérimentale; de même, on pourrait rapporter tout objet empirique à des idées déjà possédées et lui attribuer toutes les propriétés qui sont inscrites dans l'essence ou la définition de ces idées. Nous allons voir qu'une déduction ou dérivation de ce genre n'est possible que si l'on considère les objets de la nature exclusivement sous leur aspect mathématique. Nous savons d'ailleurs que ce procédé de déduction pure ou d'analyse *à priori*, qui ne rend même pas compte de la démonstration, est encore plus éloigné d'exprimer la vérité de la méthode d'invention qui est créatrice et non tautologique.

Dans Platon, les idées *à priori* sont considérées comme des réminiscences d'une vie antérieure et quasi-divine. Pour Descartes et ses disciples, Malebranche et Spinoza, les idées ne sont autre chose que les vérités mathématiques, parce que ces vérités sont en effet *à priori*, ou indépendantes de l'expérience, et aussi parce qu'elles ont le privilège de s'enchaîner les unes aux autres ou de se tirer les unes des autres avec une évidence parfaite. Elles ne laissent, par suite, aucun doute sur la solidité et sur la durée de la liaison des termes, qu'elles unissent d'abord et une fois pour toutes.

Mais, 1° l'exemple des mathématiques est trompeur. Leur exactitude n'est que dans les formules ou l'énoncé des propositions; elle ne consiste pas dans la correspondance de ces propositions avec le réel. En effet, les jugements mathématiques ne sont exacts que si l'on ne considère presque exclusivement que *la forme* sous laquelle toute chose nous *apparaît*, c'est-à-dire nous est donnée dans l'expérience, et non pas la *nature même* des choses. Trois angles d'un triangle égalent deux droits, mais il n'est pas établi par là qu'on rencontrera des triangles parfaits, ni un rapport si exactement défini, dans le cours des choses. La prévision qui se tire de cette vérité n'est donc pas objective, si même elle n'est pas, tout compte fait, trompeuse. La rigueur des affirmations mathématiques engendre des présomptions et fait naître dans l'esprit du savant des exigences qui l'aveuglent sur la vraie nature du réel.

Pourtant, dira-t-on, les vérités mathématiques ne laissent pas de s'appliquer aux événements naturels avec une approximation suffisante. C'est donc qu'elles renferment quelque vue sur la nature des choses, qui ne les dément pas dans les manifestations par lesquelles elle s'exprime au cours de notre expérience. Sans doute, mais c'est que justement les mathématiques, dans leur raisonnement ou leur procédé pour établir leurs affirmations, tiennent compte, dans une certaine mesure, de la diversité naturelle des événements sensibles. Il y a en effet non pas identité analytique, mais juxtaposition synthétique, ou tout au plus coïncidence de fait, entre trois angles d'un triangle, d'une part, et deux droits, de l'autre; entre la quantité $7 + 5$ et la quantité 12. Pour en manifester le rapport, le savant est donc obligé d'abord de le découvrir, c'est-à-dire de trouver des vérités élémentaires dont la combinaison le révèle. La déduction des prémisses à la conséquence n'est donc qu'une apparence. Cette déduction ne résulte que de la possibilité de réduire *à peu près* exactement la conséquence aux prémisses. L'espace étant homogène, il est permis d'en ramener toutes les portions à une commune mesure.

2º Toute déduction *à priori* suppose des idées possédées dès l'origine du savoir. Or les notions scientifiques ne se sont que lentement et progressivement formées. Et même nous ne parvenons, à aucun moment de ce progrès, à la possession d'idées essentielles ou définitives.

3º Les intellectualistes sont eux-mêmes obligés de convenir qu'il y a un effort réel à produire pour rapprocher et enchaîner des notions d'abord distinctes, comme Socrate et la mortalité, les trois angles du triangle et deux droits. Ce résultat exige l'invention d'un moyen terme, c'est-à-dire une analyse régressive. Il ne s'obtient pas par une déduction tautologique. Il faut, en tout cas, trouver des raisons d'appliquer les idées archétypes à l'expérience que l'on veut éclaircir par elle. C'est donc l'objet d'expérience, proposé à notre explication, qui nous oblige à faire choix des idées qui lui conviennent, comme lorsque nous voyons dans la rosée un cas particulier de la production de l'eau par condensation de la vapeur.

Il faut donc renoncer aux idées *à priori* ou à l'*innéité réelle*, pour se contenter, avec Leibniz, d'une *innéité virtuelle*. Celle-ci consiste en une aptitude à former des notions, possédée par l'esprit et incessamment accrue au cours de l'expérience. La déduction ou l'analyse ne descend pas d'idées toutes faites et définitives à des propriétés qu'on en tire ; elle découvre, à la lumière des idées déjà possédées et par l'aptitude à comprendre que ces idées ont développée en nous, les éléments vraiment constitutifs d'un objet. Ceux-là seulement, reliés entre eux, assureront sa production inévitable. On déduit les lois et notions de l'esprit (*ipse intellectus*) et non pas directement des idées éternelles.

B. — Théorie du jugement.

41. Du jugement par lequel on affirme les relations établies au cours du raisonnement.

Le jugement peut être, ou bien l'*opération* par laquelle on raisonne et se met en état de juger, ou bien le résultat de cette opération, c'est-à-dire la formule ou *proposition* par laquelle on exprime la vérité découverte, l'opinion ou la croyance qu'on s'est formée au cours de cette opération. Dans le premier cas, *cette opération est le raisonnement*, c'est-à-dire la déduction hypothétique ou *analyse* plus ou moins exactement vérifiée par la *synthèse* expérimentale. Il nous reste donc à déterminer quels sont les *principaux modes du jugement*, ou les espèces de propositions obtenues par l'opération de raisonner.

Ces différentes espèces de propositions ne sont, en réalité, que les *divers aspects d'un mode unique* et fondamental de juger et d'affirmer. Les nuances qui les séparent et les distinguent en deux catégories de jugements opposés résultent de ce que tantôt on est surtout préoccupé de démontrer ou d'exposer, ce que l'on sait, et tantôt, au contraire, d'inventer ce que, l'on ignore.

On a donc d'abord pu distinguer des *jugements analytiques* et des *jugements synthétiques*. Cette distinction concerne l'opération, par laquelle on juge.

Un *jugement analytique* serait une affirmation ou proposition dans laquelle l'attribut ou prédicat serait *extrait*, par une simple décomposition, du sujet qui le renfermait d'abord implicitement. Kant appelle ces jugements des jugements *explicatifs*. Exemple : Tout corps (sujet) est pesant ou étendu (attribut).

Un *jugement synthétique*, au contraire, serait celui dans lequel l'attribut *s'ajouterait* à la compréhension du sujet. L'eau bout à 100°. C'est le jugement *augmentatif*. L'eau chaude à 100° ne *renferme* pas la propriété de bouillir.

Or l'opération de raisonner par laquelle se constituent uniformément tous les jugements est, à la fois, une analyse et une synthèse. Il y a donc, dans toute proposition, une identité relative ou similitude partielle entre l'attribut et le sujet, et, en même temps, une dissemblance subsistante entre les deux termes, qui fait qu'il y a deux termes en effet et que l'on ne peut pas se dispenser d'énoncer l'un et l'autre. Dans le jugement analytique, *tout corps est pesant*, le sujet : *corps*, est lui-même un résultat de la liaison, préalablement reconnue réelle, entre la pesanteur et d'autres propriétés. Ainsi ce prétendu sujet d'inhérence est lui-même le résultat de l'affirmation d'un rapport d'abord synthétiquement établi. L'idée de corps, en effet, n'est pas une intuition de l'expérience. Elle est le résultat de la liaison synthétique de plusieurs faits d'expérience, comme l'étendue, la pesanteur et les autres propriétés sensibles. Mais, d'autre part, l'eau bout à 100° n'est, à son tour, une affirmation valable que si l'on a reconnu une liaison ou identité partielle entre les propriétés de l'eau et cette nouvelle propriété qu'elle a d'entrer en ébullition à cette température. Donc tout jugement est une *synthèse* d'éléments qui ont été découverts et groupés par une *analyse préalable*, à l'aide d'idées ou de notions *à priori*. C'est, à peu près, ce que Kant appelait une *synthèse à priori*.

Considérant, maintenant, le mode d'affirmation auquel se termine le jugement, on a cru pouvoir distinguer des *jugements d'attribution* et des *jugements d'existence*. Mais si l'on excepte les affirmations suivantes : je suis une activité pensante, et Dieu est un être parfait, qui sont des vérités d'intuition et non pas des jugements obtenus par un discours ou raisonnement, tout jugement est nécessairement *attributif*, puisque tout jugement relie entre eux différents termes pour les attribuer les uns aux autres. Il en résulte d'ailleurs aussitôt une présomption plus ou moins forte *d'existence*. En effet, à part notre propre existence et celle de la raison qui nous dirige, toute existence n'est autre chose pour nous que la liaison, par le raisonnement, de diverses propriétés regardées en conséquence comme inséparables dans la nature.

On prétend distinguer encore des *jugements généraux* et des *jugements particuliers*. Mais, d'abord, tout jugement est général par l'affirmation d'un rapport ou *liaison constante* entre les termes qu'il unit. Un tel rapport est une liaison nécessaire, donc immanquable et universelle. Un rapport qui ne serait que particulier serait, en somme, une simple coïncidence constatée dans un cas donné. Il ne donnerait pas matière à un jugement ou à une affirmation. Il faut reconnaître en conséquence qu'il n'y a pas de jugement, dont le sujet soit particulier. L'affirmation : *ce* corps est chaud, ou *ce* fruit est bon, n'est pas un jugement mais une constatation. La portée n'en dépasse pas le moment précis où elle est faite. Des affirmations, au contraire, comme : la neige *est* blanche, ou la pêche *est* un excellent fruit, sont des jugements, parce que le sujet n'en est pas particulier, mais général.

Dans tous les cas où le sujet d'un jugement semblera particulier on pourra toujours le réduire à une idée générale. Dire : cette neige est blanche est tautologique, ou bien revient à dire : voilà de la neige, c'est-à-dire la blancheur que j'ai sous les yeux est le signe *constant* de la neige. Si l'on dit : cet homme est savant, on ne rapporte certainement pas le savoir au sujet particulier Pierre ou Paul qui nous est inconnaissable. La proposition signifie seulement que nous reconnaissons dans les manifestations de ce sujet, indéfinissable en tant que particulier, des traits qui sont *généralement* reliés à la qualité du savoir. Pierre ou Paul ne sont que la synthèse de ces propriétés, ils n'en sont pas le sujet d'inhérence, du moins pour notre connaissance imparfaite et inadéquate.

Les logiciens, d'ailleurs, reconnaissent dans les jugements dont le sujet désigne un individu, une énonciation générale. Ils réservent le nom de jugements particuliers aux jugements *collectifs* comme : *quelques hommes* sont savants, ou bien : tel ou tel homme est *quelquefois* savant, et *quelquefois* ignorant. *Quandoque bonus dormitat Homerus.* Si de telles affirmations se bornent à la constatation de coïncidences, il n'y a pas en elles de jugement ou de vérité générale ; mais si l'on fait reposer, comme il convient, l'affirmation collective sur la *liaison* reconnue inévitable de la qualité attribuée avec chaque individu ou dans chaque circonstance, on revient au jugement général.

D'après ces remarques, il n'y a pas lieu de distinguer entre le *sujet* et *l'attribut* d'un jugement. Les deux termes sont en réalité l'un et l'autre des attributs ou des faisceaux d'attributs qui forment, *par leur synthèse*, un sujet apparent d'inhérence, mais qui ne constituent, en réalité, qu'une *loi de groupement* de phénomènes ou une *définition* de propriétés. Le véritable sujet reste toujours *indéfini* ; il s'augmente ou plutôt se constitue indéfiniment de nouvelles propriétés. Socrate, qui est homme philosophe, athénien, etc., n'est pas le fondement ou la source de ces attributs. Le sujet prétendu, Socrate, ne saurait être connu en dehors de ces qualités mêmes ; il en est la somme ou le résultat. Il ne peut donc pas en être la source ou le point d'origine Par suite, la distinction faite entre les jugements en *compréhension* et les jugements en *extension* n'est intéressante que pour la méthode logique de démonstration ou d'exposition (rhétorique), mais non pas pour la méthode psychologique de l'invention (raisonnement). Par les premiers, on entend des jugements où l'attribut développe la compréhension du sujet. Exemple : la baleine est mammifère. Par les seconds, des jugements où l'on rapporte un sujet à une classe désignée par l'attribut, parce que ce sujet rentre dans *l'extension* de cette classe ou *l'étendue* des objets qu'elle désigne. Exemple : la baleine fait partie des mammifères. Il est visible que ces jugements ne sont fondés réellement et *primitivement* ni sur l'une ni sur l'autre de ces considérations, mais sur une liaison de propriétés qui déterminent, d'abord et indivisiblement, l'extension et la compréhension des sujets.

CHAPITRE III

L'IDÉE GÉNÉRALE; LA DÉFINITION

Sommaire : **42.** Faux conceptualisme. L'idée n'est pas la partie commune, constatée et isolée, dans les objets particuliers donnés. — **43.** Nominalisme des empiristes. — **44.** Réalisme des intellectualistes. — **45.** Conceptualisme. L'idée est une manière de voir, fondée sur la raison et contrôlée par l'expérience.

42. L'idée générale n'est pas un extrait de l'image ou de l'objet sensible, elle est l'œuvre du raisonnement.

L'idée abstraite et générale, terme du raisonnement, n'est pas obtenue en extrayant ce qu'il y a de *commun* dans deux objets particuliers constatés empiriquement. L'idée d'homme du vulgaire, ou toute autre idée, n'est sans doute que ce en quoi tous les hommes *donnés* se ressemblent et se confondent; mais aussi ne peut-elle prétendre à distinguer et à définir l'homme réel manifesté dans chacun d'eux. Au surplus, les empiristes ont raison de faire remarquer qu'il n'y a en réalité rien de vraiment identique dans les objets *empiriques*. Il est donc impossible de réaliser à part cette partie prétendue commune, mais toujours et en réalité aussi particulière que chacun des objets dont on prétend l'extraire.

On ne forme donc pas une idée, comme on l'explique trop souvent, en confrontant des objets particuliers pour percevoir, d'abord, dans cette comparaison, ce qu'ils ont de semblable, extraire ou abstraire, ensuite, cette partie commune, et, finalement, donner un nom à cette partie commune pour la distinguer et la réaliser à part des objets particuliers où elle serait d'abord renfermée. Ou bien ces objets sont déjà *construits par l'entendement* et rapportés à leur *idée ;* l'opération vient trop tard. Confronter des *oiseaux*, des *hommes*, ou des objets quelconques, c'est déjà savoir qu'ils sont des *oiseaux*, des *hommes* ou de *tels objets*. Ou bien ces objets sont vraiment empiriques, donc particuliers ; l'opération d'abstraire, selon l'objection irréfutable des empiristes, n'a pas où se prendre pour dégager du *général*. Ce conceptualisme simpliste suppose donc une opération *impraticable* et *vaine* sur des objets d'expérience. Hume, à bon droit, ne voyait dans des idées ainsi formées que des copies, affaiblies et lointaines, de nos sensations primitives, et qui n'avaient aucun droit de se substituer à ces sensations particulières, seules originales et véritables.

Une fois écartée cette définition trop répandue de l'idée générale, il semble qu'on ait à choisir entre deux partis. Ou bien on définira l'idée une *réalité intelligible* perçue par une intuition directe dans l'intelligence divine ou la raison universelle : ce qui est le *réalisme platonicien* renouvelé par Malebranche. Les idées ne sont plus alors des conceptions ou des représentations de ce qui est ; elles sont la vérité même ou la réalité des choses, telle que l'intelligence est capable de les découvrir par une vision directe en Dieu. Ou bien alors il faudra ne voir dans la notion scientifique qu'un simple souvenir ou *résidu de l'expérience*, qui n'a de généralité et de consistance que dans le mot ou dans le nom dont on la désigne. C'est le *nominalisme des empiristes*.

Nous avons déjà montré qu'en dehors de cette alternative, il y a un troisième parti à prendre. L'esprit renferme, *à priori*, une aptitude à grouper d'une manière vraisemblable les données de l'expérience, à proportion de leur rapport aux principes directeurs de la connaissance. Ces groupements ou concepts expriment donc ce qu'il y a d'essentiel dans les choses ; ils nous permettent de prévoir la forme constante de leurs manifestations futures. L'idée du triangle ou l'idée d'une espèce animale sont la définition de ce qu'il y a de propriétés essentielles, donc inévitablement rencontrées, dans tous les triangles ou dans tous les animaux de cette espèce.

43. Nominalisme des empiristes.

Pour le nominalisme, ce qu'il y a de *défini* dans une idée ou notion, c'est-à-dire l'*unité* que nous attribuons aux différents éléments d'expérience groupés en elle, et la *permanence* de ce groupement, n'existe vraiment que dans le mot ou le *nom* qui la désigne. Voici d'ailleurs comment s'effectuerait cette *dénomination*, à quoi se réduit, selon l'empirisme, tout le procédé du savoir humain ou la formation des idées générales.

L'esprit recueille d'abord les expériences à mesure qu'elles se produisent, c'est-à-dire par une perception synthétique qui les juxtapose et les amasse. Puis, par mémoire et association, il groupe ceux de ces éléments qui lui sont donnés et qui réapparaissent constamment dans le même ordre. Ainsi, à travers la diversité des expériences, les éléments le plus souvent groupés se détachent de la masse indistincte des autres éléments, qui ne les accompagnent que d'une manière irrégulière. Nous prenons ainsi l'habitude de ne conserver dans notre souvenir que ce qui a été le plus souvent et le plus profondément imprimé dans notre esprit (portrait composite). Cependant, même alors, la mémoire ne peut nous rappeler que des groupements particuliers d'impressions particulières. Il nous appartient, heureusement, d'achever la généralisation et l'abstraction par l'imposition *arbitraire* d'un nom identique pour désigner des groupements d'impressions qui, d'ailleurs et tout compte fait, sont sensiblement semblables. Exemple : après avoir vu des couleurs de toutes sortes et de toutes nuances, il ne restera dans le souvenir qu'un minimum de coloration, qui est la partie semblable et constamment reproduite dans toutes les impressions colorées que nous avons éprouvées. Nous n'aurons donc plus qu'à adopter le nom de *couleur* pour achever d'isoler, d'abstraire et de réaliser à part, une coloration qui n'est pourtant que particulière dans chaque cas de couleur éprouvée. Ainsi, le mot ou le nom employé n'est jamais qu'un *signe arbitraire* et conventionnel. Il désigne, en effet, d'une manière uniforme et identique, des événements qui sont, en réalité, incessamment diversifiés, et dans leurs éléments, et dans le mode de leur assemblage ; par suite tous différents les uns des autres.

Il en serait de même pour la formation d'une idée plus complexe. Par exemple, tous les animaux perçus d'une espèce donnée laissent le souvenir de quelques éléments à peu près semblables et groupés dans un ordre à peu près uniforme. Ces éléments s'associent l'un à l'autre parce que ce sont ceux qui sont le plus souvent perçus à travers la diversité des objets sensibles. Le nom identique qui abstraira en le désignant ce groupement de qualités formera la substance même de l'idée générale.

L'empirisme nominaliste se résume ainsi en deux idées : 1° l'expérience, par la voie de l'association mécanique, nous conduit à percevoir, dans des expériences d'abord multiples et dissemblables, des conjonctions constantes et, par suite, des groupements presque identiques ; 2° il appartient à l'homme d'achever de dégager cette ressemblance par l'invention d'un nom entièrement conventionnel, puisqu'il désigne par un caractère écrit ou par un son de voix proféré, d'une manière identique ou uniforme, ce qui dans la réalité des choses ou de l'expérience est indéfiniment et irrémédiablement divers et particulier.

Or : 1° nous avons déjà remarqué (20) qu'il y a, à l'origine même de l'association, un principe d'unification et d'assimilation qui nous fait grouper, du point de vue de l'appétit vital, les expériences qui ont un rapport commun à cet appétit; 2° il y a, d'ailleurs, dans l'idée ou notion scientifique une certitude, relative à la solidité et à la permanence du groupement, que ne peut expliquer un simple recours au souvenir des expériences traversées ; 3° au surplus, les empiristes conviennent que le nom n'est qu'une désignation conventionnelle et arbitraire, et que par suite il ne saurait nous garantir ni l'exacte ressemblance des cas qu'il rapproche, ni la perpétuité des groupements dont il fait la liaison. Aussi le malentendu est-il irrémédiable entre les gens qui prononcent de bouche un même nom, mais qui lui attribuent dans leur pensée des significations très diverses.

44. Réalisme des intellectualistes.

Le réalisme intellectualiste s'attache à rendre compte de ce qu'il y a en effet de décidément unifié, de permanent et de prévisible dans nos concepts. Ne trouvant rien dans le sensible ou l'empirique qui fournisse le modèle d'une telle idée, il croit devoir recourir à l'intelligence divine elle-même pour y contempler intuitivement les notions ou les réalités dont les événements et les objets particuliers ne sont qu'une manifestation ou un reflet. Platon allègue une *réminiscence*, qui ramène sous nos yeux des idées contemplées dans une vie divine antérieure. Descartes ne reconnaît pour véritable que les notions mathématiques. Malebranche nous attribue une vision en Dieu. Spinoza appelle la véritable connaissance une intuition de la nature sous l'aspect de l'éternel.

Mais, dans cette théorie, l'existence et la définition des idées n'est qu'un postulat. Or cette hypothèse, qui est d'ailleurs invérifiable, se trouve, par surcroît, injustifiée et inutile. Notre connaissance des choses, dans les notions que nous pouvons en former, a toujours quelque chose de précaire et de réformable qui n'exige pas, pour en rendre compte, un appel à la connaissance des idées divines, *archétypes* immuables de la nature.

D'ailleurs, on ne saurait parler intelligiblement de ces « choses en soi », comme de l'homme idéal, ou de l'idée archétype d'un corps chimique ou d'un animal. Si l'on veut citer un exemple de pareilles idées, il faut toujours en venir à alléguer des *notions mathématiques*. Le monde réel, pour Descartes, c'est-à-dire celui que nous nous représentons par le moyen d'idées claires et distinctes et auquel il faut réduire le monde sensible pour le rendre véritable, est un monde qui se compose exclusivement de *l'étendue mathématique* et des mouvements que les *lois de la mécanique* y peuvent engendrer et expliquer. Or les notions mathématiques elles-mêmes ne sont pas entièrement intuitives ni exclusivement *à priori*. Elles supposent en effet un travail d'analyse régressive, pour remonter aux véritables éléments qu'elles groupent et relient, et qu'elles rendent ainsi prévisibles à coup sûr. Exemple : la définition d'un triangle par l'ensemble de ses propriétés, ou seulement l'énoncé de l'une d'entre elles, suppose qu'on a d'abord découvert le lien qui réunit, pour toujours, la forme triangulaire d'une part et la propriété qu'on lui attribue. Mais, d'ailleurs, les définitions mathématiques, c'est-à-dire les propriétés attribuées aux figures et aux nombres, ne sont pas exactement applicables aux objets sensibles en tant que divers. Par conséquent, elles ne fournissent pas de prévision utile touchant les événements physiques, biologiques ou moraux.

45. Conceptualisme.

Il n'est pas question ici du conceptualisme signalé plus haut (42), qui prétend extraire le général du particulier, le nécessaire et l'inévitable du contingent ou de l'accidentel. Le *général* n'est pas seulement la partie commune, d'ailleurs inexistante, constatée dans les objets particuliers et qui en serait abstraite pour être réalisée à part. L'objet général ne saurait se rencontrer ni être perçu dans les événements naturels ou les objets sensibles, qui sont toujours donnés empiriquement, donc particuliers. Il ne peut exister que dans l'esprit et par la vertu d'une opération qui lui est propre. Cette opération de l'esprit, qui est le raisonnement (38), aboutit à des *conceptions* véritablement générales, c'est-à-dire à des notions ou à des lois qui embrassent, à la fois, le présent, le passé et l'avenir.

Nous pouvons alors rendre compte de ce qu'il y a de réellement général dans nos concepts, et d'autorisé dans nos prévisions du futur. Les *réalistes* nous attribuent une science idéale et parfaite, qu'en réalité nous ne possédons pas. Les mathématiciens, sans doute, possèdent un savoir exact ; mais ce savoir n'est exact qu'en renonçant à comprendre et à exprimer la diversité du réel. Nos idées générales n'ont pas cette vertu d'être définitives et absolues. Elles sont, en somme, des *manières de voir* et de prévoir autorisées par l'expérience passée, à mesure qu'elle a pu être examinée, élaborée et corrigée par notre activité rationnelle.

Nos idées sont donc constituées par deux facteurs : 1° Des éléments d'expérience, c'est-à-dire une *matière empruntée au souvenir* ; 2° un *certain rapport* établi entre ces éléments d'expérience par notre esprit qui les a choisis, d'après ses lumières propres, pour les grouper selon ce rapport. Mais dans cette opération de grouper des souvenirs, qui est l'œuvre de l'activité créatrice de l'entendement, l'esprit ne peut jamais aller au delà de ce que l'expérimentation ultime, par la synthèse d'éléments empiriques, lui a permis de constater et l'autorise à affirmer. Exemple : l'idée que le chimiste se fait d'un corps résulte d'un groupement de propriétés que l'esprit a remarquées et choisies parmi les événements qui accompagnaient la présence de ce corps dans les expériences passées, et d'une expérimentation qui a vérifié incessamment, depuis, la production de ce corps quand ces éléments étaient rapprochés et groupés. L'idée dépend donc, au total, d'une dernière vérification empirique : elle n'entraîne de certitude et ne renferme de garantie de durée que celle que *l'expérience intelligente* peut fournir.

L'idée est donc *un concept*, c'est-à-dire une manière, fondée et légitime, de concevoir un groupement à venir d'expériences, en raison des succès déjà obtenus par le groupement intelligent et réfléchi des expériences passées.

CHAPITRE IV

L'ACTIVITÉ CRÉATRICE DE L'ESPRIT. THÉORIE DE LA CROYANCE, OU VÉRITABLE, OU ERRONÉE

Sommaire : **46.** La connaissance humaine est toujours une croyance fondée, mais révisible. Relativité du savoir. Il n'est jamais l'identité de l'idée et du réel. — **47.** Évidence sensible et certitude physique. — **48.** Évidence logique et certitude mathématique. — **49.** Certitude morale. Rôle de la volonté dans la croyance. — **50.** Théorie de l'erreur.

46. Notre connaissance n'est jamais qu'une croyance plus ou moins fondée et plus ou moins justifiée.

Le travail de l'entendement, que nous avons décrit, ne peut aboutir qu'à la formation d'une *croyance* plus ou moins fondée, mais toujours relativement provisoire et, pour une part, suspecte. C'est le caractère de *relativité* qu'il faut reconnaître à la connaissance humaine, qui n'est toujours que représentative. Il résulte, en effet, de notre théorie du raisonnement qu'il entre dans toutes nos affirmations, jugements ou croyances, de l'initiative et du risque, c'est-à-dire de la volonté ou de la décision personnelle. Cette initiative est rendue évidente par la nécessité d'introduire dans les objets d'expérience un lien et un rapport que l'expérience ne manifeste pas d'elle-même, c'est-à-dire de transformer en vérité durable ce qui n'est d'abord affaire que de constatation ou de représentation passagère.

Écartons d'abord la théorie qui déclare vraie toute idée ou représentation en vertu d'une adéquation ou équivalence constatée entre la pensée et l'objet (*adæquatio rei et intellectus*). En effet : 1° l'objet ne nous est jamais connu que d'une manière discursive, c'est-à-dire par la représentation, plus ou moins liée et cohérente, que nous nous formons d'un groupe de manifestations sensibles. Il n'y a donc pas moyen de confronter la représentation que nous avons avec l'objet en soi qui est inaccessible ; 2° cette confrontation, si elle était possible, deviendrait par là même inutile. L'intuition de l'objet, nous mettant en présence du réel, nous dispenserait de la consultation de l'idée et dissiperait même cette représentation.

Ce n'est donc pas le *réel* lui-même qui confère à la représentation la vérité ou l'exactitude, c'est, au contraire, la *vérité logique* de la représentation qui détermine en nous la croyance à la réalité ou à l'existence de l'objet. C'est dans ce sens que Descartes a pu dire que toutes nos idées claires et distinctes étaient, par là même, véritables et réelles. Nous comparons en effet nos représentations à l'idéal de la vérité *qui réside en nous*. Nous ne pouvons pas les confronter avec la vérité elle-même.

La vérité n'est donc pas une chose ou un objet intuitivement perçu. Elle est un certain degré de croyance *raisonnée* qui nous fait déclarer véritable ce que nous nous représentons dans une notion critique, c'est-à-dire par notre idée elle-même. Ce n'est pas l'esprit, dit Kant, qui tourne autour des choses, ce sont les choses qui tournent autour de l'esprit. Et, en effet, on ne peut même pas dire, avec Descartes et l'intellectualisme, que la vérité ou l'objectivité des représentations résulte d'une évidence qui leur serait propre et comme imposée à notre entendement passif, réduit à l'assentiment. Car, en effet, une fois de plus, ce n'est pas parce qu'une idée ou une proposition est évidente par elle-même qu'elle nous paraît vraie, c'est, au contraire et d'abord, parce que nous en avons enchaîné les diverses parties d'après des principes qui sont en nous qu'elle nous semble enfin évidente, donc objective ou représentative du réel.

Ce premier point une fois fixé, la question est de savoir si les images ou les représentations de notre croyance se forment en nous exclusivement par la vertu des expériences ; ou bien, si elles nous apparaissent comme véritables par une révélation intérieure qui nous serait donnée sous la forme d'idées *à priori* ; ou bien, enfin, si c'est par l'opération d'une activité *vraiment créatrice*, qui cherche à rapprocher les faits d'expérience d'un idéal, les groupe et les rend croyables par l'effort, plus moins méritoire, d'une intelligence orientée vers l'ordre ou la raison. Dans ce dernier cas seulement, l'*entendement* sera vraiment *actif* et *créateur*.

La condition ou la nature de l'esprit humain fait que, dans toute opinion qu'il se forme ou dans tout jugement qu'il énonce, il entre à la fois de l'expérience ou de l'empirisme; de l'entendement logique ou déductif, donc passif; et enfin de la volonté ou de l'activité morale. Toutefois ce mélange de sensibilité, d'intelligence et de volonté se fait, dans les différentes rencontres de la connaissance, avec des proportions très dissemblables et donne lieu à *trois sortes d'évidence* et de *certitude* assez nettement discernables. Aussi distingue-t-on généralement une *évidence ou certitude physique* ; une *évidence ou certitude logique* et une *évidence ou certitude morale*. a) Nous sommes *physiquement* certains qu'un objet sensible est présent et possède ses propriétés habituelles. Nous le concluons en effet instinctivement, et cette croyance inexpliquée ne laisse pas d'être justifiée par l'événement. b) Nous sommes certains, *logiquement*, d'une proposition démontrée par les mathématiques ; c'est-à-dire que les définitions évidentes alléguées et l'enchaînement manifeste de la proposition avec ces définitions, ne nous laissent pas de doute sur la vérité finalement établie. c) Il y a enfin certitude *morale* toutes les fois que la volonté a dû intervenir pour former une opinion, et dans la mesure où cette volonté a travaillé avec plus ou moins d'énergie et de loyauté, d'une manière plus moins courageuse et désintéressée, pour conquérir la vérité. Toutes nos affirmations relatives à la *nature morale* de l'homme sont plus particulièrement les objets de cette certitude. Mais, plus généralement, toutes nos autres affirmations, dans la mesure même où elles intéressent notre nature morale et contribuent à sa définition, relèvent de cette certitude volontaire et de cette évidence morale.

47. L'évidence sensible et la certitude physique.

Il y d'abord une évidence sensible et comme exclusivement produite du dehors, qui s'impose à l'esprit et obtient son adhésion par surprise. Elle donne lieu à la moins assurée et à la plus discutable des certitudes ; encore le peu de garantie qu'elle nous donne de l'existence de son objet est-il dû à un raisonnement instinctif, qui, une fois révélé, nous marque la portée et les limites de la confiance que nous pouvons avoir. Dans les produits de l'imagination sensible (28), qui est uniquement reproductrice, la formation de la croyance est presque entièrement due à la mémoire, c'est-à-dire à l'activité inconsciente de l'esprit. Cette croyance se produit donc en nous, à notre insu et malgré nous.

Les empiristes prétendent que toute croyance, même intellectuelle ou morale, n'a pas d'autre fondement ni d'autre source que le sentiment qui préside instinctivement à la formation de nos représentations, et d'abord à la constitution de nos habitudes. Hume et Stuart Mill, par exemple, prétendent que si nous rattachons un attribut à un sujet : la brûlure au feu ou bien la mortalité à tout homme, et si nous agissons, en conséquence, avec conviction et assurance, c'est par l'effet d'une transition irrésistible qui nous conduit d'une idée à une idée. Cette transition est l'effet d'une habitude née et développée au cours d'expériences toujours semblables.

Ramener ainsi la certitude à la force de l'association et à l'attente invincible de la reproduction du groupe une fois formé, c'est, au fond, la ramener au *sentiment* ou à des *raisons affectives*. En effet, c'est par les satisfactions rencontrées au cours d'expériences traversées par notre appétit de bien-être que s'est formée cette liaison qui rend deux termes inséparables et infailliblement prévisibles l'un par l'autre. Par la même raison, Spencer ne voit dans la certitude relative à une affirmation crue véritable qu'une impossibilité de fait de penser le contraire. Impossibilité d'ailleurs provisoire, et qui pourra se transformer en une possibilité différente, au terme d'une série nouvelle d'expériences, différentes des premières. Pendant longtemps, par exemple, on tenait pour certain que les antipodes étaient inhabitables, parce que toutes les expériences faites concouraient à rendre incompatible la possibilité de la vie humaine et la station aux antipodes; mais de nouvelles expériences relatives à la pesanteur ont rendu possible la croyance en cette proposition, d'abord inconcevable.

Une pareille certitude est en réalité celle qui préside à toutes nos connaissances vulgaires. Strictement limitée aux objets sensibles et aux circonstances dans lesquelles ces objets ont été formés, elle peut d'ailleurs passer pour suffisante. Mais hors de là, et pour tout autre objet, il n'est pas possible de fonder une croyance raisonnable sur des sentiments aveugles et sur les satisfactions qu'ils peuvent avoir obtenues. Il y a des succès plus ou moins apparents et plus ou moins durables, comme il y a des satisfactions plus ou moins trompeuses et plus ou moins mélangées. Descartes a raison de prétendre que les prévisions et les promesses fournies par les sens et l'imagination doivent nous être toujours suspectes. La moindre réflexion sur les origines de la certitude physique nous détourne d'y croire et d'agir en conséquence. Témoin les empiristes eux-mêmes, qui concluent logiquement au scepticisme, à moins qu'ils ne se réfugient dans une foi optimiste en la bonté de la nature inconnaissable.

Malheureusement, il reste vrai que nous ne pouvons jamais nous affranchir dans nos jugements et nos croyances des suggestions qui nous sont fournies inconsciemment par la nature et imposées à notre sensibilité. Il n'y a pas de science exclusivement *à priori*. Même les mathématiques ont une base empirique, et leurs propositions ne sont certaines, quant à leur application au futur, que si l'expérience doit toujours rester la forme imposée à notre intelligence par notre nature d'esprits empiriquement conditionnés. De la même manière, les hypothèses scientifiques sont, pour une bonne part, tirées des observations préalables, et, d'ailleurs, elles ne deviennent des lois ou des objets dignes de croyance qu'après une vérification qui est de nouveau empirique, c'est-à-dire fournie par des justifications sensibles. Cette nécessité du contrôle de l'expérimentation fait l'imperfection irrémédiable de notre savoir.

Le rôle du sentiment ou de l'appétit, qui est incontestable en toute croyance, est seulement plus manifeste, étant prédominant et décisif dans les connaissances instinctives, c'est-à-dire dans les représentations ou jugements imaginatifs qui dirigent les démarches de la vie commune. Cette influence du sentiment persiste encore dans la connaissance scientifique, ou élaborée et réfléchie. Mais là, elle est combattue et déjouée par l'influence devenue prévalente de l'activité logique ou de l'intelligence. Il y a en effet une certitude plus spécialement logique ou démonstrative qui ne résulte plus des expériences faites, du moins exclusivement, mais que nous produisons nous-même par la confrontation des expériences traversées à l'idéal de vérité qui est en nous, c'est-à-dire aux principes directeurs de la connaissance.

48. L'évidence rationnelle et la certitude logique ou mathématique.

Dans la mesure où nous pouvons réduire les représentations imaginatives aux idées directrices de la raison ou les en déduire pour les rendre véritables, la certitude des jugements ou notions ainsi formés est une *certitude logique ou intellectuelle*. C'est d'ailleurs le genre de croyance que nous attachons aux vérités d'ordre scientifique en général. Elle n'est plus produite par l'expérience, mais par le raisonnement. En face de l'induction vulgaire, il y a une induction scientifique, seule décisive pour fonder des opinions dignes de croyance.

Ce genre de certitude correspond *à la possibilité de déduire* laissée à chacune des sciences par la nature de son objet. Mais, par là même, cette certitude est irrémédiablement limitée par la nécessité imposée à toute science de contrôler empiriquement des hypothèses, d'abord déductivement ou analytiquement formées.

Tout arrangement empirique, proposé par l'expérience à l'entendement, est un amas synthétique que l'analyse doit dissoudre ou résoudre en ses éléments constitutifs. Ces éléments, reliés entre eux, forment un tout cohérent, stable, sûrement prévisible. C'est l'entendement qui oppose aux réussites de fait (pragmatisme), toujours précaires et discutables, la vérité des choses qui seule promet un succès, en droit, incontestable et toujours assuré. Un fait ou un événement qui n'a pas été rattaché à sa cause, c'est-à-dire réduit à ses vrais antécédents, peut avoir été constamment accompagné d'autres faits par une simple coïncidence. Rien ne garantit que cette conjonction, même constante, doive se reproduire indéfiniment, tant qu'on n'a pas rattaché le conséquent aux antécédents par un lien réel. Exemple : le fer humide se rouille, ne devient une vérité que par la découverte de l'action oxydante de l'eau. Jusque-là, il n'y avait qu'une simple coïncidence qui, même constante, pouvait être contestée en droit et, tôt ou tard, en fait démentie.

C'est donc l'intelligence qui, seule, procure la véritable certitude. Celle-ci est faite d'une impossibilité, non pas provisoire, mais définitive de penser le contraire ou de croire que les événements puissent se joindre autrement que selon la loi découverte par l'entendement.

Mais cette certitude n'a guère lieu que dans les démonstrations des mathématiciens. Là, seulement, l'entendement peut, par le moyen d'une analyse achevée, aboutir à une identification parfaite, établir une liaison assurée et incontestable. Les mathématiques ont un objet abstrait, l'espace homogène. Dans cet espace uniforme, il est toujours possible de réduire à une commune mesure les étendues particulières comparées. On peut donc toujours trouver un nombre exact de parties identiques dans chacune de ces étendues et établir entre ces deux nombres un rapport exact. Le nombre 12 se réduit ainsi exactement à $7 + 5$. Les trois angles d'un triangle et deux droits se réduisent exactement à un même nombre de parties identiques, de degrés par exemple.

Dans aucune science concrète on ne saurait atteindre ainsi par analyse les éléments vraiment constitutifs du complexe analysé. Un événement physique, l'eau ou tout autre composé chimique, et, à plus forte raison, une espèce animale, ne peuvent être ramenés qu'à des éléments hypothétiques qui précèdent le total, mais n'en sont pas des parties intégrantes. Il est donc indispensable de vérifier l'hypothèse en reconstituant, expérimentalement, le tout donné à l'aide des éléments qu'on lui assigne comme ses causes ou sa raison d'être. Cela revient à constater que les parties, regardées comme constitutives, sont effectivement assemblées dans tous les cas de la production. Ici, le lien renferme donc toujours quelque chose de synthétique ou de juxtaposé; et il reste dans une telle croyance, un peu de cette certitude physique, aveugle, contestable et provisoire, qui caractérise les connaissances vulgaires. Cependant, puisque rassembler les éléments hypothétiques est nécessaire et suffisant pour la production du conséquent, on pourra regarder comme une certitude logique ou presque mathématique les définitions expérimentales du physicien et du chimiste, et même les classifications du biologiste.

Mais si l'on veut dépasser l'ordre d'apparition des phénomènes, comme il est nécessaire de le faire pour l'explication des événements moraux que l'on rattache à l'intervention de la volonté humaine, la certitude démonstrative ou logique doit céder la place à la certitude morale.

49. La certitude morale et le rôle de la volonté dans la croyance.

Montrons d'abord qu'il entre de la certitude morale jusque dans les démonstrations du mathématicien, et, plus manifestement, dans les vérités de la physique et de la chimie.

Toute recherche des causes ou de la loi, en quelque matière que ce soit, oblige l'esprit à confronter l'amas synthétique donné aux principes de la raison qui éclairent et révèlent, dans cet amas, les parties constitutives. Mais cette confrontation exige toujours un effort, puisqu'il ne s'agit pas seulement de ramener l'inconnu au déjà connu (intellectualisme), mais de démêler, dans l'inconnu, le connaissable ou l'intelligible qu'il nous faut donc réellement en dégager, c'est-à-dire inventer. Cet effort est toujours plus ou moins une œuvre de la volonté, activité libre ou morale qui, *sollicitée* mais *non contrainte* par la raison, peut à son choix, répondre ou résister à cet appel.

Maintenant, plus une science est abstraite, plus l'expérience nous *suggère aisément l'hypothèse*, et moins il faut d'*initiative* et de vouloir pour la constituer.

C'est le cas des mathématiques et de la physique. La certitude morale, à la production de laquelle collabore la volonté, est donc faiblement impliquée dans les *sciences abstraites*, c'est-à-dire dans celles qui se bornent à découvrir *les lois de l'aspect physique des choses*. Pourtant, dans la découverte de telles vérités, l'effort est déjà nécessaire pour la formation des hypothèses. Il l'est d'autant plus que les vérifications expérimentales, qu'exigent ces hypothèses, sont plus différentes des combinaisons précédemment proposées par l'expérience ou la simple observation.

Dans *les sciences morales* et dans tous *les arts* qui résultent des sciences morales, par exemple dans la *politique* et la *pédagogie*, qui dépendent respectivement de la *sociologie* et de l'*éthologie*, nous sommes obligés de tenter et d'oser des expérimentations dont le spectacle du passé ne peut pas garantir le succès. La volonté joue donc là un rôle bien plus important que dans les autres sciences.

Cette même volonté, requise déjà par la nécessité *d'inventer* les hypothèses, entre encore plus manifestement en jeu par le fait qu'il faut toujours, particulièrement en matière morale, résister à une tendance et quelquefois même lutter contre un intérêt ou une passion pour établir la vérité. Plus une science est approfondie et vise à atteindre la raison d'être des phénomènes, plus elle intéresse l'activité morale dont les devoirs dépendent de cette connaissance ou de la nature des choses qu'elle découvre. Ici, à l'*attention* déjà méritoire qu'il faut employer pour résoudre un problème obscur, se joint l'*énergie morale*, loyale et désintéressée, nécessaire pour rechercher et reconnaître un objet ou une vérité qui peut contredire à nos passions. La *Logique de Port-Royal* signale à bon droit les *sophismes du cœur* qui, plus que la paresse et l'inertie naturelle à l'esprit, peuvent nous séduire et nous faire manquer le vrai. C'est ainsi que l'*amour-propre*, l'*intérêt* et la *passion*, tantôt nous précipitent et tantôt nous retiennent dans la recherche de la vérité, mais dans tous les cas nous aveuglent.

Le rôle de la volonté n'est nulle part plus apparent que

dans *le fait de l'erreur*, qui est d'ailleurs inévitable pour la connaissance humaine.

50. Théorie de l'erreur.

L'erreur existe ; c'est-à-dire qu'il y a des notions ou représentations dans lesquelles nous croyons saisir et comprendre la vérité d'une chose, et par lesquelles, néanmoins, nous n'en saisissons que l'apparence et nous nous laissons abuser. L'erreur n'est donc pas seulement un état de l'esprit qui ignore, ou encore un état de l'esprit qui doute, mais l'état d'un esprit qui *croit savoir* et qui se trompe. C'est quelque chose de très positif que l'erreur.

Si l'erreur est quelque chose de réel et non pas seulement une inadvertance, une ignorance ou un doute, c'est que l'esprit humain n'atteint en aucun cas la réalité des objets sur lesquels il se prononce, et qu'il est, au contraire, toujours obligé de construire cette vérité à ses risques et périls. En effet, dans l'hypothèse où l'objet réel nous serait donné, il nous serait impossible de nous laisser surprendre par les images plus ou moins inexactes qui prétendent le représenter. Le vrai, dans cette hypothèse, doit se révéler clairement par lui-même et, du même coup, dénoncer le faux. *Verum, index sui et falsi* (Spinoza).

Voici deux cas où il semblera pourtant qu'on atteigne immédiatement l'objet affirmé et où, par suite, il paraît impossible de se méprendre : 1° les objets sensibles au regard du sens commun ; 2° les mathématiques pour les intellectualistes.

Dans le premier cas, la répétition constante des expériences et le contrôle incessant des prévisions justifiées nous donnent l'équivalent d'une véritable certitude. Dans le second cas, l'exactitude et la clarté des démonstrations enlèvent à l'esprit du mathématicien toute incertitude et lui procurent une entière sécurité. Pourtant, s'il s'agit de la *certitude physique*, elle court toujours le risque d'être démentie. Même confirmée, si nous n'avons pas de raison *logique* de croire, nous sommes hors d'état de justifier notre attente invincible de l'événement habituel. Quant aux *vérités mathématiques*, elles n'ont cette clarté distincte et cette exactitude qui nous les rend indubitables que si l'on néglige, de parti pris, la diversité du spectacle sensible et l'hétérogénéité des objets. En tout cas, le connaissable n'est pas tout entier compris dans cette catégorie de vérités. Partout ailleurs, c'est-à-dire dans les sciences positives et concrètes qui sont la partie la plus importante du savoir humain, nous n'avons plus affaire à des vérités intuitives, mais relatives seulement à l'*apparence* sensible ou au *phénomène* des choses. Il s'agit alors d'opinions, résultant d'une analyse et d'une interprétation qui veut atteindre jusqu'aux choses mêmes, manifestées dans le cadre spatial du sensible.

Ce caractère *discursif* et non plus *intuitif* de toute science concrète fait l'imperfection de l'intelligence et, du même coup, requiert l'intervention de la volonté pour y remédier. Descartes l'a dit très justement. Toute erreur résulte de l'imperfection de l'intelligence et de la prévention ou de la précipitation de la volonté. Il faut seulement prendre garde de bien définir *l'imperfection de l'intelligence* pour comprendre le rôle exact de la volonté en toute croyance et en toute erreur.

a) Or les *empiristes* ont exagéré cette imperfection de l'intelligence, jusqu'au point de conclure à l'impossibilité de connaître le réel. Il en est résulté que, ou bien ils ont abouti au scepticisme ; ou bien, avec Pascal et Kant, partisans de leur scepticisme intellectuel, ils ont conféré au vouloir humain un pouvoir *arbitraire* et injustifié de nous fournir des croyances. En effet, si l'esprit humain, comme ils le veulent, ne connaît de la nature rien de plus que le phénomène, et si d'ailleurs il ne possède en lui-même aucun idéal de vérité ni aucune raison autorisée qui lui permette d'ordonner les phénomènes d'après ses exigences et de les rendre ainsi véritables, nous sommes condamnés à n'avoir sur les choses que des opinions de routine, des croyances aveugles et des *préjugés*. Ou bien, pour éviter cet abîme, il faudra que la volonté, guidée par un sentiment irrésistible mais *inexplicable*, nous incline à des opinions qui seront objets de foi et non de science. Pascal ruine l'entendement humain au profit de la foi, Hume décide des questions d'esthétique et de morale par un appel au goût et au sentiment. Rousseau nous renvoie à l'infaillibilité de l'instinct, et Kant, enfin, tend à substituer à la science la raison pratique ou la foi morale.

b) Les *intellectualistes*, au contraire, surtout avec Spinoza, attribuent à l'intelligence une perfection qui lui fait atteindre intuitivement la nature des choses. Ainsi, la volonté ou l'adhésion personnelle n'a plus de rôle dans l'acquisition et la possession des croyances. Une idée claire et distincte, comme dit Descartes, impose la certitude et ne permet pas l'erreur. Mais, alors, on ne peut plus expliquer ni les progrès du savoir, ni les tâtonnements, ni les erreurs, c'est-à-dire les hypothèses toujours hasardeuses et toujours insuffisamment vérifiées. Spinoza en vient à nier l'existence même de l'erreur. Il n'y voit qu'une idée incomplète ou fragmentaire que l'on prend, par inattention ou par étourderie, pour une idée complète et totale. C'est s'arrêter à la grandeur du soleil sensible, sans penser aux lois de la perspective.

Descartes, obligé d'expliquer l'erreur, dont il ne méconnaît pas l'existence, mais dont son critérium des idées claires et distinctes ne lui permet pas de rendre compte, accorde à l'entendement une perfection relative à certains objets (mathématiques) et la lui refuse à l'égard de tous les autres objets. Dans cette théorie, il n'y aurait pas d'erreur possible en matière de démonstration du genre mathématique, parce que là, la clarté dans l'entendement détermine invinciblement l'adhésion du vouloir. Mais partout ailleurs nous posséderions, d'après Descartes, une volonté qui dépasse l'entendement, et qui peut librement, donc arbitrairement, affirmer, là même où l'entendement n'éclaire plus ou ne projette plus que des clartés insuffisantes. Mais une telle volonté, qui aurait connu la vérité sur un autre point, ne serait pas exposée à prendre pour le vrai ce qui n'en serait que l'apparence trompeuse. Le prisonnier de la caverne de Platon, quand il a vu une fois les objets réels à la clarté du jour, ne tombe plus dans le piège du reflet des choses ou de l'objet sensible.

c) Il faut donc entendre l'*imperfection de l'intelligence* d'une autre manière. Elle consiste dans notre impuissance d'analyser jamais assez profondément les objets sensibles ou groupements empiriques pour les réduire à des idées claires et distinctes, c'est-à-dire à des notions dont tous les éléments ou propriétés seraient analytiquement reliés l'un à l'autre, ou, tout ensemble, exactement rapportés à l'unité d'une définition commune. Les idées ou propositions mathématiques, seules, font exception et semblent réaliser cet idéal. Le nombre 12 peut passer pour réductible de cette manière, et avec une entière exactitude, aux unités renfermées, séparément, dans les nombres 7 et 5. Mais nous savons à quel prix cette exactitude est obtenue. En tout cas, ce genre de connaissance ne remédie pas à la relativité de notre connaissance dans les autres matières.

D'ailleurs, pressés par les exigences de la pratique qui ne souffre pas d'interminables délais, nous sommes, à tout moment, tenus de prendre parti. Or pour se résoudre il faut toujours en venir à trancher une question incertaine. Ce qui rend nécessaire d'en décider par un vouloir relativement arbitraire. C'est pourquoi tout jugement finit par être *un acte* ou *une volonté*. Il l'est d'abord dans l'effort d'investigation plus ou moins pénible qu'il faut déployer pour vaincre l'obscurité des données sensibles ; et il l'est encore, et surtout, dans le dernier jugement pratique qui décide et nous fait passer de la théorie à l'action.

Cependant l'usage de cette volonté n'est pas *exclusivement arbitraire*. Si elle n'est pas déterminée, comme dans la thèse intellectualiste, par les lumières décisives de la raison, elle est, à tout le moins, guidée par l'idéal de vérité, et son office rendu de plus en plus facile et sûr par la possession des vérités déjà connues et toujours en plus grand nombre. Sans doute l'erreur reste encore inévitable, mais il suffit qu'elle soit incessamment révisible et de plus en plus facile à prévoir et à éviter.

L'intervention de la volonté sera, naturellement, plus ou moins nécessaire et, par suite, la possibilité d'errer plus ou moins grande, selon que la recherche tendra à à des notions plus ou moins concrètes ou plus ou moins approfondies. Ainsi, dans les mathématiques la volonté n'intervient qu'au minimum. Nous obtenons, dans cette science, la certitude logique ou intellectuelle. On sait ou on ignore. Dans les sciences concrètes ou morales, la volonté joue un rôle de plus en plus décisif. Nous avons affaire alors à la certitude morale et méritoire.

De la même manière et pour les mêmes raisons, s'il s'agit d'estimer la *gravité* d'une erreur et la *responsabilité* qu'elle entraîne pour celui qui l'a commise, il faudra considérer, d'une part, l'*importance du cas* à élucider, et, d'autre part, la *difficulté* qu'il y a à le résoudre ; si cette difficulté, toutefois, ne résulte pas de notre négligence dans la préparation, ou bien de notre prétention à résoudre au delà de notre compétence et de nos lumières.

CHAPITRE V

LES SIGNES ; RAPPORT DU LANGAGE ET DE LA PENSÉE

Sommaire : **51.** La connaissance humaine est constituée de représentations significatives. Signes naturels et signes artificiels. L'artifice intelligent découvre la vraie nature. — **52.** Origine du langage. Convention et inspiration. — **53.** Nécessité du langage pour l'existence et le développement de la pensée humaine.

51. La connaissance humaine est tout entière constituée de représentations significatives. Signes naturels et signes artificiels.

Les *signes* du langage, par lesquels les hommes se communiquent leurs pensées, ne sont autre chose qu'une transformation et une adaptation des *signes* par lesquels ils se représentent d'abord à eux-mêmes la nature des choses. La pensée humaine, faute de pouvoir atteindre directement la réalité, *objective* les expériences d'abord confuses et incertaines qu'elle traverse par le moyen des *images* et des *notions* ou concepts qu'elle est capable de se former. Avant d'être inséré dans ces notions, aucun élément d'expérience ou aucun événement ne l'instruit de ce qui *est* et de ce qui *doit arriver* et ne la guide dans ses démarches. Après l'opération d'entendre, au contraire, certains éléments d'expérience ou, s'il y a lieu, certains signes conventionnels lui *signifient* d'autres éléments qui en sont inséparables. C'est donc bien un *langage*, c'est-à-dire un système de signes, que l'homme crée pour lui-même avant de pouvoir parler aux autres et de les entendre. C'est, par suite, une *même opération* qui nous procure le concept et qui fournit en même temps le signe transmissible, c'est-à-dire l'élément fondamental du langage.

Un signe ainsi formé renferme en même temps du véritable et de l'imaginaire. Sans doute le raisonnement ou l'exercice de la raison nous donne le moyen de nous représenter quelque chose du réel ; mais la nécessité de nous *représenter* le réel fait de l'image, qui est interposée entre la réalité et l'esprit, une figuration en partie douteuse et suspecte. De là résulte le mélange inévitable, en tout signe, du *naturel* et du véritable avec le trompeur et *l'artificiel*.

On a coutume de diviser les signes employés en *signes naturels* et en *signes artificiels*, et l'on dira par exemple que la fumée est le signe naturel du feu, ou encore que tel cri ou tel geste est le signe naturel d'un sentiment tel ou tel, tandis que les mots de fumée et de feu, ou les noms par lesquels on désigne les différents sentiments, n'auront qu'un rapport conventionnel avec les idées ou les choses qu'ils nous donnent à entendre. Cette division est trompeuse et ne résiste pas à un examen attentif.

Car, d'abord, il n'y a pas de signe qui ne soit à la fois naturel et artificiel. Il arrive même que les signes du langage, empruntés aux phénomènes sensibles ou à la nature *observable* et *empirique*, sont les plus éloignés de la vérité des choses et, partant, les plus artificiellement constitués représentatifs des groupes qu'ils désignent. Au contraire, les signes conventionnels qu'il a fallu adopter pour nous affranchir des images toujours particulières, banales et abstraites, nous font pénétrer bien plus avant dans la réalité et la singularité des objets de la nature.

En effet, un signe qui nous serait exclusivement fourni par l'expérience ne serait même pas en réalité un *signe*.

Si la fumée nous apparaît comme désignant du feu, ou si la vue du feu nous en signale la chaleur et les autres propriétés, ce n'est pas la simple coïncidence empirique ou observable qui peut rendre compte de la formation de ce signe et en justifier l'usage. Il est indispensable que l'activité de l'esprit ait préalablement contribué, plus ou moins manifestement, à la construction d'un tel signe. A tout le moins cette activité aura dû dégager ou pressentir un rapport de causalité entre cette fumée et ce feu, pour pouvoir signifier l'un par l'autre. Par suite, la signification, c'est-à-dire le rapport qui unit l'aspect choisi comme signe à l'ensemble des propriétés que cet aspect donne à prévoir, est déjà l'œuvre d'un *artifice intelligent* et non pas seulement une *perception reçue de la nature empirique*. Celle-ci n'offre au regard que des coïncidences plus ou moins constantes et suspectes, jamais des liaisons réelles, fondement de prévisions assurées et véritables.

Mais justement cet art intelligent, au lieu de subir l'expérience, choisit parmi ses données l'élément ou le groupe de ceux de ses éléments qui lui paraît le plus propre à représenter et à *signifier la réalité*, raison d'être de la constance du groupement total. Ce choix *intelligent* rapproche le signe représentatif ainsi formé de la véritable nature des choses et en fait un signe véritablement *naturel*.

En conséquence, les signes dits artificiels ou conventionnels, c'est-à-dire tous les mots et toutes les formes du langage humain, sont en vérité bien plus proches de la nature essentielle des choses que les signes, prétendus naturels, fournis par la simple observation ou même par le travail inconscient de l'imagination instinctive. Ce qu'il y a d'artificiel dans les signes créés par l'intelligence, ce qu'ils renferment encore de conventionnel, et par suite d'arbitraire et de suspect, c'est justement ce que nos concepts, et les signes qui les dénomment, empruntent nécessairement à la simple observation empirique.

L'éclat du feu, par exemple, n'a qu'un lien très lâche,

en tout cas très peu apparent, avec les propriétés de ce corps. Le mot même de *feu* désigne bien plus exactement, et en plus grand nombre, les propriétés de cet objet. A plus forte raison, les termes scientifiques, adoptés ou définis par l'activité intelligente, sont-ils des signes plus exacts et, rigoureusement parlant, plus *naturels*. Une science est une langue bien faite. Seulement, les signes ainsi formés restent, comme les définitions elles-mêmes, des marques de groupements plus ou moins solides, mais toujours relativement précaires. Notre condition empirique nous condamne à des assemblages d'éléments d'expérience qui ne tiennent, en définitive, leur caractère d'objets prévisibles que d'une vérification expérimentale. Par là, la science la plus approfondie et le langage le mieux fait restent encore *conventionnels* ou d'une fidélité discutable dans la représentation qu'ils prétendent nous donner de la vraie nature des choses.

Ainsi *l'artificiel* vient de l'expression qu'on appelle, à tort, la nature. Le *naturel* est en réalité découvert et fourni par la seule intelligence. Il est d'ailleurs remarquable que les empiristes de tous les temps ont vu dans le langage une création arbitraire et artificielle de l'homme et, dans les rapports qu'un tel langage établit entre eux, une entente apparente, cachant au fond un malentendu irrémédiable. Au contraire, les intellectualistes, depuis Platon jusqu'à nos jours, ont toujours fait remonter l'invention du langage à l'inspiration d'une raison, plus ou moins apparentée à la raison divine, et participant ainsi à la connaissance de l'absolu ou du réel.

52. Origine du langage. Influence de la pensée sur le langage.

Il semble donc bien que l'on doive attribuer l'origine du langage à un effort toujours imparfait de l'intelligence humaine pour pénétrer ce qu'il y a de commun ou d'essentiel dans les objets sensibles. Cet effort est ainsi guidé, d'une part, par des idées *à priori* qui seront assimilées, à bon droit, à un enseignement divin. Mais, d'autre part, nous sommes réduit à tirer du sensible, particulier et provisoire, des signes généraux et définitifs, par suite *arbitrairement choisis* et *fixés* pour désigner la nature ou le réel.

Par là se trouvent écartées deux théories, dont l'une, celle des *nominalistes*, subordonne la pensée humaine, pour son apparition et pour ses progrès, à la découverte aventureuse d'un langage ; et dont l'autre, celles des *intellectualistes*, refuse à l'homme tout rôle dans cette invention. La pensée sans doute est logiquement antérieure au langage, mais c'est une activité pensante *humaine* avec toutes ses imperfections, ses tâtonnements, et capable seulement de produits imparfaits toujours révisibles.

Il y a en effet deux théories dont l'une, le *nominalisme*, fait dépendre la pensée exclusivement d'un langage antérieur. Elle fait naître, par suite, le langage d'un hasard qui l'a suggéré à quelques hommes privilégiés. L'autre théorie, au contraire, refuse à l'homme tout pouvoir de s'aviser par ses propres forces de l'invention du langage, et nous renvoie à une inspiration divine ou naturelle pour cette acquisition et même pour les mots qui la constituent. C'est l'*intellectualisme* des traditionalistes.

Il y a donc lieu de se demander dans quelle mesure la pensée discursive, c'est-à-dire l'activité créatrice de l'homme, contribue à la formation du langage et par conséquent lui est logiquement antérieure ; et dans quelle mesure aussi le langage est lui-même indispensable à la pensée, et contribue à la développer et à l'éclaircir. Dans le premier cas, on traite la question de *l'origine du langage*. Dans le deuxième cas il s'agit de *l'influence du langage* sur l'origine et le développement de la pensée.

1ʳᵉ Théorie. — *Le langage invention arbitraire et artificielle de l'homme.*

Le langage serait d'origine exclusivement empirique. A défaut de lumière innée dans l'esprit et par les seules suggestions de l'expérience, l'homme aurait rencontré ou créé de toutes pièces un langage tout conventionnel. Dans cette théorie l'expérience est, au début, particulière à chaque individu. Par suite, elle est incommunicable d'un individu à un autre. Mais les expériences se reproduisent, d'elles-mêmes, dans un groupement à peu près constant et sous un aspect sensiblement uniforme. L'esprit se trouve ainsi amené à retenir ce qui apparaît semblable dans la moyenne des cas, plutôt que les éléments variables dont le souvenir s'embrouille et s'atténue. Il suffira donc à l'homme d'inventer, en le choisissant, un signe, dessin ou son, pour achever la généralisation ébauchée au cours de l'observation empirique. Ce signe est *arbitraire* ou *conventionnel*, et la notion qu'il exprime est artificielle. Exemple : la vue des différentes couleurs amasse dans le souvenir et grave dans l'imagination une coloration vague, indécise, applicable indifféremment à toutes les couleurs éprouvées. L'invention et l'application du mot de *couleur* achève la généralisation. Il n'y a que du particulier dans la nature observable; les *noms* seuls sont *généraux*. Par suite, les définitions de la science sont toujours verbales ou *nominales*, non réelles. Les empiristes font remarquer, avec Locke, que le même mot, prononcé par des personnes différentes, suggère en réalité des expériences et des souvenirs différents, aussi divers et aussi nombreux que les individus eux-mêmes.

Il faut en effet, reconnaître que l'esprit humain est incapable d'atteindre, à travers l'expérience, jusqu'au centre d'unité qui fait la liaison stable de ses éléments et qui la rend certainement prévisible. Cette intuition du réel, point de convergence de tous les entendements, nous donnerait une science absolue et produirait l'unanimité parfaite des pensées et du langage. Un tel accord n'existe pas; il y a dans tout langage quelque chose de conventionnel, de nominal et de trompeur. Mais nous ne sommes pas néanmoins condamnés à une invention arbitraire du langage, et le malentendu entre les hommes n'est pas si entier ni si irrémédiable. Cette invention serait impossible et, d'ailleurs, supposée faite, *incommunicable* et *inutile*.

1° Tout d'abord la formation d'images schématiques n'est possible que par l'intervention d'un raisonnement plus ou moins confus. La nature, sans doute, fournit à l'homme, dès le début, quelques images assez constantes et à peu près identiques à travers la variation incessante de nos expériences. Mais si le groupement de ces éléments, constamment joints et uniformément rassemblés, était simplement constaté, rien n'autoriserait à *généraliser* cette représentation ou à *prévoir* le retour de ce groupement. Il faut donc que la raison ait reconnu, dès l'abord, le rapport de ces éléments pour faire de l'un d'entre eux le signe infaillible de la présence de tous les autres. L'invention du langage n'est donc pas nécessairement arbitraire, puisqu'elle nous est proposée et même imposée par une interprétation inévitable des données empiriques.

Ainsi la nature, *en tant qu'observée*, ne renferme pas la matière du langage et ne peut pas nous la fournir. Faute d'un esprit qui soumet l'expérience aux définitions de la raison, il n'y a pas de langage possible. On a droit, avec Descartes, de refuser aux animaux le langage, parce qu'ils témoignent, en mille autres rencontres, qu'ils n'ont pas la faculté de former des idées ou des concepts.

2° D'ailleurs une invention ainsi faite eût été incommunicable et partant inutilisable, si ce n'est par des individus qui, par impossible, auraient eu la même idée en même temps et l'auraient réalisée de la même manière. La transmission d'un tel langage supposerait un langage antérieur pour servir d'organe à cette transmission. Une convention ne peut jamais se fonder que sur la base d'une entente naturelle préexistante.

2° Théorie. — Le langage fourni à l'homme, de toutes pièces, par une inspiration divine.

Cette solution naît de deux remarques. D'abord, on ne peut pas tirer de l'expérience, à laquelle nous sommes condamnés, des notions vraiment générales, ni par suite former des mots significatifs qui soient communicables. L'expérience est toujours particulière ; la notion et le mot sont des généralités qu'on n'en peut pas extraire. Ensuite, l'invention du langage suppose un développement de la pensée tel qu'on ne peut pas la concevoir possible avant tout langage et sans le degré avancé de culture dont il est la marque. La parole serait nécessaire pour établir l'usage de la parole.

Mais, 1° ni nos langues, ni nos concepts n'ont cette perfection qu'on leur attribue. Ce qui le prouve, c'est la diversité des langages parlés sur la terre et même la diversité des sens qu'un même peuple attribue aux mots de la langue commune : les malentendus entre gens qui parlent une même langue sont de tous les instants. Ainsi, il n'est pas nécessaire que l'entendement soit intuitif, c'est-à-dire dispensé d'interpréter péniblement l'expérience, ou bien que Dieu lui-même ait révélé à l'homme une langue primitive, pour rendre compte d'un langage qui a dû être très imparfait à ses débuts, et qui, au terme d'un grand progrès, laisse encore bien à reprendre et beaucoup à désirer. Il y a en réalité quelque chose de conventionnel dans le langage, et par suite quelque chose qui traduit l'effort impuissant et l'imperfection relative de toute invention humaine.

2° Il n'est pas nécessaire qu'une pensée soit très développée pour entreprendre la formation du langage. Notre esprit, dès sa première rencontre avec la nature, c'est-à-dire dans l'état d'une expérience encore informe et confuse, élabore, sous la forme d'*images* relativement particulières les impressions sensibles. C'est ainsi que nous sont suggérés les premiers signes, encore fort imparfaits, mais déjà utilisables. L'esprit, à ce degré primitif de son développement, est obligé de choisir parmi les impressions sensibles l'une d'entre elles pour en faire le signe du groupe constant ; et ce choix est déjà à la fois raisonné et arbitraire, mais il est alors surtout arbitraire. Avec le progrès du raisonnement, l'entendement démêle mieux, par une analyse plus profonde, les éléments vraiment essentiels d'un événement ou d'un objet. Par suite il est amené à créer un *nom identique*, pour des choses qui lui paraissent vraiment identiques. Le langage devient alors plus conforme à la nature des choses, et s'éloigne, dans la même mesure, de la représentation sensible. Toutefois, l'entendement n'est jamais capable de percevoir intuitivement l'essence des choses. Il ne peut que découvrir, par un effort ou une invention qui lui est propre, le lien des événements qui expriment cette essence, et fixer la définition et la dénomination par un décret où il subsiste toujours de l'arbitraire.

Donc, *logiquement*, l'esprit commence par un langage imaginatif et confus, c'est-à-dire par un langage *pictographique*. Par ce langage il dessine ou exprime directement les objets sensibles, tels qu'ils se présentent à la connaissance vulgaire. Il ne peut alors que *parler* ce qu'il a *d'abord écrit*. L'entendement ensuite s'affranchit peu à peu des *représentations imaginées*, pour s'élever aux *idées élaborées* et générales. Alors il est conduit à substituer au *dessin*, trop proche du sensible et trop particulier, les *sons* conventionnels de la parole, plus éloignés de l'image, et plus aisément applicables à l'intelligible. Le langage devient alors *phonétique*. A partir de ce moment on ne parle plus l'écriture, mais on *écrit la parole*.

53. Influence du langage sur la pensée.

Par ce qui précède, on voit qu'il y a une corrélation intime entre l'élaboration des pensées et l'invention des signes. Il est d'ailleurs impossible à l'homme de penser sans langage. Si, *logiquement*, la pensée est antérieure au langage que, seule, elle peut inventer et comprendre, *chronologiquement* on peut dire que langage et pensée sont contemporains et inséparables. Dès l'origine il y a un langage rudimentaire adéquat à la pensée confuse, faute duquel la pensée ne pourrait ni exister, ni se développer. Cela revient à dire que la *pensée* humaine n'est jamais exclusivement *virtuelle*, car toute puissance, selon Leibniz, passe toujours à quelque effet. La pensée n'a donc pas à tirer, des matériaux frustes et incohérents de l'expérience, un ordre et une signification qu'elle n'y percevrait à aucun degré. Cette entreprise impossible condamne, d'une part, l'empirisme nominaliste et explique son échec; d'autre part, elle rend inutile l'appel à la raison divine des intellectualistes pour une tâche ou une invention qui n'est plus au-dessus des forces de l'intelligence humaine.

De la même manière, à mesure que la pensée se développe, elle s'appuie sur un langage de plus en plus fidèle et se mêle à son expression d'une manière à peu près inséparable. Si ce que l'on conçoit bien s'énonce clairement, c'est que les pensées claires sont déjà toutes proches des mots qui les désignent et les suscitent presque irrésistiblement. La difficulté ne vient que de l'ignorance d'un langage étranger ou de l'oubli momentané des mots et des expressions de notre propre langue.

Ainsi, à chaque pas du développement de l'esprit, l'activité mentale *fixe* un signe qui sert aussitôt à *conserver* le groupement laborieusement établi par l'opération d'entendre, et faute duquel le travail de l'élaboration des concepts serait toujours vain et son résultat compromis. Le signe, aussitôt formé, devient le *résumé* de la pensée précédente, et un *point d'appui* pour une pensée ultérieure. Il ne nous est pas possible en effet de penser sans images et par suite de penser sans mots. L'invention d'un langage, si elle n'a pas toute l'influence que lui attribue l'empirisme, et si elle n'est pas, comme il le prétend, l'origine de toute pensée, a du moins ce résultat que l'on pense mieux, le mot une fois formé, et que la pensée se développe d'autant plus vite qu'elle a plus de mots à son service.

Donc : 1º le langage est indispensable pour former une notion ; 2º le langage conserve le bénéfice ainsi obtenu et le rend inaliénable ; les générations successives se transmettent le langage déjà formé et se dispensent ainsi les unes les autres d'avoir à le reconstituer ; 3º le langage sert de point de départ à la formation d'idées plus compréhensives, mieux systématisées et partant plus réelles.

1º *Le langage est la condition indispensable pour penser*. Faute d'une raison spontanée qui lie les éléments de l'expérience autour de l'un d'eux et constitue un *signe*, nous serions incapables de penser, et à plus forte raison incapables d'inventer un langage. Si donc la nature, telle qu'elle nous est d'abord donnée, et avant toute réflexion personnelle, ne nous avait pas proposé des signes tout faits ou des résumés significatifs, nous n'aurions jamais pu produire une telle invention. C'est ce que nous avons objecté aux empiristes, partisans d'une *création* du langage par l'homme. Il n'est pas nécessaire non plus, il est vrai, que les premières langues aient été parfaites, car il suffit d'un signe même imparfait pour nous donner l'idée de la signification et nous donner en même temps l'idée de l'approfondir et de l'étendre. Mais il reste toujours que sans un langage naturel, inné, au moins rudimentaire, aucun langage ne saurait naître, ni dans l'humanité, ni pour chaque individu.

2º Pour la même raison si, à chaque pas du développement de la pensée ou de l'invention des concepts, nous ne marquons pas le terrain gagné par un mot ou, à tout le moins, par un signe suggéré par la nature, nous perdons tout le bénéfice du progrès déjà accompli. Par là on voit une fois de plus la solidarité intime du signe ou langage avec la pensée.

3° D'ailleurs c'est toujours à partir des mots déjà inventés, c'est-à-dire des notions ou des jugements déjà formés et fixés que l'on fait de nouvelles découvertes. En effet le travail de la pensée antérieure, ainsi consolidé et fixé dans les mots, donne une force, imprime un élan toujours plus efficace pour une analyse plus pénétrante, et permet de découvrir des relations de plus en plus profondes et de plus en plus systématiques.

Cette influence du langage sur la pensée sera rendue plus sensible si l'on considère 1° le progrès rapide que nous permet de faire, dans l'art de penser, la tradition d'une langue maternelle, et aussi le progrès scientifique autorisé et facilité par la transmission aux nouveaux inventeurs des lois déjà découvertes ou des concepts déjà formés et fixés; 2° la nécessité reconnue de réapprendre la langue maternelle à l'aide d'une langue étrangère dans laquelle il faut traduire et à laquelle il nous faut donc plier notre propre langage; 3° on sait enfin le profit qui se tire de l'enseignement de ce que l'on sait à autrui pour le développement du savoir propre. Nous sommes obligés alors de formuler dans des expressions déjà consacrées, ou même inventées s'il est nécessaire, des pensées qui n'étaient jusque-là que confuses. On ne pense bien que ce qu'on est capable de bien dire.

CHAPITRE VI

LES PRINCIPES RATIONNELS. LEUR DÉVELOPPEMENT ET LEUR RÔLE.

Sommaire : 54. La raison, qui renferme les principes directeurs de la connaissance, est universellement et nécessairement employée dans toute pensée et dans toute action humaine. — 55 et 56. L'empirisme, par son explication de l'origine des principes, ne rend pas un compte suffisant de leur usage. — 57. L'évolutionnisme ne remédie pas à cette insuffisance. — 58. Explication idéaliste de l'origine des principes. Innéité réelle et innéité virtuelle. Conscience et raison. — 59. Développement des principes. Substance, identité, causalité. La finalité est impliquée en toute recherche, mais n'apparaît dans aucun résultat. — 60. Rôle des principes dans toute recherche et dans chaque catégorie de science.

L'opération d'entendre est l'œuvre d'une activité intelligente qui élabore les données de l'expérience. Cette activité, dans ce travail d'élaboration, critique d'abord et ordonne ensuite les données sensibles en les confrontant avec l'*idéal de vérité* affirmé par notre raison. Cet idéal est donc le *principe directeur de la connaissance*. Il est indispensable d'examiner ses titres à cette fonction souveraine.

Il faut donc : 1° Établir que cet idéal existe, et qu'il nous autorise à déclarer réels les événements de la nature, à proportion qu'ils sont conformes à ses exigences.

2° Énoncer quelles sont les formules successivement rencontrées au cours du développement de l'esprit humain, et qui expriment de plus en plus exactement la vraie nature de l'ordre universel. Ces formules sont ce qu'on appelle principes rationnels, vérités premières, ou mieux encore les principes directeurs de la connaissance.

3° Montrer comment chacune de ces formules sert légitimement de principe à une catégorie particulière de science.

54. De l'existence de la raison ou théorie de l'absolu.

Les principes de la connaissance ont deux caractères incontestables et généralement incontestés :

a) Ils sont *universellement* impliqués dans tout exercice de la pensée, c'est-à-dire dans toute affirmation et dans tout jugement.

b) Ils sont *nécessairement* requis pour juger et pour affirmer, et même pour nier qu'ils existent;

Un troisième caractère se trouve discuté. Les principes de la connaissance sont-ils vraiment des principes? En d'autres termes, *sont-ils à priori* ou *à posteriori*? Nous verrons qu'ils ne peuvent avoir d'autorité, et par conséquent qu'on ne peut justifier les succès obtenus par leur usage universel et nécessaire, que s'ils précèdent logiquement l'expérience et s'ils en sont par suite relativement indépendants.

a) La preuve la plus apparente que l'on puisse donner de l'existence de la raison, c'est l'*universalité* de son emploi. A cette preuve les empiristes objectent, avec Locke, que la plupart des hommes, et plus particulièrement à l'origine de la science, ignorent et l'existence de la raison, et, surtout, les formules par lesquelles on exprime ses exigences (identité, causalité, finalité).

Leibniz répond qu'il faut distinguer entre l'usage de la raison, qui est vraiment universel, et les formules de la raison, qui ne sont connues que tardivement et d'un petit nombre. Il dit avec raison : « Les principes entrent dans toutes nos pensées, dont ils sont l'âme et la liaison ; et ils sont nécessaires pour penser, comme les muscles et les tendons le sont pour marcher, quoiqu'on n'y pense pas. »

b) Les principes ne peuvent manquer d'être universels, parce qu'ils sont d'abord *nécessaires* ; à tel point qu'il faut s'en servir, même si l'on veut contester leur existence. Un sceptique ne conteste une affirmation et ne suspend son jugement que faute de trouver dans la proposition affirmée de quoi satisfaire aux exigences de sa pensée ou à son besoin de vérité. Cet idéal existe en lui et le fait agir au moment même où il le nie.

Nous allons montrer que les principes sont déjà impliqués dans la pensée spontanée ou irréfléchie ; ensuite, qu'ils sont, expressément, le ressort indispensable de toutes les démarches de la pensée réfléchie et de l'activité scientifique.

Nous savons déjà (20) que l'association des idées, procédé de la formation des images dans la connaissance vulgaire ou empirique, n'est possible que par le développement d'un appétit, spontanément et inconsciemment ordonné, qui désire le plaisir et qui craint la douleur et trouve, en cédant à cet instinct de l'ordre, la définition des objets qui doivent le satisfaire ou le contrarier. Ce n'est pas par l'effet du simple hasard que se forment dans la connaissance humaine, et déjà dans l'instinct animal, les images utiles au développement de la vie. Il y a une fin inconsciente, recherchée et atteinte dans les démarches les plus spontanées ou les plus aveugles en apparence de la pensée ou de l'action.

L'emploi des principes est impliqué, à plus forte raison, dans l'activité scientifique ; et il y est d'ailleurs manifeste. On peut le démêler dans les trois moments suivants :

1° Tout d'abord, les principes sont à l'origine de toute recherche ; ils sont la cause de l'admiration ou de l'étonnement, qui est le commencement de toute science. Si le désordre ou seulement l'inconsistance des apparences naturelles ne nous étonnaient pas, nous ne serions pas conduits à les ramener à l'ordre et à l'absolu, c'est-à-dire à rechercher des lois nécessaires et constantes dans la production des événements. Or nous ne serions sensibles ni au désordre ni à l'incohérence si nous n'avions pas, préalablement, *l'idée de l'ordre et de l'absolu*, à la lumière de laquelle seule l'incohérence ou l'instabilité peut nous être manifestée.

2° Ensuite, ces mêmes principes, qui ont suscité la recherche, président encore aux démarches entreprises pour aboutir à la vérité. Exemple : dans la recherche mathématique le principe d'identité ou de non-contradiction inspire et dirige des procédés de la démonstration. Dans les sciences physiques et naturelles, c'est le principe de causalité qui remplit cet office. Par lui, nous croyons qu'il y a, pour tout événement naturel, un antécédent invariable et inconditionnel, c'est-à-dire, toujours et indispensablement, la présence d'un fait antérieur, semblable dans tous les cas de sa production. Cette conviction ne nous laisse pas accepter un arrangement quelconque des phénomènes. Elle nous permet, ensuite, de trouver quels antécédents sont postulés par le conséquent proposé. Nous ne reconnaissons, en effet, pour cause et explication d'un fait, que les antécédents constants et indispensables de sa production.

3° Enfin, seuls, les principes nous permettent de mesurer le degré d'exactitude ou d'approximation des résultats ainsi obtenus. Toute discussion sur la vérité d'une loi ou l'exactitude d'une notion se fait, en définitive, par la comparaison des liaisons établies entre les éléments d'expérience avec les exigences, formulées dans chaque catégorie de science, par le principe qui leur est propre. En outre, le rapport de chacun de ces principes aux exigences souveraines de la raison (principe de raison *suffisante*) nous fait discerner la valeur relative de chacune des espèces du savoir. Nous verrons ainsi dans quelles limites et sous quelles conditions un théorème mathématique ou une loi physique ont droit de prétendre, chacune pour leur part, à la représentation de la nature des choses.

L'esprit critique, qui est l'esprit scientifique même, résulte de la possession et de l'usage des principes rationnels. Sans lui, la connaissance scientifique la plus attentive et la plus scrupuleuse ne peut être qu'aveugle et abusée.

55. De l'origine des principes.

L'*universalité* et la *nécessité* de l'emploi des principes dans nos procédés actuels de recherche n'est guère contestée, du moins par les philosophes qui croient à la vérité des lois scientifiques. Stuart Mill, par exemple, convient que les principes sont à l'origine de toute recherche, c'est-à-dire de toute induction scientifique.

Mais les *empiristes* et les *naturalistes* prétendent que la croyance en ces principes, c'est-à-dire notre confiance en l'ordre de l'univers ou en la possibilité de réduire la nature à des lois, n'est qu'une acquisition tardive de l'esprit humain. Ils donnent pour origine à cette croyance une longue expérience. Cette expérience a été parcourue, sans la possession d'idées innées ou *à priori*, par un esprit qui subit l'expérience, la rassemble et la voit s'organiser en lui sans son intervention. La conception de l'ordre du monde, et en particulier le principe du déterminisme universel, serait ainsi le résultat d'une suite d'épreuves et de constatations auxquelles l'activité rationnelle, qui en résulte, n'a pas pu, par conséquent, prendre part.

Mais, 1° l'*idéalisme* leur oppose que des faits d'expérience n'ont pu s'ordonner en lois ou en groupements cohérents et stables s'ils n'ont pas été *éprouvés* ou subis, puis discutés et réformés par un esprit en possession de cette idée d'ordre, ou tout au moins animé du désir de l'équilibre et de la stabilité. 2° On doit ajouter que si cette idée de l'ordre n'est pas une vue directe de l'absolu, mais seulement une exigence de l'esprit, elle n'en est pas moins une intuition, exacte dans l'ensemble et suffisamment autorisée, de l'ordre même qui a présidé à la production des événements de la nature. De cet ordre, nous sommes les témoins plus ou moins fidèlement informés, à proportion de notre culture scientifique et de notre pénétration.

56. Théorie empiriste de l'origine des principes.

L'empirisme et le naturalisme diffèrent en un point. *L'empirisme* se borne à rechercher dans le fait constant de l'association des idées, c'est-à-dire dans une formation toute subjective ou psychologique, l'origine de notre croyance en la causalité et les lois. *Le naturalisme* prétend fonder cette loi de l'association elle-même sur le mouvement réel de la nature, c'est-à-dire sur un arrangement objectif qui se reflète dans la conscience. L'ordre et la connexion des idées est le même que l'ordre et la connexion des choses. Mais l'un et l'autre système entreprend de fonder les principes sur l'expérience, et échoue dans cette entreprise.

L'empirisme est d'abord *associationniste*. Il cherche exclusivement, dans une opération de la pensée, l'origine et la formation des principes directeurs de la connaissance. D'ailleurs toutes les exigences de la raison se réduisent, pour l'empirisme, à l'unique idée de la *causalité efficiente*, c'est-à-dire à l'affirmation d'une loi universelle et nécessaire qui relie tout événement ou tout phénomène à antécédent invariable et inconditionnel. Au commencement, selon Stuart Mill, l'esprit voit se succéder des phénomènes qui n'ont aucun rapport entre eux, si ce n'est leur coexistence dans notre perception. Le feu qui brûle et l'eau qui désaltère ne présentent d'abord à nos yeux qu'une simple coïncidence ; et, dans le même temps, notre esprit rencontre un nombre presque infini d'autres phénomènes, qui n'ont ni antécédent régulier ni conséquent inévitable. Telle serait la condition des premiers hommes et des enfants.

Mais, dès les premiers moments de l'expérience, l'esprit commence à se former, par association, l'idée ou la notion de quelques successions régulières ; par suite, il perçoit bientôt quelques *exemples particuliers* de causalité. A mesure que l'expérience s'étend, le nombre des causalités particulières s'augmente. L'esprit finit donc par prendre insensiblement l'habitude de croire que, dans la nature, c'est-à-dire dans tout le champ de l'expérience possible, tout événement peut et doit être rattaché à un autre événement, qui forme avec lui un couple inséparable. Les couples d'événements ainsi enchaînés l'un à l'autre par le rapport de succession invariable sont d'ailleurs multiples et différents ; mais ce qui ne varie pas, ce qui est constant et incessamment vérifié, c'est le rapport de causalité lui-même, qui relie uniformément les éléments de tous les couples ainsi constatés, quelle que soit la diversité des éléments unis par ce rapport. Il se formera donc, à la fin, dans l'esprit une association, plus ferme et plus inséparable que toutes les associations particulières qui ont contribué à la former, parce qu'elle est à elle seule aussi constante que toutes les autres réunies. Cette association d'idées et l'attente invincible qui en résulte de rencontrer toujours pour un même conséquent un même antécédent, voilà l'idée ou le *principe de la causalité efficiente*. Et cette idée forme tout le contenu de la raison.

L'évolutionnisme a lui-même démêlé l'insuffisance de la théorie empiriste et se charge de la réfuter. L'esprit humain ne peut pas acquérir sa croyance en la causalité universelle et nécessaire au cours de sa propre expérience. En effet, le groupement ou l'organisation, en lois particulières, des phénomènes inconsistants auxquels cette expérience nous fait assister, suppose déjà un esprit organisateur. D'ailleurs les animaux qui assistent aux mêmes événements naturels que nous, et sans doute, depuis plus longtemps, n'ont manifestement pas abouti à la même croyance en un déterminisme universel. Nous pouvons ajouter qu'une idée ainsi fondée sur une expérience antérieure où elle ne serait pas, par hypothèse, déjà présente en quelque manière, serait une conception arbitraire et une vue injustifiée sur l'avenir des événements naturels. Son extension à *l'universalité* des phénomènes n'aurait aucune raison d'être ni aucune chance de succès.

Pour trouver l'origine des principes, et en même temps l'origine de tous les raisonnements et de toutes les connaissances scientifiques qui en dérivent, il faut donc, de l'aveu même des évolutionnistes, remonter jusqu'à l'origine ou à la première constitution même de l'espèce humaine. L'idée de cause, ou la croyance en l'intelligibilité universelle, est contemporaine de cette espèce et comme son caractère constitutif. Mais quelle sera l'origine de cette constitution même? Les évolutionnistes prétendent la trouver dans une évolution biologique antérieure. L'explication cesse donc, pour eux, d'être psychologique pour devenir biologique, et, plus profondément même, cosmologique ou mécaniste. Voulant réparer l'erreur de l'empirisme, ils l'aggravent.

57. Théorie évolutionniste de la formation des principes.

Pour l'évolutionnisme, les principes directeurs de la connaissance n'ont pu se former qu'au terme de la transformation des espèces inférieures qui ont engendré l'homme. Leur avènement se place au moment de l'apparition de l'organisme et du cerveau humains. Cette théorie prétend expliquer, à la fois, comment la science humaine se constitue et se développe, de plus en plus conforme à la nature des choses et vérifiée par l'expérience ; et comment les animaux, dépassés et distancés par l'homme, assistent sans profit aux mêmes expériences que nous.

Au début, l'univers est un chaos que Spencer désigne sous le nom d'*homogène radicalement instable*. Au sein de ce chaos et en vertu de cette instabilité radicale se produisent des mouvements qui rompent l'uniformité de l'homogène et le différencient progressivement. C'est ainsi que, successivement, il se produit : 1° des *concentrations* sur un point donné d'éléments d'abord disséminés (condensation de la matière primitive en noyaux distincts) ; 2° par cette concentration même, une *différenciation* croissante des groupements ainsi formés, en raison des influences hétérogènes subies (la cellule organique primitive, par exemple, se différencie en organismes divers); 3° une unité et une stabilité croissantes, c'est-à-dire une *hétérogénéité* de plus en plus *déterminée* et un équilibre croissant des différents êtres ainsi constitués.

On peut résumer ce progrès en disant que le mouvement se dissipe et que la matière s'intègre ou se condense. Sans doute, l'instabilité radicale menace toujours l'équilibre provisoirement obtenu, mais les forces ainsi condensées ou intégrées, c'est-à-dire les matières différenciées ou hétérogènes, acquièrent progressivement le privilège de former des groupements de mieux en mieux équilibrés et stables, capables ainsi de résister aux influences hostiles.

De cette manière ces êtres se survivent d'abord à eux-mêmes par une sorte d'hérédité propre, conséquence de la loi d'inertie. Ils se survivent aussi dans d'autres êtres détachés d'eux, prolongeant ainsi la survivance individuelle en survivance spécifique. Cette survivance et l'accroissement continu qu'elle favorise donnent lieu, enfin, à la formation des systèmes nerveux humains, plus capables de résister et de durer que les organismes antérieurs, parce qu'ils ont le privilège d'être adaptés d'une manière, à peu près définitive, avec l'ensemble des forces de l'univers.

Il n'est donc pas étonnant si la concience humaine, dans laquelle ce cerveau se reflète, renferme et exprime *la raison de l'univers* et devient capable de prévisions et d'actions qui lui permettent de s'installer de mieux en mieux au cœur de la nature, d'en embrasser l'ensemble et de se la soumettre par sa connaissance et par ses démarches.

Cette théorie répare-t-elle les inconvénients qu'elle avait si justement dénoncés dans l'empirisme ? Ne les aggrave-t-elle pas, au contraire ?

L'évolutionnisme, tout d'abord, n'évite pas l'objection qu'il a faite lui-même à l'empirisme. Une expérience inorganique n'était pas capable d'engendrer le principe organisateur de toute expérience ; de la même manière, une évolution, d'abord inorganisée, ne sera pas capable de façonner des cerveaux dans lesquels se résume et s'exprime un ordre stable du monde, qui, dans l'hypothèse même, n'existe pas avant lui.

D'ailleurs il nous suffira d'examiner la méthode par laquelle Spencer croit découvrir et justifier sa loi de l'évolution pour se rendre compte : *a*) qu'il ne la découvre, en réalité, que par une pétition de principe ; et *b*) qu'il ne trouve, par cette méthode, qu'une loi insuffisante pour établir les résultats qu'il prétend en faire dériver.

a) Spencer prétend, d'abord, établir cette loi de l'ordre par induction, c'est-à-dire en s'appuyant exclusivement sur des observations et sur des faits. Ces faits sont ceux qu'étudie et réduit en lois chacune des sciences particulières. Mais il est impossible d'induire sans principe préalable et par conséquent sans une activité rationnelle préexistante. L'induction est un raisonnement et fait usage de la raison ou de l'activité mentale. L'évolutionnisme nous décrit une suite d'événements, dits naturels ou exclusivement mécaniques, au cours desquels se serait constituée peu à peu la hiérarchie des êtres, qui aboutit enfin à l'organisme humain et à la pensée humaine. Mais cette distribution hiérarchique, ou le spectacle qu'elle offre aux yeux du savant, est elle-même un produit de la connaissance scientifique ou de l'activité créatrice de l'intelligence humaine. Elle n'existe que *par notre pensée* ou par la vertu organisatrice et objectivante de notre activité mentale.

Le philosophe évolutionniste se rend à son insu contemporain et spectateur de l'origine et du développement du monde ; c'est dans sa propre pensée, et en vertu de sa puissance de raisonner et de comprendre que s'ordonne tout ce spectacle. Il prétend, en effet, trouver la loi définitive de l'univers dans ce que les événements observés offrent à son observation et à sa critique de constant ou d'identique. L'univers ne lui paraît donc véritable que dans ce qu'il a de conforme à l'unité ou à l'ordre. Il juge les événements et les critique de ce point de vue.

Il y a donc, dans le raisonnement de l'évolutionniste, d'abord une pétition de principe. Il se sert de l'idée d'ordre, c'est-à-dire d'une idée rationnelle, pour grouper les événements en vue d'établir la loi même d'évolution qui serait, selon lui, à l'origine de toute idée d'ordre. Et, du même coup, on y trouve un passage illégitime du spectacle empirique incohérent et passé à la réalité ordonnée et éternelle, qui ne saurait être renfermée ni découverte dans aucune somme d'événements observables. L'idée d'ordre qu'il affirme, ou la loi universelle et nécessaire qu'il assigne au développement de l'univers, est donc à son insu une idée *à priori*.

b) D'ailleurs cette idée d'une évolution exclusivement mécaniste, obtenue déjà par une pétition de principe, ne suffit même pas à expliquer la transformation d'éléments inorganiques en des cerveaux pensants. En effet, la loi de la conservation de l'énergie ainsi obtenue, qui se transforme pour la biologie en loi d'hérédité, ne peut que conserver les formes spécifiques à mesure qu'elles sont obtenues par fortune, ou rencontrées. Elle ne sert à rien pour rendre compte des transformations ou variations elles-mêmes, qui seules font passer, d'organisations moins cohérentes et moins stables, à des êtres plus unifiés et mieux adaptés. Pour rendre compte des variations *heureuses* qui engendrent les organisations *plus aptes*, il faut y joindre une loi de *la survivance des mieux doués*. Cela suppose : 1° une prédisposition, dans les êtres qui ont survécu, à s'accommoder aux exigences de la nature ; 2° un développement réglé de cette prédisposition, qui se réalise à mesure des épreuves et en conséquence de la tendance originale et constitutive. Cette double supposition contredit le mécanisme et implique la finalité.

En effet, pour expliquer la production d'abord, et la survivance, ensuite, d'un groupement d'éléments, cohérent et stable, il faut supposer un *équilibre rencontré et maintenu* entre ce groupement et tous les autres êtres qui constituent en même temps que lui la nature. C'est supposer une relation de tous ces êtres à un plan d'ensemble, ou une prédisposition de chacun d'eux à s'installer et à durer dans le système de l'univers, à mesure qu'il est apte à reconnaître ce plan et à le réaliser. Un tel équilibre ne saurait être conçu comme exclusivement mécanique. Un équilibre mécanique ne consiste, en effet, que dans le rapport de parties homogènes à un tout homogène qui les rassemble. Or, cet équilibre est toujours assuré, quels que soient les groupements de parties homogènes qui se forment, et quel que soit le rapport que ces groupements ont entre eux ou avec le reste de l'univers. Aucune différenciation persistante, ni aucune intégration durable ne peuvent résulter de la loi d'un pareil équilibre. Car tout groupement de ce genre est éminemment précaire, puisqu'il ne donne aucun avantage à l'être qu'il constitue, aucun droit de survivre, aucune chance de durer. Plus même il est complexe, plus il s'éloigne des conditions de l'équilibre, moins il le réalise et plus il est menacé d'être détruit.

L'idée de l'ordre et les tendances qu'elle oriente ne résultent donc pas d'un organisme formé par le hasard d'un groupement mécanique, de plus en plus complexe, d'éléments d'abord homogènes et indifférenciés. Ces groupements cohérents, stables et équilibrés entre eux, ne peuvent résulter que de l'action d'une tendance primitive qui, seule, peut nous expliquer leur formation et leur survivance. Autrement il faudra attribuer la persistance des êtres, et déjà leur origine, à un pur miracle.

Mais d'ailleurs cette *explication* de la formation d'organismes complexes et adaptés à toutes les exigences du milieu, c'est-à-dire de l'univers, n'est pas le récit fidèle de la succession des démarches de la nature et de ses procédés de création. Elle n'est qu'une *théorie* par laquelle on définit des êtres biologiques. Elle ne constate pas des *individus* ; elle se représente *des espèces*. Une définition limitée à être spécifique n'atteint pas le fond de la nature. Elle expose seulement le mode insuffisant et approximatif dont il nous est permis de la *concevoir* ou de nous la *représenter*. Notre activité, conscience ou raison, qui prétend égaler, au moins dans ses idées directrices, le vrai de la nature, ne peut pas résulter de cette figuration insuffisante. Elle est du reste préexistante au spectacle qu'elle forme par son exercice même. La définition biologique de l'univers est *un moment* de son développement, qu'elle précède et qu'elle déborde de toutes parts. L'activité rationnelle définit les organismes ; elle est antérieure à cette définition et ne dépend pas d'elle.

58. Théorie idéaliste de l'origine des principes.

Il n'est pas possible de fonder sur l'expérience notre croyance en l'ordre universel ou dans l'existence de rapports nécessaires et de lois régissant les événements de la nature. Nous sommes donc obligés de convenir que les principes directeurs de la connaissance, ou les idées, de la raison, sont innés dans l'esprit de l'homme et lui viennent d'une communication plus ou moins directe avec l'absolu ou l'ordre éternel. Telle est la thèse commune à tous les idéalistes. Mais la prétention des *intellectualistes* est de donner à l'entendement humain une *vue intuitive* de cet absolu et, en lui, du principe même de la nature. Avec Platon, ils nous attribuent une existence antérieure où nous aurions contemplé la vérité absolue. La réminiscence renouvelle en nous cette vision. Avec Descartes et avec Malebranche, ils accordent à l'esprit humain une « vision en Dieu » toutes les fois qu'il a des idées claires et distinctes, c'est-à-dire des notions et des jugements analytiques et indiscutables. Or on peut accorder à l'homme une certaine connaissance de l'ordre, réduite à un pressentiment originel et à une conviction incessamment développée, sans aller jusqu'à donner à l'esprit humain une connaissance intuitive ou immédiate de l'ordre éternel ou de l'absolu.

Dans les deux cas, d'ailleurs, la théorie reste idéaliste. Les événements de la nature ne sont plus en effet considérés comme produits et enchaînés au hasard. Nous les croyons liés et distribués, malgré l'apparence contraire, en vertu d'un idéal préexistant, que ces événements finissent toujours par manifester d'une manière de plus en plus distincte. Nous sommes ainsi assurés que cet idéal est, à la fois, la *règle de la pensée* ou de la représentation véritable et la forme réelle, l'essence ou la *réalité de la nature*.

Dans le premier cas, c'est-à-dire pour Platon et Descartes, cet idéal est donné à la pensée humaine ou connu par elle indépendamment de toute expérience, et par suite indépendamment de toute activité propre de la pensée. L'entendement est intuitif, donc passif. Il reçoit et contemple la vérité des choses. Il ne contribue pas à la former et à la découvrir.

Dans le second cas, au contraire, cet idéal n'est plus qu'une croyance, d'ailleurs certaine et incessamment vérifiée par le succès. La raison s'engage d'abord dans la recherche de l'ordre. Le succès ou les satisfactions rencontrées dans cette poursuite la confirment de plus en plus dans sa croyance, à mesure que l'objet lui en devient plus clair et plus distinct. Avec Leibniz, nous substituons au principe d'identité ou de contradiction des cartésiens, le principe de la raison suffisante ou du meilleur. Il ne suffit plus de déduire les notions scientifiques de définitions ou d'idées qui les renferment d'avance, par une analyse qui se borne à ne pas se contredire. Il faut rechercher quels sont, parmi les événements de l'expérience, et vérifier, par leur mise en œuvre même, ceux dont l'enchaînement satisfait le mieux le besoin d'équilibre et d'harmonie, qui est le vœu profond et l'exigence constante de notre activité mentale.

a) Théorie intellectualiste (innéité réelle).

A la prétention des *intellectualistes*, on oppose les remarques suivantes.

La raison n'est pas une vision de l'absolu. On peut l'établir en faisant remarquer que toutes nos connaissances sont, *en fait*, relatives, qu'il y a une multiplicité de sciences, et dans chacune d'elles un remaniement et un progrès incessants des notions. On peut aussi montrer qu'*en droit*, l'absolu réel, objectif, est impossible à penser ou inconcevable. L'absolu en effet serait l'être existant en soi et par soi, dont tout dépend et qui ne dépend de rien. Par conséquent la notion de l'absolu serait la vision intuitive d'un tel être, ou, comme le veut Descartes, dans la preuve ontologique de l'existence de Dieu, l'idée d'un infini qui renfermerait dans cette *idée même* l'attribut de l'*existence*. Or nous pouvons bien avoir l'idée qu'un tel être existe, parce qu'il est nécessairement postulé par toutes nos croyances, par tous nos désirs et par toutes nos démarches, mais il est impossible à la connaissance humaine d'avoir une idée adéquate de cet absolu, c'est-à-dire une idée qui renferme l'existence même de cet absolu.

Voici d'ailleurs les objections décisives des *relativistes* contre les partisans d'une intuition intellectuelle de l'absolu. On peut les résumer dans ces trois observations : L'absolu est inconcevable, car :

1° Penser l'absolu, ce serait penser un être absolument un. Toute composition le ferait dépendre des éléments composants, puisqu'il ne serait plus que l'unité ou la somme d'éléments amassés pour le produire. Or notre condition empirique ne nous permet de conceptions ou d'idées que synthétiquement formées. En d'autres termes, c'est toujours par un *assemblage* d'éléments empiriques que nous nous formons des notions.

2° Penser l'absolu, ce serait penser une cause première qui produit toutes choses, mais qui est tenue de se produire elle-même. Or, d'abord, le fait de causer et de produire est déjà une relation. Mais, surtout, toute chose est pour nous, c'est-à-dire au regard de notre connaissance inévitablement empirique, un terme relié à un autre terme. Toutes choses, dit Pascal, sont causées et causantes, c'est-à-dire que toutes nos représentations font dépendre un événement d'un événement qui en est la cause et d'un événement qui en est l'effet.

3° Au fond, penser l'absolu, c'est le conditionner ou le rendre relatif. L'homme, en effet, ne peut penser qu'en reliant les éléments d'expérience. Il ne lui est donc pas possible de se représenter l'absolu, puisqu'il ne peut se le figurer autrement que comme l'unité d'un tout complexe, ou comme la cause d'effets, et par conséquent comme relatif à ces effets et connaissable par eux.

b) Théorie de l'innéité virtuelle. Conscience et raison.

Les idées directrices, ou les convictions qui constituent en nous la raison et président à toutes nos recherches scientifiques, ne sont pas le résultat d'une intuition qui nous ferait contempler, dans l'ordre absolu ou en Dieu, les *archétypes*, ou modèles, sur lesquels tous les êtres de la nature ont été formés et qui règlent, en conséquence, le cours de tous les événements de la nature. Cette raison suprême est *l'objet de notre croyance*, mais elle est *distincte de notre propre raison*, qui en cherche les traces à travers l'expérience. Par suite, elle nous est impénétrable dans sa réalité même.

Notre raison, celle qui nous est propre (*ipse intellectus*) et qui préside à toutes nos démarches intelligentes, se confond avec notre conscience ou activité mentale réfléchie. Elle est le mouvement même, ou mieux l'élan de cette activité. Elle sera chez un savant donné, à un moment donné, l'aptitude à faire des hypothèses, c'est-à-dire à démêler les vrais éléments d'un composé empirique ou les antécédents producteurs d'un événement encore inexpliqué. Le degré de cette aptitude résulte des recherches antérieures et des succès déjà obtenus par l'esprit. Par là s'explique et se justifie, en partie, la thèse empiriste, qui confond la raison avec l'expérience même.

La raison est donc en nous la présence *d'un idéal*, formulé avec un degré de certitude et de précision relatif au degré de science possédé. Le degré de science et de raison ainsi possédé par chaque individu dépend lui-même, pour une bonne part, du degré de culture de l'humanité qui la lui a transmise. « Toute la suite des hommes, dit Pascal, pendant le cours de tant de siècles, doit être considérée comme un même homme qui subsiste toujours et qui apprend continuellement. » Mais, dit-il plus loin : « Ce serait ignorer la nature de la vérité que de s'imaginer qu'elle ait commencé d'être au temps qu'elle a commencé d'être connue » (Frag. du *Traité du Vide*).

L'idée que nous nous formons du réel des choses, par la conscience immédiate que nous avons de notre activité mentale en exercice, n'est pas d'ailleurs la vue ou la perception arrêtée et définie d'un *objet* qui nous représenterait à nous-même comme une substance particulière, une cause ou une activité isolée. Nous n'aurions, dans ce cas, aucun droit de supposer que tous les événements, par lesquels l'univers se manifeste à notre expérience, sont rattachables à de semblables substances, ou explicables par de semblables causes. *L'absolu* de l'être est aussi inconnaissable en nous-même, que partout ailleurs si l'on entend, par connaître, se représenter ou définir.

Notre conscience ou notre raison n'est que le sentiment de notre participation, efficace d'ailleurs, au mouvement total de la nature. Elle est, comme telle, une croyance en la convergence de toutes les activités de la nature vers la réalisation d'un plan total. Il est impossible que nous obtenions quelque vérité dans nos recherches et quelque succès dans nos démarches si toutes les activités de l'univers ne collaborent pas, avec le mouvement de notre *propre activité*, sous certaines conditions, *à découvrir*, mais *existantes*. Si, en effet, cette idée d'un *univers* ou d'un *cosmos* que nous portons en nous est un vœu ou une exigence impliquée dans tout savoir et plus ou moins satisfaite à travers toutes nos découvertes, cette participation de notre activité propre à l'ordre et à l'absolu nous autorise à croire que les choses doivent répondre à ce vœu. Nous pouvons prendre là-dessus confiance dans les lois ou définitions que cette *idée* nous a déterminés à rechercher et aidés à découvrir.

59. Développement des principes : formules successivement rencontrées par l'activité mentale au cours de l'expérience.

Si la raison ou les principes étaient *réellement* innés, il n'y aurait pas plusieurs formules des principes, ni plusieurs catégories de science. Pour Descartes, par exemple, la démonstration mathématique, par la vertu de l'*identité*, renferme la seule méthode valable pour arriver au vrai. Aucune science ne peut devenir véritable qu'en adoptant cette méthode. Mais si, au contraire, les principes ne sont que *virtuellement* innés, c'est-à-dire s'ils ne se réalisent qu'au cours de l'expérience, alors la raison traverse successivement divers degrés de développement et exprime ses exigences à ces divers degrés par des *formules particulières*. L'histoire des sciences permet de réduire ces formules à trois principales : l'idée de *substance*, l'idée d'*identité* et l'idée de *causalité*. Celle-ci correspond au développement actuel des sciences positives.

L'évolution de l'activité mentale et des principes rationnels nous conduit ainsi, dans l'ensemble de l'humanité en général et dans chaque individu en particulier, d'une affirmation générale ou vague de l'ordre sous la forme de l'idée de *substance*, à des formules de plus en plus précises et de plus en plus exactement correspondantes à la nature des choses : *l'identité* d'abord et *la causalité* ensuite, pour aboutir à l'idée de *finalité* comme vue d'ensemble sur le fond des choses.

a) L'idée de substance et le sens commun.

Notre première condition intellectuelle, antérieure à toute connaissance scientifique, est de subir les impressions de la nature sans pouvoir les relier encore l'une à l'autre par notre activité mentale et en nous bornant à croire et à affirmer qu'elles ont une raison d'être. C'est l'état des enfants et des peuples primitifs.

Deux catégories d'événements se présentent d'abord à notre expérience. D'une part, ceux que la connaissance instinctive a groupés, à notre insu, sous la forme d'objets sensibles; et, d'autre part, ceux que cette première et indispensable connaissance n'a pas liés entre eux, parce que la notion de leurs rapports n'était pas nécessaire pour vivre.

Nous supposons alors que les *groupements constants* de phénomènes que l'expérience manifeste à nos yeux sont dûs à un principe *subsistant* dans les objets eux-mêmes. C'est la croyance *aux choses*. Nous réalisons ainsi chacun de ces groupes de phénomènes dans l'unité d'une substance.

Quant aux autres événements, comme les grands phénomènes naturels, le cours des fleuves, les orages, les tempêtes, la vie des plantes et des animaux, la bonne et la mauvaise fortune dans la vie des hommes, nous les rapportons à des individus supérieurs, agents capricieux dans leurs productions et dont les desseins, en tout cas, nous sont impénétrables. La mythologie explique de cette manière les événements naturels extraordinaires, tandis que le sens commun continue de rapporter directement les événements sensibles ordinaires à une raison d'être particulière ou à un principe spécial.

Une telle manière de voir nous conduit logiquement à la supposition d'un principe particulier et *subsistant* de la production des phénomènes, en raison duquel ils se groupent avec une régularité inévitable.

Mais cette idée manifeste son insuffisance de plusieurs manières : 1° elle ne nous instruit à aucun degré de la réalité « substante » ou sous-jacente ; 2° elle nous entraîne même à une supposition contradictoire, puisqu'elle prétend expliquer la *diversité* des propriétés et leur incessante *mobilité* ou transformation, en les rapportant à une substance ou à un principe *unique* et *identique*. Exemple : la cire de Descartes (25) ; 3° enfin, cette prétendue raison d'être des phénomènes, même en supposant qu'elle existe, nous étant absolument inaccessible, ne nous donne aucun moyen d'agir sur les phénomènes, soit pour les produire, soit pour les empêcher, soit pour les modifier. S'il est vrai, comme le dit Bacon, que notre science se mesure à notre puissance, cette *cause substantielle* sans efficacité n'est scientifique ou explicative à aucun degré.

Cette *idée de substance* représente donc un état de l'esprit antérieur à tout développement scientifique et réfléchi et correspond à une activité mentale qui, faute d'exercice, n'a pas pu encore reconnaître ni ses exigences vraies, ni sa puissance, ni ses limites.

b) *L'identité et les mathématiques.*

La première démarche scientifique de l'esprit humain, c'est la réduction à l'ordre et à l'unité de l'expérience ou des phénomènes, c'est-à-dire de la nature en tant qu'elle *nous est donnée* ou nous *apparaît*. Cette première forme d'ordre et d'unité est l'*espace*, et la découverte des propriétés de l'étendue est le premier succès de la raison.

Les mathématiques sont, historiquement, les premières sciences qu'a pu réaliser l'entendement. En effet, les mathématiques, sciences abstraites, ne s'occupent pas de la nature des *choses* qui nous sont données ou qui nous apparaissent dans l'expérience, mais seulement, et exclusivement, du *mode nécessaire de leur apparition* pour un esprit comme le nôtre, condamné à l'expérience. L'*espace* qui constitue ce mode d'apparaître est, à bon droit, défini par Kant la forme *à priori* de la sensibilité externe. La nature même de cet objet, où, de parti pris, l'on ne tient pas compte de la diversité observable ou de la réalité discernable des objets naturels, c'est-à-dire de ce qui les *qualifie*, pour ne s'occuper que de leur *quantité* ou *mesure*, rend cet objet homogène, et, toutes les parties qu'on peut y délimiter, réductibles exactement à une commune mesure.

L'esprit, qui opère une telle science, n'y emploie donc que le *principe d'identité*, c'est-à-dire n'exige d'autre règle de la vérité des choses que la suivante : *un tout est exactement la somme des parties qui le constituent* ; ou, inversement, *des parties identiques constitutives ne peuvent engendrer qu'un seul total*, à l'exclusion de tout produit ou de tout résultat différent.

Le rapport de deux termes quelconques A et B sera donc *exactement* et *immuablement* fixé par leur rapport à un troisième terme C, pris comme commune mesure de l'un et de l'autre, parce qu'il sera toujours possible de réduire l'un et l'autre terme à un nombre identique de parties identiques, ou, réciproquement, de déduire par identité la *proposition* de prémisses ou de définitions bien choisies. Exemple : $7 + 5 = 12$ est une vérité identique parce que chacun des termes de cette égalité est respectivement identifiable à l'unique définition de 12 (1×12).

D'où la triple formule du principe d'identité : 1° A est A (identité). 2° A n'est pas non A (principe de contradiction). 3° Une chose doit être A ou non A, sans milieu (principe du tiers exclus).

Les *axiomes* des mathématiciens, comme : deux quantités égales à une même troisième sont égales entre elles, ne sont autre chose que des formules ou des expressions particulières de ces principes. Toute affirmation qui peut se réduire à une identité de ce genre ne saurait être contestée sans absurdité.

Mais l'emploi d'un tel principe se trouve aussitôt limité aux cas seulement où une réduction aussi exacte de la conséquence aux prémisses est possible. Les intellectualistes ont cru, mais à tort, qu'on pouvait étendre cette méthode au delà de la recherche des rapports de grandeur. Ils ont dû nous attribuer, sans preuves et contre toute vraisemblance, la possession *à priori* des définitions *essentielles* des objets de la nature.

Il reste donc que le principe d'identité ne pourra servir que dans deux cas :

1° Il sera légitimement employé pour la *démonstration*, entendue au sens d'exposition de vérités déjà établies, mais qui l'ont été par une tout autre méthode. Tels sont les syllogismes de la logique formelle. Dans le raisonnement : L'homme est mortel, et Socrate est homme ; donc Socrate est mortel, le lien qui unit « mortel » à « homme » et « homme » à « Socrate » et, par conséquent, « mortel » à « Socrate » peut passer pour exclusivement analytique. 2° Le principe d'identité servira encore dans les sciences mathématiques, parce que toutes les parties de l'espace que les mathématiciens mesurent sont homogènes et réductibles à des éléments exactement superposables.

Mais c'est à cette condition seulement que le principe d'identité sert aux démonstrations ou à la découverte. En dehors de la forme spatiale, c'est-à-dire si on a en vue, non plus l'espace lui-même, mais les événements qui s'y déroulent et s'y succèdent, c'est-à-dire les groupements discernables qui s'y dessinent sous nos yeux, alors l'identité n'a plus de prise sur ces objets pour les expliquer et les réaliser, pour en marquer les rapports certains et en donner la loi. Il faut passer à l'idée de causalité, qui est le principe directeur des investigations physiques et naturelles, c'est-à-dire en matière relativement concrète.

c) La causalité et la science positive.

Le positivisme moderne, comme avant lui l'empirisme, renonce à chercher dans les idées *a priori* de la raison l'explication des phénomènes de la nature. La supposition de telles idées, plans ou projets, qui domineraient et devanceraient, dans notre connaissance, la production des faits est une supposition gratuite. Elle est d'ailleurs inutile.

En effet ces idées, qui sont immuables, ne peuvent expliquer ni la *diversité* ni la *production dans le temps* des phénomènes. Or l'esprit humain n'a de commerce direct qu'avec des phénomènes, et c'est en tout cas des phénomènes qu'il a besoin de connaître la loi ou le mode de production. Ce sont déjà des phénomènes, que les mathématiques donnent la règle de production, du moins quant à leur quantité ou à leur mesure. La physique et les sciences naturelles s'attachent à découvrir des *lois de succession* ou *des lois de coexistence* qui règlent la production de groupements de phénomènes réellement différenciés. Or si en mathématiques, à cause de l'homogénéité de l'espace, on peut à la rigueur prévoir, dans les prémisses, la nature de conséquences qui n'en sont que la somme et une suite inévitable, dans les sciences physiques et naturelles les antécédents *ne renferment plus* le conséquent, et l'identité ne peut plus nous être d'aucun usage. Nous ne connaîtrons donc jamais une loi de la nature, c'est-à-dire une liaison de *phénomènes*, avant d'avoir éprouvé leur ordre de succession, tel qu'il est observable dans l'expérience.

Hume a critiqué, d'une manière qui passe à bon droit pour décisive, la prétention de découvrir, dans une *cause antécédente*, la *substance* ou la *raison d'être* d'un *effet conséquent*. « La nature, dit-il, ne nous offre pas un seul exemple de connexion dont nous puissions saisir l'idée. Les événements *se suivent*, mais *sans liaison* ; nous les voyons en *conjonction*, jamais en connexion. Or, connaître un pouvoir ce serait découvrir dans la cause cette circonstance qui la rend propre à produire son effet. De quelque côté que nous nous tournions, aucun événement naturel ne peut nous faire concevoir la force agissante des causes ou le rapport qu'elles ont avec leurs effets, par suite découvrir cette qualité qui unit l'effet à la cause et rend l'un la suite infaillible de l'autre. 1° Toutes nos recherches sur les événements extérieurs ne nous découvrent que des événements *à la suite* des événements. Une bille frappe une autre bille, celle-ci se meut ; nos sens ne nous apprennent rien de plus. Nous savons, par *le fait*, que la chaleur est la compagne inséparable de la flamme ; mais pouvons-nous conjecturer ou imaginer même ce qui les lie ? 2° La même difficulté revient lorsque nous contemplons les opérations de l'esprit sur le corps. Nous observons le mouvement *à la suite* de la volition ; mais le lien qui les unit, ou l'énergie que l'esprit déploie dans la production de l'effet, c'est ce que nous ne saurions ici ni observer ni comprendre. 3° L'empire de la volonté sur ses propres facultés ou sur les idées n'est point concevable ; en tout cas il n'est pas un objet *observable* ou un *fait* que l'on puisse constater. 4° Quant à la prétention de découvrir directement en Dieu la raison de l'enchaînement des phénomènes, une pareille théorie nous conduit au delà de la portée de nos facultés » (Hume : 7ᵉ Essai, *passim*).

Ce n'est donc pas par la vue de *substances* naturelles renfermant leurs effets, ou *d'idées* divines contenant leurs conséquences que nous pouvons établir des lois. En d'autres termes, ce n'est ni l'idée de la relation des propriétés à la substance, ni celle de l'identité des conséquences avec les principes, qui président à nos recherches et à nos découvertes scientifiques. Il faut donc se réduire à l'idée de la *succession constante* et inévitable des événements. C'est elle d'ailleurs qui inspire et dirige avec succès toutes les entreprises de la science positive.

Cette idée première peut se formuler de la manière suivante : Tout événement de la nature ou tout phénomène est un conséquent que l'on peut et doit rattacher à des antécédents qui le produiront dans tous les cas où ils seront donnés, et en l'absence desquels il est impossible que l'événement se produise. *Posita causa, ponitur effectus ; sublata causa, tollitur effectus*. Tout événement est un effet d'une cause toujours semblable. Ou bien : la même cause produit partout et toujours le même effet.

Le positivisme du savant se borne, en effet, à l'emploi de cette idée directrice et ne cherche à satisfaire aucune autre exigence que celle que ce principe énonce. Mais il est important de décider si cette idée ne renferme rien de plus que l'affirmation et le souvenir d'une conjonction constante toujours éprouvée. Il faut examiner s'il n'y a pas, implicitement, dans son contenu l'affirmation *à priori* d'une finalité de la nature ou la croyance en une convergence de tous les événements en vue de l'accomplissement d'un plan total. Ce qui revient à la conviction qu'il n'y a entre les événements de liaisons véritables et prévisibles que par leur rapport à cette fin dernière et à proportion de ce rapport.

d) Insuffisance de l'idée de cause efficiente. Nécessité de la rattacher à l'idée de cause finale. Principe de raison suffisante.

Voyons d'abord quels sont, pour l'empirisme, *l'origine* et le *contenu* de l'idée de causalité et quelle en doit être, par suite, l'insuffisance pour diriger les recherches du savant et garantir la légitimité de ses inductions.

Cette idée de la *cause efficiente* aurait une origine exclusivement empirique. Les *conjonctions constantes* sont devenues à nos yeux et par association des *connexions nécessaires*. La *cause* n'est autre chose que *l'antécédent* qui a été *constaté invariable et inconditionnel*. Elle n'est donc que le résultat de la perception du *comment* des choses à l'exclusion de toute préoccupation du *pourquoi*.

Le *pourquoi* ne saurait être, d'ailleurs, perçu *au cours* des événements naturels. Toute observation portant sur la production des phénomènes est condamnée, par définition, à suivre l'ordre même des faits. Or cet ordre temporel ne saurait renfermer d'événements perçus comme des *fins*, ces fins étant poursuivies à travers les événements qui les précèdent. Pour que la *fin* pût être considérée comme la cause ou la *raison d'être du moyen*, il faudrait que l'événement, regardé comme but, fût donné *avant* l'événement, cause ou moyen ; ce qui ne saurait se produire dans aucune expérience. Nous ne pouvons donc percevoir les événements, prétendus *causes finales*, que comme des *résultats* obtenus *après* les événements qui les précèdent, donc en conséquence de leur position préalable.

Pourtant, à considérer les actes humains ou les entreprises délibérées par l'intelligence et poursuivies en conséquence par la volonté, il pourra sembler que les causes mises en œuvre dépendent manifestement de l'effet à obtenir, puisqu'elles sont employées comme moyens efficaces en vue d'atteindre ce résultat ou cette fin. Mais, en réalité, la fin n'est jamais qu'un résultat déjà précédemment obtenu ; et les moyens, que l'on y préordonne en apparence, ne sont que des antécédents reconnus, dans une observation précédente, comme les conditions de la production du conséquent recherché.

Exemple : si on se propose la santé comme but de la promenade, on ne fait, malgré l'apparence contraire, que se souvenir de la promenade qui a antérieurement produit la santé. On imite donc le procédé de la nature, qui va de la cause à l'effet ou de l'antécédent au conséquent.

Il en va de même dans les entreprises de l'industrie humaine les plus ingénieuses et les plus novatrices en apparence. On ne commande à la nature qu'en lui obéissant, c'est-à-dire en l'imitant. C'est donc toujours *l'effet qui résulte de la cause,* alors même que l'on emploie maintenant la cause en raison ou en vue d'un effet préconçu et projeté.

A plus forte raison cela est-il vrai s'il s'agit d'événements biologiques ou physiques, que nous ne pouvons que constater, sans qu'il nous soit possible ou donné de les reproduire par une imitation originale. Exemple : nous n'avons pas le droit de dire que le mode de vivre d'un animal est la fin ou le but que la nature s'est proposé en lui donnant ses organes. Nous ne savons en effet qu'une chose, c'est que les organes ainsi groupés sont des organismes qui vivent ; comme nous constatons que l'inflammation suit le frottement du phosphore. Aussi faut-il dire : les oiseaux n'ont pas des ailes parce qu'ils devaient voler, mais ils volent parce qu'ils ont des ailes. Au regard de l'expérience, les productions de la nature se font toujours par des causes efficientes ou antécédentes, et nous n'en saurions fournir d'autre explication.

Il n'est pas besoin, d'ailleurs, de chercher d'autre source de la puissance effective de l'homme : ce qui est *cause* dans l'explication devient *moyen* dans l'action. Les prétendues causes finales, ou bien ne sont que des effets ou des résultats précédemment obtenus, ou bien, étant inaccessibles, sont pour nous stériles. Il suffira donc de prendre pour *but* des démarches, ce qui n'a d'abord été qu'une *conséquence*. Nous rechercherons de nouveau ce résultat par le chemin des antécédents qui l'ont d'abord produit sous nos yeux et sans notre intervention. La cause n'est donc bien que l'antécédent constaté invariable et inconditionnel dans nos expériences passées.

Accepterons-nous cette réduction totale de la cause finale à la cause efficiente ?

Il est vrai, sans doute, comme la critique de Hume l'a montré, que ni les événements ne se produisent, ni les faits ne s'ordonnent, aux yeux de notre connaissance empirique, comme des conséquences de *substances* ou d'*idées* connues de nous qui envelopperaient d'avance leurs propriétés et en seraient la raison d'être. Mais il s'agit de savoir si la simple observation empirique d'une antécédence, même constante, nous est une garantie suffisante de la solidité et de la nécessité du rapport ainsi constaté ; et si cette constatation elle-même se fait, dans les recherches scientifiques, sans l'intervention d'une activité propre d'un esprit convaincu que seule la cohérence des antécédents, dans la constitution de leur assemblage, est capable d'assurer la régularité de sa production et la stabilité des lois.

Or l'empirisme méconnaît cette intervention nécessaire d'un esprit en quête de l'ordre dont il a le pressentiment par l'instinct de la finalité, encore qu'il ne puisse jamais se flatter d'avoir enfin rencontré cet ordre, et qu'il soit incapable d'en déduire *à priori* le mode de production des événements ultérieurs. On peut, sans doute, accorder à l'empirisme que le développement du savoir humain et, parallèlement, l'accroissement de la puissance humaine, semblent bien ne se produire que par une imitation docile de la nature, et en conséquence des leçons de l'expérience. Le développement de la connaissance se fait, à chaque pas, par un progrès à peine sensible. Chaque découverte semble n'être ainsi que la synthèse de découvertes précédentes. Cependant il y a dans toute découverte un réel développement du savoir. Par suite, les effets obtenus ne sont jamais la simple combinaison des causes préexistantes. L'empirisme, nous allons le voir, sera donc obligé, ou bien de retourner à l'identité des intellectualistes, ou bien d'aboutir, sans remède, au scepticisme.

Nous pouvons en effet établir : 1° l'insuffisance de l'idée empirique de causalité pour fonder les lois et justifier la confiance que nous avons dans la régularité des événements ; 2° le rôle indispensable de l'esprit orienté par l'idée de finalité (principe de raison suffisante ou du meilleur) pour la découverte des causes efficientes. La cause finale, a-t-on dit, est la cause de la cause efficiente ; 3° l'impossibilité, d'ailleurs, de nous *représenter* des fins, et, par suite, l'obligation pour tout savoir humain, en raison de notre condition empirique, de n'assigner à un événement de la nature d'autre cause effective que ses antécédents constants et invariables.

1° L'idée de cause efficiente, entendue au sens d'antécédent constant, ne peut pas suffire à justifier l'esprit scientifique dans sa recherche obstinée des lois et dans la croyance invincible qu'il attache à celles qu'il a découvertes. Elle ne peut autoriser ni l'affirmation de ces lois, ni l'attente certaine de ce qu'elles nous font prévoir et d'ailleurs rencontrer.

Hume le dit lui-même : un événement ne peut que succéder à un événement, il n'est pas possible qu'on l'en voie sortir ou dériver. Le mouvement d'une bille qui en pousse une autre ne fait que précéder le mouvement de la seconde ; il n'engendre pas sous nos yeux cet autre mouvement. Nous attribuons donc *gratuitement* la qualité de cause ou de pouvoir efficace à un antécédent quelconque ; nous n'avons pas le droit de dire qu'une conjonction toute empirique, même constamment reproduite, autorise la croyance en une liaison réelle, donc inévitable. Ce n'est donc pas par la seule vertu de la causalité observable que l'on peut expliquer la croyance en les lois de la nature, c'est-à-dire en la relation constante d'un effet conséquent et d'une cause antécédente. La cause efficiente, si elle n'est qu'antécédente, ne peut pas passer pour une raison suffisante. Il a donc fallu conclure au scepticisme ou revenir à l'affirmation de l'identité.

L'évolutionnisme, justement, a prétendu ramener l'hétérogénéité de la cause et de l'effet, de l'antécédent et du conséquent, à l'*identité mathématique* par la continuité d'un développement qui procéderait par étapes insensibles, de l'homogène à l'hétérogène ou au différencié. L'empirisme se transforme, de Stuart Mill à Spencer, en naturalisme. On passe de l'idée de cause qui est synthétique, et qui tenait compte du devenir ou de la transformation des antécédents en conséquent, à l'idée de conservation de l'énergie, qui est analytique, et qui introduit la continuité entre la cause et l'effet et fournit, par suite, une apparence d'explication.

Mais cette explication mécaniste ou bien ne tient pas compte de la diversité des événements sensibles, et elle n'explique alors que l'ordre même de leur apparition sans toucher à leur contenu; ou bien elle ne justifie pas l'apparition du divers et la persistance des groupements différenciés, comme tels. Elle méconnaît ainsi toute la diversité des choses sensibles, c'est-à-dire tous les phénomènes en tant que *produits* et *nouveaux*. Et ce sont ceux-ci justement que l'empirisme prétendait expliquer par la règle de la cause efficiente.

Il y a d'ailleurs une raison manifeste pour laquelle l'explication empiriste rejoint inévitablement l'explication intellectualiste. En effet, l'intellectualisme ne peut faire prévaloir le principe d'identité dans ses explications qu'en le bornant aux propriétés mathématiques, c'est-à-dire à l'aspect des choses ou à la forme sous laquelle elles nous sont données *dans l'expérience*. Il n'est pas question, en effet, de recourir sérieusement à des idées éternelles, qui nous sont inaccessibles et que personne ne peut se vanter de posséder. Descartes, qui croyait au mécanisme de la nature, c'est-à-dire à l'explication mathématique des événements physiques, avouait, en même temps, n'être pas du conseil de Dieu, et ne pas en connaître les idées ou les desseins. Il ignorait donc les causes finales. Par suite, une explication mathématique ainsi définie se confond avec une explication empiriste par les causes efficientes, qui sont aussi des causes mécaniques. L'empiriste prétend en effet rencontrer et constater, dans chaque expérience, les antécédents groupés immanquablement, ou rassemblés dans toute expérience possible du même genre. La théorie évolutionniste de Spencer n'est autre chose qu'un compromis entre l'empirisme et l'intellectualisme.

2° Le principe de causalité, entendu comme l'affirmation de la régularité empirique de la jonction d'un antécédent et d'un conséquent, ne peut donc pas justifier notre croyance en la liaison durable et infaillible, c'est-à-dire future et prévisible, des événements ainsi groupés. Mais, au surplus, *dans la recherche même des causes*, c'est-à-dire des antécédents inconditionnels et invariables, il y a manifestement une opération de l'esprit. Or elle est dirigée par la recherche d'une fin ou la préoccupation d'un arrangement ou d'un ordre.

En réalité, un événement ne succède pas seulement à un groupe donné de conditions isolées. Il *succède* à toutes les conditions présentes au moment de son apparition. Il y a donc *un choix* à faire d'un antécédent *de droit* ou causal, parmi tous les antécédents *de fait* qui sont tous uniformément antérieurs à la production du conséquent, mais qui n'en sont pas tous *la cause* ou *l'antécédent nécessaire*.

Ce choix est encore plus évidemment requis s'il s'agit, non pas seulement de démêler les antécédents suffisants et nécessaires d'un conséquent habituellement produit et proposé à notre perception par la nature ou l'expérience, mais *d'attribuer* des conditions d'existence à un conséquent désiré, que la nature n'a pas encore produit sous nos yeux, et peut-être même nous détourne de concevoir comme possible. Or c'est le cas de toutes les conquêtes scientifiques, en tant que nouvelles et inventées.

Ce qui abuse en cette matière, c'est que la nature ou l'instinct a devancé en nous les recherches scientifiques et a formé, pour la satisfaction des besoins essentiels de notre appétit vital, des images ou notions vulgaires dans lesquelles se signalent d'eux-mêmes et la cause et l'effet. On voit, en effet, que le feu brûle et que l'eau est liquide avant toute induction scientifique. Mais déjà ces images véritables ne se distinguent des images fausses, formées par le même instinct, qu'après le contrôle de l'entendement et en suite d'une vérification incessante de l'expérience. En tout cas, les notions scientifiques proprement dites ne sont pas données toutes constituées au regard de l'activité instinctive. Il faut, pour les découvrir, un véritable effort de recherche et un choix guidé par *l'idée de finalité*, c'est-à-dire par la croyance qu'il existe *un rapport des parties au tout qu'elles doivent former*.

L'hypothèse qui découvre des causes au delà de l'expérience, et même le plus souvent en contradiction avec elle, ne peut se constituer en toute science et même dans les mathématiques (38) que si l'on se place au point de vue du conséquent donné à expliquer pour remonter aux antécédents propres à en rendre compte et à le produire. En effet, étant donné un résultat désiré, soit *inventé* ou préconçu, soit même antérieurement rencontré et *déjà obtenu*, l'esprit cherche quelles conditions sont propres à obtenir le résultat nouveau, ou à retrouver le résultat ancien. L'analyse par laquelle on découvre des causes est donc toujours *régressive*, puisqu'elle décompose l'effet en ses conditions causales. Elle n'est pas progressive, c'est-à-dire qu'elle ne constitue pas l'effet par une somme ou juxtaposition de causes révélées et fixées par l'expérience de ce qui l'a précédé.

Or l'*idée de finalité*, qui seule pénètre jusqu'à la raison suffisante, n'est autre chose que *l'idée d'un tout* qui précède ses parties, et *qui rend compte de l'existence de ses parties et de leur groupement*. Il y a donc visiblement, dans la recherche des causes antécédentes, une préoccupation finaliste, c'est-à-dire la croyance que c'est le résultat obtenu, dans la mesure même où il n'est pas illusoire, accidentel et précaire, mais certain et durable, qui est la raison d'être des antécédents ou des causes qui ont concouru à le former. Exemple : la constance de la reproduction des mêmes organismes dans une espèce existante donne lieu de penser que c'est l'organisation caractéristique de cette espèce qui est la raison d'être du groupement constant de ses organes. En conséquence, le naturaliste cherche à déterminer d'abord la démarche caractéristique de l'espèce ; il y subordonne tous les caractères qui collaborent à cette fonction et contribuent à l'accomplissement de son office.

De même, et à plus forte raison, le sociologue cherche quelles institutions ont contribué, et dans quelle mesure, à la solidité et à la constance d'un type social ; il tire des groupements ainsi constitués ou des causes ainsi déterminées des prévisions pour l'avenir.

3° Mais, il faut le reconnaître, les hypothèses sont toujours plus ou moins suggérées par l'expérience passée, et le champ de notre investigation dans la recherche des causes, toujours limité aux phénomènes qu'elle embrasse. Et, en effet, nous ne saurions former nos hypothèses que d'éléments empruntés à l'expérience. Par conséquent, elles nous renvoient irrémédiablement à des causes antécédentes et non pas à des causes finales, qui ne sauraient être pour nous que des événements futurs impossibles à observer.

Au surplus, nous sommes toujours tenus de vérifier par expérimentation l'efficacité des causes ainsi désignées par l'hypothèse. Par suite, leur effet ou le résultat obtenu n'est encore qu'un conséquent ou qu'une suite, et non pas une fin qui préexisterait à ces causes, et qu'on pourrait regarder comme le principe de leur production.

Nous n'avons donc jamais le droit de désigner un événement ou un être comme la raison d'être des événements qui le conditionnent ou des éléments qui le constituent. Il nous est impossible en effet de traverser les phénomènes ou de dépasser l'expérience pour saisir le lien profond qui unit toujours les mêmes phénomènes et dans le même ordre de groupement. C'est pourquoi notre science n'est que relative et nos démarches toujours relativement hasardeuses.

On doit donc croire à l'existence de la finalité en général, parce qu'elle est le besoin essentiel de notre esprit ou la seule manière qu'il ait de se représenter, pour le rendre assuré, l'ordre de production des événements de la nature. C'est, au surplus, le seul principe vraiment efficace pour la détermination des causes, même efficientes, ou la découverte des lois, même positives. Mais il nous est interdit de désigner, parmi les phénomènes de la nature qui sont les seuls objets atteints par notre connaissance, des *fins particulières*. Nous ne devons pas dire, par exemple, que les fonctions constatées d'une espèce animale sont la raison d'être des organes ou instruments qui précèdent empiriquement ses fonctions, mais seulement que le *groupement constant* de ces organes et la solidarité de leurs opérations est *le signe* de la conformité de cet organisme avec le plan total de la nature. De même, nous ne connaissons jamais l'efficacité d'une invention humaine et, par suite, la vérité de la loi qu'elle met en œuvre, qu'après la vérification fournie par l'histoire ou par l'expérience. Croire et affirmer que l'on *perçoit* des fins particulières, ce serait retourner aux illusions de l'idée de substance ou s'élever témérairement jusqu'à la vision en Dieu.

La *fin* est une idée ou principe qui règle les démarches de l'esprit dans la découverte des lois et oriente ses recherches dans le sens de la vérité; elle n'est pas un élément constitutif de la nature des objets perçus, ou que l'on puisse démêler et désigner dans le groupement des manifestations observées.

Il y a néanmoins, à travers les sciences successivement constituées par l'esprit humain, une révélation progressive de l'idéal d'ordre, qui nous achemine vers l'idée de finalité, seule formule de la raison suffisante, parce qu'elle est le seul fondement de la croyance à l'existence et à la vérité des lois. Par là, nous comprenons que la raison se confond avec la conscience humaine. Celle-ci, en effet, n'est autre chose qu'un appétit de l'ordre, toujours en quête de satisfaction ; appétit dont l'objet, à mesure du succès qu'il rencontre, est de mieux en mieux formulé et de plus en plus précisément défini. C'est ce qu'il faut entendre par l'innéité virtuelle des principes, et c'est ce qui a fait dire à Leibniz « qu'il n'y a rien dans l'entendement qui ne soit venu des sens, excepté l'entendement lui-même *ou celui qui entend* ».

60. Rôle des principes dans les différentes sciences.

Le rôle des principes, en général, a été signalé dans la démonstration de la nécessité des principes pour former quelque pensée ou quelque affirmation que ce soit (54). Leur rôle particulier dans chaque catégorie de science dont ils déterminent la méthode propre sera établi dans la *Logique*. Il peut suffire, ici, d'indiquer comment la préoccupation de la finalité se développe et devient plus claire et plus directrice à mesure que le savoir humain devient plus concret, plus réel et plus fidèlement représentatif de la nature.

Toutes les sciences ont uniformément à résoudre un unique problème, qui est *d'expliquer* et de mettre en état *de produire* un événement, en le rattachant à ceux de ses antécédents qui seuls seront efficaces. Leur méthode sera donc inspirée et dirigée par *l'idée* de la constance nécessaire du *même groupement d'antécédents* pour la production d'un même conséquent. Cette idée, qui est celle de la finalité, préside à toutes les recherches scientifiques ainsi orientées, mais son intervention est plus ou moins manifeste selon la catégorie de science à laquelle on l'applique.

Dans les sciences mathématiques, par exemple, la raison se réduit à la forme du principe d'identité. Un tout est identique à la somme de ses parties, ou bien il n'y a rien de plus dans un tout que les parties qui le composent. Pourtant, le procédé même des mathématiques, qui est une analyse régressive, emprunte quelque chose à l'idée de la convergence. Ce procédé consiste, en effet, dans la recherche des éléments qu'il faut rassembler et additionner pour constituer le tout, tel ou tel, proposé à l'analyse. C'est dans ce sens que Descartes a pu dire : « L'athée (c'est-à-dire celui qui ne croit pas à l'immutabilité des idées divines) ne peut pas être géomètre »; et Pascal : « Il entre du moral jusque dans les mathématiques. » Il faut en effet un effort, donc de la volonté, pour la démonstration de leurs propriétés.

Dans les sciences physiques ou naturelles, qui sont plus particulièrement régies par le principe des causes efficientes, le rôle de la finalité devient déjà plus sensible. En effet, dans les mathématiques, le tout égale la somme des parties, et, en cela, le mécanisme triomphe. Mais dans les sciences physiques, un effet, à proportion qu'il est véritable, donc constant ou prévisible, est toujours la *raison d'être* du groupement des causes, et nous sommes obligés de considérer cet effet comme tel pour pouvoir découvrir ses causes.

S'il s'agit maintenant des sciences concrètes, la biologie, par exemple, et en tout cas les sciences morales, les causes ne sauraient être cette fois considérées que comme les éléments d'un groupement qui tend à une constitution stable et définitive. En effet, un être vivant ne résulte pas d'éléments arbitrairement réunis, mais le groupement de ses organes se trouve toujours conforme au type préexistant de l'espèce. A plus forte raison une société donnée résulte-t-elle toujours de la pensée préexistante, et des démarches réglées par cette pensée, des grands hommes qui ont présidé à ses destinées. En conséquence, la recherche des antécédents d'une société donnée et celle des organes constitutifs d'une espèce donnée, sont visiblement suscitées, et dirigées, par le fait de l'existence durable de cette espèce, ou par le fait de la solidité croissante et de la stabilité toujours plus affermie de l'organisme social.

LIVRE IV

LA VIE AFFECTIVE

CHAPITRE PREMIER

LE PLAISIR ET LA DOULEUR

SOMMAIRE : Le plaisir et la douleur sont les modes généraux de la vie affective. — 61. Explications diverses de ces modalités. — 62. Caractères distinctifs de ces états de conscience. — 63. Explication intellectualiste. — 64. Théorie biologique ou mécaniste. — 65. L'appétit ou la tendance, principe de nos affections.

L'activité de l'âme est d'abord manifestement dominée et dirigée par les affections qui nous font rechercher le plaisir et fuir la douleur ; témoin, les enfants et l'homme primitif. Il appartient ensuite à l'intelligence, dirigée par une volonté plus ou moins active, de mettre l'âme en état de résister à ces premiers sentiments irréfléchis et d'y substituer des sentiments volontairement formés. Ceux-ci se développent en nous à mesure que la connaissance transforme les images en notions. Mais il y a, en tout cas, un premier moment où nous semblons ne vivre et n'agir que par la seule impulsion du plaisir ou de la douleur.

C'est le temps des inclinations spontanées, c'est-à-dire

naturelles ou instinctives. Cette manière d'agir subsiste encore dans les stades plus avancés de la vie mentale, où nous restons empiriques dans les trois quarts de nos actions.

Nous appellerons *plaisir et douleur* les *affections* et les sentiments qui nous préviennent et déterminent nos représentations et nos démarches avant d'avoir été corrigés par l'exercice de l'intelligence, ou en tant que l'intelligence n'a pas pu les réformer. On voit, par là, que le plaisir et la douleur répondent, dans la vie affective, aux sensations données ou à l'expérience pure dans la vie connaissante. On dit du reste indifféremment une *sensation* de douleur, de température, et une *sensation* de plaisir ou de peine. Il a déjà été signalé dans la théorie des sensations (11) comment nos modes de conscience deviennent d'autant moins affectifs qu'ils sont plus représentatifs. Les sensations de la saveur et de l'odeur n'indiquent, par elles-mêmes, qu'un objet vague ; mais elles le font vivement désirer ou rejeter. La vue, et déjà le toucher, nous laissent, au contraire, indifférents en présence de leurs objets, dans la mesure même où, par la notion qu'ils en donnent, ils nous mettent en possession de les rencontrer ou de les éviter à volonté.

Mais le plaisir et la douleur, tandis qu'ils nous engagent instinctivement dans certaines démarches, nous instruisent peu à peu de ce qu'il y avait d'abord en eux de trompeur ou de véritable. Ils nous mettent ainsi en état de former des objets ou des représentations qui dirigent nos démarches ultérieures, non plus seulement par la voie de l'appétit du plaisir ou de la douleur, mais par des *notions* qui s'imposent à nos manières de sentir et en déterminent les tendances. Ce n'est plus alors parce qu'une chose nous plaît ou nous déplaît qu'elle est qualifiée par nous telle ou telle, c'est parce que nous la définissons telle ou telle qu'elle nous attire ou nous éloigne, quelquefois même malgré des plaisirs ou des douleurs contraires réellement ressentis.

Il se produit donc au cours de l'expérience, et par le développement de la vie mentale, une *spécification* des tendances primitives, qui, d'abord uniformément sollicitées par le plaisir et la douleur, sont maintenant dirigées vers des objets relativement définis, formés par une connaissance imaginative de la nature. Le plaisir et la douleur se transforment alors en *émotions* particulières, qui sont des inclinations acquises, comme la peur, la colère, l'amour-propre, la sympathie, etc.

Ces émotions deviennent enfin, avec l'usage de la raison, tour à tour des *passions* au sens particulier de ce mot, c'est-à-dire des émotions dont l'objet est exclusif jusqu'à la tyrannie, ou bien des *sentiments sympathiques* et désintéressés. Dans l'un et l'autre cas, nos tendances s'attachent à un unique objet qui range tous les autres sous sa loi, et les fait servir à sa poursuite ou à son usage.

61. L'explication du plaisir et de la douleur peut et doit être psychologique.

Il y a lieu d'examiner, d'abord, ces indications naturelles, tout instinctives, qui nous sont fournies par l'agrément et la peine. On ne peut pas, directement du moins, remonter, pour en expliquer l'existence et le bienfait, à des notions ou définitions d'objets. Exemple : la douleur de la faim et le plaisir du rassasiement ne sauraient s'expliquer par aucune notion de la convenance de la nourriture avec nos besoins vitaux. Les définitions du biologiste et du chimiste, en effet, ne changent rien à notre appétit naturel. Ce n'est pas parce qu'un objet nutritif est défini par nous comme nécessaire et convenable que nous en avons le désir d'abord et le contentement ensuite ; c'est, au contraire, parce que nous avons faim et que nous sommes rassasiés, que nous déclarons la nourriture nécessaire et convenable. De la même manière, ce n'est pas la définition mathématique d'un accord qui en fait l'agrément. La beauté d'un son ne résulte pas d'une notion physique. C'est l'agrément, au contraire, qui nous fait affirmer que ce son est conforme à nos besoins intellectuels.

Aussi a-t-on cru devoir renoncer à une explication psychologique du plaisir et de la peine, c'est-à-dire à une explication tirée des opérations de l'activité connaissante ; et on a, d'abord, déclaré tout état affectif indéfinissable comme la sensation représentative elle-même. On ne pourrait donc que constater la couleur telle ou telle d'un objet et le sentiment de plaisir ou de peine qui en résulte. La psychologie renonçant à donner cette définition, la physiologie, ou mieux la biologie, nous a proposé une explication purement mécaniste. Plaisir et peine seraient alors simplement des résultats ou des reflets de mouvements organiques qui se produisent, qui se groupent et qui se portent à leurs démarches sans idée préconçue, sans direction et sans orientation. Si peu, en effet, que l'on doive réintégrer de tendance à l'origine de l'organisme, l'explication redeviendrait psychologique.

Ce qu'il y a de « téléologique » ou d'orienté vers une fin dans les indications du plaisir et de la peine ne serait qu'une apparence. Les mouvements, qui d'abord semblent converger vers la fin indiquée et résulter de l'objet ainsi défini, sont en réalité la cause véritable de cette indication et de ce désir. Ce n'est pas la vue, le désir ou la crainte d'un objet qui produisent, expliquent les mouvements qui nous en rapprochent ou nous en éloignent ; c'est, au contraire, parce que nous faisons ces mouvements que nous avons ce désir, ou cette répugnance. Exemple : ce n'est pas parce qu'un objet nous irrite ou nous inquiète que nous nous mettons en garde contre lui ou que nous le fuyons, mais c'est parce que nous le fuyons ou bien parce que nous faisons les mouvements qui résistent à cet objet et l'écartent, qu'il nous fait peur ou qu'il nous met en colère.

Tout plaisir ou toute douleur s'expliqueraient par les modifications physiologiques qui mettent en péril ou font subsister l'organisme dans les circonstances données. Les démarches instinctives ne seraient qu'une complication de ces modifications, d'abord chimiques et latentes, devenues enfin apparentes dans les mouvements par lesquels les organismes se trouvent adaptés à leur habitat et y subsistent.

Cette explication est loin, comme nous le verrons, de satisfaire au problème posé par les affections du plaisir et de la douleur, les désirs ou les tendances qu'ils impliquent, les démarches qu'ils inspirent et que le succès, assez souvent, justifie. Aussi bien, à défaut d'une *idée* de l'objet désirable, qui supposerait, en effet, une connaissance assez distincte de la nature des choses et de nous-même, il peut suffire d'une *tendance* instinctive vers l'ordre. Son aveuglement relatif rendra compte de notre ignorance des buts recherchés et atteints par nos affections et nos désirs spontanés, tout en fondant la justesse assez fréquente de l'indication et le succès de la tentative. La faim et la colère peuvent être fondées sur des tendances instinctives qui se sont fixées sur des objets rencontrés, parce qu'ils en ont éprouvé, à l'usage, la convenance ou la disconvenance avec leur appétit; quoiqu'elles aient été incapables de *prévoir* quels objets étaient pour elles désirables ou redoutables, et bien qu'elles restent encore, après l'épreuve, incapables de savoir si ces mêmes objets seront infailliblement plaisants ou fâcheux dans les rencontres futures.

On peut, en résumé, proposer trois modes différents de la formation ou de la genèse des sentiments :

1° Dans une première explication, qui est *intellectualiste*, nous aurions *l'idée* du rapport qu'un objet soutient avec l'ensemble de la nature ; par suite, la possession ou la perspective de cet objet nous cause du plaisir, comme sa privation ou l'empêchement de l'obtenir produit en nous de la douleur. Des démarches en résultent, qui nous rapprochent ou nous éloignent d'un objet en raison de l'affection éprouvée. L'intelligence ou l'activité mentale est ici la cause première de toutes nos affections et de toutes nos démarches. « Je crois, dit Leibniz, que dans le fond le plaisir est un sentiment de perfection et la douleur un sentiment d'imperfection, pourvu qu'il soit assez notable pour qu'on s'en puisse apercevoir. »

2° On renverse totalement l'ordre de cette genèse lorsqu'on dit : une chose n'est pas désirable parce qu'on la juge bonne, mais elle est jugée bonne parce qu'on la désire. Le désir et l'affection ne sont donc pas des conséquences de l'idée, et, à moins de les regarder comme inexplicables, il faudra les rattacher à un mécanisme antérieur qui n'implique ni idée, ni tendance, ni désir, qui n'a ni objet, ni but. Il y aura donc d'abord des mouvements exclusivement mécaniques, c'est-à-dire régis par la loi d'inertie ou de la persistance de la force ; ensuite des désirs ou des états affectifs qui se sont superposés à ces mouvements ; enfin des idées qui résultent du succès obtenu dans la poursuite des satisfactions, et qui, par suite, ne sont pas les moteurs du désir dont ils sont, en réalité, les résultats.

2° Une troisième théorie accorderait que nos désirs ou nos affections ne sont jamais pleinement explicables par des idées préconçues ; mais le mécanisme qui les précède et qui les engendre doit être fondé lui-même sur un appétit préexistant, c'est-à-dire sur un désir inconscient ou une orientation instinctive. Ainsi des mouvements, influant du dehors, mais recueillis et reconnus par un appétit préexistant, seraient la raison d'être de nos diverses tendances, ainsi que des satisfactions ou des contrariétés qu'elles éprouvent dans les diverses rencontres.

62. Principaux caractères du plaisir et de la douleur dont la théorie doit rendre compte.

Avant d'examiner laquelle de ces théories rend un compte plus satisfaisant de nos états affectifs, il convient de noter les principaux caractères de ces états qui dominent, d'abord, dans la vie instinctive et en déterminent les démarches, et qui font sentir, encore, leur influence dans les actions raisonnées et réfléchies de la vie proprement humaine. On peut y noter trois caractères principaux : 1° les indications du plaisir et de la peine sont valables, mais seulement dans les circonstances précises où nous en avons déjà éprouvé la justesse ; 2° les plaisirs et les peines peuvent coexister, même incohérentes et contradictoires. Exemple : les plaisirs du goût peuvent s'accompagner de douleurs produites par la nutrition. C'est ainsi qu'un plaisir peut engendrer une douleur, comme, réciproquement, une douleur, un remède ou une privation peut être la condition indispensable d'un plaisir ; 3° le plaisir et la peine, non seulement coexistent, mais se trouvent encore inséparablement mêlés. Il y a à la base de tout plaisir un désir, donc une privation et une peine ; et réciproquement dans le désir ou la privation il y a l'anticipation d'un plaisir, qui crée le mouvement de l'appétit. Leibniz voit dans tout plaisir une demi-douleur.

63. Théorie intellectualiste.

Doit-on dire avec l'intellectualisme qu'il entre dans toute affection, et même dans la sensation la plus simple de plaisir ou de peine, une connaissance plus ou moins confuse de l'ordre des choses et le sentiment, au moins, de la conformité de notre état et de nos démarches avec cet ordre ? Dans cette hypothèse, la raison suffisante de nos modifications affectives se trouverait dans un jugement de notre connaissance qui mesure le degré de vérité des objets rencontrés par nous, et par suite l'obstacle qu'ils opposent ou la facilité qu'ils donnent à notre développement normal.

1° Cette doctrine, que les sentiments élevés ou les émotions supérieures justifient à peine, peut encore moins rendre compte des sentiments élémentaires de plaisir et de peine, ou de ce qu'on appelle les appétits physiques et sensibles.

Sans doute il y a dans nos émotions proprement humaines des raisons de plaisir et de peine tirées manifestement de la connaissance de l'objet. L'exercice de l'activité scientifique est agréable ou pénible à proportion qu'elle progresse vers le vrai ou se trouve empêchée dans son effort. Un sentiment ou une conscience semblables accompagne nos émotions esthétiques et nos émotions morales. Mais il y a déjà dans nos affections supérieures quelque chose d'impénétrable à l'analyse, et du même coup, des influences qui nous échappent et nous égarent. L'erreur est toujours possible, et avec elle l'illusion et la déception. Il y a de l'égoïsme dans notre dévouement, et des appétits vulgaires, en même temps que des routines et des préjugés dans nos satisfactions esthétiques.

En tout cas, il est manifestement impossible de rapporter nos plaisirs et nos douleurs physiques à la connaissance ou notion des objets qui les provoquent. La faim, la soif, la brûlure, les plaisirs du goût ou du toucher ne trouvent pas leur raison d'être dans la notion du rapport de notre état à la nature des choses, et ne s'engendrent pas de cette connaissance.

2° En outre, si l'on vient à considérer les illusions décevantes de la sensibilité humaine, il est impossible d'expliquer ces faux plaisirs et ces peines trompeuses en les rapportant à un esprit expressément orienté vers l'ordre, et qui mesurerait, avec la rigueur d'une pensée critique, ses progrès vers cet ordre ou les obstacles qui l'en séparent.

Nous n'avons alors de recours, pour expliquer nos émotions et nos sentiments, que de les rapporter à un instinct aveugle et, pour une part au moins, mécaniquement déterminé. Cet instinct, poussé par des forces inconnues de nous, nous précipite indifféremment et au hasard vers le conflit ou vers l'équilibre. Il y a en effet dans toutes nos émotions quelque chose d'instable et de précaire, c'est-à-dire un passage incessant du plaisir à la peine, et réciproquement, qui marque l'absence de toute prévision intelligente et de toute intention clairvoyante dans l'acte instinctif qui rencontre et traverse ces affections.

3° On aboutit à nier même l'existence réelle du plaisir et de la douleur, ou l'on se flatte en tout cas de donner à l'homme le moyen de se mettre au-dessus des atteintes et du trouble de ces passions. Il appartiendrait, en effet, à la raison de l'homme de réintégrer tout objet qui lui cause de l'émotion et du trouble dans l'ensemble ou l'harmonie totale de l'univers. Il suffit pour cela de s'en former une idée, c'est-à-dire une définition claire et distincte. A défaut de pouvoir posséder, *en fait*, l'idée d'un tel rapport, on peut toujours tenir pour certain, *en droit*, qu'il existe, et établir, sur le fondement ferme de cette croyance, une félicité parfaite et une entière sécurité. Les stoïciens faisaient dépendre notre bonheur de *l'opinion que nous nous formons de ce qui est bien et de ce qui est mal*. Ils prescrivaient en conséquence de réformer d'abord l'opinion fausse qui nous fait considérer à tort les vicissitudes de la fortune comme des maux ou des désordres véritables. En consentant, d'avance, à tout ce que décrète le vouloir de Jupiter, on s'exempte des désirs et on s'élève au-dessus des plaisirs et des peines, qui sont des émotions inquiètes et instables, pour s'établir dans la félicité durable et la joie parfaite. Spinoza et les intellectualistes modernes prescrivent à leur tour le *passage de l'idée confuse et trompeuse à l'idée distincte* et vraie, par le moyen de la science et de la méthode. Ils s'en promettent indivisiblement la suppression de l'erreur, des passions et de tous les troubles de l'âme. La science nous instruit de la nécessité, qui enchaîne toutes choses et rend inévitable la succession des phénomènes. Elle nous met en garde contre les désirs inutiles, en détruisant la croyance trompeuse et affligeante que ce qui est aurait pu ne pas être.

Mais la vérité est que l'homme est en proie aux erreurs et aux passions ; et, faute de les pouvoir supprimer en les niant, il convient d'en reconnaître la nécessité et d'en user au mieux des intérêts de la raison.

64. Explication biologique ou mécaniste du plaisir et de la douleur.

Le plaisir et la peine renferment, dans l'état présent des consciences, quelque chose de finaliste. Ils sont des indications d'un but à atteindre à la fois désirable et accessible. Mais les mécanistes prétendent que ce rapport du plaisir au bien ou à l'équilibre n'est pas original, ni par conséquent naturel. Il est en réalité acquis et factice. Rien dans la nature des choses ne prédisposait les premiers organismes à le rencontrer, rien, non plus, dans la nature ne garantit la persistance de cet accord établi par un simple effet du hasard. D'ailleurs beaucoup de nos affections sont trompeuses. Ce qui a procuré du plaisir à un moment, procure de la douleur à un autre moment. Par suite, la concordance apparente entre l'attrait qui détermine l'acte et le succès qui le couronne, est au moins suspecte et en tout cas certainement précaire.

L'explication mécaniste offre quelque apparence lorsqu'il s'agit des affections qui naissent en nous à notre insu, comme les appétits et les émotions physiques. Mais on prétend étendre cette explication aux sentiments proprement dits, c'est-à-dire jusqu'aux émotions supérieures et proprement humaines, éveillées en nous par des idées, comme la découverte d'une vérité, les satisfactions morales, etc.

Ainsi la biologie, par le moyen du mécanisme, essaie dans tous les cas de rendre compte de la finalité apparente de nos sentiments. Ils sont maintenant orientés vers un objet qui détermine, à la manière d'un but, l'éclosion et les démarches de l'appétit ; mais c'est une simple transformation d'un mécanisme primitif. Le plaisir ou la peine, qui ont été, tout d'abord, un résultat rencontré d'une manière imprévue et imprévisible, deviennent, dans une conscience expérimentée, une fin escomptée ou une échéance redoutée qui déterminent, par imitation du passé, l'emploi de moyens dont elles garantissent l'efficacité. Exemple : les mouvements de la colère semblent produits et explicables par la vue d'un objet menaçant ou injurieux, qui nous inspirerait haine et courage ; alors que, en réalité, les mouvements originels de la colère, mécaniquement et spontanément produits, nous ont débarrassé d'objets fâcheux, en même temps qu'ils nous soulageaient d'un état organique pénible par une dépense spontanée d'énergie. De la même manière, l'utilité, reconnue à l'épreuve, de la sensation ou de la prévision imaginative vraie, a engendré le plaisir de connaître, comme les avantages retirés de la conduite sympathique ou des démarches concordantes avec celles de nos semblables ont donné lieu à la satisfaction, dite morale, qui accompagne toute conduite raisonnée ou accommodée aux exigences du groupe social.

Ainsi, à l'origine, les organismes rudimentaires n'ont manifesté leur activité que par des mouvements purement mécaniques, c'est-à-dire résultant exclusivement d'influences extérieures. La conjonction de ces mouvements et leur assemblage en organismes persistants se sont produits sans aucune préordination ni poursuite de résultats, qu'ils ont rencontrés fortuitement et sans les avoir recherchés. Si l'on prétend alléguer l'existence préexistante d'un organisme, c'est-à-dire d'un système de mouvements déjà concertés et orientés, donc de tendances déjà déterminées, le mécanisme rapportera, et ces tendances et cet organisme, à des mouvements encore antérieurs qui, par une sélection exclusivement mécanique, ou sans prédisposition d'aucune sorte, se sont groupés en systèmes. Ils ont abouti enfin à la conscience, et d'abord aux sentiments, qui maintenant assurent l'adaptation durable des vivants qui les possèdent. Ainsi les êtres élémentaires ne sont pas encore organisés ni sentants; ils ne suivent dans leurs démarches que les lois du mouvement. Plus tard seulement, et dans les organismes plus compliqués, s'est ajouté le reflet conscient qui s'est trouvé être, *indifféremment* d'abord, *tantôt le plaisir*, *et tantôt la douleur*. Mais les organismes, pour lesquels le plaisir couronne fortuitement les mouvements ou les démarches utiles à leur conservation, poursuivent ces démarches et les renouvellent mécaniquement dans toutes les circonstances où elles leur ont déjà été précédemment profitables. Ces organismes survivent d'abord et se multiplient ensuite par hérédité. En tout cas, il ne subsistera, de leur descendance, que les organismes en possession du même avantage, d'être engagés par le plaisir aux mouvements utiles, ou détournés par la douleur des mouvements nuisibles à leur conservation. Les êtres, au contraire, qui trouvent, dans l'exercice d'une activité nuisible, du plaisir, ou dans l'accomplissement d'une démarche utile, de la douleur, poursuivent ou interrompent malencontreusement leurs démarches. S'ils n'ont pas succombé à la première méprise, il est inévitable que tôt ou tard ils disparaissent. Il n'est donc pas étonnant si, dans l'ensemble de la nature, c'est-à-dire dans la plupart des cas et pour le plus grand nombre des vivants, le plaisir et la douleur sont une indication valable de ce qui est utile et de ce qu'il faut éviter et s'ils fondent ainsi un instinct de vivre à peu près infaillible.

On peut opposer à cette ingénieuse théorie plusieurs remarques :

1° Cette théorie nous propose d'abord une *superposition inexplicable du conscient au mécanique*, c'est-à-dire du plaisir ou de la douleur à des mouvements organiques qui n'impliqueraient, à aucun degré, de tendances. Un mouvement produit un mouvement, une conjonction de mouvements ne peut produire qu'un nouveau mouvement, somme exacte des mouvements composants et identique à eux. Le plaisir et la douleur sont autre chose que des mouvements, aucun artifice n'est capable de les en faire résulter. Il y a dans tout état de conscience, et déjà dans le plus simple de ces états comme serait un mode exclusivement affectif de peine ou de plaisir, une *nuance d'unité* qu'aucune composition de mouvements ne peut fournir. L'affection, aussi obscure soit-elle, est toujours le sentiment d'un équilibre rompu ou rétabli ; et on le voit se développer dans le sens agréable ou dans le sens pénible, selon que l'unité se rétablit ou se dissout. Les sensations affectives font partie de ces modes de conscience, que Leibniz a très justement définis : *perceptio multorum in uno*, pour signaler ce qu'il y a en eux de réduction du multiple à l'un, qui nous fait éprouver le besoin ou l'inquiétude de la cohérence et de la stabilité. Or, un système mécanique de mouvements n'a pas cette cohérence : le présent n'y est pas lié au passé et n'y préforme pas l'avenir. Au lieu que la douleur tend manifestement à cesser d'être et le plaisir à se prolonger et à s'accroître, un faisceau de réflexes se laisserait former à mesure des rencontres ; il se laisserait dissoudre aussi facilement qu'il a été formé. Un mécanisme n'oppose pas plus de résistance aux influences présentes qui peuvent le détruire qu'il n'a contribué aux influences passées qui l'ont constitué.

2° D'ailleurs l'explication fait intervenir, à son insu, un appétit de l'unité, le sentiment de l'ordre, par la notion de l'*utile* et du *nuisible* qui est alléguée pour expliquer la survivance ou la disparition des organismes. Dans la constitution d'un équilibre exclusivement mécanique, il ne saurait se produire aucun mouvement qui soit ou utile ou nuisible. Toute variation spontanément produite, c'est-à-dire sans tendance et sans but, rencontrera toujours un milieu indifférent, donc favorable et pourra se produire. Il ne lui appartient pas plus de troubler un équilibre mécanique, toujours assuré, que d'y concourir. En d'autres termes, il ne peut y avoir d'action ou de mouvement *utile*, et réciproquement de *nuisible*, que par rapport à un tout qui domine les parties et leur impose la loi de se ranger à son unité et de satisfaire à son ordre. Les organismes ne vivent ou ne persistent qu'en raison de leur conformité aux exigences de ce tout, et à proportion qu'ils y satisfont ou se rapprochent de l'équilibre qu'il prescrit.

Les organismes sont donc déjà des systèmes cohérents et résistants, dont l'existence ne peut s'expliquer que dans la supposition d'une tendance préalable qui cherche, rencontre et maintient cette cohérence, tend à la développer et s'oppose à la laisser dissoudre. Ce sont ces tendances qui expliquent les mouvements concertés, qui n'en sont que le symbole ou le signe, plus ou moins déchiffrable par notre intelligence et notre savoir. Confuses, et sans clairvoyance, ces tendances engendrent des mouvements confus, aveugles et souvent malhabiles ; mais ce qu'il y a de poursuite et de recherche orientée dans les démarches de l'appétit, même le plus obscur ne peut venir que d'une orientation préalable, même abusée, dans les tendances. Aussi est-on obligé pour expliquer la sélection naturelle ou mécanique, qui ne laisserait survivre que les êtres qui trouvent du plaisir à l'utile et supprimerait les autres, de parler d'une *adaptation*, c'est-à-dire d'un rapport de convenance de parties à d'autres parties dans l'unité d'un tout qui les assemble et qui les soutient. Un tel rapport ne saurait exister que dans une conscience et par une conscience ; et le mode *affectif* de la conscience est celui qui rend le mieux compte de ce qu'il y a, à la fois, d'efficace et d'abusé dans les démarches des organismes.

3° Si le plaisir et la douleur n'étaient attachés que d'une manière fortuite à des démarches ou à des mouvements qui n'auraient, par le moyen de tendances intimes originelles, aucun rapport avec ces affections, rien ne saurait nous garantir la justesse des indications qui nous sont fournies par elles. Notre confiance en le succès qu'elles nous proposent, élément indiscutable du sentiment qu'elles nous font éprouver, serait sans fondement et se trouverait d'ailleurs, à tout moment, déçue.

Autant les conclusions de l'intellectualisme sont optimistes, autant celles du mécanisme sont pessimistes. Nous n'avons pas, dit l'épicurien, d'autre guide pour nous conduire que nos passions. Il n'y a pas à discuter avec elles : *appetenda voluptas, fugiendus dolor*. Mais ces indications sont trompeuses, et en tout cas le succès n'en saurait être que douteux et provisoire. Tenons-nous en donc, dira-t-on, aux désirs strictement naturels et nécessaires, trop heureux si ceux-là même sont toujours satisfaits. Le succès, pour les naturalistes modernes, est le résultat d'un jeu incertain des forces de la nature en compétition et en conflit. Déployons toute notre vigueur dans cette lutte, et que la nature inconnaissable décide du résultat.

Mais, déjà, les appétits sensibles chez les animaux et chez l'homme ne sont pas si incertains ni si trompeurs ; et nous verrons que les émotions et les inclinations, à mesure que l'expérience et les réflexions en éclaircissent l'objet, proposent à notre activité des contentements de plus en plus assurés et durables.

65. Théorie psychologique. L'appétit ou la tendance, principe de nos affections de plaisir et de peine.

Les plaisirs et les peines, joints les appétits qu'ils suscitent et les démarches qu'ils provoquent, sont un mélange d'indications tantôt véritables et tantôt trompeuses, et conduisent, à la fois, au succès et à l'échec. En tout cas, ces affections sont toujours mêlées, et elles méritent le nom de *demi-douleurs* ou *d'inquiétudes* que leur donne Leibniz. Il faut donc les rapporter, surtout s'il s'agit des appétits physiques et des émotions élémentaires, à une tendance relativement aveugle et abusée. Pourtant, ces tendances ne laissent pas d'être déterminées, dans leurs exigences et leur direction, par un sentiment confus des objets qui peuvent satisfaire à leurs besoins. Il y a donc, à l'origine de toute émotion de plaisir et de peine, undouble principe : 1° un principe psychologique qui consiste dans l'orientation même des appétits vers un but. Par là s'explique ce qu'il y a d'accord entre eux au sein d'un même organisme, et d'accord aussi avec le système des appétits semblablement concertés dans les autres organismes; 2° un moteur ou une influence mécanique qui résulte de l'impuissance de la tendance psychologique à concevoir clairement ses vrais objets, et par suite à s'en assurer la possession par un procédé infaillible. Cette tendance reçoit ainsi des déterminations, venues du dehors, et qu'elle subit, sans pouvoir les discuter ni les orienter. Il y a donc dans les sentiments que ces tendances nous font éprouver et dans les démarches auxquelles elles président de la confusion, de l'incertitude, et, jusque dans la satisfaction, de l'incohérence et du péril.

La recherche de l'ordre et du plaisir est donc fondamentale dans tout être ; la douleur, la contrariété et l'échec sont secondaires. Ils résultent seulement des limitations ou contraintes imposées du dehors à notre appétit par le fait de notre ignorance relative. Ce qui le prouve, c'est que, par le moyen de la science développée ou du savoir accru, nous mettons de plus en plus de clairvoyance dans la poursuite des plaisirs et nous obtenons plus de stabilité dans leur possession. Nous allons le reconnaître dans l'étude des émotions qui peuvent devenir, chez l'homme, tantôt des passions obsédantes et tyranniques, tantôt des inclinations sympathiques, désintéressées et libres, selon l'usage qu'on aura fait de l'activité rationnelle.

CHAPITRE II

LES ÉMOTIONS

Sommaire : **66.** Les émotions naissent et se classent en raison du degré de clarté des objets qui les provoquent.

66. Les émotions sont des inclinations déterminées par les leçons de l'expérience.

La conclusion précédente, qui fait du plaisir et de la peine les suites d'une tendance instinctivement orientée, quoique, en fait, les affections que cette tendance traverse dépendent surtout de mouvements mécaniques et de rencontres fortuites, se vérifie quand on examine la genèse et le développement des émotions plus complexes. Ces émotions se trouvent en effet expliquées et produites par la connaissance, de moins en moins vague, de l'objet des tendances, obtenue au cours de l'expérience.

Nos inclinations primitives nous portent vers le plaisir en général et nous font répugner uniformément à la douleur. Mais peu à peu, par les mouvements mêmes et les démarches où ces premières inclinations nous engagent instinctivement, nous nous formons sur la nature des objets, c'est-à-dire sur leurs rapports avec nos besoins, des idées plus ou moins exactes qui sont la raison d'être de la diversité de nos émotions.

En réalité, pourtant, il n'y a pas d'inclination tout à fait indifférenciée et bornée à la recherche du plaisir en général. Il y a toujours quelque objet particulier proposé à notre appétit et par conséquent une orientation relativement déterminée dans les tendances les plus simples et les émotions les plus élémentaires. En tout cas, pour les organismes nettement constitués, il y a des objets relativement définis, qui sont la raison d'être et l'explication des sentiments spéciaux éprouvés et des démarches particulières produites.

Ces objets, d'ailleurs, ne sont pas constitués, comme dans la connaissance proprement dite, par des *idées* ou représentations formées sur la nature des choses. De telles *idées* sont toujours critiques à quelque degré ; elles supprimeraient, dans cette mesure même, l'inquiétude et le désir qui sont caractéristiques de la passion et des affections de plaisir et de peine. Il faut entendre par *objet d'une émotion* l'aspect que revêt un objet de connaissance, quel qu'il soit, au regard de nos tendances actuellement formées et éveillées.

C'est pourquoi il est si difficile de classer les émotions, qui, en présence du même objet, varient avec chaque individu, et qui, dans chaque individu, changent selon les circonstances ou les dispositions actuellement traversées. Néanmoins, puisque le développement des émotions s'explique par le progrès de la connaissance, ou tout au moins par le profit tiré de l'expérience, on peut en suivre l'évolution depuis l'ignorance première, cause de l'inquiétude et de la peur, jusqu'à la connaissance qui accompagne la vie tranquille, rassurée sur l'avenir.

On peut donc *classer les émotions* selon le degré de connaissance plus ou moins avancé et plus ou moins exact que nous avons des objets qui les produisent en nous. Mais ce ne sont pas les objets eux-mêmes qui font la différence de nos émotions et qui les classent ; c'est seulement le degré de connaissance que nous avons de ces objets, ou la manière dont nous les imaginons. La terreur ou la colère, par exemple, peuvent être produits par des objets d'ailleurs très différents les uns des autres, mais qui se ressemblent par ce caractère commun d'être plus ou moins inconnus de nous et, par suite, plus ou moins menaçants, inquiétants et redoutés.

De ce point de vue on pourra distinguer les émotions en deux grandes classes : 1° les *émotions passives*, qui se groupent autour des sentiments de crainte, de répugnance et de haine ; ce sont des émotions presque exclusivement défensives, que l'on rattachait autrefois à l'*appétit irascible*; 2° Les *émotions actives*, comme les sentiments de l'espoir, de l'attrait et de l'amour; on les rapportait à l'*appétit concupiscible*. Mais comme il y a une transition insensible des premières émotions aux secondes, on peut marquer quatre étapes principales de la vie affective, qui sont d'ailleurs vérifiables dans l'histoire de la civilisation comme dans l'histoire de chaque individu.

Le premier sentiment est celui de *la crainte*, qui se nuance naturellement selon l'intensité du péril appréhendé, et selon aussi que la menace en est lointaine, immédiate ou déjà accomplie. On craint, on a peur ou l'on est accablé de tristesse.

A ce premier sentiment succède l'émotion de la *colère*, qui peut être tour à tour le désir de la vengeance, l'irritation présente ou le ressentiment, et enfin le contentement de la colère assouvie. Cette émotion résulte de la connaissance que nous avons, par une expérience précédente, qu'un objet menaçant peut être tenu en échec et repoussé par une réaction efficace ; cette réaction n'est d'ailleurs que défensive. La colère ou l'irritation, ainsi que le ressentiment, devront disparaître dans la certitude du triomphe.

Une troisième catégorie d'émotions consisterait dans le sentiment de l'obstacle surmonté ou de la force hostile décidément vaincue; c'est le sentiment de l'*amour-propre*, c'est-à-dire la joie qui accompagne le déploiement d'une force qui a fait ses preuves et qui ne doute plus d'elle-même. Une telle émotion est nettement égoïste et ne nous donne pas encore une entière sécurité contre le retour offensif des objets. En tant qu'égoïste, en effet, elle considère toutes les autres forces comme hostiles ou contradictoires avec sa propre puissance.

Il peut donc naître une dernière catégorie d'émotions, encore empiriquement déterminées, résumées dans le sentiment de la *bienveillance intéressée*, fondées sur une sympathie empirique ou sur le souvenir d'intérêts communs assurés par une collaboration efficace. Ce dernier sentiment, qui diffère de la sympathie réelle comme l'égoïsme utilitaire diffère du dévouement raisonné, est néanmoins un acheminement vers ce dernier. C'est un avertissement de la nature et un encouragement à oser davantage.

Toutes ces émotions, ainsi empiriquement produites, c'est-à-dire indépendamment de tout usage de la raison, sont caractérisées par un double trait : 1° l'éveil en nous de ces émotions, comme leur disparition, ne dépend pas de nous, mais des circonstances ; 2° par suite, ces émotions se suivent, voire même coexistent d'une manière incohérente et contradictoire. La colère n'est pas incompatible avec une bienveillance réelle.

CHAPITRE III

LES PASSIONS

Sommaire : **67.** La passion est une émotion exclusive et tyrannique. — **68.** Genèse des passions. Remède.

67. La passion est une émotion exclusive et tyrannique.

Les passions, au contraire, ont quelque chose d'exclusif et de tyrannique qui détruit ou tend à étouffer autour d'elles tous les sentiments différents ou contraires. A tout le moins, les passions canalisent ces sentiments et les détournent à leur profit vers leur unique objet. Les passions sont donc des émotions devenues *exclusives*, *obsédantes* et *tyranniques*; tandis que les émotions ordinaires, quoique attachées avec une certaine constance et avec une certaine force à des objets déterminés, peuvent subsister côte à côte sans s'exclure, et laissent à l'homme la liberté de les opposer l'une à l'autre et de les tenir en échec l'une par l'autre. Un homme modéré peut être entraîné dans certaines occasions à la colère; l'homme violent en rencontre et en saisit partout le prétexte. L'avare et l'intempérant ne trouvent plus en eux de désirs assez forts pour contrarier leur appétit toujours excité.

Remarquons d'abord qu'il ne peut y avoir de passion, c'est-à-dire de tendance fixée et exclusive, que par l'effet d'une intervention de la raison. Chez les animaux, par exemple, la nature, en empêchant qu'un genre d'émotion l'emporte sur les autres, maintient l'équilibre entre leurs différents désirs. Elle fait se succéder par un rythme bienfaisant le désir et la satiété, la colère et l'indifférence, la recherche avide et la possession tranquille. Il n'appartient qu'à l'intelligence de l'homme de se créer un *objet unique ou prédominant*, c'est-à-dire de se fixer à une idée exclusive ou à un désir violent qui ne quitte plus le champ de sa conscience et obsède invariablement son vouloir. C'est toujours en effet un choix de l'esprit qui met de l'unité dans la conception de l'objet poursuivi et, par suite, dans les désirs et les démarches qui tendent à l'obtenir. Les animaux ne sont pas capables d'un tel choix ou d'une telle préférence. Quelle que soit la puissance mystérieuse qui les dirige, leurs démarches ne laissent pas paraître qu'ils s'acheminent avec constance vers des buts particuliers, délibérément choisis.

68. La genèse de la passion et ses effets.

Il y a, à l'origine de toute passion, la préformation d'une *tendance naturelle prévalente* que l'on peut, si l'on veut, rattacher au *tempérament*. Cette émotion détermine chez l'individu qu'elle sollicite une sorte particulière d'expérience à laquelle il est le plus sensible, et, du même coup, des réflexions déterminées et canalisées par ce genre d'impression. C'est pourquoi il y a des individus enclins à certaines passions et d'autres qui en sont absolument incapables.

Cependant ces prédispositions organiques ou naturelles ne sont pas nécessairement le germe d'une passion vicieuse, car les mêmes tendances organiques et originelles peuvent aussi bien aboutir à des vertus qu'à des vices. L'énergie, par exemple, peut devenir, tour à tour, une avidité de conquérir et de tyranniser, ou une vertu d'organiser et d'être utile. Les vertus humaines ne vont pas sans une certaine véhémence, ne se développent pas sans un attrait puissant du plaisir et par suite sans une certaine disposition préalable du tempérament. Il faut savoir choisir les vertus dont on est capable.

Il y a ainsi, dès l'origine et dans tout acte humain, deux facteurs toujours présents et inévitables : la nature et la raison, les inclinations et la liberté. L'homme a donc le choix de laisser prévaloir en lui l'influence étrangère, c'est-à-dire de se laisser imposer au dehors des images spontanément produites sous la loi de la tendance prévalente, ou bien de faire prédominer par un choix intelligent l'influence de la raison dans la formation des idées. Dans les deux cas, l'homme fait acte de liberté. C'est lui en effet qui choisit de subir l'influence extérieure et de céder à la tendance naturelle, étant capable d'y faire obstacle et de la contrarier. La nature nous donne toujours, même avec une inclination nettement prédominante, un ensemble d'inclinations qu'il nous est loisible de soumettre au joug de la raison, c'est-à-dire d'ordonner par rapport à un idéal bien choisi.

Une raison active, qui déploie la liberté dont elle est capable, oppose à la nature un idéal de mieux en mieux éclairci, en raison et à proportion duquel nous critiquons et corrigeons incessamment l'incohérence, l'instabilité et l'incertitude de nos tendances pour les rendre mieux liées, plus stables et plus assurées d'aboutir aux fins qu'elles se proposent. Sans doute, cette action de la raison est, en définitive, limitée et circonvenue par les prédispositions du tempérament et, en particulier, par la tendance naturellement prévalente. Mais nous pouvons toujours incliner cette force indestructible vers un but librement choisi et délibérément poursuivi. Au contraire, si nous laissons la nature agir en nous d'elle-même, sans la critiquer et sans la contredire, et, par suite, si nous choisissons de céder à nos dispositions naturelles prévalentes, toutes nos expériences, tous nos raisonnements et toutes nos démarches vont être, par notre faute, orientées peu à peu vers la satisfaction d'un unique appétit.

La nature nous a d'abord donné, comme aux animaux, des images et des tendances qui, tout incohérentes qu'elles soient à nos yeux, nous guident assez heureusement dans la pratique, quoique à notre insu. Ces tendances ou ces émotions se coordonnent dans un équilibre suffisant pour assurer notre existence biologique. Mais s'il appartient à la raison humaine de développer et de perfectionner ce système, elle est aussi capable de rompre cet équilibre en s'attachant à la satisfaction d'une tendance unique. Ce choix ou cette abdication fait prévaloir une image et une tendance sur toutes les autres, et les rend ainsi exclusives, obsédantes et tyranniques.

Nos inclinations primitives nous ont été données pour être subordonnées à des fins fixées par la raison et collaborer, comme d'indispensables auxiliaires, à les obtenir. Elles ne sont donc que des *moyens* que nous devons faire concourir à ce résultat. La prédominance que nous laissons prendre et que nous contribuons même, par notre consentement, à donner à l'une de ces inclinations rompt cet équilibre. La tendance ainsi favorisée devient une *fin* qui se subordonne toutes les autres tendances ; elle les opprime ou les détruit dans la mesure même où elles ne contribuent pas à sa propre satisfaction.

L'homme recherche d'abord, par l'effet d'une tendance naturelle, la possession de l'argent qui lui est nécessaire pour satisfaire à des besoins de toutes sortes. L'économie, jusque-là, est une inclination légitime, et le désir, même puissant, qui nous attacherait à la richesse, peut devenir un moyen efficace pour notre développement normal. Mais si nous cédons à cet attrait sans nous proposer les fins auxquelles il doit être subordonné, l'image et le désir de la fortune nous obsèdent ; ils nous rendent insensibles à toutes les sollicitations de désirs également légitimes, comme l'instinct de la conservation, l'affection pour nos semblables, le développement de nos facultés, etc. L'obsession de l'or devient exclusive et détourne l'avare de toutes les fins auxquelles la possession de l'or devait d'abord être subordonnée. De même, l'amour-propre, c'est-à-dire le sentiment nécessaire que nous pouvons avoir de notre force, de notre mérite, joint le désir de remplir un rôle ou de déployer nos talents dans quelque entreprise, deviennent, par une défaillance de la raison, un orgueil ou une ambition qui sacrifient tout à la satisfaction de tendances qui ne devaient être employées qu'à l'accomplissement de notre mission ou de notre devoir social.

Nous reconnaissons dans la genèse d'une passion la formation d'un *monoïdéisme* et d'une *monomanie* qui est l'œuvre de l'imagination passive. Toutes les fois que l'attention, dont nous disposons pour analyser les objets de notre expérience et les ramener à la vérité de leur nature ou à la réalité, se laisse prévenir et fixer par l'attrait sensible ou l'influence extérieure, elle se laisse, du même coup, envahir par des notions superficielles et trompeuses et accaparer par des images qui occupent tout le champ de la représentation, à l'exclusion de toutes celles qui pouvaient les contredire et les rectifier. La préoccupation d'un unique objet a été fort justement appelée *un vertige mental*.

D'ailleurs, la passion, étant le produit d'une activité humaine, n'est pas un aveuglement à la rigueur, et les démarches qu'elle dicte n'échappent pas complètement à la conduite de l'homme passionné. Mais l'intelligence, que la passion déploie pour trouver son objet et pour le joindre, est une intelligence abusée. Préoccupée uniquement de ce qui l'obsède, elle néglige tous les autres intérêts sur lesquels elle est complètement aveugle. En conséquence, elle nous jette en *conflit* avec les autres et avec nous-même. Sa liberté apparente, trompée par la fausseté de l'imagination, qui croit choisir son objet et qui en réalité le subit, n'aboutit qu'à un *esclavage*. La violence du désir semble décupler nos forces en les concentrant sur un unique objet ; elle nous livre en réalité aux influences étrangères. Sous l'apparence de fixer nos tendances en les orientant vers un but unique, elle les rend radicalement *instables*. Nous deverions le jouet de l'objet imaginairement représenté, qui ne propose à notre appétit qu'un but trompeur et une satisfaction illusoire. Ce faux objet l'abuse et le précipite dans des déceptions continuelles et toujours renouvelées.

Le remède qu'il convient d'apporter aux passions vérifie bien cette genèse de leur formation. La volonté, rendue aveugle par une intelligence préoccupée d'une image exclusive, est incapable d'agir directement contre une passion enracinée. Elle peut, en effet, difficilement la discuter et la combattre. Elle n'a de recours contre elle que de raviver quelque tendance subsistante en nous et qui puisse la contredire : l'instinct de la conservation, par exemple, le souci de la réputation, l'attachement pour nos proches, etc. Supposée la prédominance exclusive d'un seul désir, l'entraînement de la passion serait irrémédiable. Mais à la faveur de cette diversion, si elle est possible, l'esprit ressaisit quelque chose de son pouvoir de comparer et de juger, et retrouve peu à peu la volonté et le pouvoir des'affranchir. Le temps même pendant lequel on hésite entre deux tendances contraires facilite le retour d'autres idées et d'autres tendances, et accroît d'autant notre puissance de délibérer et de choisir. « Ce n'est pas en un jour, dit Leibniz, ni par un simple acte que nous pouvons changer notre volonté et la rendre meilleure. »

CHAPITRE IV

LA SYMPATHIE ET L'IMITATION

SOMMAIRE : 69. Il y a dans l'homme des sentiments désintéressés dont la forme commune est la sympathie. Elle nous fait éprouver les plaisirs et les peines d'autrui, et nous engage à leur procurer les premiers et à leur éviter les autres. — 70. On a essayé d'expliquer cette sympathie comme une imitation passive et mécanique. Mais l'imitation n'est jamais strictement passive. — 71. D'ailleurs, une telle imitation n'expliquerait ni la sympathie durable, ni le dévouement.

69. La sympathie et les sentiments désintéressés.

La vie affective, c'est-à-dire les mouvements de l'activité en tant que déterminés par les sollicitations du plaisir et de la douleur, paraissent incliner inévitablement vers l'intérêt personnel. Ce qu'on appelle dévouement ou sacrifice serait un effort surhumain ou une résistance impossible pour contredire à toutes les pentes de notre nature. Il ne saurait donc, a-t-on dit, exister aucune inclination désintéressée ; et, en fait, on trouvera toujours à la racine des actes accomplis avec une apparente générosité un principe d'amour-propre plus ou moins raffiné, plus ou moins caché, mais toujours et irrémédiablement égoïste.

Il se rencontre pourtant des sentiments supérieurs et

des attraits qui nous obligent, dans la poursuite de leur objet, à sacrifier réellement des plaisirs présents immédiats et véritablement ressentis. On en trouverait des exemples dans les vertus sociales, qui sont l'âme et le lien de la vie en commun, et même dans les vertus personnelles, qui nous font affronter des peines très sensibles, ou sacrifier des plaisirs très touchants pour la découverte du vrai, pour la recherche du beau, pour la réalisation de l'idéal moral.

Il nous faut donc expliquer comment peuvent naître dans notre activité mentale ces *sentiments désintéressés* qui, dans la poursuite d'un bien supérieur, nous entraînent, le moment venu, à sacrifier notre intérêt propre, sans prévision d'une compensation suffisante. Exemples : le dévouement d'un père à ses enfants, d'un homme à sa patrie, d'un croyant à sa foi.

La *sympathie* est justement la forme commune de toutes ces tendances sociales par lesquelles nous participons à la joie d'autrui et prenons intérêt à la prolonger et à l'accroître, et par lesquelles aussi nous ressentons des douleurs qui ne sont pas nôtres, et que nous nous appliquons néanmoins à faire disparaître, même aux dépens de notre tranquillité.

Pour rendre compte de ce désintéressement, au moins apparent, et pour expliquer la présence en l'homme d'inclinations idéales nettement distinctes de l'inclination égoïste primitive, on a tenté de les assimiler à la sympathie physique ou contagion mécanique. Il y a en effet des émotions contagieuses, c'est-à-dire des douleurs et des joies qui se propagent, sans réflexion, d'un individu à un autre. Par une imitation inconsciente et forcée nous rions avec ceux qui rient, nous pleurons avec ceux qui pleurent; la colère et l'enthousiasme se propagent dans les foules; la crainte ou la terreur y déterminent des paniques. Or ces appétits physiques peuvent être réduits, ou à peu près, semble-t-il, à des mouvements mécaniques dont ils seraient la suite ou la conséquence. Par suite, on peut espérer de rendre compte d'instincts plus compliqués, comme les tendances sociales, par une simple loi de propagation mécanique, à l'exclusion de toute conception d'idée, de toute initiative volontaire, de tout désintéressement réel.

Ainsi, par le même procédé qui fait qu'un mouvement engendre un mouvement, que des cordes vibrent à l'unisson, que des influences physiques s'accommodent les unes aux autres, et s'imitent l'une l'autre, comme une eau chaude et une eau froide s'assimilent l'une à l'autre dans une température moyenne, les hommes en sont venus, dans la vie sociale, à accommoder leurs sentiments et leurs démarches aux exigences du groupe par une nécessité physique, comme les animaux s'adaptent à leur habitat et aux autres animaux qui vivent en relation avec eux.

70. L'imitation principe des tendances sociales et de l'altruisme.

Ce procédé, par lequel se transforme et se corrige l'égoïsme initial, a pris le nom d'*imitation*. Il y a d'abord une *imitation spontanée, passive*, à laquelle ne préside, du moins en apparence, aucune activité volontaire ou guidée par des idées. Des mouvements se propagent et se communiquent; ils inspirent dans les organismes qu'ils traversent des impressions, des sentiments et des démarches communes. Nous nous modelons spontanément sur ceux qui nous entourent, et la mode dans le vêtement, par exemple, peut passer pour n'être autre chose qu'une imitation mécanique irrésistible de la manière de se vêtir de nos semblables à un moment donné.

Pourtant nous allons voir que cette *imitation passive* elle-même ne va pas sans une activité inconsciente, c'est-à-dire sans un raisonnement instinctif qui nous fait préférer, pour des raisons plus ou moins distinctes, le modèle que nous voulons reproduire ou que nous nous laissons aller à copier.

Remarquons d'abord que si tout le monde imitait tout le monde, il n'y aurait même pas de modèle à imiter. Il faut donc reconnaître à l'origine de toute imitation quelque invention et quelque initiative. Cette initiative, au moins, n'est pas inerte et imitée. Un organisme ne s'installe dans l'être, et une coutume ne se fixe dans la vie sociale, que par une initiative qui groupe, *à sa manière*, des éléments épars et leur donne consistance par ce groupement même. Avant cette initiative, et indépendamment d'elle, tous les éléments restent instables et sans autre lien qu'une coexistence spatiale qui est toujours infailliblement assurée, quel que soit le mode de cette coexistence. Le hasard, qui les disjoint ou qui les rapproche, n'est pas un principe de cohérence et de stabilité; il n'explique ni leur groupement sous une forme singulière, ni, à plus forte raison, la persistance du groupement une fois formé. Cette constitution organique, et la force de durée qui lui est inhérente, ne peuvent donc venir que du rapport, plus ou moins direct, que le groupement soutient avec l'ordre de l'ensemble. Il ne se fixe, n'affronte les contradictions et n'en triomphe, qu'à proportion de l'exactitude de ce rapport, tôt ou tard reconnue à l'épreuve et par le succès. Il n'y a de chance de durée qu'à cette condition.

C'est pourquoi les imitateurs, guidés de leur côté par le même instinct ou le même appétit de l'ordre et de la stabilité, attirés par la commodité ou la sécurité escomptées, copient le modèle à proportion qu'ils reconnaissent l'utilité de l'imitation. Pour des raisons, futiles ou sérieuses, nous adoptons une mode dans le vêtement ou en toute autre matière. Mais il n'y a d'imitation durable, et qui puisse se fixer, que celle qui répond à un réel besoin et procure un solide avantage. Toute autre imitation est passagère et n'a, ni le pouvoir de se maintenir, ni le temps de se propager. Seule, l'imitation de l'utile vrai, c'est-à-dire du raisonnable ou de ce qui est conforme à l'ordre réel et durable des choses, engendre les coutumes persistantes et contribue à la formation d'instincts inébranlables et de démarches constantes.

Si donc nous éprouvons de la joie ou de la douleur à la seule vue des plaisirs ou des souffrances d'autrui, c'est d'abord parce que nous le devinons plus ou moins confusément notre semblable ou le collaborateur d'une tâche commune partageant avec nous le même destin. La crainte qui fait fuir autrui me fait fuir moi-même, ou l'enthousiasme qui l'anime me soulève, parce qu'il y a des raisons, plus ou moins distinctement perçues par moi, pour que ce qui l'intéresse m'intéresse, et par suite m'inquiète ou me passionne en même temps et de la même manière que lui.

Même chez les animaux, on ne comprendra les imitations et adaptations réciproques, les plus physiologiques en apparence, que par la supposition d'un secret instinct, rationnel ou ordonné, qui éprouve et pressent le danger d'une influence physique ou d'une agression animale. Cet instinct fait que l'organisme ou les démarches se conforment aux exigences du milieu ou aux attitudes de l'agresseur, comme il enseigne ou inspire à l'animal de rechercher les endroits et les influences physiques favorables et la compagnie des êtres qui peuvent l'assister dans la tâche de vivre. Un animal qui fuit avec succès la poursuite d'un agresseur, ou qui prend les dispositions qui le mettent à l'abri de cette poursuite, et, de la même manière, un organisme qui réagit efficacement contre une blessure ou un mal physique, se modèlent dans cette attitude sur l'attitude contraire. Par un même procédé encore, une plante s'incline vers le soleil et s'épanouit pour en recevoir l'influence qu'elle ressent et qu'elle désire, ou, au contraire, se soustrait, autant qu'il est en elle, aux actions malfaisantes de l'humidité, de l'obscurité ou du froid.

71. Insuffisance de l'imitation pour expliquer la sympathie durable et le dévouement.

Pourtant nous sommes loin encore, avec ce procédé d'adaptation instinctive, des sentiments désintéressés. Ces imitations, pour être déjà produites et expliquées par l'instinct de l'ordre, n'engendrent que des mouvements ou des démarches intéressées et égoïstes. Il sera, sans doute, bien plus malaisé de faire sortir, comme l'a entrepris l'empirisme, les sentiments altruistes et dévoués de l'égoïsme primitif. Cette dérivation se ferait par une transformation lente, insensible, des instincts d'abord aveuglément tendus vers leur satisfaction propre. Ces instincts, au cours d'une expérience prolongée et instructive, se trouveraient amenés à leur insu et peu à peu façonnés à chercher, dans l'intérêt commun et l'accommodation à autrui, les sources de leur intérêt bien entendu.

Il ne servirait d'ailleurs à rien d'alléguer ici l'existence d'une sympathie naturelle ou d'une bienveillance innée, qui nous rendrait immanquablement sociable par une générosité et un dévouement instinctifs au bien commun. Cette sympathie d'abord n'a rien de naturel. L'antipathie pour nos semblables est bien plus fréquemment observable. Mais d'ailleurs, même existante et telle quelle, elle est souvent abusée et s'égare sur des objets trompeurs. Livrée à elle-même, elle n'est certainement pas capable de nous guider dans la recherche et la poursuite du véritable intérêt commun par l'accomplissement de notre véritable devoir.

Cette sympathie automatique et inconsciente ne nous fait jamais éprouver que nos propres sentiments; elle nous replie sur nous-même et notre passé affectif, au moment même où il semble qu'elle nous détache de nous pour nous intéresser à autrui. Le moment venu, en effet, elle nous fait participer à la joie de celui qui accable notre ennemi plutôt qu'à la douleur de cet ennemi lui-même, comme elle nous rend jaloux et malheureux du succès d'un adversaire ou d'un rival.

Voyons, d'ailleurs, si le procédé par lequel on prétend engendrer les sentiments sympathiques, sociaux et dévoués, est vraiment efficace pour produire ce résultat.

L'homme recherche d'abord son plaisir. Le conflit en nous-même de nos différentes tendances, et le conflit de nos tendances propres avec celles d'autrui dans la vie en commun, nous condamnent au tempérament ou à l'accommodation réciproque des tendances contraires. C'est ainsi que nous subissons d'abord la modération des désirs comme une contrainte, et que nous nous faisons ensuite une vertu de cette modération d'abord imposée. Nous cherchons l'argent ou l'honneur pour le profit qui s'en tirent naturellement ; puis nous nous obstinons à cette recherche, par répétition et habitude, aux dépens même des biens qu'elle devait d'abord nous procurer. De même les hommes auront été d'abord attachés à leur famille, à leurs amis, à leur patrie par l'intérêt sensible ou le besoin naturel ; peu à peu ils aiment ces différents objets aux dépens de leur propre bonheur. Nous cherchons le vrai, d'abord par intérêt ; et le labeur que nous impose cette recherche est affronté en vue des avantages escomptés ; mais nous finissons par aimer le vrai pour lui-même, et cette idole, savoir pour savoir, nous détourne des profits tangibles et du savoir utilisable. La beauté, la moralité seraient des idoles de ce genre ; une semblable illusion les engendre.

D'ailleurs, cette illusion est bienfaisante, nécessaire ; il faut en conserver et en assurer le prestige. Par elle, nous sortons de nous-même et cherchons notre bonheur là où il est en réalité, c'est-à-dire dans l'accommodation et l'adaptation aux exigences de tous. Il vaut mieux être dupes en quelques circonstances, si par là nous devons assurer nos intérêts dans l'ensemble et dans la plupart des cas. Patriotisme, humanité, beauté morale sont des illusions inévitables et indispensables.

En conséquence, l'éducation doit tendre de toutes ses forces et par tous les moyens à exalter et à développer ces illusions. Nous rendons les enfants laborieux d'abord par la crainte des châtiments ou l'espoir des récompenses, et nous leur donnons ainsi le goût du travail pour lui-même. Nous les rendons polis et sociables, d'abord par contrainte ou séduction, puis par habitude et point d'honneur.

On essaiera, de cette manière, de faire dériver les sentiments par lesquels nous nous attachons à l'intérêt commun aux dépens de notre intérêt propre, d'une accommodation ou d'une adaptation. Ce qui est d'abord la recherche d'un intérêt égoïste évident, devient, par habitude, le mouvement spontané d'une activité qui, d'abord, oublie le but qu'elle se proposait, et en vient même, ensuite, à fonctionner contre ses véritables intérêts. Ainsi, l'exercice de l'activité individuelle ou égoïste qui primitivement ne fait que s'accommoder et se conformer, par nécessité et intérêt, aux activités et aux exigences du groupe, s'assurant par là le maximum de plaisir et le minimum de peine, finit à la longue par créer en nous un besoin irrésistible d'exercer cette même activité, même aux dépens des biens d'abord recherchés. Un homme se condamne au travail pour acquérir du bien et du loisir ; mais, l'habitude une fois prise, il continue son effort, même quand il contredit au résultat d'abord recherché et enfin obtenu. De la même manière, un homme se dévoue à ses semblables pour tirer de la vie sociale une plus grande somme d'avantages ; mais, l'habitude une fois prise, il continue de se dévouer, même quand les actes de générosité ne lui procurent plus aucun avantage, voire même lui coûtent des contrariétés et des déplaisirs.

Mais en réalité l'habitude de l'égoïsme ne saurait engendrer même l'apparence du dévouement. D'abord un dévouement ainsi formé ne résisterait pas longtemps aux leçons que lui infligerait l'expérience de ses déceptions et de ses échecs. En outre, il n'y a d'imitation possible, et surtout d'imitation persistante, que si les individus qui s'y résignent en démêlent, par intelligence, la raison, et découvrent, dans les objets proposés à leur imitation, un motif suffisant de les rechercher. Or ce motif, dont la connaissance doit précéder l'adoption du modèle, ne peut être l'avantage obtenu en conséquence de cette adoption même.

En outre, on oublie qu'il n'y a pas d'acte ou d'exercice de l'activité qui soit séparable du but poursuivi, ou de la satisfaction désirée. Même si un acte devient mécanique ou automatique par la répétition habituelle, cet acte est encore rattaché au plaisir de la facilité, et son accomplissement s'explique par la difficulté de résister à l'impulsion qui nous y engage. Par suite, par une imitation contrainte et passive, on ne peut s'accoutumer qu'à poursuivre des plaisirs personnels et à éviter des peines égoïstes. Le dévouement ne peut pas naître de l'accomplissement d'actes qui seraient chacun, pour leur part, purement égoïstes. Une telle illusion, si elle pouvait naître, ne résisterait pas d'ailleurs aux contrariétés et aux contradictions sensibles que l'expérience nous inflige dans la recherche de l'intérêt général.

Par exemple, le patriotisme et le sentiment de l'honneur ainsi engendrés ne pourraient survivre que dans ceux qui en tirent des avantages réels; dans tous les autres, ils s'éteindraient faute d'aliment.

Il y a donc, au principe de toute inclination désintéressée et de toute sympathie réelle, solide et durable, *la conception d'un but ou tout au moins la croyance* en un idéal vers lequel doivent converger tous les efforts pour être vraiment efficaces, et qui doit grouper toutes les démarches pour les rendre vraiment utiles. Mais cette conception et cette croyance ne sauraient être empruntées à l'expérience d'avantages déjà obtenus ou empiriquement éprouvés.

L'équivoque qui fait prendre le désir du bonheur impliqué dans nos tendances sociales, même les plus désintéressées, pour la recherche d'un intérêt égoïste, plus ou moins habile et dissimulé, vient de confondre *le plaisir qui résulte de l'expérience et le bonheur qui ne peut être conçu que par la raison*. Nous tendons à la félicité durable, mais aucune expérience ne peut nous assurer qu'un plaisir éprouvé dans une circonstance donnée se reproduira dans les mêmes circonstances. Toute expérience est limitée à un cas et à un individu. Elle passe pour embrasser, aux yeux des empiristes, la moyenne des cas et la totalité des individus, au terme d'épreuves suffisamment étendues et prolongées; mais ils oublient ou méconnaissent l'intervention de la raison qui a déjà choisi, plus ou moins délibérément, et par sa vertu propre, les buts les plus solides, et atteint, par ce choix préalable, les satisfactions les plus sûres et les plus durables. Le dévouement à l'intérêt commun, comme le patriotisme sous toutes ses formes, vient du *pressentiment* que l'ordre ou le groupement domine la vie individuelle et doit être réalisé pour satisfaire à toutes ses exigences et en assurer le complet développement.. Ce pressentiment nous commande donc, *en dépit et au-delà de toutes les expériences déjà faites*, d'entrer dans les arrangements et de consentir aux sacrifices exigés par la vie en commun. Il nous le commande avant de nous en avoir fait éprouver les avantages, et il continue de nous l'imposer comme une *vertu* et un *devoir*, malgré toutes les déceptions et à travers toutes les contrariétés.

Ce n'est d'ailleurs qu'un pressentiment et non pas une vision claire et distincte du but cherché et des satisfactions promises. Et, pour cette raison, il est bon que des intérêts relativement immédiats et des plaisirs sensibles et touchants nous engagent d'abord, et nous soutiennent ensuite, dans l'austérité de cet effort et de cette poursuite. Mais c'est aussi quelque chose de plus que le souvenir d'expériences passées qui nous renverraient toujours à nous même, et nous condamneraient à un égoïsme irrémédiable et à des conflits sans issue.

Il y donc dans toute sympathie, même spontanée, plus

que de l'égoïsme, c'est-à-dire plus que de *l'imitation* et du souvenir de l'expérience passée. A plus forte raison doit-on supposer de *l'invention*, à l'origine des inclinations supérieures, qui tendent à un but inconnu de l'expérience et s'obstinent à le poursuivre à travers des épreuves contradictoires et décourageantes.

Si maintenant l'on objecte que le dévouement est toujours mêlé et qu'il est impossible d'agir sans quelque vue d'intérêt personnel, nous répondrons que le mérite et l'effort subsistent. L'intelligence qui scrute l'avenir et sonde le réel et le solide n'est jamais assez clairvoyante pour définir les objets souverainement désirables, et pour dissiper l'illusion d'un appétit égoïste par la lucidité d'une tendance rationnelle qui ne rechercherait plus son bien propre que dans le bien commun, et serait sûre d'ailleurs de l'y découvrir. La vie affective, jusque dans les sentiments les plus élevés, obéit donc toujours à la loi de la tendance et subit les sollicitations du plaisir et de la douleur. Elle en tire un secours indispensable. Il n'est donc pas question de supprimer les passions qui sont la matière de la vertu, mais, comme le disait Aristote, de les modérer ou de philosopher avec elles.

CHAPITRE V

LES INCLINATIONS. LES INSTINCTS

Sommaire : **72.** Pour définir l'instinct, il faut faire une hypothèse sur le principe des démarches animales. — **73.** Cette hypothèse nous est imposée par la nature de ces démarches. Elles sont uniformes dans chaque espèce, mais en même temps caractéristiques de chaque espèce, systématiques et durables. L'animal est d'ailleurs incapable d'invention ou d'initiative. — **74.** On ne peut donc expliquer l'instinct, ni par le mécanisme des cartésiens, ni par celui des évolutionnistes. **75.** Différences entre l'instinct de l'animal et l'intelligence de l'homme.

72. La théorie de l'instinct consiste en une hypothèse sur le principe des démarches de la vie animale.

Toutes les représentations et toutes les démarches qui se produisent sous la loi du plaisir et de la peine, c'est-à-dire tout ce qui, dans l'activité de l'homme, est déterminé du dehors, peut être rattaché à l'instinct. Seulement, dans l'homme, les actions instinctives subissent, à des degrés divers, l'influence de sentiments produits par l'intelligence ou résultant des notions. On ne trouvera donc dans les mouvements de l'activité humaine qu'un petit nombre de tendances, et par suite de démarches, vraiment instinctives. Il ne resterait, en effet, d'attribuable à l'instinct proprement dit que les seuls actes biologiques ou les fonctions organiques. Mais justement ces actes échappent, dans la mesure même où ils sont organiques, à l'investigation directe de la conscience. Cet aspect de la vie humaine ne peut être étudié que par une science positive ou expérimentale : la physiologie, qui ignore, de parti pris, *la raison du groupement* ou de la convergence des démarches vitales, pour n'observer que leur succession dans le temps.

L'étude de l'instinct ne peut donc pas être une investigation purement physiologique, pas plus qu'elle n'est une introspection ou réflexion sur les tendances ou les démarches de notre propre activité mentale. Le physiologiste *ne rend pas compte* des démarches par lesquelles la vie se conserve et se développe. La théorie de l'instinct, au contraire, tâche d'expliquer par quelle sorte d'activité spontanée ou de raisonnement obscur l'animal ou le vivant perçoit ou pressent les conditions où il est appelé à vivre, et y adapte spontanément les désirs et les démarches convenables.

Le problème de l'instinct est donc posé de la manière suivante. Étant données les démarches de l'animal et les caractères qu'elles manifestent aux yeux de tout observateur, quelle hypothèse doit-on faire pour en rendre un compte satisfaisant ? L'animal, en effet, présente à nos regards un ensemble de démarches qui dépassent manifestement les ressources du simple mécanisme, pour atteindre jusqu'à la souplesse et à l'invention de l'intelligence. Ces faits nous suggèrent invinciblement la supposition d'une âme ou d'une conscience animale, distincte sans doute de l'intelligence humaine, mais supérieure aussi à l'automatisme d'une machine.

73. Principaux caractères des démarches animales.

1° L'instinct nous apparaît d'abord comme *spécifique* et non pas *individuel*. Il est en effet commun à tous les individus d'une génération dans une espèce donnée. Il est même uniforme chez les individus d'une même espèce à travers un nombre indéfini de générations successives. Cette *uniformité* de l'instinct chez les individus d'une même espèce caractérise l'industrie animale.

Elle se signale, en particulier, par la *perfection immédiate* des procédés et des démarches des animaux d'une espèce donnée. Les animaux, dès leur naissance, et nous-mêmes, en tant qu'êtres biologiques, faisons des actes pour lesquels il faudrait, au contraire, à l'activité proprement humaine un long apprentissage. Il y en a de nombreux exemples. Le moment venu, l'araignée fait sa toile, guette et atteint sa proie, la fourmi et l'abeille participent à la tâche commune, sans préparation ou sans éducation préalable.

Même les changements dans les démarches ou procédés de vivre, qui peuvent survenir chez les animaux au cours du développement de l'espèce ou au cours de la vie individuelle, restent marqués de ce même caractère. Les variations sont toujours uniformes pour une espèce donnée dans un milieu donné. L'individu lui-même ne change pas par sa propre initiative et d'une manière qui le caractérise ou qui lui soit propre. Tout autre individu de la même espèce, en cette même place et soumis aux mêmes influences, aurait changé de la même manière.

L'individu humain, au contraire, acquiert son habileté par ses propres ressources. Son industrie est moins admirable et plus exposée aux erreurs et aux fautes, mais elle lui appartient en propre et porte sa marque.

Descartes, dans le *Discours de la méthode*, trouve, avec raison, très digne de remarque « que, bien qu'il y ait plusieurs animaux qui témoignent plus d'industrie que nous en certaines de leurs actions, on voit toutefois que les mêmes n'en témoignent point du tout en beaucoup d'autres ; de façon que ce qu'ils font mieux que nous ne prouve pas qu'ils ont de l'esprit, car, à ce compte, ils en auraient plus qu'aucun de nous *et feraient mieux tout autre chose*, mais plutôt qu'ils n'en ont point et que c'est la nature qui agit en eux ».

Cette identité des démarches, chez les individus d'une même espèce et dans les mêmes circonstances, nous incline à ne voir dans l'instinct qu'un système de réactions produites par des influences subies du dehors. C'est proprement ce qu'on appelle *un résultat mécanique*. Le tout ou l'effet n'est en pareil cas que la *somme* des causes concourantes et n'existe que par l'*amas* de ces causes.

Une dernière remarque peut établir cette extrême dépendance de la vie et de la conduite animale à l'égard des influences extérieures. Le dressage d'un animal, quand il contrarie manifestement son allure naturelle et primitive, ne le change que superficiellement sans pouvoir lui imprimer un pli durable et définitif. Les effets de ce dressage ne survivent pas longtemps à l'action des influences qui les ont obtenus. Les animaux ne prennent pas, en dehors de leurs modalités spécifiques, d'habitudes vraiment stables et fixées. La sélection artificielle est aussi impuissante que la sélection naturelle dans cette entreprise. Un dressage contraire leur impose une autre allure. Le retour aux conditions normales les ramène à l'espèce primitive. L'éducation des enfants, qui fait appel à la collaboration du sujet et la suppose pour être efficace, les transforme, au contraire, d'une manière durable et les met en état de résister désormais et victorieusement aux influences contraires.

2° Toutefois, il y a dans les démarches d'une espèce donnée un *groupement d'organes* et un *concert de fonctions* en vue d'une fin obstinément poursuivie et généralement atteinte qui ne peuvent pas être rapportés à une simple combinaison mécanique. Ces démarches en effet sont propres à chaque espèce et les caractérisent. Elles ne sont pas modifiables comme les mouvements d'un composé mécanique à toutes les influences extérieures, ni entièrement dépendantes de ces influences.

a) En effet, un animal d'une espèce donnée résiste aux influences qui menacent son existence, et le plus souvent en triomphe. L'espèce elle-même dure, en variant, malgré les changements d'habitat ou d'influences, et à travers ces changements. Une machine se laisse entamer ; si peu qu'elle subisse de transformation elle est détruite. Une machine, en effet, est faite d'éléments qui n'ont de rapport et de cohérence que par le décret du constructeur qui en a juxtaposé et assemblé les parties. L'industrie humaine est condamnée à *imiter la nature observable*, c'est-à-dire à copier les événements empiriques. Elle juxtapose donc les facteurs qu'elle a vus se juxtaposer dans tous les cas de la production d'un résultat qu'elle veut reproduire. Elle n'a pas la vertu de donner plus de cohérence aux éléments qu'elle groupe, qu'elle n'en a rencontré dans les objets fournis à son expérience.

L'animal ou *machine naturelle*, comme l'appelle Leibniz, manifeste dans ses démarches une liaison intime et solide de ses organes et de ses fonctions. Elle n'est pas une juxtaposition mécanique ou un groupement de parties diverses dans un tout arbitraire inconsistant et provisoire. Les moindres parties d'une *machine naturelle* ou d'un *corps vivant* sont elles-mêmes des machines. En d'autres termes, dans un vivant toutes les parties, jusqu'à l'infini, portent la marque du tout, tant la solidarité est intime entre les différents organes et les différentes fonctions d'un même organisme. Au contraire, « la dent d'une roue de laiton, dit Leibniz, a des parties ou fragments qui ne nous sont plus quelque chose d'artificiel et n'ont plus rien, qui marque de la machine par rapport à l'usage où la roue était destinée ».

b) Il apparaît, en outre, que cette consistance intime des organes d'un corps vivant le met en état de s'accorder avec les autres êtres de la nature. Un animal rencontre impunément un obstacle qu'il évite ou surmonte ; il recherche avec succès les circonstances les plus favorables à son développement. En d'autres termes, il s'accommode aux circonstances rencontrées et s'y adapte. La machine ne subsiste que dans les conditions précises du fonctionnement auquel on l'a destinée. Hors de là son mouvement est déconcerté et s'arrête. Il ne faut qu'un grain de poussière pour entraver la marche de la machine la plus artificieusement combinée. L'estomac d'un animal, les tissus organiques et toutes les fonctions du vivant triomphent d'empêchements bien autrement graves. Au total, les animaux varient et s'adaptent tout en conservant, et même pour conserver, leur nature essentielle et spécifique. La machine doit rester immuable ou disparaître.

Déjà, à ne considérer que la vie organique, cette faculté d'adaptation est sensible. Un organisme *s'assimile* les substances dont il s'alimente et s'accroît ; tandis qu'une machine ou toute combinaison mécanique, comme un événement physique ou un composé chimique, se *transforment* sous la pression de toute influence survenante. L'humidité rouille et ronge un métal ; les organismes s'accommodent au climat humide et se modifient en conséquence sans perdre leur nature essentielle. La goutte d'acide, qui brûle et détruit une étoffe, provoque d'abord une réaction de la part de l'organisme pour en éviter l'atteinte. Cette atteinte subie, elle détermine un effort, souvent heureux, de reconstitution du tissu entamé.

A plus forte raison, la considération des variations des démarches et des instincts, au cours de la vie spécifique ou de la vie individuelle, doit-elle nous conduire à soupçonner, à la source des actes animaux, une tendance plus ou moins aveugle, mais orientée vers un but d'ensemble. Cette tendance nous est manifestée par la souplesse, l'habileté et le plus souvent le bonheur des mouvements qu'elle inspire et dirige. Les espèces varient leur conduite suivant le climat et le milieu. Elles adoptent des manières de vivre, de s'abriter, de se défendre et de se nourrir corrélatives aux circonstances modifiées. L'oiseau changera et la forme de son nid et les matériaux de sa construction si les circonstances l'y obligent. Un animal ne suit pas dans sa démarche une ligne de conduite uniforme et fixée une fois pour toutes, en dépit de tous les obstacles et à travers tous les périls. Il pressent les difficultés, les évite ou les tourne, et à tout le moins s'y adapte. Le renard, cité par Montaigne, ne s'obstine pas à traverser le ruisseau qu'il entend remuer et qui n'est plus gelé. La machine, au contraire, poursuit sa route quelles que soient les rencontres et sans y accorder son allure. Il faut qu'elle brise l'obstacle qui s'oppose à sa marche automatique ou qu'elle s'y brise.

c) Enfin on peut opposer à la conception mécaniste des instincts la ressemblance, autrement inexplicable, des organes des animaux avec nos propres organes. A moins qu'on ne prétende nous réduire nous-mêmes à l'état de machines inconscientes, incapables d'initiative, de délibération et de volonté.

3° Pourtant, cette ingéniosité par laquelle l'animal s'adapte aux rencontres et se distingue de la machine, reste, dans ses manifestations, très distante de la puissance d'invention humaine. Les animaux, dit Bossuet, n'inventent rien.

a) En effet, les animaux n'imaginent jamais d'autres circonstances et d'autres conditions vitales que celles où ils sont placés par la force de leur destin. Ils n'ont pas cet *esprit critique* de l'homme qui lui dénonce l'insuffisance ou l'imperfection de ses procédés de conduite et le met sur la voie d'en trouver de meilleurs. On ne leur voit pas cette inquiétude et le besoin du mieux qui est la marque de l'excellence de notre nature. L'animal ne change donc que sous la pression des circonstances. C'est pourquoi, comme nous l'avons remarqué plus haut, les mêmes circonstances inspirent aux animaux d'une même espèce des variations et des modifications pareilles.

b) Si même les circonstances l'obligent à changer, l'animal se laisse déterminer par elles et ne subit de modifications que celles qu'elles lui proposent et en même temps lui imposent. L'intelligence créatrice de l'homme lui fait affronter des climats contraires et lutter avec des éléments hostiles par des démarches hardies et souvent heureuses. L'industrie et la science domptent la nature et tiennent tête à ses menaces. L'homme commande à la nature en la critiquant et en la réformant.

c) Cette dépendance de l'animal à l'égard des influences naturelles, par impuissance de la pénétrer, d'en démasquer la tromperie et de la redresser, explique comment, selon le mot de Leibniz, l'animal fait toujours le même dans les mêmes circonstances sans être capable de juger si les mêmes raisons subsistent. C'est par là, dit cet auteur, qu'il est si aisé aux hommes d'attraper les bêtes et qu'il est si facile aux simples empiriques de faire des fautes.

d) Le dressage des animaux, qui semble s'adresser à leur intelligence et en tirer les résultats qu'il obtient, n'agit en réalité que sur leur mémoire et les met dans l'entière dépendance de l'action habituelle du dresseur, faute de laquelle ils retombent bientôt dans leur ancienne nature. « Qui dresse un chien, dit Bossuet, lui enfonce, pour ainsi parler, les objets matériels sur tous ses organes et le dresse à coups de bâton, comme on forge le fer à coups de marteau. »

e) Descartes leur refuse enfin, et à bon droit, la possession et l'usage d'un langage. « C'est une fausse imagination, explique Bossuet, qui nous persuade qu'ils nous font des signes. C'est autre chose de faire un signe pour *se faire entendre*; autre chose d'être mu de telle manière qu'un autre puisse entendre nos dispositions. La fumée nous est un signe de feu, et nous fait prévenir les embrasements. Les mouvements d'une aiguille nous marquent les heures et règlent notre journée. Le rouge au visage et le feu aux yeux sont un signe de la colère, comme l'éclair nous avertit d'éviter la foudre. Les cris d'un enfant nous sont un signe qu'il souffre; et par là il nous invite *sans y penser* à le soulager. Mais de dire que, pour cela, ou le fer, ou une montre, ou un enfant, ou même un homme en colère nous *fassent signe* de quelque chose, c'est abuser trop visiblement.

74. Explication mécaniste de l'instinct. Cartésianisme. Évolutionnisme.

Les philosophes, qui ont été surtout frappés du caractère spécifique et immuable de l'instinct ou, à tout le moins, de l'incapacité de l'animal à changer de lui-même sa conduite, attribuent ses démarches au *mécanisme*. Des *rencontres fortuites* et un *groupement de réflexes* expliqueraient l'existence et la nature des instincts. Ils prétendent rendre compte par là de toutes les démarches par lesquelles les animaux s'adaptent les uns aux autres, et tous ensemble à la nature.

A. — Cartésianisme.

Cependant, pour expliquer la merveille d'une adaptation qui groupe tous les êtres organiques dans un plan d'ensemble par des mouvements d'une justesse infaillible, Descartes croit devoir rapporter l'origine et la formation de ce mécanisme à Dieu même. Les animaux sont pour lui des machines, mais faites de main divine. Ainsi la nature animale n'existe pas en elle-même. Les démarches des corps vivants, c'est-à-dire leur organisation propre comme leur adaptation entre eux et à l'ensemble de la nature, tout cela doit être rapporté à l'action immédiate de Dieu. C'est même au fond l'étendue divine elle-même et les lois éternelles du mouvement qui se manifestent et dans les actes des animaux, et dans les fonctions du corps humain. « Ce qui ne semblera nullement étrange à ceux qui, sachant combien de divers automates ou machines mouvantes l'industrie des hommes peut faire, sans y employer que fort peu de pièces, à comparaison de la grande multitude des os, des muscles, des nerfs, des artères, des veines et de toutes les autres parties qui sont dans le corps de chaque animal, considéreront ce corps comme une machine qui, ayant été faite des mains de Dieu, est incomparablement mieux ordonnée et a en soi des mouvements plus admirables qu'aucune de celles qui peuvent être inventées par les hommes. » (*Disc. de la méth.*)

Descartes devance ainsi et prépare la théorie évolutionniste. Les lois du mécanisme sont suffisantes pour rendre compte des groupements relativement stables d'organes qui constituent les animaux, et de l'ordre ou de l'équilibre qui les relie entre eux au sein d'une même nature. Dieu n'intervient ici que par la chiquenaude initiale qui imprime les lois du mouvement et détermine la production des choses. On pourra se dispenser de cette intervention par la supposition d'une force éternelle, éternellement en mouvement.

Pour faire entendre son système, Descartes parle de ce qui arriverait « dans un monde nouveau si Dieu créait maintenant, quelque part, dans les espaces imaginaires, assez de matière pour le composer, et qu'il agitât diversement et sans ordre les diverses matières, en sorte qu'il en composât un chaos aussi confus que les poètes en puissent feindre, et que peu après il ne fît autre chose que prêter son concours ordinaire à la nature, et la laisser agir suivant les lois qu'il a établies ». Sur quoi Pascal fait la remarque célèbre : « Il (Descartes) aurait bien voulu, dans toute sa philosophie, pouvoir se passer de Dieu, mais il n'a pu s'empêcher de lui faire donner une chiquenaude pour mettre le monde en mouvement ; après cela il n'a plus que faire de Dieu ».

Mais d'abord l'intervention de Dieu ne tire pas le mécanisme cartésien d'affaire. Il subira les objections valables contre tout mécanisme. Dieu lui-même ne peut pas transformer des juxtapositions en connexions. Il ne saurait tirer de la matière, en tant que telle ou étendue, la moindre ébauche d'organisme, pas plus qu'il ne pourrait lui faire produire la plus simple pensée. « Pour ce qui est de la pensée, dit Leibniz, (il l'entend, d'ailleurs, du sentir et du penser et il étend ce sentiment jusqu'aux bêtes), elle ne saurait être une modification *intelligible* de la matière ou qui y puisse être *comprise* et *expliquée* ; c'est-à-dire que l'être sentant ou pensant n'est pas une chose machinale, comme une montre ou un moulin, en sorte qu'on pourrait concevoir des grandeurs, des figures et mouvements, dont la conjonction machinale pût produire quelque chose de pensant et même de sentant, dans une masse où il n'y avait rien de tel, qui cesserait aussi de même par le dérèglement de cette machine. » « Cette distinction entre ce qui est naturel et *explicable*, et ce qui est inexplicable et miraculeux lève toutes les difficultés; et, en la rejetant,... on renoncerait à la philosophie et à la raison... Cette hypothèse fainéante détruirait également notre *philosophie qui cherche des raisons* et *la divine sagesse qui les poursuit* (*Nouv. Essais*, Avant-propos).

D'ailleurs cette théorie impute à Dieu toutes les imperfections de la vie animale. L'animal, en effet, succombe devant des obstacles que franchit aisément l'intelligence humaine, pourtant imparfaite. Mieux vaudrait, alors, voir dans la constitution mécanique des instincts, l'effet d'un hasard, dont on admirerait les réussites partielles et provisoires, sans avoir à se scandaliser de ses maladresses trop nombreuses et trop souvent renouvelées.

Les *évolutionnistes* ont donc raison de ne voir en tout cela que la *combinaison hasardeuse et précaire* des éléments du chaos primitif.

L'*évolutionnisme*, en effet, développe la théorie mécaniste d'une façon bien plus logique que Descartes. Il nie l'intervention d'une pensée divine, qui embrasserait dans un plan d'ensemble tout le règlement immuable du détail. Il suffira donc d'une matière éternellement en mouvement pour engendrer successivement toutes les combinaisons de la nature, et, en particulier, le moment venu, pour former les espèces vivantes par le groupement de mouvements et la constitution d'organes qui les adaptent entre elles et à leur habitat commun. L'*instinct*, qui est un résultat de cette organisation fortuite, ne sera autre chose que le *faisceau de réflexes* capable de subsister pendant un temps plus ou moins long, en se trouvant accommodé aux influences subies.

Voici quel serait le procédé de formation de ces faisceaux de réflexes qui deviennent les instincts propres à la conservation de l'individu et de l'espèce.

Il y a d'abord dans la nature *homogénéité parfaite*, mais en même temps *instabilité radicale*. Cette homogénéité est donc incessamment variable. On y verra surgir à chaque moment des *variations accidentelles* ou *spontanées*, appelées à subsister ou à disparaître selon le hasard des rencontres, tantôt favorables et tantôt contraires. Ces accidents, en s'accumulant, ou en se juxtaposant, donnent naissance à ce qu'on appelle les *êtres mieux doués* ou *plus aptes* que d'autres à survivre. Ainsi se produirait, par persistance des plus forts et par adaptation réciproque, la suite ou le système des êtres qui se transmettent, par *hérédité*, la vigueur et les chances de survie obtenues d'abord par hasard.

Ainsi s'expliquent à la fois, et la permanence relative des espèces, et leur pouvoir de varier indéfiniment jusqu'à se transformer en espèces nouvelles. Il n'y a rien de plus, en effet, dans un être donné et dans les propriétés qui le constituent et le font vivre, qu'un groupement fortuit d'éléments. Son instinct n'est autre chose que cet équilibre ou cette adaptation hasardeusement obtenue et miraculeusement conservée.

Les naturalistes expliquent, d'ailleurs, l'évolution de deux manières.

Pour les uns, les *darwinistes, la variation spontanée individuelle* est le principal de l'explication. La nature ne fait que recueillir ces variations à mesure qu'elles se produisent. Elle conserve, par *sélection*, ceux des organismes qui possèdent la variation utile c'est-à-dire adaptée aux conditions présentes de l'équilibre ; elle élimine les autres. Ce n'est donc pas, nécessairement, par *hérédité* que se transmettent et que sont possédées les variations heureuses. C'est toujours, en effet, la spontanéité de l'être individuel qui est à l'origine de son droit à survivre ou qui est cause de sa disparition.

Pour leurs adversaires, les *lamarckiens*, c'est, au contraire, *la nature ou le « milieu »* qui est la cause première et véritable des variations apparues à un moment donné dans les individus. Par exemple, le milieu changé obligera un animal donné à accomplir certaines fonctions qu'il n'aurait pas produites sans cela, et c'est la fonction qui détermine l'usage ou le non-usage d'un organe, le constitue, le développe ou l'atrophie. *L'hérédité* joue ici un rôle plus important que dans la première hypothèse. Par elle les caractères acquis se transmettent et s'amassent. La somme des variations accidentelles ainsi accumulées donne lieu à la variation des espèces.

Pour Darwin, au contraire, chaque génération, reproduirait *au hasard* les propriétés adaptatrices qui ont fait vivre et triompher la génération précédente ; le *petit nombre* seulement des êtres qui lui ressemblent possède, comme elle, le privilège de survivre. Cette impossibilité de la transmission héréditaire des variations devait conduire encore à une autre supposition pour expliquer *les faits* d'hérédité, ou mieux la ressemblance des êtres entre eux au sein d'une même espèce. Cette hypothèse est celle de la préformation des germes.

Examinons maintenant si le *mécanisme évolutionniste*, quelque forme qu'il adopte, satisfait à l'explication de *l'organisation animale* et de *l'instinct* qui en est le résultat.

Le problème à résoudre pour toute théorie évolutionniste est le suivant. Comment des éléments, d'abord étrangers l'un à l'autre, ou simplement juxtaposés, en viennent-ils à se grouper d'une manière cohérente ou à *s'organiser* de manière à vivre, par le bienfait de cette organisation, en relation, avec les autres organismes et avec la nature ?

Or il est indispensable de supposer à l'origine de tous

ces mouvements qui se concertent et se groupent en *organismes*, qui, en même temps, concourent et convergent sous la forme *d'instincts* vers des actions d'ensemble utiles et le plus souvent accomplies avec succès, *une tendance* qui pressent l'équilibre, et devine le désaccord, qui ne se satisfait pas de toute rencontre, mais *éprouve* les unes favorables et les autres contraires. Autrement, il faudra recourir, ou bien à un miracle inintelligible, ou bien à une intervention arbitraire de Dieu.

Cette *tendance* ou cet *appétit* initial est une supposition d'autant plus nécessaire qu'il serait difficile de méconnaître la présence et l'action de *sentiments affectifs* dans les animaux supérieurs et qu'il n'y a aucune raison d'en nier l'existence même dans les organismes rudimentaires. Or nous savons que de tels sentiments ne sauraient dépendre de mouvements mécaniques inconscients et sans direction. Au contraire, ce sont les sentiments qui seuls peuvent donner cette orientation et assurer le concours stable et utile de ces mouvements (65).

Le *mécanisme* veut pourtant que l'organisme, et les démarches instinctives par lesquelles il se maintient, se développe, subsiste à travers les rencontres plus ou moins favorables et triomphe quelquefois des destins contraires, soient formés du dehors et par un amas de parties. Le tout qui en résulte, c'est-à-dire l'existence, la survie et la propagation obstinée, serait un effet que les causes n'impliquaient pas et que personne n'a pu prévoir ni ménager pour elles et par elles. Mais la cohérence et la stabilité d'un tel amas sera dans ce cas radicalement précaire. Il est le produit d'un équilibre essentiellement instable. La *liaison* des parties et la *persistance* de leur groupement n'est, tout au plus, assurée que dans une immobilité absolue de l'ensemble des choses. La moindre variation en eux ou autour d'eux leur est fatale. Comme il n'y a pas de raison, à l'origine, pour qu'une variation spontanée produite dure un moment au delà de celui qui l'a vue se former, il n'y en a pas davantage pour qu'à chaque moment de la constitution des groupes ou au cours de l'évolution, les variations successivement produites rencontrent des circonstances favorables qui les maintiennent, en leur donnant quelque avantage sur les autres êtres de l'univers.

Déjà, les machines, produit de l'industrie humaine, ne se soutiennent, cohérentes et utiles, que par l'artifice *intelligent* du constructeur. Celui-ci n'a pu leur donner consistance et efficacité qu'en proportionnant et ajustant les divers *organes* au but à atteindre. N'eût-il fait, dans cet arrangement qu'imiter la nature observable et rechercher un résultat déjà offert par elle à notre regard, il n'a pas été pour cela dispensé de choisir parmi les antécédents *de fait*, tous présents au regard de son expérience, les seuls antécédents *de droit* qu'il *jugeait* à propos de faire entrer et de combiner dans ses expérimentations (60) : Or une telle machine faite de main d'homme, construite d'après les enseignements d'une science *positive* ou d'observation, n'obtient que les effets médiocres déjà signalés (73). La subtilité de la machine organique ou du corps vivant a de tout autres ressources et des chances de subsister plus grandes et plus certaines.

A plus forte raison, la nature *aveugle* et *imprévoyante*, sans intelligence ni dessein, des évolutionnistes sera-t-elle incapable de constituer des organismes aussi souples, aussi habiles et aussi heureux dans leurs démarches instinctives que le sont les êtres vivants. Dans la mobilité ou l'instabilité radicale qui caractérise l'homogène primitif et le définit, il n'y a pas de raison pour que d'abord le moindre groupement se forme et subsiste cohérent dans l'instabilité générale. L'invraisemblance est encore plus grande si cette organisation, comme il arrive, doit se développer, se transformer et s'adapter à des rencontres et à des événements qui n'ont pas été contemporains de sa formation primitive et qui, ne correspondant pas à son équilibre originel, ne peuvent le heurter sans le compromettre ou le détruire.

Supposons, en effet, avec les *darwinistes*, une variation individuelle spontanée. Cette variation, accidentellement produite, doit être, dit-on, conservée quand elle est avantageuse à l'individu dans les conditions d'existence où il se trouve placé; elle sera éliminée dans le cas contraire. Voilà ce qu'on appelle *sélection naturelle* ou *persistance du plus apte*. Or si l'on veut rendre compte pourquoi une variation se conserve dans l'ensemble de la nature ou n'y peut subsister, il est indispensable de supposer quelque rapport de cette variation à un plan d'ensemble qui seul peut assurer le concours et l'accord de cette variation avec les autres dans un tout ainsi réalisé. Autrement, c'est-à-dire supposant que la nature n'est, à tout moment, que le total des variations ainsi accidentellement produites, toute variation s'y introduira sans résistance de la part de la nature, et toute variation en disparaîtra le moment d'après, sans résistance de la part de l'individu entraîné dans l'instabilité radicale de la nature. On ne voit pas de raison pour que des variations adaptées et durables s'établissent ; et, moins encore, des groupes complexes, résistants et solides, de ces variations.

Si l'on préfère, avec les *lamarckiens*, attribuer à la nature ou au « milieu » la fonction de façonner les êtres et de les faire exister et survivre, on n'échappe pas à la nécessité du plan et du rapport des tendances individuelles avec le plan d'ensemble. Pour que la nature, ou le milieu, forme des êtres consistants en eux-mêmes et d'accord avec les autres, il faut que, dans son action sur les individus, la nature reste constante avec elle-même et ne détruise pas à tout moment ce qu'elle vient de faire. Ce qui revient à dire qu'elle domine, par ses exigences préalables, tous les mouvements des êtres qui la constituent et recueille ou rejette les variations et les démarches à mesure et à proportion qu'elles répondent à ses exigences. Mais, par hypothèse, cette nature ne saurait être que l'ensemble des êtres qui la constituent. Une fois de plus il faut attribuer aux tendances individuelles, à la justesse et à clairvoyance de leur orientation, la formation des organismes et leur chance de survivre dans ensemble, à proportion qu'ils y contribuent et y correspondent.

Sans doute, cette adaptation des organismes aux circonstances n'est pas assurée dans tous les cas. Il est constant que les animaux se trompent souvent et périssent par une fausse conduite. Les hommes eux-mêmes, appuyés de la science, n'ont pas un pouvoir infaillible pour la conservation de leur vie organique. Il suffit pourtant que les animaux vivent et que leurs espèces demeurent, pour nous obliger à reconnaître dans l'instinct vital autre chose qu'un aveugle mécanisme toujours instable et toujours menacé. Les fautes et les échecs seront attribuables à l'incapacité des animaux de s'élever par science et réflexion jusqu'à la connaissance du plan et des lois de la nature, et par suite à l'impossibilité de s'y soumettre et de se préserver par cette obéissance.

On peut encore faire remarquer ce qu'il y a de sophisme et d'illusion dans une explication mécaniste de la constitution des instincts. D'une part, les organismes existants et la justesse de leurs démarches doivent s'expliquer par la juxtaposition et l'amas des variations purement accidentelles. Une variation accidentelle, ou telle somme que l'on voudra de variations de ce genre, ne doit rien manifestement à l'hérédité. Celle-ci ne peut que *conserver* et reproduire ce qui est déjà donné avant elle ; elle ne peut en aucun cas le *produire*.

Dans les combinaisons mécaniques, d'ailleurs, dont résultent, au regard de notre science positive, les événements physiques et les produits chimiques, le composé *hérite* des éléments assemblés pour le produire mais du même coup et par là-même il les détruit et les absorbe au profit de sa propre existence. Dans les corps vivants ou composés organiques, au contraire, la transmission héréditaire laisse subsister le générateur avec son produit, les causes avec l'effet. Signe certain que le second *ne résulte pas* du premier, mais qu'il lui succède et s'installe dans l'existence, *par une vertu qui lui est propre.*

L'*hérédité* ne sera donc plus que la *ressemblance constatée* des enfants aux parents ou des individus d'une même espèce entre eux. Elle n'est pas une *explication* de cette ressemblance qui ne peut être qu'un mystère aux yeux de la science positive et pour ses procédés d'investigation.

78. L'instinct et l'intelligence. Psychologie de l'animal.

La Fontaine a dit excellemment :

> J'attribuerais à l'animal,
> Non point une raison selon notre manière,
> Mais beaucoup plus aussi qu'un aveugle ressort.

Il convient en effet de supposer, à l'origine de toute vie animale et dans le cours de son développement, un appétit initial, relativement défini par des tendances constantes, obstinées vers l'équilibre et l'accord. C'est la définition même du vouloir-vivre. Sans doute, cet appétit dépend, pour son orientation et son développement, des circonstances et des rencontres qui peuvent, tour à tour, lui être favorables ou contraires. L'instinct, en effet, n'a pas de quoi ménager un avenir, qu'il est incapable de *prévoir*. Il ressemble en cela à la connaissance humaine empirique, fixée dans la routine, modifiée seulement par la pression des événements. Il ne lui appartient donc pas de créer les influences favorables, de prévenir les influences contraires ou, à tout le moins, de les tourner à son avantage. Toutefois, cet appétit, si l'on en juge par les démarches des animaux supérieurs, ne traverse pas l'expérience sans profit. Il est capable de se souvenir et, en utilisant les souvenirs, de se former des images suffisantes pour le guider, au moins, dans les circonstances déjà traversées. A défaut de l'esprit critique ou des idées *à priori*, qui caractérisent la connaissance humaine et lui permettent d'étendre sa vue sur le nécessaire et le prévisible, l'animal est lié au passé et ne se transforme qu'à mesure de leçons de l'expérience.

« Les bêtes, dit Leibniz, sont empiriques et ne font que se régler sur les exemples; car, autant qu'on peut en juger elles n'arrivent jamais à former des propositions nécessaires, au lieu que les hommes sont capables de sciences démonstratives; en quoi la faculté, que les bêtes ont, de faire des consécutions, est quelque chose d'inférieur à la raison, qui est dans les hommes. Les consécutions des bêtes sont purement comme celles des simples empiriques, qui prétendent que ce qui est arrivé quelquefois arrivera dans un cas, où ce qui les frappe est pareil, sans être pour cela capables de juger si les mêmes raisons subsistent. C'est par là qu'il est si aisé aux hommes d'attraper les bêtes, et qu'il est si facile aux simples empiriques de faire des fautes. Les personnes devenues habiles par l'âge et par l'expérience n'en sont pas mêmes exemptes, lorsqu'elles se fient trop à leur expérience... Les consécutions des bêtes ne sont qu'une ombre du raisonnement, c'est-à-dire ne sont qu'une connexion d'imagination et un passage d'une image à une autre, parce que dans une rencontre nouvelle, qui paraît semblable à la précédente, elles s'attendent de nouveau à ce qu'elles y ont trouvé joint autrefois... La raison est seule capable d'établir des règles sûres et de suppléer à ce qui manque à celles qui ne l'étaient point, en y faisant des exceptions, et de trouver enfin des liaisons certaines dans la force des conséquences nécessaires; ce qui donne souvent le moyen de prévoir l'événement sans avoir besoin d'expérimenter les liaisons sensibles des images, où les les bêtes sont réduites, de sorte que ce qui justifie les principes internes des vérités nécessaires, distingue encore l'homme et la bête. »

Il faut en effet borner l'intelligence animale à la simple association des idées et aux opérations psychiques qui dépendent de ce mode de connaître.

Ainsi : 1° les animaux perçoivent ou *reçoivent* des sensations. Ils *relient* ces sensations groupées dans l'ordre même de l'expérience. Ils *anticipent l'avenir* généralement avec justesse, mais dans la mesure et sous la condition d'une analogie suffisamment exacte ; une analogie superficielle et trompeuse les abuse inévitablement. Leur *imagination* est donc *reproductrice* et dépourvue de toute aptitude à l'invention ou à la création véritable.

2° Ils n'ont, en conséquence, de sentiments que ceux d'un appétit égoïste. Leur sympathie et leur dévouement apparents n'ont rien de désintéressé, parce qu'ils sont suscités et réglés par des souvenirs tout individuels de satisfactions qui n'ont aucun rapport à un idéal rationnel. Dans une ruche, ou dans tout autre société animale, la division du travail, ou la participation de tous les animaux à l'œuvre commune, est déterminée par une puissance qu'ils ignorent et qui n'agit sur eux que par la voie des appétits et des besoins.

3° La liberté, c'est-à-dire la véritable initiative, se trouve ainsi exclue de toutes leurs démarches.

LIVRE V

LA VIE ACTIVE

CHAPITRE PREMIER

L'HABITUDE

SOMMAIRE : **76.** L'habitude et la manière d'être imposée à une activité à la fois spontanée et dépendante. — **77.** Elle résulte donc d'une tendance propre initiale, d'un développement de cette tendance, continu, mais traversé par des influences subies du dehors. — **78.** D'où le mélange de passivité et d'activité qui caractérise les actions habituelles. — **79.** Habitudes de l'intelligence. — **80.** Habitudes et éducation du sentiment. Influence de la pensée et du sentiment l'un sur l'autre.

76. Définition de l'habitude. Elle a son principe dans la spontanéité relativement aveugle de notre activité.

On appelle habitude la manière d'être (*habitus*) ou d'agir possédée par une activité à un moment donné, et établie en elle avec une force et une constance plus ou moins durables. Deux traits caractéristiques signalent l'habitude.

1° D'une part, toute habitude est une manière *d'être*,

donc un groupement d'éléments dans un système relativement cohérent, unifié et stable. Elle résiste, en effet, à l'invasion de manières d'être différentes, et s'il faut qu'elle leur cède la place, elle se prolonge encore dans ces nouvelles habitudes, même après sa propre disparition. Ainsi nos aptitudes successivement acquises exercent leur influence à quelque degré sur toutes les transformations que nous pourrons traverser dans la suite. Cette propriété de l'habitude est le principe de la continuité de la vie physique, intellectuelle et morale.

2° Mais, en même temps, on trouve, dans quelque habitude ou *manière* d'être que ce soit, même invétérée, une certaine possibilité de changement ou menace d'instabilité qui empêche qu'aucune disposition, naturelle ou acquise, ne soit absolument immuable. En effet, toute habitude est à la merci de rencontres et d'influences qu'on ne peut ni prévoir ni éviter et qui, plus ou moins, mettent en péril l'équilibre le mieux établi.

Cette instabilité est d'autant plus grande que l'être qui possède l'habitude a moins participé à sa formation et à son développement. Chez les animaux et chez les empiriques elle est au maximum. Ils sont capables de transformations incessantes. Pourtant, même alors, la spontanéité qui fait le fond de tout être les préserve de changements radicaux et les maintient dans la ligne particulière du développement de leur espèce. L'homme possède, au contraire, le privilège de pouvoir présider à la formation d'habitudes qui lui deviennent propres, et de leur donner, par cette intervention volontaire, une continuité et une constance qui ne se rencontrent jamais dans les démarches acquises de l'animal.

Par ce double caractère de *continuité fondamentale* et d'*instabilité* qui modifie à tout moment, sans l'interrompre, cette continuité, l'habitude peut être regardée comme la forme inévitable de tous les mouvements et démarches qui résultent de l'*exercice d'une activité imparfaite* comme la nôtre. Cette activité tend continuement et obstinément vers l'unité, mais elle rencontre aussi dans cette poursuite des obstacles et des résistances.

Une activité radicalement imparfaite, c'est-à-dire exclusivement mécanique, serait instable, étant à la merci de toutes les influences qui peuvent la traverser. Elle ne serait même pas capable d'engendrer l'instinct animal. En effet, bien que cet instinct ne soit que spécifique, les habitudes ou manières d'être qui le constituent ne laissent pas d'être constantes dans les tendances qui les soutiennent et dans les démarches qui les expriment. Il ne sera donc pas permis de dire avec Pascal : « *La coutume est notre nature.* » « Qu'est-ce que nos principes naturels, sinon nos principes accoutumés ?... Une différente coutume en donnera d'autres principes naturels... La coutume est une seconde nature qui détruit la première. Mais qu'est-ce que la nature ? Pourquoi la coutume n'est-elle pas naturelle ? *J'ai grand'peur que cette nature ne soit elle-même qu'une première coutume,* comme la coutume est une seconde nature. » Cette formule, qui résume d'avance la théorie évolutionniste, méconnaît, comme cette théorie même, l'indispensable présence d'une spontanéité initiale à l'origine de toute *manière* d'être (*habitus*) *continue, constante* et *solide*. Cette spontanéité devient chez l'homme une autonomie véritable ; elle donne lieu à des habitudes puissantes, vertus intellectuelles ou morales, qui non seulement résistent aux attaques, mais dominent la nature et la font servir à leurs desseins.

Une activité parfaite, d'autre part, serait fixée dès l'origine ou immuable, étant exempte d'affronter ou de subir des influences extérieures, c'est-à-dire imprévues. La possession d'une science ou d'une vertu parfaites nous assurerait contre toute déchéance, en nous élevant à la condition de la toute-puissance et de la sérénité divines, rêve insensé des stoïciens et des spinozistes.

Mais il n'y a jamais dans un être donné, animal ou homme, instinctif ou intelligent, d'état ou d'habitude qui soit ou bien radicalement instable, ou bien irrémédiablement fixée. On trouve seulement des états ou des tendances qui vont de l'incohérence à l'unité, ou bien de la cohésion relative à l'instabilité et à la dissolution. Chez les animaux et dans les habitudes organiques de l'homme, c'est-à-dire dans les manières d'être qu'il a reçues de la nature sans contribuer réellement à les produire, la liaison et la stabilité des démarches viennent du dehors, et c'est surtout l'inconsistance et l'incapacité de prévoir et de durer par soi-même qui dominent. Chez l'homme, au contraire, au moins dans celles de ses habitudes qui sont actives ou formées par l'exercice de la raison, la cohérence et la stabilité prévalent ; l'inconsistance, imposée par la nature et les rencontres, est tenue en échec.

Si l'on veut comprendre la nature et l'origine des habitudes, il faut donc les rapporter à une activité *mixte*, qui renferme à la fois de l'autonomie ou tout au moins de la spontanéité, et aussi de la dépendance à l'égard des influences extérieures. Les influences, dont l'action est irrégulière et imprévisible, contrarient le premier principe, qui est notre activité propre. Elles rendent le succès de ses efforts précaire, et leurs résultats toujours menacés.

L'habitude ainsi engendrée ne saurait être un simple agrégat d'éléments qui ne renfermeraient à aucun degré de disposition à se grouper ensemble et dans un certain ordre. Un tel assemblage recevrait indifféremment, et en tout temps, quelque forme que ce soit ; il n'en revêtirait aucune qui lui soit propre ou à la disparition de laquelle il oppose quelque résistance.

Aussi a-t-on pu dire avec raison qu'une habitude est toujours ébauchée dès le premier acte qui en pose le fondement. La *répétition* des actes contribue seulement à *développer* une habitude, étant incapable à elle seule de la produire. La raison, celle-là même qui s'oppose à toute entreprise du mécanisme, en est simple. Si un premier acte n'était d'aucune efficacité pour la formation d'une habitude, le second acte serait à son tour premier et ne pourrait pas davantage. On ne saurait rien trouver dans un produit qui ne soit déjà, à quelque degré ou de quelque manière, présent dans les facteurs de ce produit. « On ne romprait jamais une corde, dit Leibniz, par le plus grand effort du monde, si elle n'était tendue et allongée un peu par de moindres efforts, quoique cette petite extension qu'ils font ne paraisse pas. » Mais, en réalité, un premier acte relativement à une habitude, comme la première perception d'un objet, la première lecture d'un texte ou le premier effort vers un but convoité, n'est que la première manifestation d'une activité qui enveloppe *virtuellement*, ou sous la forme de prédisposition, les résultats qui vont se développer peu à peu au cours des actes suivants.

77. Procédé général de la formation des habitudes.

Une habitude, en général, dépend donc pour sa formation :

1° D'une *tendance* propre à recevoir telle ou telle manière d'être qui préexiste, d'une manière virtuelle, aux manifestations successives qui exprimeront peu à peu et révèleront la nature, d'abord cachée, de cette activité essentielle. Un être ne contracte d'habitude que conformément à cette tendance première et à mesure que les occasions en favorisent l'éclosion et le développement. Déjà les animaux ne sont capables que d'un certain dressage. L'homme, par le privilège de la raison, peut espérer de plier et d'assouplir sa nature propre, mais il ne la méconnaîtrait pas sans péril. Il est d'un éducateur avisé d'en tenir compte.

2° Du *développement continu* de cette tendance à travers toutes les vicissitudes des événements, et malgré l'imprévu des rencontres. Il faut, en effet, que cette première tendance se prolonge, sans interruption véritable, à travers la discontinuité apparente des actions qui la développent et qui la réalisent. La répétition des actes, pour être efficace, suppose une continuité profonde qui relie des actes en apparence séparés, et en fait les étapes d'un unique développement, interrompu ou discontinu seulement en apparence. Plus une activité rencontre de circonstances favorables à sa tendance profonde, essentielle, plus facilement et plus solidement elle contracte ses habitudes. Il faut un plus grand effort et souvent stérile, des actes plus souvent répétés et souvent sans profit, pour se donner ou faire prendre des habitudes contraires au naturel. Mais, en même temps, l'éducation bien dirigée, attentive à créer et à maintenir l'atmosphère favorable à la culture des tendances peut tirer beaucoup, même d'un vouloir rebelle.

3° Mais, en même temps que cette continuité de la tendance, obstinément et indéfectiblement orientée dans le sens de son appétit, *la répétition des actes* ou la réitération des modifications reste un facteur indispensable dans la genèse des habitudes.

La mémoire d'un texte ne peut pas se constituer par un effort unique de l'intelligence pour comprendre ou embrasser l'objet à retenir. Bien que l'intelligence reste le facteur essentiel dans l'acquisition du souvenir, ni il ne suffit à le produire, ni il ne joue toujours le rôle principal. En effet, nos sens ou notre expérience jouent toujours quelque rôle dans une perception quelle qu'elle soit. Il faut donc parcourir l'objet avant de l'embrasser ou de le comprendre. La perception réitérée devient alors indispensable. Et elle n'agit que par la *quantité* ou le nombre des impressions et non par leur *qualité* ou le rapport qu'elles ont au dernier résultat cherché. En effet, la liaison entre les éléments ainsi parcourus n'est pas, dès l'abord, apparente ; même ensuite elle ne devient jamais décisive ou analytique et incontestable entre ces éléments. Tel est le cas des lettres de l'alphabet, des parties d'une phrase ou d'un discours, des vers d'un auteur.

D'ailleurs, il n'est pas impossible de suppléer par la répétition des actes au défaut de l'attention volontaire ou de l'intérêt qui nous attache plus ou moins fortement à un récit ou à un spectacle. Preuve que la répétition n'est pas sans efficacité pour graver et inscrire le souvenir dans la mémoire, quoiqu'elle ne soit pas cependant le procédé le plus rapide et le meilleur.

Ainsi, notre activité n'est jamais dispensée de traverser des habitudes et d'atteindre, péniblement et pas à pas, la réalisation de nos tendances, même de celles qui sont le plus délibérément et le plus justement dirigées par la lumière de la raison. On n'apprend une science que peu à peu et par des expériences renouvelées. La vertu, c'est-à-dire l'aptitude à aimer le bien, à le rechercher et à l'accomplir, est elle-même une habitude qui n'est pas exempte de recourir à l'exercice et de s'aider de la routine.

La formation des habitudes ne suit pas, en conséquence, une ligne de développement continue et régulière. Leurs modifications ne sont pas toujours des améliorations, mais souvent des déformations. C'est qu'il y a, en même temps qu'une tendance continue et orientée, des influences incohérentes et discontinues, qui sont le fait de notre point de vue particulier, et la conséquence de notre ignorance relative. Ces influences viennent rompre la continuité de l'effort mental et de ses résultats, et changer souvent le sens du progrès. Une maladie, par exemple, peut faire perdre ou, à tout le moins, gravement compromettre le bénéfice d'un long travail antérieur.

78. Effets généraux de l'habitude.

Toute habitude résulte donc d'une *tendance* orientée, donc relativement indépendante des rencontres, et par suite *continue* et *constante* dans ses efforts et sa direction. Mais, en même temps, elle résulte aussi *d'influences extérieures* que l'aveuglement relatif de cette tendance ne lui a pas permis de prévoir, et qu'elle ne peut par suite ni éviter, ni éluder. Or de là résulte la distinction des habitudes en *habitudes actives* et en *habitudes passives*.

Tantôt l'autonomie de l'activité domine dans le procédé

de la formation d'une habitude. La continuité et la clairvoyance de l'effort assurent alors la solidité et la constance des tendances et des aptitudes ainsi formées. *Tantôt*, au contraire, cette autonomie, quoique toujours subsistante, tombe au minimum. Alors la discontinuité et l'instabilité l'emportent dans les habitudes prises. Un effort volontaire, c'est-à-dire orienté vers l'ordre, assure aux puissances qu'il ordonne une cohésion de plus en plus grande. Un savoir intelligent a plus de chance de durée et de développement qu'une information empirique, hâtive, toujours incohérente et instable.

Dans le premier cas, celui de la formation active, l'habitude nous donne une *conscience* de plus en plus distincte *de nos actes*, répand la *clarté sur les objets* poursuivis, et prépare *la liberté ou l'indépendance* en nous donnant le choix des objets et des démarches. *Dans le second cas*, au contraire, l'habitude *diminue la conscience*, et nous achemine vers *l'automatisme*. En effet, elle obscurcit et efface les buts que nous poursuivons et nous fait ainsi tomber insensiblement dans l'entière dépendance de la nature ou des influences. C'est de cette dernière sorte d'habitude, seulement, qu'on a pu dire qu'elle était « une étrangère, qui supplante en nous la raison ». Elle peut être, d'ailleurs, une routine utile et un auxiliaire indispensable, comme dans la possession inconsciente des procédés d'un métier ou d'un art, ou la présence invisible des mots d'une langue ; mais elle ne saurait être, sinon d'une manière indirecte, un progrès et un perfectionnement de notre activité.

On a énoncé ces deux effets contraires de l'habitude en disant qu'elle abaisse *la passivité* et exalte *l'activité*. Résultat inévitable, puisque notre activité mentale ne peut que se développer par l'exercice et développer, avec elle, la *conscience* de son effort, la *clarté* de sa conception et son *indépendance* à l'égard de la nature, d'abord obscure et impénétrable, puis analysée et éclaircie.

Cette opposition des deux résultats se déclare dans

l'antithèse de l'habitude de l'ivrogne et de celle du dégustateur. Le premier boit sans attention et sans but, reçoit passivement les impressions qu'il subit. Il voit en conséquence décroître la notion de l'objet, s'affaiblir le sentiment qu'il en éprouve. Il tombe ainsi insensiblement dans l'habitude contraignante, la routine invincible, l'esclavage de l'automatisme. Chez le dégustateur au contraire, en suite de l'attention délibérée qu'il apporte dans la perception de l'objet, le goût s'affine, les nuances perçues se multiplient, tandis qu'il conserve l'entière liberté de son action. Il en sera de même dans l'étude d'un art ou d'un langage, où l'exercice inintelligent et passif de l'activité conduit à l'inconscience, à la routine et à l'asservissement de la pensée aux formules.

D'ailleurs, dans toute formation d'habitude humaine, il entre toujours, à la fois et inséparablement, un effort actif et une contrainte subie. Donc, dans toute habitude, sans exception, il y aura toujours, en même temps qu'une part d'activité qui se développe, une part de passivité ou d'inconscience dans le sujet, quelque effacement dans la représentation, et de l'automatisme dans les démarches.

Si l'on a affaire à une habitude de formation principalement active, c'est surtout la souplesse de l'action, la clarté de la représentation et la possession de soi qui dominent. Ce résultat est manifeste dans l'aptitude du dégustateur, dans l'habileté du musicien ou du peintre, l'intelligence du savant, et dans la possession de la vertu qui est une énergie toujours clairvoyante et toujours prête pour l'accomplissement du devoir.

Dans un second cas, au contraire, on a affaire à une habitude d'origine surtout passive, où l'on voit diminuer la plasticité dans l'action, la clarté dans l'entendement, et la possession de soi-même. Par exemple : la tendance aveugle et inconsciente de l'ivrogne ; l'habitude de voir ou d'entendre qui émousse le sens chez ceux qui, comme le meunier dans son moulin, subissent la perception au lieu de contribuer à la produire ; la routine et l'uniformité de la mémoire, opposés au progrès de l'entendement scientifique et à sa diversité ; le monodéisme et les monomanies de la passion, opposées à l'intelligence et à la sympathie, élargie et souple, de la vertu.

Mais, dans les deux cas, il y a un effacement plus ou moins partiel de la conscience et de la volonté sur certains points, en même temps qu'il y a, sur d'autres points, un accroissement corrélatif de l'autonomie et de la représentation. A mesure que l'ouvrier devient plus habile dans son art, il perd la conscience du maniement de son outil et le sentiment de la résistance de la matière qu'il travaille. L'étude intelligente d'un langage ou d'un art familiarise avec les tournures de ce langage ou les procédés de cet art ; elle en rend l'emploi plus prompt et plus ingénieux. Mais en même temps elle oblitère le souvenir du matériel des mots ou le sentiment du mécanisme qui conditionne le procédé d'exécution.

Ces *effets généraux* peuvent être suivis et reconnus dans l'exercice et le développement de nos diverses facultés.

Pour bien l'entendre, il faut, avant tout, remarquer la solidarité étroite de nos facultés dans leur développement. Cette solidarité fait que toute influence subie et toute habitude prise par l'une d'elles a son contre-coup inévitable sur toutes les autres et sur le développement d'ensemble. La *sensibilité*, c'est-à-dire nos tendances affectives, forment *l'élément passif* de notre activité, tandis que *la raison*, qui est l'âme et le principe de notre vouloir indépendant et créateur, en forme la *partie active*. Nous trouverons donc, dans tout exercice de notre activité psychique, la collaboration d'une faculté activement exercée et d'une influence passivement reçue.

Les habitudes de la sensibilité seront des tentatives dirigées par la volonté, avec l'aide de l'intelligence, pour réprimer ou bien fléchir et ordonner les tendances primitives, naturellement égoïstes et abusées. Le principal moyen de cette culture des sentiments est la culture intellectuelle.

Les habitudes de l'intelligence tendront, en effet, à nous affranchir des images, produit de l'instinct affectif, pour y substituer des idées, œuvre de l'entendement, qui éclairent, dominent et transforment les tendances primitives.

L'activité volontaire, qui est à l'origine de tous ces efforts et de tous ces procédés, est appelée à profiter du résultat obtenu.

L'entendement se trouve ainsi placé entre l'*expérience sensible*, par où s'exprime et s'impose à la volonté l'influence des tendances affectives d'une part, et l'*activité volontaire* de l'autre, qui résiste à ces tendances par la puissance de critiquer et de réformer qu'elle tire de la raison. Notre *intelligence* est l'instrument dont notre volonté dispose pour donner à nos tendances une orientation de plus en plus rationnelle, et assurer par là, à nos habitudes, le maximum de cohérence et de stabilité.

L'éducation de la volonté, qui est le but dernier assigné à l'activité humaine, ne s'accomplit que par une *éducation* préalable de *l'intelligence*, qui a, d'abord, pour résultat immédiat la transformation et l'*éducation des sentiments*.

79. Habitudes et éducation de l'Intelligence

L'intelligence, qui doit servir de principal instrument dans l'éducation de la volonté et la formation de la personnalité, dépend, dans son exercice et dans son développement, d'une part, des rencontres et des expériences auxquelles elle est soumise, et par là elle est passive; d'autre part, de l'autonomie mentale, c'est-à-dire de la raison qui est active et créatrice.

Mais il nous appartient d'exercer cette activité autonome, de produire l'effort d'analyser et de comprendre, ou bien de laisser agir en nous les influences empiriques qui sollicitent encore, malgré notre inertie, la puissance de penser, mais qui la contraignent, l'encombrent et l'obscurcissent.

Quand l'autonomie prédomine dans l'exercice de la faculté d'entendre, le résultat de nos efforts est l'acquisition de notions de plus en plus compréhensives, c'est-à-dire cohérentes, unifiées et stables. On arrive ainsi à la présence indéfectible du savoir obtenu. L'action de l'activité mentale devient, en conséquence, plus diverse, plus féconde et plus libre.

L'attention volontaire qui préside à la constitution des idées et du savoir scientifique devient de plus en plus libre de réprimer les distractions et de choisir l'objet de son application. Elle l'éclaircit et le fixe immuablement sous son regard. Nous avons déjà expliqué (33) comment, par son activité créatrice, elle analyse, éclaircit et fixe l'objet de la perception et, en le rattachant à d'autres objets, élargit de plus en plus le champ de la connaissance et l'horizon de l'esprit.

Si, au contraire, notre intelligence se borne à enregistrer passivement les influences externes, en amassant les faits à mesure qu'ils se déroulent au regard de notre expérience, notre connaissance va se compliquant et s'obscurcissant par *le défaut de liaison* entre des éléments ainsi juxtaposés et entassés. Nous restons à la merci des influences survenantes, étant incapables de les prévoir et de les écarter. C'est le cas de l'attention spontanée qui est, en réalité, un état d'instabilité radicale et une possibilité perpétuelle de distraction. Tout au plus peut-on espérer, dans ce cas, qu'une tendance prévalente retourne obstinément à une satisfaction unique, et s'attache à la conception exclusive de l'objet qui la procure. Dans ce dernier cas, il se forme des images exclusives et obsédantes qui accaparent l'attention. Elles sont en elles-mêmes relativement claires, et elles nous donnent un certain pouvoir et une certaine habileté à poursuivre le fantôme d'objets qu'elles nous présentent; mais aussi, nous n'avons plus alors de vue et de sentiments que pour cette image qui vit en nous au détriment de toutes les autres. Ce monoïdéisme ou cette idée fixe nous condamnent à une réaction uniforme, automatique ; il nous enlève toute indépendance pour penser et nous affranchir de l'obsession.

Dans la formation de la mémoire, c'est-à-dire dans l'*acquisition* des souvenirs, qui sont les matériaux de la connaissance, on constate l'effet de cette loi. Lorsque l'intelligence est active, l'empreinte des perceptions est plus *profonde*, le souvenir est plus *prompt* à se renouveler et aussi plus *facile* à reconnaître. Tout au contraire, si l'intelligence est inerte, les impressions laissent une trace à peine sensible, que des occasions exceptionnelles seules peuvent faire réapparaître, et qui, en tout cas, ne sont pas reconnues. Cependant, même dans le cas de cette inertie, l'intelligence n'est pas absente et produit déjà quelque liaison. C'est pourquoi la répétition peut compenser l'inattention et produire à la longue quelque souvenir durable.

Si l'on passe maintenant de l'*acquisition* des matériaux à leur *élaboration*, on découvre une forme mieux caractérisée de l'habitude active qui est l'aptitude à comprendre et à prévoir. L'exercice actif de l'esprit, c'est-à-dire l'opération intellectuelle qui tend délibérément vers un but et choisit intentionnellement les moyens qui y conduisent, aboutit à un savoir plus unifié et plus systématique, plus solide et moins exposé aux démentis. Il domine l'expérience future qu'il prévoit et dirige et ne se laisse pas interrompre par elle. Une intelligence ainsi cultivée est d'ailleurs plus souple, c'est-à-dire moins spécialisée dans un mode particulier de connaissance et capable de s'adapter à toutes les catégories de savoir. Plus l'étude d'une science, en effet, met en jeu les facultés générales de l'élève, mieux elle le prépare à connaître et à pénétrer son objet propre d'abord, puis à étendre son regard et sa clairvoyance sur des objets même différents. Un savoir qui s'adresse à des facultés particulières, un savoir spécialisé dans un mode d'observation ou dans une catégorie d'objets, embrasse moins pleinement et pénètre moins profondément son objet propre. En tout cas, il rend l'esprit qui est préoccupé de cet objet particulier impropre à toute autre mode d'investigation et à tout autre genre de savoir. De là résulte, pour l'éducation première, l'importance d'une culture générale des facultés, sans les spécialiser trop hâtivement et borner leur horizon à des objets déterminés. La spécialisation, qui est une condition imposée à l'esprit humain et une nécessité indispensable, vient plus tard et se fait alors d'une manière plus fructueuse.

Au total, la vraie culture de l'intelligence consiste dans l'emploi de la raison qui rassemble les éléments dispersés ou les matériaux de la connaissance sous la loi d'un idéal. Cet idéal, à proportion qu'il est mieux conçu, est un point de convergence ou d'orientation qui rapproche, relie, systématise les notions, formées conformément à l'ordre et assurées d'être vérifiées dans les entreprises à venir. Des notions ainsi formées sont des groupements d'expériences ou de faits, qui embrassent de plus en plus d'objets et prévoient de mieux en mieux l'avenir.

Toutefois ce progrès dans le savoir ne s'accomplit pas sans quelque déchet et sans quelques inconvénients sur des points particuliers. Un esprit adonné à une science particulière, en même temps qu'il voit accroître son aptitude à mieux comprendre l'objet de cette science, et aussi les objets plus ou moins analogues, voit augmenter la difficulté et se produire même l'incapacité à entrer dans la connaissance d'objets différents, surtout s'ils sont en contradiction avec le premier. Une aptitude, même intelligente, participe toujours, plus ou moins, de la routine.

Cette loi se vérifie d'abord dans l'acquisition des arts mécaniques, c'est-à-dire dans les travaux où l'esprit est assujetti aux conditions, soit d'une matière inerte, soit d'un obstacle, toujours opposé à la vigueur et à l'essor de l'intelligence. Mais elle est encore vérifiable dans les travaux proprement intellectuels qui ne s'accomplissent jamais sans mémoire et où par suite le souvenir nécessairement spécialisé, en raison de sa formation passive, condamne l'intelligence qu'il sert à une spécialité correspondante. Par exemple, la résistance, d'abord opposée par les matériaux à la pensée de l'artiste qui cherche à y incorporer son idée, est sans doute peu à peu vaincue à mesure que la pensée se rend maîtresse de ses instruments. Mais, en revanche, cette habileté ou aptitude acquise sur un point donné est une gêne et un obstacle à l'acquisition d'habitudes contraires. Un mécanisme et une routine, une fois formés, nous deviennent inconscients et ingouvernables. Ils s'opposent donc à toute action qui ne leur est pas conforme et à proportion qu'elle en diffère. Cette difficulté, moins sensible dans l'exercice de la pensée pure, y subsiste néanmoins par le fait de la mémoire, qui amasse et conserve le matériel des mots et des expressions, met l'esprit dans la dépendance d'un instrument fixé et relativement spécialisé. Une science quelle qu'elle soit dépend toujours d'une certaine catégorie d'expérience ou d'un certain mode d'observation. Le savant, qu'un long exercice a façonné à ce genre d'habileté, en subit à quelque degré la tyrannie.

L'inaptitude, en raison même d'une culture particulière développée, à s'assouplir à une autre culture est un fait constant et la marque des limites infranchissables imposées à toute activité humaine. L'esprit constructif des philosophes répugne aux lenteurs minutieuses de la recherche et de l'analyse scientifique. L'esprit de géométrie et l'esprit de finesse se contredisent ou à tout le moins cohabitent malaisément dans une même intelligence. « Il est rare, dit Pascal, que les géomètres soient fins, et que les fins soient géomètres... Les géomètres veulent traiter géométriquement les choses fines... voulant commencer par des définitions et ensuite par les principes, ce qui n'est pas la manière d'agir en ces sortes de raisonnement... Les esprits fins, au contraire, ayant accoutumé à juger d'une seule vue, sont si étonnés quand on leur présente des propositions où ils ne comprennent rien, et où pour entrer il faut passer par des définitions et des principes si stériles, qu'ils n'ont point accoutumé de voir ainsi en détail, qu'il s'en rebutent et s'en dégoûtent. »

80. Habitudes du sentiment. Éducation du sentiment.

Les sentiments sont, du moins à l'origine, éveillés en nous par une influence obscure et indéterminée. Les inclinations ou tendances, qui en sont à la fois le principe et l'effet, échappent à notre direction. Nous subissons l'impulsion de ces émotions sans en pouvoir démêler les mobiles cachés, sans soupçonner même quelquefois la présence et la nature des objets qui suscitent en nous l'appétit et le désir. Plus tard, le sentiment continue d'entrer comme facteur inévitable dans la formation de nos pensées et dans les motifs de nos actes; mais nous ne sommes plus condamnés à subir l'ascendant des sentiments obscurs primitifs. En d'autres termes nous ne dépendons pas décidément et exclusivement de notre tempérament et des circonstances. Si d'abord, en effet, par les expériences qu'ils suscitent et nous imposent, ils ont puissance de produire nos pensées et de déterminer nos actes, notre activité mentale peut, à son tour, en changer la direction et en rompre la violence. La culture intellectuelle, surtout si elle est jointe à l'énergie du vouloir qui la rend encore plus efficace, peut transformer nos sentiments primitifs et substituer aux affections naturelles et égoïstes des sentiments acquis désintéressés. Nous ne pouvons pas, d'ailleurs, espérer de transformer nos dispositions primitives par un effort direct du vouloir. Pour obtenir cette transformation il faut, ou bien nous en remettre aux lumières et nous soumettre au règlement d'autrui, ou bien, mieux encore, faire agir et développer nos propres lumières pour critiquer et réformer nos sentiments.

Le dressage, pratiqué sur les animaux et, quelquefois aussi, sur les enfants, paraît être une telle influence directe du vouloir sur le sujet à élever ou à transformer. Mais il n'est lui-même efficace que si l'éducateur et l'éleveur font usage, dans cette entreprise, d'*idées directrices* et suivent un plan arrêté et constant, déterminé par ces idées mêmes. Au surplus, une éducation, c'est-à-dire une transformation des sentiments, qui ne se ferait pas avec la collaboration de l'intelligence du sujet ne lui communiquerait aucune aptitude fixe et décidément possédée. Elle le mettrait dans la dépendance absolue du maître et des circonstances, et le rendrait ainsi maniable et déterminable par toutes les influences rencontrées.

Il faut donc passer nécessairement par l'intermédiaire de la connaissance pour agir efficacement sur les sentiments. Il faut même que l'intelligence employée dans cette œuvre soit, pour une part au moins, celle du sujet lui-même, et non pas seulement une influence exercée par le maître sur le disciple, qui alors subirait l'éducation sans la comprendre, et partant, sans en profiter.

Or, nous venons de le voir (79), l'intelligence au cours de son exercice acquiert des aptitudes à penser qui, ou bien la fixent à des images de moins en moins compréhensives et de plus en plus obsédantes et tyranniques, ou qui, au contraire, la rendent capable de notions de plus en plus larges et de mieux en mieux adaptées à une plus grande diversité de cas. En d'autres termes, l'intelligence aboutit tantôt à la routine stérile et, tantôt, s'élève à une liberté féconde. Or nos sentiments primitifs, c'est-à-dire nos instincts, sont des émotions qui s'éveillent en nous à l'occasion d'objets mal définis et trompeurs. Il appartient à l'intelligence de dessiner des objets qui loin de dépendre de l'éclosion spontanée, aveugle de l'appétit et de s'y conformer, précéderont au contraire, feront naître, façonneront et orienteront nos désirs. Nous sommes condamnés d'abord, à certains objets ou images qui sont le résultat d'associations instinctives, et qui sont, par suite, l'œuvre exclusive du sentiment. L'intelligence proprement dite critique, confirme ou révise ces associations spontanées, suspectes et trompeuses, et y substitue des jugements éclairés et sûrs. Elle fait succéder ainsi, à des croyances toutes affectives et abusées, des opinions fondées sur des raisons solides, que l'intelligence active seule peut découvrir.

a) *Influence du sentiment sur la pensée.* — Notre acvité intelligente est faite pour découvrir le vrai et proposer à nos tendances des objets qu'elles soient vraiment assurées d'atteindre et qui sont capables de les satisfaire. Mais nous pouvons, au lieu d'user de ce pouvoir en exerçant avec vigueur et indépendance notre énergie mentale, laisser l'intelligence soumise à l'influence des images instinctivement formées par nos appétits sensibles et notre faux besoin de bonheur immédiat.

C'est-à-dire qu'au lieu de discuter et de rectifier les suggestions sensibles, nous pouvons les accueillir et leur céder jusqu'à subir leur tyrannie. Car si l'intelligence se laisse ainsi dominer par les affections spontanées et les expériences, elle subit les images qui en résultent. Alors non seulement nous ne maintiendrons pas l'équilibre naturel des images et des émotions par lequel vit et subsiste l'être purement instinctif, mais l'exercice inévitable en nous de l'activité *mentale* nous conduira à des images de plus en plus exclusives et trompeuses, et nous engagera sous la loi de tendances de plus en plus égoïstes et abusées. D'ailleurs les images exclusives ainsi formées nous sont personnelles ; elles ne dépendent en effet que de la nature particulière de notre tempérament ou de nos prédispositions instinctives et du hasard de nos rencontres propres. Ces images, par suite, qui déjà excitent en nous des désirs qui oppriment toutes nos facultés au profit d'un seul appétit (passion), nous mettent encore en conflit avec les autres individus. Elles nous font contredire les désirs conçus par eux et formés avec le même arbitraire.

Il y a donc une influence fâcheuse du sentiment sur la pensée. La pensée faite pour gouverner, devient esclave, et esclave d'un maître aveugle et avide. Dans cette besogne qu'elle assume, et qui ne lui convient pas, loin de satisfaire aux exigences du maître elle les exaspère, les trompe, et le précipite presqu'aux extrémités du désespoir. La Rochefoucauld a bien exprimé le principe et les suites de cet aveuglement quand il a dit : « L'esprit est toujours la dupe du cœur. »

La *Logique de Port-Royal* a dénoncé ces sophismes du cœur qui font, comme le dit Molière dans un passage célèbre, imité de Lucrèce, que :

Dans un objet aimé tout nous devient aimable.

« Ce qui attache ordinairement les hommes plutôt à une opinion qu'à une autre... ce n'est pas la pénétration de la vérité et la force de raison, mais quelque lien d'amour-propre, d'intérêt ou de passion.. Nous jugeons des choses non par ce qu'elles sont en elles-mêmes, mais par ce qu'elles sont à notre égard ; et la vérité et l'utilité ne sont pour nous qu'une même chose... Mais cette illusion est bien plus visible lorsqu'il arrive du changement dans les passions : car quoique toutes choses soient demeurées dans leur place, il semble néanmoins à ceux qui sont émus de quelque passion nouvelle, que le changement qui ne s'est fait que dans leur cœur ait changé toutes les choses extérieures qui y ont quelque rapport. Combien voit-on de gens qui ne peuvent plus reconnaître aucune bonne qualité, ni naturelle, ni acquise, dans ceux contre qui ils ont conçu de l'aversion, ou qui ont été contraires en quelque chose à leurs sentiments, à leurs désirs, à leurs intérêts ? »

« La passion, dit aussi Malebranche, dispose toujours

l'esprit à former des jugements qui la justifient ». On a voulu fonder là-dessus, une *logique des sentiments* qu'on a prétendu opposer, sinon égaler, à la logique de l'entendement. Sans doute, dans la vie instinctive, les satisfactions éprouvées, les succès obtenus peuvent passer pour des preuves suffisantes de nos tendances instinctives. C'est dans ce cas seulement qu'il est vrai de dire que ce n'est pas parce qu'une chose est bonne qu'on la désire, mais que c'est au contraire parce qu'on la désire qu'elle est bonne. Partout ailleurs, le sentiment, comme l'imagination, est source d'erreur et de fausseté.

Dans la recherche de la vérité, les sentiments doivent être soumis aux exigences de la raison. Le cœur qui cherche le vrai n'obéit pas aux passions, mais à la loi du devoir. Il ne songe pas à méconnaître les règles de la logique pour arriver plus vite à son objet. S'il dépasse le raisonnement par la hardiesse de son invention créatrice, c'est encore en s'appuyant sur elle et en réclamant son contrôle.

b) Influence de la pensée sur le sentiment. — Si au contraire c'est la pensée active qui influe sur le sentiment, au lieu de subir sans résistance l'attrait des sollicitations instinctives, l'intelligence fait effort pour discuter, analyser et réformer l'objet des tendances primitives. D'un mot, elle substitue aux images, des idées et aux appétits aveugles, des inclinations réfléchies. De telles idées ou notions nous présentent des objets qui, au lieu de s'exclure les uns les autres, ont des relations claires qui les impliquent les uns dans les autres. L'idée scientifique d'une espèce en biologie n'exclut pas, mais implique et renferme pour ainsi dire l'idée des autres espèces au milieu desquelles elle se classe. De la même manière l'idée d'un bien pour la volonté n'est pas la conception d'un but qui nous détourne des autres buts également utiles à poursuivre et qui nous les masque, comme la préoccupation d'un intempérant, d'un ambitieux, d'un avare, les détourne d'autres soucis qu'elle leur fait oublier et les jette en conflit avec leurs semblables. Elle est la représentation d'un objet qui en enveloppe en très grand nombre d'autres. Au surplus, dans la poursuite de cet objet nous venons en aide à ceux qui le recherchent comme nous, loin de les contrarier ou de leur nuire. C'est ainsi que nous dirigeons nos efforts vers l'utilité commune, où s'enveloppe notre utilité propre, parce qu'elle procure, indivisiblement, le bonheur de tous et de chacun. Ainsi les tendances dirigées par les idées de l'entendement ne s'excluent pas les unes les autres ni ne se contredisent. Au contraire, elles concordent ensemble et se fortifient entre elles. Elles proposent du même coup à la poursuite de notre volonté des objets qui peuvent être recherchés et obtenus en commun, et dont le partage et la communication, loin d'en diminuer et d'en troubler la possession, l'augmentent et la consolident. C'est le cas des sentiments esthétiques et des vérités scientifiques. La joie de les posséder, loin d'être égoïste, demande à être le plus possible répandue et communiquée. C'est le cas enfin et surtout des sentiments moraux qui s'exaltent dans l'accomplissement d'un devoir profitable à tous, comme le patriotisme, la charité, etc.

En même temps, cette action de la pensée, qui fournit à nos sentiments des objets plus exactement définis et plus véritables, nous donne une plus grande sécurité dans l'espoir de les atteindre. Elle nous rend aussi de plus en plus libres à l'égard de la nature, puisqu'elle augmente incessamment l'aptitude à concevoir des objets et à former des notions qui nous libèrent des servitudes d'une expérience toujours imparfaite. La liberté d'action de l'activité scientifique s'oppose manifestement à l'esclavage et à la routine des préjugés de la connaissance vulgaire.

CHAPITRE II

LA VOLONTÉ ET LE CARACTÈRE

Sommaire : **81.** Le caractère est constitué par les habitudes de la volonté. — **82.** Les habitudes dépendent de la prévalence obtenue, tour à tour, par la sensibilité, l'intelligence et l'autonomie dans la formation du vouloir. D'où trois sortes de caractères : émotifs, intellectuels et volontaires.

81 — Habitudes de la volonté. Formation du caractère.

Notre volonté a pour principe ou premier moteur la liberté, mais ne doit pas être confondue avec elle. La liberté, comme la raison, est le principe intérieur de tous nos développements individuels, mais elle n'est, comme la raison encore, qu'un principe directeur de toutes nos démarches. Elle ne constitue, à elle seule, aucune d'elles. Cette virtualité ou puissance est présente en tous et à tous les moments du développement de chacun ; mais elle ne se réalise et ne se manifeste que sous certaines formes individuelles et caractéristiques, qui sont le vouloir d'un individu, à un moment donné et dans des circonstances données.

Par cela même qu'elle est un principe virtuel, la liberté est un *absolu* qui ne connaît ni habitudes, ni degrés. La *volonté* au contraire est une puissance concrète qui, sans cesser jamais d'être libre, passe par tous les degrés du pouvoir, et traverse des habitudes ou manières d'être qui la rendent très différente d'elle-même dans les différentes phases de son développement. Elle peut ainsi passer, par des intermédiaires sans nombre, de l'esclavage à peu près entier à l'indépendance presque complète. L'homme sobre et l'homme intempérant sont également libres. Ils ne disposent pas pourtant du même degré de puissance effective ou d'indépendance devant la tentation.

La volonté ainsi définie se confond avec *notre caractère*, qui est l'ensemble de nos dispositions naturelles et de nos habitudes acquises. Elle en subit toutes les vicissitudes.

La volonté ou le caractère se forment donc par l'acquisition d'habitudes qui ont pour principaux facteurs :

1° Des prédispositions naturelles qui constituent *le tempérament*.

2° Le degré d'intelligence ou d'*aptitude à connaître* possédé par un individu.

3° L'intervention de *l'activité morale ou autonome*, qui est le facteur déterminant de l'exercice de l'intelligence employée à réformer et organiser les tendances naturelles. Ce troisième élément est le facteur principal et décisif. C'est lui en effet qui donne aux habitudes prises une marque personnelle ou caractéristique. L'individualité véritable, c'est-à-dire la personnalité, se dessine à proportion de la vigueur de l'effort volontaire pour éclairer l'intelligence et réformer les passions.

En effet, les dispositions naturelles abandonnées à elles-mêmes nous réduiraient à la condition des animaux ou à l'instinct. Nous mettant à la merci des influences auxquelles notre tempérament nous rend sensibles et dociles, elles feraient de nous des êtres spécifiques, uniformément semblables dans les limites de l'espèce et dans un milieu donné.

L'intelligence, à son tour, n'apporte pas de remède efficace à cette dépendance et à l'inconstance qui en résulte. Elle est elle-même un don de la nature. Sans doute, elle est une disposition qui nous rend plus lucides et plus pénétrants, par suite plus clairvoyants et prévoyants, donc moins facilement déconcertés par les rencontres. Mais, tout compte fait, ce don d'intelligence est naturel ; il ne dépend pas de nous. En conséquence, il est dans la dépendance des expériences. L'entendement ne donnera donc pas, aux appétits et aux tendances qu'il organise, une cohésion et une fixité qu'il ne possède pas en lui-même. Un homme intelligent n'est pas nécessairement un homme de caractère. La raison idéale, qui est le principe de notre connaissance, ne s'exprime jamais assez clairement par les définitions de l'entendement qu'elle produit en nous, pour communiquer à nos désirs et à nos démarches l'unité et la stabilité qui est son privilège.

Il faut donc que notre énergie morale, c'est-à-dire la correspondance plus ou moins docile de notre vouloir aux appels et aux sollicitations de la raison idéale, donne à notre intelligence, d'abord, et à nos sentiments ensuite, cette constance et cette continuité dans le développement, qui constituent seules un caractère véritable et lui donnent l'originalité, marque distinctive du vouloir humain et de la personnalité.

Tout individu humain possède en effet, une volonté originale, ou un caractère qui lui est propre. Mais cette originalité n'est pas plus absolue que la liberté n'est entière. Pour obtenir ce double résultat il nous faudrait être capable d'une connaissance parfaite de la nature et de notre destinée, ou du rôle propre que nous avons à remplir, car cette connaissance seule pourrait assurer notre parfaite autonomie. Les caractères humains seront donc encore *spécifiques* et se rapprocheront plus ou moins de la complète individualité, mais sans jamais y atteindre. Dans cette diversité de degrés d'originalité il y a donc des caractères plus ou moins originaux ou plus ou moins individuels.

Il y a lieu de distinguer ce qu'on appelle *le caractère* en général et ce qu'on appelle *un homme de caractère*. On réserve ce dernier nom à l'individu qui possède le maximum d'indépendance et qui manifeste, par suite, le maximum de conformité avec soi-même. Mais c'est encore un caractère, que d'avoir un caractère instable et dépendant, et même pour ainsi parler, de n'avoir pas de caractère.

Pour établir le mode de formation des divers caractères il faut d'abord définir le *caractère en général*. On reconnaît, communément, un caractère à deux traits principaux.

1° Il est un système cohérent de dispositions et d'aptitudes élémentaires qui s'entre-commandent de telle sorte, que l'on peut toujours s'attendre à rencontrer autour de l'une de ces dispositions toutes les autres. Exemple, un certain degré et une certaine sorte d'intelligence commande et détermine un certain genre de sensibilité, et une forme particulière de l'énergie ou du vouloir. Réciproquement on peut conjecturer, d'après la physionomie des passions ou le degré de volonté ou d'énergie morale d'un individu, quelle est la nature de son intelligence. Cette première propriété est *l'unité* qui relie entre eux tous les éléments du caractère individuel.

2° On attribue encore à tout caractère quel qu'il soit la fixité ou la *stabilité*. La connaissance d'un caractère permet en effet de prévoir quelle sera dans l'avenir la conduite de l'individu qui le possède. Elle nous met en état de tabler sur sa conduite future dans les limites mêmes et à proportion de l'indépendance et de l'originalité de ce caractère.

Toutefois cette stabilité, qui autorise la prévision des démarches d'un individu, à proportion de la *personnalité* qui le caractérise, diffère sensiblement de celle que l'on constate et que l'on utilise quand l'on veut gouverner les instincts animaux, en s'appuyant sur des définitions spécifiques. Ici on ne commande à la nature qu'en lui obéissant, parce qu'on ne prévoit ou imagine qu'en se souvenant.

S'il s'agit, en effet, de *définition spécifiques*, l'avenir que l'on prévoit est identique au passé constaté. Par suite la fixité qu'on attribue aux êtres ainsi définis est une uniformité sans changement, analogue à celle des événements que régissent les lois physiques. *Posita causa, ponitur effectus.* Il suffira donc que les circonstances de la production de l'effet soient les mêmes pour être assuré d'obtenir les mêmes résultats.

Une définition spécifique est *stable*, c'est-à-dire certainement justifiée dans tous les cas à venir, en ce sens qu'elle énonce et détermine une fois pour toutes, quelles seront les réactions de l'être instinctif dans des circonstances données. Une telle définition nous fait connaître quelles circonstances le détruisent, quelles le conservent ou le développent ; et par quelle influence on peut avoir action sur lui pour le déterminer à une certaine conduite ou la lui interdire. On peut vérifier ce point dans la pratique du dressage. Les prévisions, fondées sur de pareilles notions ou autorisées par de semblables jugements, ne sont d'ailleurs des prévisions qu'en apparence. Elles ne prédisent *l'avenir* que si les conditions dans lesquelles l'être défini doit agir sont bien conformes à celles de son action passée, observable et constatée. C'est dire qu'elles refusent à cet être toute initiative, ou bien que, de parti pris, elles méconnaissent la spontanéité qu'il peut posséder et les suites négligeables que cette spontanéité peut avoir. La moindre considération de la spontanéité de cet être nous réduirait à craindre des réactions changées pour des influences ou des sollicitations pourtant semblables. Négligeant de tenir compte de la spontanéité individuelle il nous est loisible et facile de prévoir la conduite d'un animal placé dans telle ou telle circonstance. Mais en même temps, et par cela même, nous ne pouvons pas nous rendre certains que cet être durera ou seulement subsistera semblable à lui-même *en toute rencontre*. Il est à la merci des circonstances, étant incapabable de les surmonter si elles lui sont contraires, et, plus encore, de les changer et de se les rendre favorables. La définition *spécifique* ou *abstraite* que nous possédons d'un tel être ne permet de prévoir l'avenir que pour des circonstances identiques au passé.

Pourtant, déjà les animaux ne sont pas influençables à ce point par les circonstances ni entièrement déterminés par elles. Leur plasticité n'est pas radicale ; leur spontanéité confusément orientée, leurs exigences constitutives donnent quelque garantie de la continuité de leur conduite quelles que soient les rencontres. On peut, en effet, prévoir qu'un animal agira toujours d'une certaine manière, dans des limites marquées par la définition de son espèce. Sa spontanéité le rend capable de s'adapter aux circonstances, de franchir les obstacles ou de les écarter. C'est pourquoi nous avons dû leur reconnaître, contre les prétentions du mécanisme, une conscience qui sent, qui se souvient et qui imagine.

A plus forte raison, pourrons-nous appuyer des prévisions certaines de l'avenir sur la définition du caractère humain. Et cela, avec d'autant plus de certitude et de sécurité, que ce caractère sera *plus original*, c'est-à-dire plus indépendant et *plus volontaire*. La possession du caractère en effet, met l'individu raisonnable à l'abri des influences et en possession de choisir, de modifier et même de créer les circonstances de son action pour la rendre continue et constante avec elle-même. Un caractère volontaire qui se place d'emblée, par sa correspondance à la raison ou son effort courageux pour y répondre, dans le sens de la vérité, doit infailliblement produire des démarches toujours plus cohérentes, plus suivies et plus assurées du succès.

82. — Définition et classification des différents caractères.

Pour expliquer la *formation* des différents caractères, ce qui est la vraie manière de les *définir* et ce qui revient à *les classer*, il ne suffira pas, comme en histoire naturelle, de rapprocher les différents spécimens et de les comparer, pour en extraire les traits semblables et constituer, du groupe de ces propriétés, la *définition commune*. Nous n'avons plus affaire ici à des groupements spécifiques uniformes, ou dans le secret de l'individualité desquels, en tout cas, il n'est pas donné à notre analyse de pénétrer. Il s'agit d'habitudes liées et formées par une activité intelligente. Dans leur genèse notre regard peut découvrir le mode de leur développement et de leur formation. « A mesure qu'on a plus d'esprit, dit Pascal, on trouve qu'il y a plus d'hommes originaux ».

Pour classer les caractères il faudra donc tenir compte de la volonté plus ou moins énergique qui donne à l'intelligence une puissance plus ou moins grande de se rapprocher de l'idéal de l'ordre, d'y fixer ses conceptions, et de rendre par là nos démarches de plus en plus unifiées par la poursuite d'un idéal. Nos actions sont, en effet, mieux éclairées et de plus en plus constantes et affermies dans la direction de cet idéal.

Sur ce principe, on classera les caractères d'après les indications fournies par leur genèse, c'est-à-dire *selon le degré d'intervention et d'efficacité du vouloir* pour modifier et ordonner les dispositions naturelles, par le moyen d'une intelligence plus ou moins éclairée et plus ou moins pénétrante.

On traverse alors trois degrés principaux de cette efficacité : les caractères *émotifs* ou impulsifs, qui sont aussi des caractères instables ; les caractères *intellectuels* qui réparent cette instabilité, et présentent l'apparence de l'indépendance sans atteindre jusqu'à la constance et à l'autonomie ; les caractères *volontaires* qui seuls sont vraiment autonomes et constants ou conséquents avec eux-mêmes dans leurs démarches.

a) *Caractères émotifs et instables*. — Ce genre de caractères est celui qui dépend le plus du *tempérament*, la volonté n'ayant point fait d'effort pour contredire comme elle le pouvait, les tendances prédominantes établies en nous du fait de la nature; ou bien ayant rencontré dans ces prédispositions naturelles des impulsions ou des résistances trop vives qu'il lui a été difficile, sinon impossible, de réprimer et de vaincre.

Il est toutefois important de bien entendre la nature de cette *dépendance du caractère à l'égard du tempérament ou de l'organisme*. On ne peut pas vouloir dire que le tempérament, au sens d'organisation biologique, détermine la forme du caractère. En réalité, le tempérament ou l'organisme n'est lui-même que *l'expression* de nos tendances psychologiques. Si l'on veut, en effet, connaître la nature de l'influence exercée sur nos dispositions mentales à travers l'organisme, il est indispensable de remonter et de pénétrer jusqu'au sens caché, plus ou moins obscurément ou clairement signifié par l'aspect biologique de nos organes. Cet aspect biologique est pour l'activité mentale un système de signes ou un langage qu'elle est capable d'interpréter avec une profondeur et une exactitude relatives. Cette interprétation est, en tout cas, le seul moyen que nous ayons de démêler la signification psychologique d'un système organique et de pénétrer les tendances, impulsions ou résistances, que cet organisme nous signifie et nous impose. Il n'est donc pas question de pronostiquer d'abord la nature d'un caractère, et, à plus forte raison, d'en expliquer les tendances et les aptitudes en se fondant sur un organisme simplement constaté ou étudié d'un point de vue exclusivement biologique.

La nature psychologique de nos semblables nous est pénétrable et connue par leurs gestes et leurs démarches.

Tout geste ou toute démarche humaine a une *signification*. Le langage, qui complète les gestes et les éclaire, achève de nous faire démêler le sens obscurément proposé par les mouvements extérieurs et nous révèle les *pensées* d'autrui. De la même manière, mais avec moins de clarté et de distinction, les *émotions* et les *passions* peuvent nous être exprimées et signifiées par des modifications et des arrangements organiques ou physiologiques. Mais ces modifications, qui sont proprement biologiques, ne peuvent devenir significatives pour le psychologue que s'il s'en rapporte d'abord aux gestes et aux démarches par où s'expriment plus clairement les passions, et, à travers ces premiers signes, au langage humain par lequel le sujet de ces passions, de ces tendances et de ces aptitudes témoigne qu'il les éprouve et qu'il les possède. C'est par ce procédé seulement, et par ces intermédiaires, qu'il nous est possible de lire dans les organismes les dispositions psychiques et mentales.

D'ailleurs, en fait, les organismes et les tempéraments ne sont rattachés aux caractères qu'on prétend, à tort, en faire dépendre que par l'examen psychologique *préalable* de ce caractère même. Si donc on veut classer les tempéraments, non plus seulement au point de vue biologique, mais au point de vue psychologique des caractères qu'ils accompagnent et auxquels ils inclinent les individus qui les possèdent, on ne le peut faire qu'en s'informant, d'abord, de quelle espèce étaient les caractères manifestés physiquement par les organismes. Exemple : on ne distingue déjà l'organisme sain de l'organisme malade que par le bien-être ou le malaise *exprimé* d'une manière quelconque par le sujet. A plus forte raison, ne peut-on démêler les cerveaux et les organismes bien faits des autres, ou les aptitudes particulières qu'ils signifient, que par l'étude préalable des œuvres produites par les possesseurs de ces cerveaux et de ces organismes. Les études plus ou moins fructueuses que l'on entreprendra de faire sur des cerveaux de mathématiciens ou de musiciens, par exemple, ne peuvent naturellement porter que sur des cerveaux de gens qui ont fait des mathématiques et de la musique, ce qu'il est indispensable de savoir d'ailleurs, et par une autre méthode.

Mais, au surplus supposant même qu'on puisse attribuer la prédominance d'une tendance affective ou d'une aptitude intellectuelle à la possession préalable d'un organisme ou d'un tempérament, le genre et le degré d'influence exercés sur le caractère individuel par le développement de cette tendance ou de cette aptitude dépendraient toujours, pour une bonne part, de l'exercice de la volonté qui aurait d'abord favorisé ou contrarié ce développement. En effet, un caractère émotif, ou instable a toujours pour origine une abdication à peu près entière de notre libre-arbitre devant l'influence des sentiments originels, à qui il a été ainsi donné de devenir prévalents. C'est un cas de l'influence, signalée plus haut, du sentiment sur la pensée et sur le vouloir. Cette abdication et ses suites peuvent d'ailleurs être facilitées, quelquefois même imposées, par la médiocrité du don intellectuel. Pourtant ce mal originel n'est pas entièrement irréparable. D'abord on peut suppléer au défaut ou à la pauvreté de la puissance intellectuelle par l'énergie du vouloir. Il n'est pas sans exemple qu'un élève médiocrement doué arrive par son application et l'énergie de son effort personnel, à s'égaler au rival mieux traité par la nature, mais insoucieux de l'effort et lâche devant l'obstacle. En outre, la bonne volonté est docile et se laisse guider par les meilleurs qu'elle sait découvrir, et à la clairvoyance desquels elle abandonne sagement la conduite de sa faiblesse.

En tout cas, et quelles que soient les raisons qui contraignent ou font céder le vouloir devant les influences naturelles qui nous assiègent et préoccupent dès l'origine, *la caractéristique des individus en proie à leur sensibilité est leur dépendance inévitable à l'égard de toute sollicitation qui s'exerce dans le sens de la passion dominante.* Il en résulte l'impossibilité de prévoir leur conduite, faute de pouvoir conjecturer avec assurance la présence ou l'absence des objets qui peuvent les exciter ou les déterminer à agir.

L'*unité* qui subsiste dans un tel caractère, et, par suite, l'uniformité qu'on peut leur attribuer avec la possibilité de prévoir leur conduite, résultent de la systématisation inévitable des tendances autour de la tendance prévalente.

Leur *stabilité* consiste seulement en ce fait que des démarches uniformes sont inévitables toutes les fois que sera donnée la présence et l'excitation d'un objet conforme à la passion maîtresse. On peut donc prévoir que cet objet étant offert, la conduite habituelle suivra.

Ces caractères ont, en outre, une certaine clairvoyance pour démêler et rechercher l'objet de leur appétit, et par suite ils sont vraiment caractérisés ou distingués de tout autre par l'obstination à poursuivre ce genre particulier d'objets.

Mais cette singularité caractéristique est bien éloignée et bien différente de l'originalité du caractère volontaire. L'unité de ces caractères reste précaire, parce que leur clairvoyance est trompeuse ; et leur stabilité même devient une inconsistance, parce que la poursuite d'un objet mal défini et d'ailleurs irréalisable expose à tous les pièges et à toutes les déceptions. Ce caractère est donc au total très peu singularisé ou différencié. Même, il tend à ramener insensiblement l'individu qui le possède à l'instabilité et à l'uniformité spécifique de l'instinct. Les malades obsédés d'idées fixes ou en proie aux monomanies sont une vérification et une illustration de ce défaut.

b) **Caractères intellectuels.** — A défaut d'une volonté droite et confiante en la raison, l'intelligence possédée par un individu peut remédier à l'instabilité radicale des tendances, évidente, comme nous venons de le voir, même dans les cas de monomanie et d'idée fixe.

Les caractères intellectuels sont d'abord relativement stables ; c'est-à-dire qu'ils se développent avec une continuité suffisante, malgré la contrariété et la diversité des circonstances. L'intelligence qui les inspire et les dirige est faite pour tenir en échec et pour corriger au besoin l'inconsistance ou la mobilité de l'expérience, qui engendre, dans les caractères émotifs, l'instabilité des démarches. Toutefois la perspicacité de l'entendement ou sa clairvoyance est elle-même un don naturel, elle dépend donc, à son tour, de la nature particulière de ce don ainsi que des vicissitudes et des rencontres plus ou moins favorables qui en facilitent ou contrarient le développement. Des caractères qui ne sont qu'intellectuels, c'est-à-dire dont la faculté d'entendre n'est pas dirigée et soutenue par une volonté attentive et droite, se trouveront encore à la merci des expériences, et par suite dans la dépendance des rencontres.

En effet, les dons de l'intelligence peuvent être, d'abord, favorisés ou entravés par des dispositions affectives et, dans cette mesure même, déterminés par le tempérament. Au surplus, ces mêmes dons sont multiples et il en résulte des déterminations particulières imposées aux caractères intellectuels. Outre la mémoire, par où la vigueur intellectuelle se rattache le plus étroitement à l'organisme, il y a des facultés logiques et des facultés esthétiques qui donnent lieu à deux types bien définis d'intelligences et de caractères. Ces deux sortes de prédispositions naturelles inclinent la volonté dans des sens déterminés, et, à moins qu'elle ne résiste, ne lui laissent pas le pouvoir de trouver le vrai et de s'y fixer.

Les esprits *pratiques* doués de l'esprit géométrique dont parle Pascal (79) sont des intelligences mathématiques et positives. Elles se bornent et s'attachent à l'étude minutieuse des faits qu'elles parcourent et embrassent patiemment dans toute leur complexité. Leur règle est la prudence, et leurs conjectures timides ne dépassent jamais les enseignements du passé et les résultats, rigoureusement contrôlés, de l'expérience. Les esprits *spéculatifs*, au contraire, sont des intelligences idéalistes, qui devancent impatiemment les faits et inventent l'avenir au risque de s'égarer. Leur hardiesse est d'ailleurs souvent légitime et presque toujours nécessaire. On reproche à l'entendement à priori ou créateur, tantôt l'incertitude de l'esprit critique et désabusé qui, mécontent du passé, ne peut rien substituer, qui le satisfasse, aux constructions que son dédain et son dégoût lui ont rendu intolérables, tantôt la témérité dangereuse de l'idéal irréalisable, et en tout cas inopportun, qu'il oppose au réel. Mais l'hésitation de l'esprit critique ne doit être qu'un moment de la démarche et, comme le doute méthodique de Descartes, la recherche de fondements plus fermes pour des constructions plus solides. Elle est une méfiance et un scepticisme nécessaires pour se déprendre du prestige de l'imagination sensible et s'arracher au dogmatisme irréfléchi du sens commun. En outre la hardiesse inventive de l'esprit constructeur, *si elle est patiente et méthodique*, en désignant et en annonçant l'avenir, que le présent masque et rend suspect, contribue efficacement à le produire et à le faire apparaître tôt ou tard.

En tout cas, l'intelligence peut avoir pour effet de prévoir l'avenir d'après le passé et de corriger par suite l'instabilité des tendances en leur fixant des objets mieux conçus, donc de plus en plus certains et de plus en plus sûrement accessibles.

Mais un homme intelligent n'est pas encore et nécessairement un homme de caractère. L'intelligence peut, par exemple, se laisser séduire par un intérêt que le vouloir n'a pas su discuter ni écarter, et servir ainsi d'instrument pour se procurer l'objet de cette tendance en ménageant les moyens les plus sûrs de l'obtenir. Il y a d'ailleurs des passions très avisées, comme l'ambition, qui fixent bien mieux la conduite d'un homme et lui donnent une unité bien plus consistante que ne font les passions basses, comme la cupidité ou l'intempérance. Elles sont intelligentes et se donnent pour fin un objet mieux médité et plus sûrement réalisable. Mais cette fin elle-même de l'ambition ne dépend pas exclusivement de celui qui la poursuit. Elle peut l'obliger à changer incessamment de conduite, pour rejoindre un objet qui change incessamment sous ses yeux, ou dont tout au moins les moyens d'accès sont indéfiniment variables.

L'intelligence se trouve donc être toujours à la merci d'une sensibilité plus ou moins vive et plus ou moins incertaine et inconstante dans ses affections. Les rencontres d'ailleurs ne sont pas infailliblement au service de nos désirs.

On peut en somme, distinguer deux sortes de caractères intellectuels qui expriment d'ailleurs deux degrés différents d'intelligence. 1° Les caractères intellectuels qui sont surtout déterminés dans leurs recherches par les émotions de la sensibilité, parce que leurs désirs ou leurs appétits très vifs imposent leurs exigences à l'entendement et le condamnent à les satisfaire. Un type bien défini de ce genre de caractère est le tempérament attribué aux artistes, intelligent au fond, mais plus sensible qu'énergique. 2° Une autre forme du même caractère serait, au contraire, la possession d'une intelligence au service d'une sensibilité modérée, qui permettrait des investigations de sens rassis et laisserait à l'intelligence toute sa lucidité pour découvrir les objets véritables et les rendre désirables à la volonté. Mais là encore l'intelligence manque de ce dernier degré de cohérence et de continuité qui est la marque exclusive des caractères vraiment volontaires.

c) **Caractères volontaires.** — On peut voir, même dans la possession d'une volonté constante ou d'un esprit ferme et résolu, quelque chose d'un don de la nature. Il suffit, en effet, avant tout exercice préalable du vouloir autonome, d'être doué d'une sensibilité tempérée et d'une intelligence lucide, pour posséder au moins les germes d'une volonté énergique. A ce résultat contribue encore, et d'abord, un tempérament sain, équilibré et vigoureux.

Mais, en réalité, cette heureuse disposition ou cet équilibre réclame un concours de circonstances compliqué, plus rare, en fait, que la possession innée d'une aptitude intellectuelle. En outre, il y a toujours, même chez les individus les plus favorisés à ce point de vue, quelque tendance affective plus marquée, et, par suite, un aveuglement correspondant de l'intelligence, que l'expérience oriente à son insu et jette dans la poursuite des satisfactions de cette tendance. On peut donc dire qu'un caractère volontaire est, presque toujours, l'œuvre même de la personnalité. Celui-là seul qui *veut* user du pouvoir de s'affranchir, commun à tous, mais dont l'exercice et le développement est individuel et caractéristique, réalise le maximum de cohérence et de constance dans les démarches et d'originalité dans la conduite.

En effet, la volonté libre, entendue dans le sens d'une correspondance à l'ordre qui la sollicite, peut seule animer l'intelligence et l'orienter vers le mieux. C'est cette intelligence, ainsi dirigée et soutenue, qui assure la solidité et la continuité du progrès. Ainsi, ces trois traits distinctifs qui constituent essentiellement tout caractère, *la cohérence*, la *stabilité ou la continuité* du développement et, au total, l'*originalité* qui individualise la personne humaine, se rencontrent au maximum dans le caractère volontaire.

Dans les caractères instables ou émotifs il y a sans doute un minimum de cohérence, de continuité et d'originalité. En effet une activité mentale ou raisonnante se dirige immanquablement vers un objet choisi, et persiste dans la poursuite avec une continuité qui est assurée par l'obstination du désir. Mais cet objet mal défini établit une cohérence précaire et une continuité sans cesse interrompue dans la poursuite ; la tendance maîtresse n'est stable qu'en apparence. Il n'est pas permis de compter sur la conduite à venir d'un tel caractère qui dépend trop des circonstances et qui est trop sujet à l'illusion. Les caractères intellectuels remédient, mais seulement en partie, à ces inconvénients.

Mais lorsque, au contraire, nos conceptions, nos affections et nos démarches sont le produit d'un effort personnel pour répondre aux appels de la raison et suivre les inspirations de l'ordre, nos conceptions s'éclairent, nos démarches s'affermissent et se fixent à mesure de nos progrès et de nos expériences. La bonne volonté se corrige donc incessamment et dans le même sens, et substitue, en raison et à mesure de ce progrès, des buts plus fixes et plus assurés aux vues incertaines qui avaient d'abord dirigé l'entreprise.

Il en résulte, à la limite, une continuité de démarches convergentes dans la même direction; une cohérence des facultés, non plus statique mais dynamique, c'est-à-dire un faisceau de plus en plus serré et durable de tendances concordantes; et enfin la possibilité de prévoir ce qu'on peut attendre d'un tel caractère, quoi qu'il arrive. On atteint ainsi le maximum de stabilité, de personnalité originale, d'autonomie ou de liberté.

CHAPITRE III

LA LIBERTÉ

Sommaire : **83.** On ne peut percevoir la liberté dans aucun des moments de l'action volontaire. — **84.** On ne peut donc la définir, ni par la résolution, ni par le jugement, ni par le désir. Elle consiste dans le pouvoir de critique possédé par la raison. — **85 et 86.** La liberté ne se prouve ni par l'observation, ni par le raisonnement. — **87.** Nous nous sentons libre dans l'exercice de notre pouvoir de raisonner. — **88.** Le déterminisme n'a d'arguments que contre la liberté d'indifférence. Nous ne sommes déterminés, ni en fait ni en droit. Les événements historiques et la découverte des lois scientifiques sont, pour une part, notre œuvre. La raison ne s'exprime pas par l'axiome d'identité, mais par le principe de finalité ou du meilleur.

83. — **La liberté n'est pas un objet d'expérience. Aucun acte observable ne la manifeste.**

Le vouloir est libre dans son fond ou dans son principe; mais il est, en même temps, sinon déterminé, du moins influencé dans ses manières d'agir par le *caractère* possédé au moment de l'action et par les *circonstances* données. Si ce vouloir a été formé d'une manière active, c'est l'énergie du caractère propre qui domine dans la manière d'agir; elle devient ainsi constante et régulière. Si, au contraire, il a été formé d'une manière passive, ce sont alors les circonstances changeantes qui l'emportent sur un caractère instable, dépendant des rencontres et n'agissant guère que sous leur influence. Il y a donc lieu de distinguer, comme nous l'avons déjà fait, entre l'autonomie ou la liberté, principe de la formation de tout caractère, et la volonté de chaque individu et à chaque moment, qui est un pouvoir actuel, réalisé et manifesté dans les actions mêmes de cet individu par le succès que ces actions obtiennent.

Cette liberté cachée au cœur même de l'agent moral et qui échappe, par là même, à tout regard du dehors, donc à toute représentation même intellectuelle, a pu être tour à tour contestée ou méconnue par tous ceux qui ont voulu la démêler et la saisir par observation ou par entendement.

Montrons d'abord qu'elle n'est observable à aucun *moment* du développement temporel ou empirique d'une action libre. La liberté, qui est identique en tous et à tous les moments de l'activité de chacun, ne saurait être constatée dans un moment du temps ou dans une manifestation donnée du vouloir. Le *caractère empirique*, c'est-à-dire, la puissance actuelle du vouloir, commandée et déterminée par ses états antérieurs et les circonstances de son action, peut seul être observé. D'ailleurs toute observation et, par suite, toute représentation, est empirique et ne peut atteindre qu'une liaison qui fait dépendre les uns des autres les phénomènes rattachés entre eux; elle ne découvre en aucun d'eux le privilège d'engendrer les autres par une déduction exclusivement analytique. Or une action ne saurait être reconnue libre que si elle se présentait à nos regards comme un commencement absolu, sans cause antécédente et sans condition actuelle de son apparition.

C'est donc une erreur de chercher la liberté, comme on a coutume de le faire, dans le seul instant de la *résolution* ou *décision volontaire*. Cette puissance d'initiative est également répandue dans tous les moments que traverse une action humaine Ces divers moments peuvent être distribués de la manière suivante : 1° la sollicitation ou le désir; 2° la délibération ou le jugement; 3° la décision ou résolution, que suit l'exécution ou le passage à la réalisation de la décision prise.

La résolution et l'exécution, en effet, dépendent manifestement de l'attitude prise par le vouloir dès le moment initial de la sollicitation. Selon cette attitude nous sommes déjà engagés à examiner les objets qui nous sollicitent avec une impartialité plus ou moins grande, une intelligence plus ou moins lucide et une énergie morale plus ou moins vigoureuse. Par conséquent, la délibération est déjà comme prévenue et préformée dans cette attitude. La résolution et l'exécution, par l'intermédiaire de la délibération, découlent naturellement de cette attitude et de ses suites. Mais, en même temps, nous conservons, jusqu'au moment de l'exécution compris, un pouvoir de remettre en question l'objet arrêté par la résolution volontaire, et même de critiquer et de réformer les tendances primitives qui nous ont d'abord surpris et engagé à notre insu.

Cette division d'un acte volontaire en étapes qui s'enchaînent et se succèdent ne doit donc pas faire méconnaître l'unité réelle, intime et cachée, qui préside à l'élaboration et à la production de ces différentes manifestations. L'acte de la volonté est, dans son fond, intemporel et indivisible. Seulement, aussi bien du côté du sujet *agissant* que du sujet *percevant*, il y a nécessité de juxtaposer des sollicitations, de les confronter, d'en faire la synthèse pour *former* en dernier lieu une résolution ou en *comprendre* la genèse. L'activité qui subit et opère ces modifications est, en elle-même, ininterrompue.

Cette succession de différents moments dans l'acte volontaire a d'ailleurs fait attribuer tantôt à l'un, tantôt à l'autre de ces moments la prédominance dans le résultat, et donné lieu à des définitions inacceptables de la liberté.

84. — Examen des différentes définitions de la liberté.

Dans cet examen des différentes notions de la liberté il ne saurait être question, ni de la liberté politique, ni de la liberté physique, mais seulement de la *liberté morale* ou de la puissance que nous avons de participer par une *activité intelligente* à la production de nos pensées, de nos sentiments et de nos actions. Les autres libertés ne consistent que dans la suppression, plus ou moins réalisable, des obstacles qui s'opposent du côté de la nature à notre indépendance pour penser et pour agir. Le progrès des sciences morales doit contribuer au développement de la *liberté politique*, comme les progrès des sciences mécaniques et naturelles favorisent et étendent notre *liberté physique*. Mais la liberté morale est le ressort dernier de toutes ces découvertes et le principe de cet affranchissement. Elle ne dépend donc pas de leur progrès; elle en est la condition préalable, et subsiste, entière, en attendant leur réalisation.

a) Liberté d'indifférence. — Cette liberté consisterait dans la possibilité, pour notre volonté, de prendre parti contre tout désir et en dépit de tout jugement, c'est-à-dire dans une entière *indifférence* à l'égard des mobiles de la sensibilité et des motifs de l'intelligence. Le sens commun et quelques philosophes nous attribuent cette puissance arbitraire.

On dit alors qu'on agit, ou bien *sans motif*, ou bien même *contre le motif le plus fort*. Exemple : je prends, sans motif, dans une bourse telle ou telle pièce de monnaie parmi l'amas des pièces semblables; je lève un bras plutôt qu'un autre; ou encore, même après délibération, je me décide contre le résultat de cette délibération et en dépit du jugement qui la termine. C'est, comme on le voit, *détacher le moment de la résolution volontaire* des moments qui la précèdent, la conditionnent et, pour une bonne part, la déterminent.

1° Mais il ne saurait y avoir de partis *entièrement égaux* proposés par la nature. L'exemple, souvent allégué, de « l'âne de Buridan », est bien loin de manifester une équivalence entre les partis. Supposez, dit-on, un âne placé entre deux bottes d'avoine d'un égal attrait, croit-on qu'il se laissera mourir de faim faute d'une raison de préférer? Non, sans doute, mais c'est qu'il choisira l'une des deux, plus appétissante, ou plus proche, ou plus facile à atteindre, donc préférable malgré la supposition contraire. Il y a toujours, du côté de l'objet, en vertu du *principe des indiscernables*, quelque différence radicale, manifestée dans l'apparence même ou la représentation de l'objet. Deux réalités qui seraient identiques et indiscernables n'en feraient qu'une et ne proposeraient par suite aucun choix.

2° Mais il n'est même pas question de savoir ce que les choses peuvent être en elles-mêmes. Il s'agit, dans tous les cas de volition, de ce qu'elles nous *paraissent* être, c'est-à-dire de l'*attrait* qu'elles exercent sur nous ou de la valeur que *notre jugement* leur attribue. Or, notre sensibilité, plus ou moins éclairée par notre entendement ou au contraire influant sur lui, ne reçoit pas *indifféremment* les objets qui la sollicitent. Elle se les représente sous un aspect, déterminé par nos habitudes actuellement possédées de sentir et de juger. En fait, nous cédons toujours au motif rendu le plus fort par nos dispositions actuelles. « Le pouvoir de l'âme sur ses inclinations, dit Leibnitz, est une puissance qui ne peut être exercée que d'une manière *indirecte*... Il ne suffirait pas d'être le maître chez soi, il faudrait être le maître de toutes les choses, pour se donner tout ce que l'on veut, car on ne trouve pas tout chez soi. En travaillant aussi sur soi, il faut faire comme en travaillant sur autre chose : il faut connaître la constitution et les qualités de son objet et y accommoder ses opérations. Ce n'est donc pas en un moment, et par un simple acte de la volonté, qu'on se corrige et qu'on acquiert une meilleure volonté. (*Théodicée*, §§ 327-328.) Il faut seulement distinguer entre les motifs présents, significatifs et vraiment impressionnants, et les motifs généraux ou simplement remémorés qui n'ont pour nous, pendant le temps de la délibération et au moment de nous résoudre, qu'une signification toute verbale (psittacisme). L'intempérant sent vivement l'attrait de l'objet désiré ; il ne se représente que vaguement les inconvénients et toutes les suites funestes de son vice.

3° Cette liberté d'indifférence, qui nous exempterait de toute loi, nous affranchirait de l'ordre universel et nous mettrait en état de le contredire, voire de le compromettre. Notre liberté véritable ne peut être que de nous soumettre à la raison ; elle ne doit consister que dans le pouvoir de rechercher l'ordre, de le découvrir et de nous rendre sensible à son prestige et à ses infaillibles promesses.

4° Enfin, faute de raisons produites par une recherche intelligente, nous retombons sous le joug des mobiles de la sensibilité. Nous sommes alors déterminés à agir par des raisons mécaniques et inconscientes, qui deviennent par là, tout à fait contraignantes. Ajoutons que si c'est notre indifférence ou notre mollesse à rechercher les raisons de préférer un parti qui nous réduit à cet état d'équilibre, cette prétendue liberté ne sera plus qu'un esclavage volontaire.

En effet il existera, si l'on veut, une liberté d'indifférence, c'est-à-dire la possibilité pour l'homme de *se désintéresser* du parti qu'il va prendre et de jouer, pour ainsi dire, sa décision à pile ou face. Mais une telle indifférence n'est, selon le mot de Descartes, que *le plus bas degré de la liberté*. « Cette indifférence que je sens, dit cet auteur, lorsque je ne suis point emporté vers un côté plutôt que vers un autre par le poids d'aucune raison, est le plus bas degré de la liberté, et fait plutôt paraître un défaut dans la connaissance, qu'une perfection dans la volonté. » Comme d'ailleurs il est toujours possible à l'intelligence de critiquer et de contredire les tendances, une telle liberté n'est plus que le refus d'user de notre pouvoir d'examen et d'analyse. Elle est par suite une *abdication volontaire* entre les mains de la nature qui prendra parti pour nous et qui nous déterminera, mais avec notre complicité.

5° En fait, dans tous les cas de vouloir indifférent, on découvrira toujours quelque motif secret, et d'autant plus influent, pour déterminer l'action prétendue libre. Prendre une pièce de monnaie sans choix dans un tas, c'est subir l'attrait de la plus brillante ou de la plus facile à extraire. Lever l'un ou l'autre bras, c'est céder à l'habitude ou suivre les pentes de la facilité. A moins qu'on ne veuille résister à cette pente pour se prouver à soi-même qu'on est libre.

b) **Liberté et contingence.** — La définition précédente ne donne pas les raisons pour lesquelles nous serions indifférents aux objets que la nature nous propose. Elle croit sentir ou percevoir cette indépendance et se borne à l'affirmer. La théorie de *la contingence* entreprend d'en donner la raison. Elle la trouve dans l'impuissance de l'esprit humain à découvrir des liaisons réelles et inévitables entre les divers événements par lesquels la nature se manifeste à notre expérience. Avec Hume et Stuart Mill, on déclare que la connaissance humaine ne dépasse pas le phénomène ou l'apparence et qu'elle n'atteint ainsi que du contingent, partant de l'imprévisible.

« Nombre de gens, dit Stuart Mill, ne peuvent croire, et très peu sentent vivement, que la causation n'est rien de plus qu'une *séquence* invariable, certaine, inconditionnelle. Il en est bien peu à qui la simple constance dans la succession paraisse un lien suffisamment étroit pour expliquer une relation aussi remarquable que celle de la cause avec l'effet. Même si la raison le répudie, l'imagination maintient le sentiment de je ne sais quelle *connexion plus intime*, d'un lien particulier ou d'une contrainte mystérieuse exercée par l'antécédent sur le conséquent. On voit bien là l'idée qui, appliquée à la volonté humaine se trouve en contradiction avec notre conscience et révolte nos sentiments... Mais l'idée n'est plus admise aujourd'hui, par les penseurs les plus autorisés, qu'aucune espèce de cause exerce une *pareille contrainte* sur son effet. Ceux qui pensent que les causes traînent leurs effets après elles par un lien mystique ont raison de croire que la relation entre les volitions et leurs antécédents est d'une autre nature. Mais ils devraient aller plus loin et admettre qu'il en est de même de tous les autres effets et de leur antécédent. Si l'on veut que le mot nécessité implique un pareil lien, la doctrine n'est pas vraie quant aux actions humaines ; mais elle ne l'est pas non plus quant aux objets inanimés. Il serait plus exact de dire que *la matière n'est pas soumise à la nécessité* que de dire que l'esprit y est soumis. » (*Logique* liv. VI.)

Il nous appartient donc de prendre parti pour la liberté si nous avons quelque raison de le faire. « Nous savons que nous ne sommes pas forcés, comme par un charme magique, d'obéir à aucun motif déterminé, nous sentons que si nous désirions prouver notre pouvoir de résister au motif, nous pourrions le faire (ce désir étant alors, à peine est-il nécessaire de le remarquer, un *nouvel antécédent*) ; et notre orgueil se sentirait humilié ou, ce qui est plus important, notre besoin de perfection paralysé par la conviction contraire. » Et plus loin : « Les nécessitariens ont peut-être plus vivement senti l'importance de ce que les êtres humains peuvent faire pour se former mutuellement le caractère ; mais la doctrine du libre arbitre a, selon moi, entretenu chez ses partisans un plus profond souci de la culture personnelle. » En résumé, le sentiment proteste contre un déterminisme que la science n'est pas en état de justifier et d'imposer à notre instinct de liberté.

Kant de son côté, avait déjà établi, à la suite de Hume, que nous n'avons d'intuition ou de vue directe que sur le *sensible* ou le *phénomène*. Notre activité mentale relie ces phénomènes en notions et en objets d'après *des lois qui lui sont propres*. Ces lois ou catégories nous masquent la vraie nature du *noumène* ou de *l'intelligible*, c'est-à-dire de la réalité. Le déterminisme, qui n'est pour l'empirisme que l'habitude *d'attendre* un conséquent quand nous percevons son antécédent ordinaire, devient pour Kant une manière, qui nous est imposée par notre constitution mentale, de percevoir et de nous *représenter* la nature sous la forme de la causation. La conséquence est la même. Si nous avons quelque raison d'affirmer l'existence du libre arbitre, ce n'est pas la science qui peut nous l'interdire. Si, par exemple, avec Kant nous subissons l'ascendant indiscutable de la conscience morale et si nous croyons à la loi du devoir, la liberté, qui est un postulat de cette loi, c'est-à-dire une faculté requise pour l'accomplissement du devoir, devient l'objet d'une croyance inévitable et incontestable.

Mais cette position, toute négative, d'une liberté qui résulterait de l'ignorance des lois qui régissent la nature, ne nous procure pas une liberté véritable. L'ignorance des règles qui peuvent nous déterminer à agir, et l'impossibilité de prévoir et de fixer l'avenir en raison de l'ignorance de ces règles, ne sauraient nous affranchir de leur législation. Il ne suffit pas en effet d'ignorer un événement qui doit se produire pour empêcher qu'il se produise. Bien plus, s'il n'y avait pas de telles règles, connues ou inconnues, l'incertitude radicale où nous serions du cours des événements, loin de favoriser l'initiative, nous découragerait de rien entreprendre et nous rendrait incapable de le faire. On ne peut jamais agir, c'est-à-dire produire un effet, qu'en se servant de causes ou de combinaisons de causes qui puissent déterminer la production de cet effet. L'action humaine n'est efficace qu'en s'appuyant sur des lois scientifiquement connues, c'est-à-dire en se servant des causes efficientes que ces lois désignent.

Par ce détour de la contingence des lois de la nature ou de la relativité de notre savoir, on retournerait donc insensiblement à la liberté d'indifférence, et par elle à la détermination inconsciente et ignorante, par là même d'autant plus contraignante. Nous ne pouvons pas espérer, en effet, d'agir dans la nature ou sur les phénomènes si ce n'est par le moyen de la connaissance des lois qui les régissent. Science est puissance, et on ne commande à la nature sensible qu'en obéissant à la nature intelligible. La soumission à l'ordre et, par cette soumission, la connaissance, de moins en moins incomplète, de cet ordre, tel est le seul fondement de notre liberté véritable ou d'un vouloir réellement efficace.

c) *La liberté et le désir*. — D'une manière bien plus conséquente, les empiristes ont coutume de réduire notre volonté et sa liberté apparente au *désir prévalent*, dans une circonstance donnée et pour un caractère donné. Ils comparent donc le vouloir humain à une balance qui penchera immanquablement du côté du plateau le plus chargé. *La sollicitation serait le moment décisif de l'acte volontaire*. La délibération se réduirait à l'oscillation produite entre des désirs d'abord opposés, mais qui se concilieraient au moment de la résolution, en se fixant à l'objet le plus attrayant ou dans le sens du désir rendu le plus fort par la coalition et la combinaison des tendances premières.

Une telle définition de la volonté lui enlève toute initiative et la soumet aux lois du plus rigoureux déterminisme. Mais une telle conception du vouloir est inacceptable au moins pour deux raisons :

1° Une volonté réduite au désir, c'est-à-dire exclusivement influencée du dehors, ne connaîtrait ni hésitation, ni délibération, même apparentes. Une balance parfaite, ou qui ne mêle rien de sa résistance propre à l'action des poids qui la sollicitent, cède *aussitôt* à la pression de la moindre différence. Dans un parallélogramme de forces, le moindre allongement de l'un des côtés détermine, d'emblée, l'allongement et le changement de direction de la diagonale résultante. Un produit se transforme à mesure ou en proportion de la transformation des facteurs. A défaut d'une intelligence à priori, qui critique les influences, les compare et les oppose l'une à l'autre, nos tendances ne seront jamais incertaines ni hésitantes. Elles ne connaîtront pas cette halte ou ce temps d'arrêt qui les rassemble dans le souvenir et les jette en conflit au regard de la raison immuable.

Seule, cette raison les domine, confronte leurs témoignages et décide de leur vérité respective. Au contraire, pour une conscience pur reflet, qui serait donc, par impossible, exclusivement empirique, il n'y aurait ni mémoire, ni jugement, ni délibération.

2° Dans la mesure même où le *désir* est inintelligent, c'est-à-dire un simple produit passif et inconscient d'influences externes, il se porte inconsidérément et *indistinctement* à tous les objets qui le flattent. *La volonté*, toujours plus ou moins réfléchie, c'est-à-dire éclairée des lumières de la raison projetée sur les objets où tend son effort, ne s'engage à l'action, et d'abord ne prend de décision, que relativement à des objets qu'*elle considère au moins comme possibles*. On peut désirer n'importe quel objet déraisonnable et inaccessible. On ne veut et on n'entreprend d'obtenir que des objets crus, à tort ou à raison, véritables et possibles à atteindre.

d) *La liberté et l'intelligence*. — L'intelligence est donc une pièce indispensable du vouloir libre. Mais comment faut-il entendre cette intelligence ?

La délibération, ou le jugement porté sur la valeur respective des motifs par l'examen de l'intelligence, sera-t-elle simplement la perception passive du rapport des objets proposés à cet examen ; rapports que l'intelligence peut bien reconnaître ou méconnaître, mais qu'elle ne contribue en aucune manière et à aucun degré à découvrir ou à affirmer ?

Pour l'intellectualisme de Descartes déjà, « d'une grande *clarté* dans l'entendement, suivait une grande inclination en la volonté, et l'on était porté à croire avec d'autant plus de liberté que l'on se trouvait avec moins d'indifférence ». Pour Spinoza « il n'y a dans l'âme aucune autre volition, c'est-à-dire aucune autre affirmation ou négation, que celle que *l'idée, en tant qu'idée, enveloppe* ». D'où il suit que « la volonté et l'entendement sont une même chose ». « Si nous affirmons que les trois angles d'un triangle sont égaux à deux droits, c'est que nous avons l'idée du triangle et que cette idée de triangle enveloppe l'égalité à deux droits. Notre volonté ne dépasse en rien l'entendement, ici, ni dans aucune autre affirmation ». Si, maintenant, il nous arrive de *suspendre notre jugement*, comme si nous pouvions décider, par volonté, de notre adhésion donnée ou retenue, alors que l'idée est présente et devrait, du même coup, entraîner l'affirmation ou le vouloir, il n'y a là qu'une apparence. « Je nie, dit Spinoza, que nous ayons le libre pouvoir de suspendre notre jugement (ce qui reviendrait à dire que la volonté se distingue de l'entendement et agit en dehors de lui). Quand nous disons qu'une personne suspend son jugement, nous ne disons rien autre chose sinon qu'elle ne perçoit pas d'une façon *adéquate* l'objet de son intuition. La suspension du jugement est donc réellement un *acte de perception* et non de libre volonté. » En d'autres termes, *l'indécision* de la volonté correspond exactement à *l'obscurité* ou à *l'indistinction* de la perception.

La volonté se réduit donc à la perception de l'intelligence : « Il faut accorder que la décision de l'âme, que nous croyons libre, n'est véritablement pas distinguée de l'imagination ou de la mémoire... Par exemple, nous ne *pouvons* prononcer une parole qu'à condition de nous en souvenir... Quand nous rêvons que nous parlons, ne croyons-nous pas que nous prononçons certaines paroles en vertu d'une libre décision de l'âme... Toute décision n'est au fond que l'affirmation que toute idée, en tant qu'idée, enveloppe nécessairement... La décision de l'âme, d'ailleurs, et l'appétit ou détermination du corps... sont une seule et même chose, que nous appelons *décision* quand nous la considérons *sous le point de vue de la pensée* et l'expliquons par cet attribut, et *détermination* quand nous la considérons *sous le point de vue de l'étendue* et l'expliquons par les lois du mouvement et du repos. »

Nous n'avons donc de liberté que par la possession d'idées *adéquates*, c'est-à-dire d'idées conformes à la nature éternelle des choses et à la loi immanquablement observée de leur production. Celui qui a une telle idée, l'affirme et agit en conséquence. Son action est *libre* parce qu'elle se réalise infailliblement, ne pouvant rencontrer d'obstacles dans une nature qui est d'accord avec elle. Au contraire, l'action *impuissante* résulte de l'idée indistincte et inadéquate. Mais l'un et l'autre état, celui de la connaissance et de la puissance, comme celui de la privation de la connaissance, de l'impuissance et de la passivité, sont également nécessaires ou déterminés.

Quant à la fausse liberté dont nous avons l'illusion et qui consisterait en une puissance, distincte de la connaissance : « L'expérience et la raison sont d'accord pour établir que les hommes ne se croient libres qu'à cause qu'ils ont conscience de leurs actions et ne l'ont pas des causes qui les déterminent... L'homme ivre est persuadé qu'il prononce en pleine liberté d'esprit ces mêmes paroles qu'il voudrait bien retirer ensuite quand il est redevenu lui-même. »

A cette prétention de l'intellectualisme de ramener le vouloir à l'entendement on peut opposer plusieurs remarques :

1° Au sein même de l'entendement, aucune différence ne devrait subsister, dans cette hypothèse, entre nos différents modes de penser ou nos différentes manières de nous représenter les choses. Il ne devrait y avoir ni vérité, ni erreur, ni incertitude.

En effet, il ne nous est pas plus possible de prendre

pour clair et distinct ce qui est obscur et confus, que de méconnaître la vérité des idées claires et distinctes. *Verum index sui et falsi.* Notre liberté sera donc toujours entière, parce que nos désirs, conformes à la nature de nos idées, suspendus et retenus quand elles sont inadéquates, décidés et résolus quand elles sont adéquates, seront toujours égaux à notre puissance ou conformes à l'ordre nécessaire, immuable de la nature. On ne conçoit même pas comment peuvent naître en nous, ou cette prétention de vouloir au delà de l'entendement, ou tout au moins cette illusion, qui nous abuse et nous rend misérables, de croire que les choses pourraient être autrement qu'elles ne sont et cette folie de désirer qu'elles le soient. Ni l'erreur, ni la passion, ni l'esclavage et le malheur de notre condition ne sont, dans une pareille hypothèse, explicables.

2° Notre intelligence est d'ailleurs très éloignée de posséder, en aucun cas, des idées qui enveloppent une affirmation irrésistible de leurs attributs et de leurs conséquences. Dans les actions qui sont dirigées par des notions tirées des sciences physiques et surtout des sciences morales, il s'agit de tout autre chose que de deux et trois font cinq, ou des trois angles d'un triangle égaux à deux droits. Il y a un rôle nécessaire et indiscutable de la volonté dans la croyance. Notre volonté est donc appelée à développer le contenu des idées. S'il ne lui appartient pas de créer ou de changer ce contenu, du moins peut-elle beaucoup pour l'élucider par son effort de recherche et sa fidélité à la raison. Et elle sera justement rendue responsable de l'obscurité et de la fausseté de ces idées en raison de la mollesse qu'elle a mise à les examiner et à les éclaircir. (*Théorie de la croyance*, 49.)

3° C'est, au surplus, une illusion de voir dans les notions mathématiques une représentation véritable de la nature, et, dans le mécanisme énoncé par elles, la réalité même des choses. Notre intelligence ne sera donc pas une simple intuition d'idées claires et distinctes ; elle ne se réduit pas à l'adhésion passive qu'elle donne à ces notions. Elle est une *activité* mentale, qui fait partie de la nature au moins au même titre que les événements qu'elle contemple. Et même, tout compte fait, ce n'est pas le spectacle, ou sensible ou intelligible, de l'univers qui la détermine et la fait être ce qu'elle est ; au contraire, c'est elle-même, c'est à-dire son effort, sa bonne volonté et sa moralité, qui produit ce spectacle et s'exprime par lui à mesure de ses propres progrès.

e) **La liberté et la raison.** — Il y a donc dans l'homme une liberté réelle, quoiqu'elle ne soit pas indifférente, et vraiment efficace, quoiqu'elle ne possède pas un pouvoir absolu de création ou d'initiative. Nous pouvons prendre une conscience claire et indiscutable de cette liberté. Nous ne sommes pas réduits, en effet, comme le croyait Stuart Mill, à constater, en fait, des notions acquises et des désirs ou des démarches que l'habitude nous impose ou que ces notions déterminent. Nous pouvons prendre conscience d'une puissance de raisonner, et par suite de former des notions, d'orienter des tendances et d'engendrer des désirs efficaces. Cette liberté n'est autre chose que l'activité créatrice de l'entendement, c'est-à-dire, la raison. Le rapport que nous avons à l'idéal d'ordre, et qui nous constitue, nous permet toujours de critiquer et de transformer nos jugements et nos désirs, tels qu'ils existent en nous à un moment donné. Nous avons donc, par là même, le pouvoir de changer et nos idées et nos sentiments et, par suite, notre caractère et l'orientation de nos actes. La nature même de notre entendement, qui n'acquiert de notions que tirées et engendrées, pour ainsi parler, les unes des autres, nous oblige d'ailleurs à reconnaître que ce n'est pas par un seul acte et du premier coup que l'on opère une pareille transformation. Mais notre liberté n'en est pas moins réelle, puisqu'elle contribue, par l'activité même de l'intelligence, à cette transformation.

85. Preuves de la liberté.

Notre liberté c'est la puissance de notre entendement, c'est notre raison, c'est nous-même. Il n'est donc pas question de la percevoir comme un objet ou d'entreprendre de la démontrer. Elle nous est présente comme notre activité consciente elle-même. Mais lorsqu'on allègue comme preuve de la liberté le *témoignage de la conscience* ou lorsqu'on affirme avec Descartes que la liberté de notre volonté se connaît sans preuve, par la seule expérience que nous en avons, il faut bien entendre la nature de cette expérience ou de ce témoignage.

La conscience que nous avons de notre liberté ne peut pas être d'abord une *conscience empirique*, puisque cette liberté ne se manifeste, en particulier, dans aucun acte ni dans aucune transformation ou modification *temporelle*. Toutes nos actions, en effet, et toutes les transformations qu'elles amènent, sont toujours liées à l'état des antécédents, présents au moment de l'action, et dépendent ainsi de la position même de ces antécédents. Nous *verrons* toujours un homme, et nous-même, agir, à un moment donné, conformément à ses habitudes ou à son caractère. Ses changements de conduite ou sa conversion même seront toujours la suite ou la conséquence inévitable de l'état immédiatement précédent. Lorsqu'une digue paraît s'écrouler subitement sous un dernier effort de l'eau, elle ne se tenait encore solide et ne résistait plus qu'en apparence; elle n'attendait pour s'effondrer que cette dernière poussée qui est l'occasion de sa chute, mais non pas sa vraie cause. Ainsi travaille la volonté, à travers tous les moments du temps, mais insaisissable dans aucun d'eux en particulier. Le pouvoir de raisonner ou de critiquer nos jugements et nos désirs est, en nous, une virtualité inépuisable et non pas un acte achevé dans un moment ou dans une circonstance. Ce pouvoir est toujours d'ailleurs intimement mêlé aux influences de la nature. Il ne prend conscience de lui-même qu'en luttant contre elles et en subissant leur action, c'est-à-dire l'expérience. Tous les résultats en sont empiriques et observables, mais ils sont déterminés. En lui-même le pouvoir est inobservable et irreprésentable.

On ne pourra donc pas donner comme une preuve décisive du libre arbitre le témoignage direct de la conscience portant sur le moment même de l'action ou de la décision volontaire.

86. Objections contre le témoignage de la conscience prise pour une faculté d'observation.

1° Leibniz attaque surtout la clairvoyance de ce témoin. Il a fait remarquer, contre le « sentiment vif interne » de Descartes, que beaucoup de raisons insensibles qui contribuent efficacement à la production de nos actes, échappent à notre attention et à notre examen. Au moment même où nous croyons agir contre le motif le plus fort et où l'on dit : *Video meliora proboque, — Deteriora sequor.* Je vois le meilleur parti, je l'approuve et je prends le pire, « la volonté ne laisse pas de suivre le plus grand bien, ou de fuir le plus grand mal, *qu'elle sent* », nous n'avons, en effet, sur le meilleur en soi ou selon notre opinion générale « que des pensées sourdes, c'est-à-dire vides de perception et de sentiment, et consistant dans l'emploi tout nu des caractères, comme il arrive à ceux qui calculent en algèbre... on raisonne souvent en paroles, sans avoir presque l'objet même dans l'esprit. Or cette connaissance ne saurait toucher, il faut quelque chose de plus vif pour qu'on soit ému. Cependant c'est ainsi que les hommes le plus souvent pensent à Dieu, à la vertu, à la félicité : ils parlent et raisonnent sans idées expresses; ce n'est pas qu'ils n'en puissent avoir, puisqu'elles sont dans leur esprit. Mais ils ne se donnent point la peine de pousser l'analyse... Ainsi, si nous préférons le pire, c'est que nous sentons le bien qu'il renferme, sans sentir ni le mal qu'il y a, ni le bien qui est dans le cas contraire. Nous supposons et croyons, ou plutôt nous récitons seulement sur la foi d'autrui ou tout au plus sur celle de la mémoire de nos raisonnements passés, que le plus grand bien est dans le meilleur parti ou le plus grand mal dans l'autre. Mais quand nous ne les envisageons point, nos pensées et raisonnements, contraires au sentiment, sont une espèce de *psittacisme*, qui ne fournit rien pour le présent à l'esprit ; et si nous ne prenons point de mesures pour y remédier, autant en emporte le vent... on oppose des paroles nues ou du moins des images trop faibles à des sentiments vifs. » (*Nouveaux Essais*, livre II.)

2° Stuart Mill établit, pour sa part et d'une manière décisive, l'impossibilité d'*observer* ou de *constater* empiriquement le libre-arbitre. « Avoir conscience du libre-arbitre, dit-il, signifie, avoir conscience, avant d'avoir choisi, d'avoir pu choisir autrement. On peut, *in limine*, blâmer l'emploi du mot conscience avec une telle acception. La conscience me dit ce que je fais ou ce que je sens. Mais ce que je suis capable de faire ne tombe pas sous la conscience. La conscience n'est pas prophétique : nous avons conscience de ce qui est, non de ce qui sera ou de ce qui peut être. Nous ne savons jamais que nous sommes capables de faire une chose qu'après l'avoir faite, ou qu'après avoir fait quelque chose d'égal ou de semblable. Nous ne saurions pas du tout que nous sommes capables d'action si nous n'avions jamais agi. Quand nous avons agi, nous savons *dans les limites de cette expérience*, comment nous sommes capables d'agir... La vérité que la conscience possède n'est pas supérieure à l'expérience, mais repose sur l'expérience. Si la prétendue conscience de ce que nous pouvons faire n'est pas née de l'expérience, ce n'est qu'une illusion ».

On voit que nous avons affaire ici à une conscience, faculté d'expérience, qui prétendrait découvrir, à un moment plus ou moins précis du déroulement de l'action volontaire, l'intervention soudaine, décisive, de la volonté pour faire pencher la balance sans motif ou malgré le poids le plus lourd.

Or, en effet, s'il s'agit du moment où l'on délibère et hésite entre les désirs contraires, on a conscience de *l'incertitude présente*, mais non de la décision à venir. S'il s'agit du moment où l'on se résout, on a le spectacle du parti que *l'on prend*, mais non du parti que l'on *aurait pu prendre*, mais que *l'on n'a pas pris* en effet. Une conscience empirique ne peut témoigner que du réel et non du possible, qui est inexistant à ses yeux. Il en est, dit cet auteur, de la prétendue conscience d'un pouvoir comme du sentiment que chacun de nous croit éprouver, les yeux fermés, de son pouvoir de voir clair. Ce sentiment se réduit, tout compte fait, au souvenir d'avoir vu clair. Un aveugle né, qui possède peut-être ce pouvoir dont une opération lui donnera l'usage, n'en a aucune conscience. De même un clairvoyant, sur le point de perdre ce pouvoir, ne laisserait pas à ce moment même d'en avoir une conscience, dès lors tout illusoire. En un mot, l'idée du pouvoir de faire un acte est toujours identique au souvenir de l'expérience d'avoir déjà fait cet acte. Nous ne pouvons pas, par suite, avoir conscience de la liberté.

Kant et ses disciples donnent des raisons plus profondes de l'impossibilité de *se représenter* une action libre. Du même coup, ils discréditent le témoignage de notre faculté de représentation, dans laquelle ils enveloppent la conscience, et qui est bornée par nature au phénomène ou à l'apparent, à l'exclusion du réel et du véritable. En effet, notre pensée est condamnée à n'atteindre intuitivement et directement que les phénomènes ou l'expérience. Ensuite, elle relie ces phénomènes des jugements et notions, à l'aide de concepts ou d'idées directrices qui lui sont propres et qui ne répondent qu'inexactement à la nature des choses. En effet, ces concepts et ces idées directrices dépendent comme nous l'avons montré (59), de notre expérience même qui réalise en nous, progressivement, mais toujours imparfaitement, les virtualités de la raison. Tout ce que nous nous représentons, exprime donc, surtout le *mode de percevoir* que notre constitution mentale particulière, ou notre faculté propre de connaître, nous impose. Or, ce mode de percevoir ne peut atteindre (34) ni un commencement ou une initiative absolue, ni un effet sans cause, ni un acte sans antécédents. La liberté qui est une telle cause et une telle initiative nous est irreprésentable.

Sans doute, Kant et les criticistes exagèrent ici la relativité de la connaissance, et en particulier l'impuissance de la conscience à se connaître soi-même en tant qu'activité mentale. La conscience ne serait pour eux qu'une *forme du sens interne : le temps*, analogue à la *forme du sens externe*, qui est *l'espace*. Cette forme nous apprendrait seulement comment nous nous apparaissons, mais nous masquerait irrémédiablement notre être véritable. Nous serions condamnés, par suite, à *postuler* la liberté comme une condition requise pour justifier la présence, incontestable en nous, d'une conscience morale, de la loi du devoir, et du sentiment de la responsabilité. Hamilton (cité par Stuart Mill : *Phil. de Ham.*) résume très clairement cet argument : « Dans les limites qui sont imposées à nos facultés, nous ne pouvons aucunement concevoir comment la liberté peut être libre. Nous ne pouvons pas concevoir un commencement absolu; nous ne pouvons donc pas concevoir de volition libre. Mais... nous trouvons un témoignage en faveur de notre nature morale dans la conscience d'une loi absolue du devoir, dans la conscience de notre responsabilité morale; et on ne peut repousser ce fait de la liberté en se fondant sur son incompréhensibilité... Le système de la liberté n'est pas plus inconcevable que celui de la nécessité. Car si le fataliste s'appuie sur l'inconcevabilité plus évidente d'un commencement *absolu*, fait qui sert de base à la doctrine de la liberté; il méconnaît l'inconcevabilité, moins évidente, mais égale, d'un non-commencement *infini*, sur lequel repose en définitive son système de nécessité.

En tant qu'également inconcevables, les deux systèmes opposés, exclusifs l'un de l'autre, ont, théoriquement, les mêmes chances. Mais en pratique, notre conscience de la loi morale qui, sans une liberté morale dans l'homme, serait un impératif mensonger, donne une prépondérance décisive à la doctrine de la liberté sur celles du destin. Nous sommes libres en fait, si nous sommes responsables de nos actions. »

Nous allons voir qu'on exagère à la fois, et la faiblesse de la preuve par conscience, et l'importance de la preuve morale ; mais la force de cet argument subsiste contre le témoignage d'une conscience empirique.

87. Preuve de la liberté par la conscience de notre activité à la fois et indivisiblement mentale et morale.

Ces diverses critiques du témoignage de la conscience relativement à la liberté morale nous avertissent de ne point chercher le fait du libre arbitre ou du choix indépendant dans *aucun moment* de l'action volontaire, ni dans *aucun état* de nos dispositions ou aptitudes à connaître, à sentir et à agir. Mais ils ne nous interdisent pas de nous replier, par réflexion, sur l'activité mentale orientée vers la raison, sollicitée par elle mais non contrainte.

La conscience ou activité mentale, en effet, qui *se représente* toutes choses et soi-même échappe, dans *cette opération* même de se représenter, aux conditions imposées à toute *représentation d'objet*. Si elle pouvait mettre en doute la vérité de sa nature et de son opération elle n'aurait plus aucune garantie de la valeur de sa représentation ou de son degré d'exactitude. Mais par sa communication avec l'absolu, elle est assurée d'*être*. Dans le mouvement même qui la rapproche de cet absolu, elle éprouve la vérité de sa propre nature et la vérité des choses qui concourent ou convergent avec elles vers le même but.

Or cette activité qui *pressent* la raison ou l'ordre et qui *tend* à le réaliser, c'est notre *liberté* même et c'est, en même temps, le principe de notre *moralité*. Par elles, nous sommes et nous nous sentons être « nous-même », puisqu'elle nous exempte des contraintes obscures de la nature et de la sensibilité qu'elle nous donne le pouvoir de discuter et de contredire, et qu'en même temps, elle laisse subsister l'effort méritoire de rechercher la vérité et la puissance efficace. Celles-ci, en effet, ne nous sont proposées que comme un idéal ; elles ne nous sont pas imposées par une vision distincte et déterminante.

1° Nous pouvons donc opposer à la critique de Kant et de ses disciples que notre faculté de connaître ou activité mentale renferme et saisit en elle-même le principe de ses représentations, et, par ce moyen, de ses sentiments et de ses démarches. Elle est juge du degré de certitude qu'il faut accorder aux notions qu'elle forme et du degré de confiance qu'il convient d'avoir dans les tendances que ces notions éveillent, comme dans les actes qu'elles nous persuadent d'accomplir. A plus forte raison, ne réduirons-nous pas la conscience au spectateur empirique qui ne connaît ses propres actions qu'après coup, et se trouverait ainsi incapable de les prévoir et de les *produire*.

2° Nous trouvons encore dans ce mouvement même de notre activité vers l'ordre, tendance qui nous constitue et définit notre nature, la loi même du devoir. Cette loi n'est plus dès lors, comme dans le kantisme, le principe de la croyance en la liberté, mais elle se confond avec cette liberté même. Notre devoir, en effet, est d'obéir aux sollicitations de la raison, qui, en critiquant incessamment les suggestions empiriques et sensibles, nous les dénoncent comme trompeuses et, du même coup, nous désabuse de leur prestige et nous affranchit de leur esclavage.

3° Les preuves de la liberté dites *preuves morales*, comme l'existence et l'efficacité des *sanctions*, des *exhortations*, des *exemples*, prennent alors toute leur signification et toute leur importance. Elles sont nommées aussi: *preuves indirectes*. Elles n'établissent pas en effet, l'existence du libre arbitre, comme la preuve par conscience, par une vue immédiate de notre activité, faite pour réfléchir et s'affranchir, et toujours occupée plus ou moins à exercer ce pouvoir. Elles se bornent à démontrer la liberté par voie de conséquence.

Ces preuves sont tirées de l'emploi, dans la vie sociale, de certains moyens pour agir sur les individus, et qui paraissent bien s'adresser en eux à une capacité d'être sensibles à des raisons, et à un pouvoir de céder à ces raisons et d'y adhérer. C'est ainsi que nous donnons et recevons des conseils, des exhortations, des exemples. C'est ainsi encore que les parents et les éducateurs proposent des récompenses et menacent de châtiments ceux qu'ils ont chargé d'élever, en vue de réprimer leurs penchants et de développer leur autonomie volontaire. C'est ainsi, même encore, que les gouvernants s'emploient à maintenir les individus dans l'accomplissement du devoir social, par l'influence de sanctions qu'ils choisissent le plus efficaces possible.

On a cru pouvoir dire que ces moyens d'action, loin de s'adresser à la liberté humaine et d'en prouver l'existence, faisaient bien plutôt état de sa *dépendance* à l'égard des motifs et des mobiles, établissaient surtout, par suite, la possibilité de *déterminer* le vouloir. En tout cas, ces arguments seraient à « double tranchant », puisqu'ils peuvent aussi bien démontrer le déterminisme que la liberté.

Mais il fallait distinguer entre les diverses sortes de vouloirs auxquels s'adresse le conseil ou l'ordre ; et aussi entre les moyens très divers employés en conséquence pour persuader ou intimider, conseiller ou contraindre. Il y a dans tout individu, et particulièrement chez les enfants et les débiles, une grande sensibilité aux influences extérieures ; d'ailleurs la raison, lorsqu'elle est encore inculte ou peu développée, n'est pas toujours capable de se passer de ces mobiles d'action et ne peut jamais prendre la direction exclusive de la conduite.

Au surplus, il subsiste toujours une différence bien tranchée entre l'*éducation* et le *dressage*. Quelque appui que l'on veuille et doive prendre sur les appétits naturels de l'élève, les exhortations et les enseignements doivent s'adresser à son pouvoir autonome de réfléchir et de se décider. Même s'il s'agit de la vie sociale, et en particulier des rapports de l'individu et de l'État, on trouvera chez le législateur, en même temps que la recherche prédominante de l'ordre extérieur et la préoccupation de commander et de se faire craindre, un souci nécessaire de l'individualité et de son adhésion volontaire, considérée comme le seul fondement solide d'accords sincères et de conventions durables. L'État, qui emploie, pour assurer le respect des droits essentiels, des sanctions fondées sur l'intimidation, ne laisse pas, pour rendre cette intimidation plus efficace, et dans l'intérêt même du salut public, d'assouplir les rigueurs de la loi à la culpabilité réelle des coupables et de proportionner les menaces et les sanctions à la gravité morale des fautes commises. En tout cas, il resterait toujours à distinguer entre les fonctions particulières et les nécessités de l'État qui le condamnent à déterminer et à contraindre, et les devoirs de l'éducateur qui lui commandent de persuader et de rendre libre.

88. — Le déterminisme. Principales objections faites à l'existence du libre-arbitre.

On n'a pas pu ne pas être frappé des démentis constamment infligés à la notion d'une liberté d'indifférence ou d'équilibre, d'abord, par l'observation banale des faits les plus communs, et, ensuite, par les découvertes des sciences, qui ont établi des lois où s'inscrit de plus en plus la régularité de la production des phénomènes de la nature, et sur lesquelles se fonde une prévision du cours des événements de plus en plus précise et de mieux en mieux justifiée. De là s'est formé cet ensemble d'objections, faites de points de vue différents, mais toutes rapprochées dans une affirmation commune : tout acte humain est déterminé *en fait* et ne peut pas manquer de l'être, par les antécédents qui le conditionnent et les circonstances qui l'accompagnent. Supposer le vouloir humain exempt, dans ses actions, de la loi générale qui soumet tout événement à résulter inévitablement de ses causes, ce serait aller contre l'observation générale ; et rendre, d'ailleurs, ce vouloir incompatible avec l'ensemble de la nature ou le train habituel et nécessaire des événements qu'il aurait l'incompréhensible privilège de suspendre ou de troubler.

Ajoutez que la raison, principe et régulateur de toutes nos connaissances et par conséquent de toutes nos définitions, s'oppose, à priori, à la *conception*, donc à *l'existence*, d'une ambiguïté dans le cours d'événements régis par le règlement inflexible de l'ordre universel. Par suite, la raison ne souffre pas la possibilité pour le vouloir de choisir, c'est-à-dire d'entrer, à son gré, dans des voies également accessibles. Il n'y en a jamais de telles, ouvertes et proposées à son initiative.

De toutes parts on en vient donc à affirmer que tout acte humain est *déterminé* et non libre. Cette théorie, qui est, à la fois, métaphysique, psychologique et scientifique, reçoit, au surplus, l'adhésion du sens commun, instruit à la longue et à l'épreuve des échecs et de l'impuissance de ses tentatives d'indépendance. On l'appelle *le déterminisme*.

Il ne sera pas nécessaire de reprendre ici et de discuter les différentes formules du *fatalisme*, telles que la doctrine des Stoïciens dans l'antiquité, le fatalisme mahométan, le fatalisme théologique et le fatalisme philosophique de Spinoza. Ces doctrines ou bien ne sont qu'une affirmation gratuite, sans autorité comme sans fondement ; ou bien elles empruntent leur force et leurs arguments à quelque théorie déterministe. Exemple : le fatalisme théologique résulte d'une certaine conception de la Providence ou de l'ordre des choses dans la pensée divine ; le fatalisme spinoziste repose sur une théorie de la connaissance et de la raison.

Le déterminisme oppose donc, en général, aux partisans du libre-arbitre l'existence d'influences qui, en fait et en droit, *déterminent* la production des actes, attribués à tort ou rapportés à l'initiative et au caprice de la volonté humaine. Il s'appuie, pour cette réfutation, tantôt sur *l'observation des faits historiques*, psychologiques et sociaux ; tantôt sur *les lois de la production régulière des événements naturels* découvertes chaque jour, et toujours en plus grand nombre, par les sciences positives ; tantôt enfin sur les *exigences de la logique et de la raison* qui nous rendraient inconcevable la production d'un acte libre, soit dans la nature, soit dans l'histoire.

On peut donc ranger les théories déterministes sous trois titres principaux : *a) Un déterminisme historique* appuyé sur l'observation des événements humains. *b) Un déterminisme scientifique* fondé sur le résultat constant des inductions scientifiques, qui semblent bien aboutir à l'énoncé d'un mode régulier de production des événements de la nature. (Toujours un même conséquent succède à un même antécédent. Toujours et partout les mêmes causes entraînent les mêmes effets.) *c) Un déterminisme logique* ou à priori, qui, d'abord, devance les résultats des sciences positives, et en reçoit, encore, d'incessants contrôles et une consécration qui peut passer pour définitive.

Nous allons montrer que ces arguments, aussi bien ceux qui s'appuient *a posteriori* sur l'observation du passé, que ceux qui se fondent *à priori* sur les exigences de la raison pour régler toute expérience possible ou à venir, n'ont de force que contre l'affirmation d'une liberté d'indifférence. Contre la liberté de la raison ou la fécondité inépuisable de notre esprit critique, les objections du déterminisme, tantôt vont contre les observations les plus indiscutables, tantôt transforment abusivement un résumé toujours incomplet et toujours *inexact* ou *trompeur* d'expériences déjà faites, en une loi de l'ordre nécessaire et inévitable. Kant dirait qu'ils transforment sans droit, des règles applicables seulement dans le monde des *phénomènes* ou de l'observation sensible, en un règlement pour une volonté *nouménale ou intelligible*.

a) **Déterminisme historique**. — L'observation historique, aussi bien celle qui porte sur les événements sociaux que celle qui a pour objet les actions individuelles, conduit à affirmer que tous les hommes d'un *groupe donné* ou d'un *caractère donné* sont soumis dans toutes leurs démarches à des causes déterminantes. On les voit, en effet, exécuter les mêmes actions aussi longtemps que les influences qui agissent sur eux subsistent semblables.

C'est ainsi que l'on peut prévoir la conduite, dans des conditions données, d'un groupe ou d'un individu, et agir, en conséquence, soit pour le déterminer à une certaine conduite, soit pour l'en détourner. Par exemple, dans nos relations avec nos semblables nous tablons sur leurs dispositions habituelles, sans nous inquiéter d'un usage possible et déconcertant de leur libre-arbitre. On vend, à la fois, un fonds de commerce et une clientèle, disposant ainsi, d'avance et à coup sûr, du vouloir et des tendances des acheteurs. Ainsi encore on use de promesses ou de menaces pour obtenir un résultat, parce qu'on est assuré de leur efficacité sur un caractère donné. On fait des contrats, parce que l'on croit pouvoir enchaîner par eux la volonté connue et supposée fixée de ceux avec qui l'on contracte. Et enfin on entreprend et l'on réussit l'éducation des groupes et des individus, parce que l'on croit, et avec fondement, à l'influence irrésistible des *mobiles du sentiment* ou des *démonstrations de l'intelligence* pour façonner et diriger le vouloir.

D'ailleurs les *statistiques* établissent la régularité de production des actes sociaux et individuels prétendus libres, comme achats et ventes, crimes, naissances, décès, mariages, etc. C'est donc que la volonté ou l'arbitraire individuel n'exerce aucune influence réelle appréciable sur l'accomplissement de tels actes.

Les objections du déterminisme historique ont toute leur efficacité contre la notion d'une liberté d'indifférence. En effet dans l'hypothèse d'un tel pouvoir de choix, capricieux et arbitraire, il n'y aurait ni précautions à prendre, ni moyens efficaces à employer pour produire les événements désirables et mettre obstacle à ceux que l'on redoute, parce qu'il n'y aurait aucune sorte de prévision possible. Une prévision, en effet, ne peut s'établir que sur la loi de la succession constante des effets et des causes. Les statistiques pour leur part, au lieu d'inscrire, comme elles le font, des productions régulières et uniformes, constateraient des irrégularités incessantes, partant inutiles à enregistrer.

Mais s'il s'agit de la *liberté de la raison*, c'est-à-dire de cette activité qui collabore efficacement avec les influences extérieures et imprévisibles pour la production de nos actes personnels et intelligents, il en va tout autrement. Par la dépendance à l'égard des influences sensibles qui empêche notre vouloir de s'éclairer, de s'affranchir et de se libérer tout d'un coup et par un seul acte, s'explique l'uniformité *temporaire* de la conduite des individus et les réactions identiques d'un groupe social. Par elle s'explique aussi la prise que l'on a pour intimider et contenir les individus et les peuples. Mais à défaut de l'autonomie corrélative d'un vouloir luttant contre cette servitude, on ne saurait rendre compte, ni du mode d'action et des résultats des procédés éducatifs, ni de l'influence efficace des lois et des sanctions sur un groupement d'individus ou de citoyens intelligents, réfléchis et libres. Surtout l'on ne pourrait comprendre le développement incessant du caractère individuel et du type social qui, lentement, insensiblement, mais progressivement et toujours, se remanient et se transforment.

Car, d'abord, *les procédés éducatifs et les lois sociales*, comme nous l'avons déjà indiqué, ne s'adressent que partiellement et à l'origine aux facultés inférieures de désirer ou de craindre. C'est alors le temps de contraindre ou de séduire par les perspectives du châtiment ou de la récompense. Mais plus tard, et à mesure du développement de la personnalité, les enseignements, les exhortations et même les lois s'adressent à la volonté, à l'intelligence de l'individu et tendent à gagner son adhésion pour assurer sa fidélité et son obéissance. Il n'y a de vouloir ferme, et aussi bien d'état social solide, que celui qui repose sur une adhésion, intelligente et libre, au devoir ou au pacte reconnus, consentis et acceptés.

Quant à *la régularité des événements sociaux* ou *des démarches individuelles*, elle n'est pas absolue. Manifestement elle change au bout d'un certain temps, à la suite de modifications, d'abord insensibles, mais qui finissent par introduire et faire prévaloir une régularité nouvelle et différente. Il faut donc reconnaître, à l'origine des événements historiques, un pouvoir d'initiative intelligente, c'est-à-dire une activité relativement autonome, qui seule peut expliquer ces modifications, surtout lorsqu'elles prennent l'aspect, comme il arrive, de transformations continues et progressives.

On a essayé, en effet, de rapporter ces modifications à l'influence du hasard, qui gouverne les circonstances extérieures et modifie, par leur moyen, les réactions individuelles ou sociales, condamnées sans cela à l'uniformité. Mais ces influences, qui sont empiriques, c'est-à-dire imprévues, ne pourraient rendre compte que de vicissitudes irrégulières, et non pas d'un changement continu et progressif, c'est-à-dire du développement constant d'un type social ou d'un caractère individuel à travers les contrariétés et les obstacles. Un caractère ne devient stable, c'est-à-dire non pas monotone mais progressivement continu, que s'il est inspiré ou dirigé par une raison relativement indépendante des circonstances. L'activité ainsi orientée donne seule aux actes qu'elle inspire et dirige une allure singulière et originale, malgré l'influence uniforme et commune du milieu. Elle prend une direction continue et constante, malgré les variations brusques et imprévisibles. Il en est de même pour la vie sociale. Les modifications enregistrées par les statistiques, celles du moins qui peuvent s'inscrire dans une courbe continue et régulière, à travers les interruptions, les sursauts et les chutes, ne peuvent être expliquées que par une tendance raisonnée vers le meilleur, ou ce que l'on croit tel, obstinément poursuivi. Il faut une telle tendance, pour opposer à l'influence des circonstances irrégulières et imprévisibles un but de plus en plus clair et de plus en plus efficacement recherché, et triompher ainsi des obstacles, opposés à la régularité de notre développement.

Cette force par laquelle nous triomphons, c'est notre liberté. D'ailleurs, ce triomphe n'est pas immédiat et sans lutte. Notre volonté intelligente rencontre en nous, et celle des individus qui conduisent les sociétés, rencontre autour d'eux des difficultés et des résistances opposées par la routine ou les habitudes déjà prises. L'efficacité de leur action est donc rendue par ces obstacles d'abord à peu près insensible ; elle ne se révèle qu'après un long effort et au terme d'un travail secret, effectif, mais longtemps inaperçu. C'est ce qui explique la constance du nombre des actes d'une certaine sorte, produits pendant un temps donné.

Une conversion individuelle a des principes et une origine qui précèdent de loin le moment où elle éclate et se révèle. Un premier acte entame à peine la résistance d'une habitude invétérée ou d'une passion. Son effet, d'abord insensible, n'est pourtant pas inexistant. Après un temps plus ou moins long, une série d'actes, orientés obstinément dans le même sens, viendront à bout de l'obstacle. Il paraît s'effondrer tout d'un coup, mais en réalité il cède aux coups souvent et longtemps réitérés, qui l'ont miné d'abord, et qui le ruinent enfin.

De même l'influence sociale d'un grand homme n'est, elle aussi, que le produit lentement accumulé, ramassé sur un point ou dans un individu, d'influences précédentes d'abord dispersées et stériles, enfin condensées et efficaces. Mais tous ces actes, toutes ces tendances, toutes ces pensées convergeaient d'elles-mêmes quoique obscurément vers ce dernier résultat. L'énergie intelligente qui les recueille, les comprend et en forme le faisceau décisif et victorieux, le grand homme qui les ramasse, les assemble et les dirige, telle est la véritable explication et le principe de leur efficacité et de leur triomphe.

On pourra donc, si l'on veut, et comme on a coutume de faire, tenter de sauver la liberté des objections de la statistique en alléguant *la loi des grands nombres*, mais non pas, croyons-nous, par le procédé ou l'argument habituellement employé. On formule cette loi de la manière suivante. Lorsqu'une action donnée résulte du concours de facteurs uniformes, ou agissant toujours de la même manière, avec des facteurs incertains dans leurs effets et constamment changés, à mesure que le nombre des cas de la production augmente, l'influence des facteurs uniformes tend à prévaloir et à annuler l'influence des facteurs irréguliers. Exemple : un dé à six faces, jeté un très grand nombre de fois, donne, pour la production de chacune des faces, un nombre qui se rapproche du sixième du nombre total à mesure que le nombre de coups de dé augmente. Déjà il conviendrait, dans le cas de cette production toute mécanique, de placer le facteur régulier et constant dans le fait de jeter le dé et de *vouloir continûment* la production de l'un des chiffres. Le facteur irrégulier consisterait dans la multiplicité de ces chiffres et le hasard de la chute du dé sur la table.

Mais lorsqu'il s'agit d'actes moraux réfléchis et libres, manifestés dans les événements de la vie sociale ou individuelle, le *vouloir* ne peut plus passer pour un *facteur irrégulier et incohérent*. Il est en effet la poursuite continue et de plus en plus clairvoyante, (malgré les interruptions inévitables et les obscurcissements passagers), de la satisfaction d'une même tendance obstinée, qui devient ainsi à la longue capable de faire prévaloir sa vertu d'initiative plus ou moins justement orientée et, en tout cas, sa puissance de transformation continue contre la diversité imprévisible des circonstances ou, s'il le faut, contre leurs brusques changements. Autrement les statistiques n'auront à enregistrer que des régularités partielles, dont la suite, ou mieux la juxtaposition, ne présenterait au regard qu'une succession, sans cesse brisée et interrompue, d'événements qu'il serait impossible d'inscrire, par une courbe continue, dans une loi de production régulière et constante.

Le déterminisme historique établit donc seulement que l'individu humain ne peut, d'un moment à l'autre, ni se changer lui-même, ni, à plus forte raison, transformer la conduite et les démarches du groupe auquel il appartient. Mais il laisse intact le pouvoir de notre volonté raisonnable de modifier lentement et sûrement, et notre propre caractère, et même le type social sur lequel nos lumières nous donnent droit et puissance de dominer et de prévaloir.

b) Déterminisme scientifique. — Si l'histoire, c'est-à-dire l'observation des événements moraux, ne permet pas de découvrir et d'affirmer des lois de régularité parfaite dans la production des faits historiques, et donne même lieu de soupçonner une liberté initiale, il semble bien, au contraire, que l'*observation des événements physiques* dans les sciences positives obtienne ce résultat et forme ainsi un obstacle insurmontable à l'efficacité, sinon à l'existence d'un vouloir libre.

Tout d'abord, et à tout le moins, notre liberté, même en supposant qu'elle existe, serait entièrement impuissante à produire quelque événement *naturel* que ce soit. Elle ne saurait en effet, agir dans la nature que par des moyens physiques, c'est-à-dire en utilisant des causes scientifiquement déterminées. Or elle ne peut ni produire ces causes qui dépendent elles-mêmes d'antécédents déjà déterminants, ni entraver ces causes dans la production de leurs inévitables effets.

D'ailleurs on prétend étendre ce déterminisme rigoureux, constaté et incessamment vérifié dans la production des événements naturels, à la production des événements historiques. Là encore nous ne nous attribuerions l'origine de nos actions que par ignorance des causes invisibles qui nous les font produire, mais qui sont trop nombreuses et trop complexes pour que nous en puissions démêler l'influence et percevoir l'efficacité. Stuart Mill dit à ce propos : « Étant donnés les motifs présents à l'esprit, étant donnés pareillement le caractère et la disposition actuelle d'un individu, on peut inférer infailliblement la manière dont il agira; et si nous connaissions à fond la personne et en même temps toutes les influences auxquelles elle est soumise, nous pourrions prévoir sa conduite avec autant de certitude qu'un événement physique... » L'incertitude de la prévision pour un observateur « vient de ce qu'il n'est pas absolument sûr de connaître réellement, avec toute la précision requise, toutes les circonstances du fait ou le caractère de telle ou telle personne, mais en aucune façon de ce qu'il croirait que, même une fois en possession de tous ces éléments, il dût conserver le moindre doute sur la conduite qui sera tenue ».

Ainsi l'idée de la causalité, ou de la constance infaillible de la production d'un même conséquent dans tous les cas où un même antécédent est donné, régit d'abord, *en fait*, tous les événements naturels, les soumet au déterminisme et les soustrait au caprice de notre volonté prétendue libre. Ensuite, cette même idée exprime la loi même ou le règlement de la nature en général et se soumet, *en droit*, tous les événements dits moraux ou humains, en dépit de notre impuissance ou provisoire, ou même définitive, à les réduire en fait à ce déterminisme.

Toute la liberté de l'homme consisterait donc, dans cette hypothèse, ou bien, selon les empiristes, à céder au désir le plus fort, au motif prévalent, au poids le plus lourd, comme fait le plateau d'une balance ; ou bien, comme le prétend Spinoza, à reconnaître, par le savoir, quels événements doivent inévitablement se produire, et à conformer d'avance sa conduite et ses vœux aux décisions irrévocables du destin ou aux nécessités des lois de la nature.

En tout cas, la volonté de l'homme ne possède à aucun degré la liberté dont il se vante. Le prétendu sentiment d'être libre se réduit toujours à l'ignorance des motifs qui nous font agir. Soit donc que l'homme connaisse la loi d'un événement, soit qu'il l'ignore, dans les deux cas il ne peut rien pour produire l'événement non plus que pour l'empêcher. Seulement, dans le premier cas, l'événement est imprévu, nous déconcerte et nous opprime. Dans le second, nous prévoyons ce qui doit nécessairement arriver, et nous renonçons à toute prétention contraire. C'est ce que Spinoza entend par être libre. Ce n'est rien de plus que prévoir l'inévitable et en soutenir le choc sans étonnement, sans impatience et sans regret. Les Stoïciens le disaient déjà. Les destins conduisent sans violence ceux qui consentent, ils entraînent de force et contraignent ceux qui résistent. *Fata volentem ducunt, nolentem trahunt.*

Toute notre liberté se réduit ainsi à une soumission aux lois déjà constatées, ou aux lois à découvrir qui, connues ou non, règlent, sans exception, tous les mouvements de la nature. Nous nous croyons libres, par exemple, de faire tel ou tel geste, comme de sauter jusqu'à une certaine distance, parce que nous avons constaté, à l'épreuve, que nous en étions capables. Nous, ne songeons jamais à nous attribuer, sinon par étourderie, sottise ou vanité, un pouvoir plus étendu que celui que nous mesure et nous assigne notre expérience passée. Et encore, une expérience nouvelle peut à tout moment resserrer la portée de ce pouvoir et réduire nos prétentions. Une infirmité par exemple peut nous enlever une liberté dont nous avions joui jusqu'alors et qui en réalité ne nous appartenait pas.

En vain Descartes, et des mathématiciens à sa suite, nous attribueront le singulier pouvoir de changer la direction du mouvement, à défaut d'en pouvoir modifier la quantité. Leibniz lui oppose, avec la mécanique, que pour changer seulement cette direction, il est indispensable de produire un mouvement supplémentaire, donc d'augmenter la quantité totale du mouvement.

Examinons maintenant ce qu'il y a de fondé dans ce déterminisme et voyons s'il n'y a pas lieu de le réduire, d'abord, au seul domaine de l'expérience ou des sciences physiques, et si, dans ce domaine même, il ne laisse pas quelque champ à l'initiative individuelle et à l'exercice d'une liberté intelligente.

1° *Tous les faits de la nature ne sont pas encore réduits à des lois de successions régulières* et, en particulier, les faits historiques ou événements moraux ne sont pas encore ramenés au règlement déterminant de la production d'un même conséquent par un même antécédent.

On prétend bien ne voir dans les événements étudiés par les sciences morales, et que l'on rapporte communément à l'intelligence et à la volonté humaines, que des faits analogues aux faits physiques. Ils en différeraient, non pas en nature, mais seulement en complexité. Mais cette prétention n'est autorisée ni par la nature de l'idée de causalité, ni par la manière dont elle se forme dans notre raison ou par l'espèce des expériences qui lui servent d'origine.

En effet, *l'aspect physique* des choses, qui enveloppe d'ailleurs au regard de notre expérience toutes les productions de la nature depuis le fait mathématique ou l'étendue mesurable jusqu'aux événements historiques ou manifestations de l'activité humaine, est *le seul* qui se soit montré constamment soumis au règlement de la causalité. C'est notre condition de ne voir les choses, de ne percevoir ou de ne nous *représenter* la nature qu'à travers cet aspect, qui donne à ce règlement juridiction incontestable sur tous les êtres de la nature *en tant qu'observables* c'est-à-dire sur toutes leurs *manifestations*. Mais nous sommes avertis par là-même que l'idée de causalité, ainsi formée et ainsi fondée, n'étend pas son règlement et ses applications aux êtres réels. Par suite, les événements historiques qui manifestent plus particulièrement ces volontés, soit dans les transformations d'une société, soit dans les démarches d'un individu, échappent à leur juridiction. Nous sentons en nous, et nous attribuons légitimement à nos semblables, *une puissance* de modifier les événements en intervenant pour les produire. Cette puissance n'est donc pas assujettie aux lois qui règlent seulement et exclusivement *la perception* des événements ou *leur représentation*.

Ainsi, c'est par une extension illégitime de ce qui n'est vrai que pour le *perçu (percipi)* ou *phénoménal*, au *réel* ou *nouménal*, que l'on prétend enchaîner les activités et leurs opérations à la loi de la causalité ou du déterminisme. En d'autres termes, une idée : la *causalité* et un règlement : le *déterminisme*, qui n'ont été engendrés qu'à l'occasion des phénomènes, ne sont pas applicables au réel. Ils déterminent l'ordre d'apparition des phénomènes *dans l'expérience* ou pour un esprit qui *perçoit* ou se *représente*. Ils n'ont pas droit de régler l'ordre de production des événements *pour* un esprit ou une activité mentale qui *agit*, placée ainsi à l'origine des phénomènes et non pas exclusivement dépendante d'eux.

Ce qui le prouve, c'est d'abord *l'intervention de l'esprit* dans la détermination des causes ou l'établissement des lois de la succession constante. C'est aussi *la puissance* tirée de notre activité mentale pour la production des effets. Puissance accrue, à mesure qu'elle approfondit par sa vertu propre, incessamment développée, la nature des phénomènes et passe ainsi de l'esclavage mathématique à la liberté morale.

2° *Intervention de l'activité mentale dans la détermination des lois de succession constante et dans la production des effets.* — Même s'il s'agit seulement de la production des événements naturels, il y a toujours dans les effets produits ou les conséquents survenus, quelque chose qui dépasse la simple position des antécédents observés invariablement présents dans tous les cas de leur production. Aussi la science ne dit-elle pas que tels ou tels antécédents *seront* posés et que par suite tel conséquent *suivra*; elle se borne à l'énonciation suivante : *si* tels ou tels antécédents sont réunis, le conséquent doit suivre inévitablement. Reste à déterminer l'auteur ou l'agent de cette réunion. La volonté de l'homme pourrait donc être chargée, à tout le moins, de rassembler les conditions d'un événement pour déterminer et produire le conséquent habituel.

Mais déjà cette volonté ou activité mentale est intervenue, soit pour découvrir le groupement efficace de ces antécédents, soit pour appliquer la loi découverte et l'étendre à la nouveauté du cas proposé. En effet, la découverte des causes ou des antécédents invariables se fait par une *intervention* de l'homme, qui ne se borne pas à constater ce qui s'est passé, mais découvre la cause des événements déjà produits, et invente même au besoin, des causes pour des événements désirés et encore inexpérimentés (59).

Ce n'est donc pas la science ou les lois une fois découvertes, qui régissent l'activité humaine. C'est, au contraire, notre activité mentale qui constitue la science, d'abord, et produit en conséquence toutes les transformations que nous pouvons introduire par elle dans la nature. Si, en mathématiques, nous sommes irrémédiablement bornés à constater l'inévitable et à le prévoir, comme une éclipse par exemple, sans pouvoir l'empêcher, dans les sciences naturelles déjà, et, à plus forte raison, dans les sciences morales, nous devenons capables de contredire les expériences déjà faites ou les constatations d'abord imposées, et de changer ainsi l'ordre, antérieurement constaté, de la production des phénomènes.

Cette efficacité de l'initiative humaine n'est pas d'ailleurs manifeste seulement chez l'inventeur qui découvre des lois de la nature. Elle est encore incontestable chez les imitateurs, qui ont à appliquer les inventions déjà faites dans des circonstances particulières. L'inventeur découvre des lois et des procédés d'action nouveaux en combinant des lois déjà établies et en leur faisant produire, par cette combinaison même, des effets nouveaux. Ceux-ci sont donc bien une œuvre de sa création et non pas le résultat d'une influence subie ou d'une observation imitée et reproduite. Exemple : les lois de la pesanteur combinées avec les lois du mouvement permettent à l'homme de se soutenir là où il devrait tomber. Il en va de même, mais à un degré moindre, pour ceux qui, à défaut de pouvoir inventer les lois, les appliquent. En effet s'il est vrai que pour accomplir une action décisive dans la nature il faut se servir des lois déjà connues et s'y conformer, il reste au moins à l'homme la tâche et l'initiative de chercher quelles lois conviennent aux cas à résoudre, et de les adapter aux exigences précises du cas proposé. Il y a toujours, en effet, même dans les besognes les plus mécaniques, une adaptation nécessaire des procédés énoncés par les lois d'une manière générale, à la particularité des cas toujours relativement nouveaux. Mais dans la vie morale, plus particulièrement, il faut toujours inventer la conduite à tenir, parce qu'aucune expérience précédente n'a été faite dans les mêmes circonstances, ni par un individu identique. Il est déjà dangereux en politique d'employer les mêmes procédés dans deux moments différents, et à plus forte raison pour deux types sociaux dissemblables. Dans la vie individuelle, chacun de nous doit, plus indispensablement encore, improviser sa conduite pour chaque circonstance nouvelle.

On peut donc, si l'on veut, ne voir dans l'action libre que le dernier jugement pratique, c'est-à-dire une suite de la croyance que la délibération engendre dans un homme qui réfléchit. Mais ce dernier jugement résume alors tout l'effort volontaire qu'il a fallu faire pour éclaircir les données du problème et le résoudre. Ce jugement est ainsi lui-même un acte libre. Toute découverte et toute application d'une loi scientifique est un jugement, c'est-à-dire l'exercice d'une activité de ce genre. Il est plus manifeste dans les produits de l'activité morale, mais il est déjà impliqué dans toutes nos démarches physiques.

c) *Déterminisme logique.* — Il ne servirait de rien d'avoir établi que les lois scientifiquement découvertes ne sont ni rigoureuses ni immuables, si l'on était en possession d'affirmer qu'il y a, avant toute science et au-delà de tous les résultats scientifiques obtenus, un *principe logique de la connaissance* qui affirme, sans exception et indépendamment de tout contrôle, *l'intelligibilité universelle*. Il y aurait ainsi une raison suffisante et déterminante à l'origine de la production de tout événement et de tout acte. Nous retrouvons ici, mais cette fois fondée sur la réflexion et l'analyse de l'entendement, l'affirmation des fatalistes : les stoïciens et Spinoza, les mahométans et la théologie chrétienne de la prédestination. Rien n'arrive que conformément à l'ordre et à l'intelligible, par conséquent d'une manière nécessaire et inévitable.

En effet, l'esprit ne conçoit rien de possible et par conséquent de réel qui ne tienne sa possibilité et sa réalité de sa conformité au plan total et de sa réduction possible à l'unité de ce plan. Nous ne regarderons donc, à priori, comme possible et comme existant que ce qui est ainsi intelligible ou explicable. Nous refuserons de prendre pour réel, et nous traiterons d'apparence ou d'illusion, tout ce qui, au contraire, se présentera détaché du plan, et comme produit par sa propre initiative ou son libre caprice. Une action libre n'a pas de place dans un tel système ; elle n'est pas recevable pour une pensée qui ne reconnaît pour réel et vrai que l'intelligible.

Le kantisme propose pour résoudre cette difficulté de n'accorder à la raison ou à la pensée humaine qu'une valeur toute relative. Il faudrait ne voir dans les *catégories* de l'entendement, c'est-à-dire dans la manière dont l'entendement appréhende nécessairement l'expérience et en relie les divers éléments en notions et en lois, que des *exigences propres à l'esprit en tant que connaissant*, ou bien des règles imposées par sa constitution à toutes les représentations qu'il peut se former. Ces règles ne seraient à aucun degré des lois de l'être ou des formes d'existence. La conception que l'esprit se forme de tous les événements de la nature, en y comprenant les démarches de l'activité humaine, n'exprime donc pas, mais trahit et masque, tout au contraire, la vérité de la nature, le réel de notre volonté et le véritable procédé de ses actes. Rien n'empêche alors que nous les affirmions comme libres, alors même que les représentations que nous sommes condamnés à nous en former, les propose à notre regard comme enchaînés entre eux et déterminés tous ensemble par leur rapport à l'unité d'un plan total.

Descartes prétendait déjà : « que nous n'aurions point du tout de peine à nous délivrer de la difficulté que l'on peut avoir à accorder la liberté de notre volonté avec la providence éternelle de Dieu, si nous remarquions que notre pensée est finie, et que la toute-puissance de Dieu, par laquelle il a non seulement connu de toute éternité ce qui est ou ce qui peut être, mais l'a aussi voulu, est infinie. Ce qui fait que nous avons bien assez d'intelligence pour connaître clairement et distinctement que cette puissance est en Dieu ; mais que nous n'en avons pas assez pour comprendre tellement son étendue, que nous puissions savoir comment elle laisse les actions des hommes entièrement libres et indéterminées ; et que d'autre côté nous sommes aussi tellement assurés de la liberté et de l'indifférence qui est en nous, qu'il n'y a rien que nous connaissions plus clairement ; de façon que la toute-puissance de Dieu ne nous doit pas empêcher de la croire. Car nous aurions tort de douter de ce que nous apercevons intérieurement, et que nous savons par expérience être en nous, pour ce que nous ne comprenons pas une autre chose que nous savons être incompréhensible de sa nature. (*Princ. de la Philos.*, I, 41). Bossuet disait de même : « Il ne faut jamais abandonner les vérités une fois connues, quelque difficulté qui survienne quand on veut les concilier ; mais il faut, au contraire, pour ainsi parler, tenir fortement les deux bouts de la chaîne, quoiqu'on ne voie pas toujours le milieu par où l'enchaînement se continue ».

A des arguments de ce genre nous n'hésiterons pas à répondre ce que répondait Leibniz : « A la vérité je reconnais qu'il n'est pas permis de nier ce qu'on n'entend pas, mais j'ajoute qu'on a droit de nier (au moins dans l'ordre naturel) ce qui absolument n'est point intelligible ni explicable. Je soutiens que... la *conception* des créatures n'est pas la mesure du pouvoir de Dieu, mais que leur *conceptivité*, ou force de concevoir, est la mesure du pouvoir de la nature : tout ce qui est conforme à l'ordre naturel pouvant être conçu ou entendu par quelque créature (*Nouv. Ess.* liv. I). En tout cas, cette solution agnosticiste a un double inconvénient. Tout d'abord, elle ne nous donne aucune idée de ce que peut être le libre arbitre ainsi postulé. Ensuite, elle ne donne au vouloir aucun moyen d'agir sur les événements de la nature, puisqu'elle lui retire toute confiance dans les lois connues pour appuyer ses démarches et ne lui permet aucune vue sur l'orientation des événements à venir.

Mais peut-être n'est-il pas nécessaire de recourir à cet agnosticisme et à cette contingence, qui permettraient tout au plus de croire la liberté *possible*, mais ne nous en révèleraient ni *l'existence réelle*, ni la nature ou *la définition*,

En effet, la raison peut bien exiger l'ordre et l'unité, mais elle ne nous condamne pas à concevoir cette unité et cet ordre sur le modèle du mécanisme du mathématicien. C'est à tort que l'on prétend assimiler l'ordre éternel et absolu aux *apparences d'ordre* et d'arrangement que découvre notre science incessamment progressive, mais toujours imparfaite. Dans cet ordre de découvertes, qui nous est imposé par notre condition empirique, l'effet vient toujours après ses causes comme un résultat qui dépend entièrement des antécédents et qui peut être expliqué exclusivement par eux. Aussi a-t-on eu raison de montrer, après Kant, que les idées de la raison, ainsi formées sous l'influence de l'expérience ne pouvaient être que relatives à cette expérience même. Mais alors, il faut bien se garder de regarder de telles idées, l'identité des mathématiques, la causalité des sciences positives, comme l'expression exacte de la forme ou du réel de la nature. Nous savons qu'à l'origine même de ces idées, qui résultent de l'expérience plus encore qu'elles n'y président, qui résument les lois rencontrées à mesure de leurs découverte plutôt qu'elles ne les engendrent, il faut démêler le véritable principe directeur de tout savoir et le véritable modèle de tout être. Ce principe est *le principe de la raison suffisante, de la finalité ou du meilleur.*

L'identité des mathématiciens qui nous condamnerait, avec Descartes et Spinoza et tous les mécanistes, à ne voir dans tout acte qu'un mouvement engendré analytiquement par la somme des mouvements concourants; et, aussi bien, la causalité du physicien qui, pour les mêmes raisons et de la même manière, inscrit toutes nos actions et les enchaîne dans le déterminisme universel, ne sont donc pas les exigences de la raison profonde et véritable. Elles sont seulement des *modes de penser* ou de *se représenter* la nature qui nous sont imposés par la nécessité de l'expérience, mais qui se limitent justement à l'apparence ou au phénomène des choses sans atteindre à leur réalité.

Donc, si l'ordre éternel doit servir de *principe à la réalité* des événements de la nature et par suite aux productions de notre activité libre, comme l'idée que nous avons de cet ordre sert de *principe à leur explication* ou à la connaissance de leur réalité, nous ne chercherons ni la forme de cet idéal, ni la définition de cet ordre dans aucun résumé d'expériences déjà parcourues, ou dans aucun concept formé en conséquence de ces expériences réduites à des lois positives ou expérimentales. *L'idéal* est l'origine et la raison d'être des événements, il n'en est pas la conséquence. Il est le *type* du réel observable, il n'en est pas le *reflet*.

On peut donc concevoir, avec Leibniz, qu'il y a un règlement par lequel « tout est disposé en sorte que les lois de la force ou les lois purement matérielles, conspirent dans tout l'univers à exécuter les lois de la justice ou de l'amour; que rien ne saurait nuire aux âmes qui sont dans la main de Dieu, et que tout doit réussir au plus grand bien de ceux qui l'aiment ». De cette sorte, une âme entrant dans le monde n'y rencontre pas un système mécanique tout constitué auquel elle se trouvera irrémédiablement assujettie, ce qui est la pensée de tous les mécanistes et de tous les déterministes. Mais, au contraire, cette âme, selon sa destinée, ou mieux selon les volontés qu'elle aura, trouvera autour d'elle des occasions préparées qui la favoriseront dans ses desseins ou qui la détourneront de concevoir et d'entreprendre ce qui serait contraire à l'ordre final.

On peut entendre ainsi ce passage de la *Théodicée* : « Un automate qui ferait les fonctions de mon valet, dépendrait de moi idéalement, en vertu de la science de celui qui, prévoyant mes ordres futurs, l'aurait rendu capable de me servir à point nommé pour tout le lendemain. La connaissance de mes volontés futures aurait mû ce grand artisan, qui aurait formé ensuite l'automate... Car autant que l'âme a de *la perfection* et des pensées distinctes, Dieu a accommodé le corps à l'âme et a fait, par avance, que le corps est poussé à exécuter ses ordres; et en tant que l'âme est *imparfaite* et que ses perceptions sont confuses, Dieu a accommodé l'âme au corps, en sorte que l'âme se laisse incliner par les passions qui naissent des représentations corporelles... Et la même chose se doit entendre de tout ce que l'on conçoit des actions des substances simples les unes sur les autres... Dieu a réglé, d'abord, une substance sur l'autre, selon *la perfection* ou *l'imperfection* qu'il y a dans chacune : bien que l'action et la passion soient toujours naturelles dans les créatures, parce *qu'une partie des raisons* qui servent à expliquer distinctement ce qui se fait, et qui ont servi à le faire exister, est dans l'une de ces substances, et *une autre partie* de ces raisons est dans l'autre, les perfections et les imperfections étant toujours mêlées et partagées ».

Du côté de l'homme ou de la volonté, nous devons regarder notre raison comme inspirée par cet ordre, orientée vers cette perfection, et participant à l'accomplissement de cet univers à proportion du degré de connaissance qu'elle mérite d'avoir de cet idéal par son effort propre et des tendances qu'elle se donne pour le réaliser. Notre activité raisonnable imite en effet le mode de production de l'idéal, ou mieux y participe, et par la découverte des lois qui sont les instruments de sa puissance, et par son action sur les événements de la nature et sur les démarches de ses semblables.

Ainsi, puisque c'est l'activité de l'homme, inspirée et dirigée par la poursuite de l'idéal, qui découvre et formule les lois scientifiques, il y a lieu de penser que les lois ainsi découvertes et les événements qu'elles régissent et dont elles déterminent le mode de production, sont subordonnés dans l'arrangement final et éternel de la nature, c'est-à-dire en Dieu, au mouvement spontané de l'activité humaine. Plus cette activité fait d'efforts pour comprendre, mieux aussi elle trouve les lois qui lui permettent une action efficace et conforme à ses vœux légitimes, parce que la conception des objets et l'orientation des tendances découlent, dans la mesure même de cet effort, de la vérité même de la nature.

Selon Leibniz, les causes efficientes dépendent des causes finales. L'efficacité et par conséquent la causalité de chaque être dans la nature se mesure à son degré de perfection. Pour l'homme en particulier, elle se mesure à son degré d'activité morale ou d'effort généreux et méritoire pour comprendre et définir son devoir. C'est ainsi, dit-il encore, que Dieu architecte du monde mécanique, c'est-à-dire des événements naturels, contente en tout Dieu, législateur ou monarque de la cité divine des esprits.

Par suite, l'ensemble de l'univers peut être conçu comme un système de tendances accordées entre elles et orientées vers un but commun, idéal, non pas *préétabli* mais *éternellement établi* qui laisse aux activités concourantes un certain choix dans leurs entreprises et dans leurs démarches. Ce n'est pas un système de mouvements réglés d'avance par un plan préétabli, qui ne laisserait aux agents du mouvement aucune liberté, ni même aucune latitude pour hésiter et pour choisir.

Cependant, le but n'est qu'idéal. L'activité humaine ne le connaît qu'à travers l'obscurité des sens, et le cherche à travers les empêchements des passions. Elle ne saurait donc l'atteindre par un effort ou vouloir pleinement autonome. Il y a en effet dans chaque volonté des inclinations qui la dirigent sans la contraindre, et des influences sensibles qui la limitent et l'empêchent pour ainsi dire d'extravaguer en dehors du plan total. Ainsi se réalise ce plan, par des volontés assez indépendantes pour y contribuer, mais non pas exemptes de toute limitation au point d'y pouvoir contredire.

Dieu qui favorise celles de nos actions libres qui contribuent à l'ordre, est également le maître d'entraver et de rendre vaines celles qui, au contraire, iraient à le détruire ou seulement à en troubler l'exécution. Les moyens ne lui manquent pas pour cela. Nous les sentons en nous-même, dans le caractère original qui nous est imposé et qui nous engage dans certaine voie, à l'exclusion de tout autre ; et, plus clairement encore, dans les défaillances de l'esprit, les violences du sentiment ou les démarches irrésistibles du vouloir auxquelles nous sommes irrémédiablement sujets.

CONCLUSION

Le physique et le moral. — L'automatisme psychologique. — La personnalité : l'idée du moi

Cette conclusion d'une psychologie qui définit le moi et la personnalité non pas comme une idée, mais comme une réalité saisissable, par conscience, dans l'activité mentale libre et créatrice, sera exposée au chapitre du Moi *en* MÉTAPHYSIQUE

DEUXIÈME PARTIE

MÉTAPHYSIQUE

CHAPITRE PRÉLIMINAIRE

OBJET ET DIVISIONS DE LA MÉTAPHYSIQUE

Sommaire : 1 et 2. La métaphysique a pour objet l'estimation, par l'étude de l'esprit connaissant, de la portée de la connaissance humaine. D'où la définition du moi, de la matière et de Dieu.

1. — Objet de la Métaphysique.

La métaphysique a été définie la *science de l'être en tant qu'être*. Nous avons en effet deux sortes de connaissance des choses ou de la nature.

1° La *connaissance vulgaire* ou sensible qui est exclusivement empirique. Elle a pour procédé l'induction vulgaire et se termine à la formation des images et à la perception des objets sensibles.

2° La *connaissance méthodique*, scientifique, qui use du raisonnement et de l'intelligence. Elle emploie l'induction scientifique et aboutit à la formation des lois, des idées et des notions.

Or, ni l'une ni l'autre de ces deux connaissances ne dépasse les faits. Elles se bornent toujours à l'énoncé de *groupements de phénomènes* ; elles ne manifestent donc pas *les raisons* sur lesquelles se fonde notre sécurité dans la justesse de ces groupements, et n'établissent pas la légitimité des prévisions ou lois ainsi formées. En effet, la représentation scientifique, loi ou notion, pas plus que l'image du vulgaire, ne renferme en elle-même les preuves de la vérité ou de la fidélité de la connaissance qu'elle nous propose.

Il y a donc lieu de chercher, par une connaissance dite *métaphysique*, qui dépasse les faits physiques ou naturels c'est-à-dire observables, et qui atteigne jusqu'à l'être même, le fondement de la vérité de nos images sensibles et de nos idées scientifiques. Une telle connaissance atteindra donc non plus l'être *en tant qu'il nous* est *représenté ou donné*, mais *en tant qu'il existe en lui-même*, c'est-à-dire dans l'absolu et le réel de sa nature.

Exemple : Il y a des lois physiques et des lois biologiques; ces lois n'énoncent que des enchaînements de phénomènes ou des objets d'expérience. Pour être assurés que ces énonciations sont véritables, c'est-à-dire que les phénomènes ainsi rapprochés sont solidement groupés, nous avons donc besoin de savoir, quel est le fondement ou quel est l'être, nature ou Dieu, dont elles sont la manifestation et dont elles expriment l'immuable essence. Autrement, nous serions condamnés à attendre aveuglément et par routine que l'avenir ressemble au passé. Mais alors, cette fausse certitude s'ébranle au moindre choc de la réflexion qui s'interroge sur le fondement et la légitimité de sa croyance; question d'ailleurs inévitable.

Maintenant, on peut entendre cet objet de la métaphysique de deux manières. Ou bien il sera une réalité qui nous est directement accessible par une raison intuitive et c'est la théorie du *dogmatisme*. Ou bien il se réduira à une conjecture plus ou moins aventureuse ou plus ou moins fondée que nous pouvons former, sur la nature des choses d'après les phénomènes qui nous la traduisent et manifestent par leur groupement infaillible ou par les lois qui régissent leur production. C'est la théorie de *la relativité de la connaissance humaine*.

Le *relativisme* que nous désignons ici est celui qui nous

laisse capables de faire des conjectures valables sur la nature probable des êtres. Nous sommes guidés dans ces conjectures par les exigences de la raison, qui réclame une telle nature pour fonder les notions formées par la science et vérifiées par l'expérience. Un autre relativisme, celui de Kant, plus radical et plus intransigeant, prétend nous enfermer dans notre manière propre d'appréhender et de lier l'expérience ou les phénomènes. Il nous interdit toute vue pénétrante sur le réel et nous ramène, par l'agnosticisme, à la négation de la métaphysique.

Sans doute l'ancien dogmatisme c'est-à-dire une métaphysique qui veut atteindre directement la réalité absolue de l'être est une entreprise impossible et condamnée. Une métaphysique qui voudrait ainsi dogmatiser, c'est-à-dire une théorie qui aurait la prétention de fonder la science ou la connaissance positive sur une connaissance de l'être en soi, ou de l'absolu des choses, devrait, avant tout, établir l'existence, en l'esprit humain, d'une faculté rationnelle intuitive, qui atteindrait directement la vérité en Dieu ou dans les choses, et serait par suite à l'abri de toute erreur. Or cette prétention est déjà condamnée par les échecs successifs de la philosophie dogmatique, c'est-à-dire par la diversité et même la contradiction des systèmes dans lesquels elle a cru pouvoir successivement, ou même simultanément, exposer la nature intime et réelle des choses. La connaissance humaine, vérifiable et utilisable, qu'on appelle maintenant science positive, a toujours été réduite, en fait, à des sciences multiples et encore imparfaites, chacune à part, ou incessamment progressives. Une connaissance métaphysique intuitive nous exempterait de cette diversité, de ces transformations et surtout de ces erreurs. Il n'y a donc pas une telle connaissance.

Cependant on ne doit pas renoncer pour cela à fonder la vérité des lois de la nature ou des groupements de phénomènes, et à expliquer l'attente justifiée de l'avenir qu'elle nous fait concevoir. Si la métaphysique ne peut pas atteindre le vrai et trouver ce fondement des lois dans la direction de l'objet, il est indispensable qu'elle en cherche les sources ou le fondement dans l'activité mentale du sujet, ou dans l'esprit connaissant. Elle y trouvera les *idées rationnelles* qui animent, dirigent et contrôlent nos recherches.

Il est impossible, en effet, de se borner à un positivisme radical, c'est-à-dire à un phénoménisme qui serait la négation de toute métaphysique. Notre connaissance des choses, telle que nous la possédons, avec les garanties qu'elle nous donne et les succès qu'elle obtient, ne peut pas être simplement constituée par la somme ou la juxtaposition des données de l'expérience et l'assemblage de lois particulières qu'énoncent les sciences positives.

En effet : 1° ces diverses sciences, du moins en tant que sciences positives et indépendamment de toute hypothèse métaphysique (mécanisme, atomisme, évolutionnisme, etc.), sont incohérentes entre elles et, assez souvent, même contradictoires. Il est donc nécessaire de les rapporter à une science supérieure (Logique) qui les hiérarchise et leur attribue des valeurs respectives au sein de la vérité totale, faisant ainsi cesser les incohérences et les contradictions. 2° Ces sciences, même dans leur domaine propre, ne peuvent se constituer, telles quelles, qu'avec des directions métaphysiques c'est-à-dire à l'aide des principes rationnels et absolus ; or, *ces principes sont directeurs de la connaissance* parce qu'ils énoncent, avec plus ou moins de précision, les *principes mêmes de l'existence.*

Il existe donc indispensablement une métaphysique, car, s'il y a des sciences positives, elles ne sont possibles que par elle. Elle consistera d'abord en une *critique de la raison*, c'est-à-dire en l'examen de la portée et des limites de la connaissance humaine guidée par les principes rationnels ou directeurs. Cette critique permettra de régler les conjectures qu'on est en droit de faire sur la *nature des choses.*

2. — Divisions de la métaphysique.

La métaphysique comprend alors :
1° Une théorie des principes de la connaissance, c'est-à-dire de *la valeur et des limites du raisonnement humain*.
2° Cette théorie, qui conclut à l'objectivité de la connaissance humaine établit d'abord *l'existence du moi ou de l'âme*. En effet l'activité mentale ou pensée qui fonde, par le raisonnement, la réalité de sa représentation des choses, établit d'abord et avant tout sa propre *existence*. Elle *se définit*, d'ailleurs, par cet exercice même de la raison.
3° Elle nous conduit ensuite à des conjectures sur la nature des objets donnés à sa représentation. C'est la théorie de la *nature*.
4° Elle implique enfin dans toutes les démarches au cours desquelles la raison juge et critique, se reconnaît existante, et définit la nature des choses qui l'entourent, *l'idée et l'existence de Dieu*.

On pourrait résumer cet objet de la métaphysique, par lequel elle rejoint la psychologie, en disant qu'elle est d'abord une *théorie de l'âme*, en tant du moins que cette âme est une activité connaissante et par là même réelle et efficace, c'est-à-dire une pensée qui se connaît soi-même, mesure sa propre puissance, et critique ses conjectures sur la nature des choses. Puis une *théorie de la raison absolue ou de Dieu*, dans laquelle on étudie le principe de toute connaissance et le principe de toute existence. Et enfin une *théorie de la matière et de la nature*, qui consiste en une définition de l'être des choses, en tant que notre pensée, dirigée par son rapport à la raison absolue, est capable d'en former la conjecture.

Cette dernière partie est celle qui répond le plus exactement à l'ancienne métaphysique. Elle en diffère, toutefois, en ce qu'elle ne nous donne de la nature des choses qu'une connaissance relative ou définition conjecturale, et non pas une connaissance intuitive et absolue.

CHAPITRE PREMIER

VALEUR ET LIMITES DE LA CONNAISSANCE

Sommaire : 3. La connaissance humaine est relative. — 4. Elle n'est pas condamnée au scepticisme. — 5. Mais le dogmatisme lui est interdit. — 6. Elle peut se former des représentations qui ne sont que relatives, mais dont elle mesure l'exactitude ou le degré d'approximation.

3. — La connaissance humaine est relative.

Le problème le plus urgent de la métaphysique est de déterminer quelle est *la portée* et quelles sont *les limites* du savoir humain. De la solution de ce problème dépendent, et la valeur des conjectures que nous pouvons faire sur le réel ou les différents êtres qui le constituent, et, par suite, la valeur même des différentes sciences positives, dont l'objet est de découvrir les lois qui régissent les manifestations du réel.

La connaissance humaine est d'abord et irrémédiablement une *représentation*. En effet l'esprit ne peut pénétrer la nature des choses qu'à travers les impressions qu'il en reçoit, ou les expériences qu'il en fait, et à l'aide des principes de la raison qui le guident et le contrôlent dans cette interprétation de l'expérience, cet enchaînement des phénomènes et cet établissement des notions. Quelle que soit donc la légitimité de la représentation ainsi formée, ces idées ne sont jamais l'équivalent du réel qu'elles nous font connaître. Elles n'expriment la réalité que par rapport à nous, et du point de vue nécessairement particulier où nous sommes placés pour connaître et pour agir.

Cette considération nous instruit des différents degrés de la connaissance dont nous sommes capables et marque la valeur respective des notions ainsi obtenues. Le premier objet connu de nous, c'est nous-mêmes et il l'est par une connaissance immédiate. Pourtant cette première et fondamentale connaissance est elle-même relative. Pour nous connaître *absolument* il nous faudrait connaître d'abord le fond des choses, c'est-à-dire être placés au point de vue même de Dieu. C'est la prétention du dogmatisme, mais elle est insoutenable. Toutefois, nous connaître comme une activité imparfaite, c'est encore avoir de nous-mêmes une idée suffisamment exacte. Mais nous ne pouvons connaître de Dieu que le rapport que notre esprit particulier peut avoir avec l'ensemble de l'univers. De là résulte la connaissance imparfaite de l'univers à laquelle nous sommes réduits, en raison du point de vue particulier, notre point de vue propre, duquel nous pouvons seulement l'observer et l'interpréter.

4. — Scepticisme.

On a pu croire d'abord que les faits révélaient d'eux-mêmes la nature des objets qu'ils expriment. C'est le dogmatisme naïf du sens commun. Mais les contradictions de la connaissance sensible ont aisément détourné l'esprit humain de croire en la vérité de pareils objets. On a pensé alors que l'intelligence atteignait, en dehors des sens ou indépendamment d'eux, la vérité essentielle ou l'idée archétype des choses. On a ainsi distingué le *noumène* ou l'intelligible, du *phénomène* ou du sensible. Mais les sceptiques ont de tout temps objecté à la connaissance dogmatique, soit sensible soit intelligible, l'inconsistance et la contradiction des opinions humaines.

Seulement, le *scepticisme* ne se borne pas à dénoncer l'excès de la prétention dogmatique. Il refuse à la connaissance humaine tout droit de se prononcer sur la nature des choses. Il la renferme en elle-même, la ramène à la simpe constatation de ce qu'elle éprouve ou se représente, sans pouvoir confronter les notions qu'elle possède à quelque réalité que ce soit. L'esprit de l'homme devient la mesure de toutes choses, et de celles qui existent, et de celles qui n'existent pas. En d'autres termes, l'homme ne peut savoir des choses que l'opinion qu'il en a. Cette définition, incertaine comme l'opinion, varie et se transforme irrémédiablement comme cette opinion même.

Les arguments du scepticisme sont de deux sortes. Ils résultent, en effet : 1° *A posteriori*, de l'examen des vicissitudes des connaissances humaines dans le temps et dans l'espace, d'où résulte une méfiance trop légitime à l'égard d'un critérium du vrai si souvent démenti. 2° *A priori*, d'une remarque sur l'office de la raison qui prétend tout prouver et tout justifier, mais qui est incapable de prouver elle-même son droit à tout contrôler et à tout vérifier.

1° La connaissance humaine varie à travers le temps et à travers l'espace. D'ailleurs chaque croyance se regarde tour à tour comme entièrement certaine quelle que soit l'opinion contraire, et quelle que soit l'opinion, précédemment certaine, à laquelle s'est substituée cette nouvelle opinion. Ce changement d'opinion et ce conflit de certitudes se rencontrent même en chaque esprit, qui voit coexister en soi des vérités scientifiques incohérentes et souvent contradictoires, et qui voit aussi se transformer et changer du tout au tout ses opinions, tout en leur accordant, à tour de rôle, une égale confiance. Les hommes ne possèdent donc pas, en fait, de critérium certain qui leur permette de discerner le vrai du faux, puisque les mêmes opinions sont tour à tour accueillies ou rejetées, ici véritables, là mensongères. Descartes accordait ce point en ce qui concerne la connaissance sensible ; mais il croyait cet inconvénient réparé par la connaissance intellectuelle. Mais les sceptiques peuvent toujours répondre que la connaissance intellectuelle, si elle était possible, devrait nous exempter, une fois pour toutes, des illusions de la connaissance imaginative. Il faudrait donc en venir, comme Spinoza, à nier la possibilité de l'erreur. *Verum, index sui et falsi*. D'ailleurs la connaissance intellectuelle ne donne son adhésion qu'à des vérités claires et distinctes et ne se laisse fixer que par l'évidence incontestable. Or il n'y a que la connaissance mathématique qui soit conforme à ce modèle, et la connaissance mathématique est abstraite et non réelle. Il n'y aura donc de connaissance réelle ou concrète qu'empirique ; et celle-ci se borne au souvenir d'impressions traversées et constatées, groupées avec une incohérence et une instabilité qui nous interdisent de les rapporter à un objet réel. Une telle connaissance n'est tout au plus qu'une croyance aveugle ou une habitude prise d'enchaîner les phénomènes dans un certain ordre. De cette habitude, naît l'impossibilité *toujours provisoire* de penser le contraire.

Que faut-il penser de ces attaques du scepticisme ?

1º D'abord il ne faut exagérer ni la diversité des opinions ni leur instabilité. On n'a pas le droit de mettre sur un même plan toutes les opinions humaines, comme si elles étaient toutes indistinctement suspectes et fausses. En effet, cette diversité n'est jamais absolue, et cette instabilité n'est pas radicale. En tout cas l'une et l'autre tendent à s'atténuer avec le progrès de la connaissance. Les changements d'opinions en matière scientifique deviennent de moins en moins brusques à mesure que l'esprit humain devient de plus en plus capable de discerner le vrai du faux. A tout le moins, par l'exercice toujours développé de ses facultés rationnelles, notre esprit devient plus apte à mesurer la valeur et la portée des hypothèses. Il y a donc, au fondement des opinions humaines, autre chose qu'un simple empirisme. L'influence de l'absolu s'y révèle par l'unité et la stabilité toujours croissantes des vérités scientifiquement ou méthodiquement établies.

2° Mais on prétendra, avec Montaigne, que la raison qui prétend tout démontrer, ne peut pas établir sa propre autorité, sans supposer d'abord et affirmer sans preuve qu'elle est véritable. Or, cette vérité là est en question comme toutes les autres et cette première affirmation, gratuite. Il faut croire, dit-on, et tenir pour certain tout ce qui est raisonnable ou conforme aux principes directeurs de la connaissance. Mais pourquoi, ou en vertu de quels principes, faut-il croire aux principes de la raison? Il y a là une pétition de principe. Comme le dit Montaigne, nous sommes au rouet.

Descartes a réfuté cette objection en établissant qu'on ne saurait douter d'une opinion qu'en se servant d'une faculté de connaître ou de penser qui montre qu'elle possède déjà l'idée du vrai *par le fait même qu'elle doute*. Douter c'est ne pas trouver les marques du vrai dans l'opinion que l'on examine et tient en suspens. C'est donc avoir cette idée du vrai. Par exemple, si on met l'existence de la pensée en question, et si l'on se demande si ce n'est pas une illusion de croire que l'on pense, Descartes répond que cette illusion-là même ne peut naître que d'une pensée qui se pose la question et la résout. *Se tromper, douter, penser et être c'est une même chose.* De même, si l'on met en question l'existence de Dieu ou de l'absolu, les raisons mêmes par lesquelles on doute de cette existence impliquent l'idée de Dieu et par suite son existence. Ainsi toute pensée, certaine, douteuse ou fausse, implique toujours la possession d'une vérité à laquelle on la compare, et qui n'a pas elle-même besoin d'être démontrée, parce qu'elle se montre.

5. — Dogmatisme.

Le scepticisme n'est donc pas en état d'établir ni la fausseté de toutes les opinions, ni l'impossibilité de les critiquer et de les corriger incessamment pour les rapprocher du vrai. La connaissance peut n'être pas absolue, sans cesser d'être fondée et utilisable. Toutefois les arguments sceptiques conservent leur autorité contre le *dogmatisme*, qui accorde une valeur absolue à la connaissance humaine et qui lui donne le droit de pénétrer, tantôt jusqu'aux êtres qui sont la source des manifestations empiriques ou des phénomènes de la nature, tantôt, et le plus souvent, jusqu'au plan divin sous la forme d'idées éternelles intuitivement perçues.

En effet si l'homme était capable de la vérité absolue ainsi décrite, la vérité entièrement connue, ne fût-ce que sur un point donné, entraînerait la connaissance de la vérité sur tous les autres points à la fois. A tout le moins elle ne permettrait pas de se méprendre sur le faux, c'est-à-dire sur l'apparence du vrai. Descartes, par exemple, estime que la connaissance des mathématiques nous sert de modèle pour connaître toutes les autres vérités; et Spinoza se flatte de tout expliquer à la manière des géomètres, y compris les passions et les actions humaines, c'est-à-dire l'objet le plus complexe et le plus difficile à réduire à des lois et à des notions. En tout cas, il se croit en état de discerner, à l'aide de cette lumière manifestée dans les objets mathématiques qui sont intelligibles et réels, l'insuffisance ou la fausseté des autres opinions qui ne se laisseraient pas réduire à des idées aussi claires et aussi distinctes.

Pour un dogmatisme conséquent, il n'y aura donc pas d'erreur possible. Nous aurons, tout au plus, des connaissances fragmentaires mais indiscutables, accompagnées d'ignorances absolues et exemptes d'illusions. Or il suffit de constater l'existence de l'erreur, ou seulement le fait de la diversité et des progrès de la connaissance humaine, pour faire échec au dogmatisme métaphysique. Descartes, d'ailleurs, après avoir réfuté le scepticisme, n'a pas pu établir sur la nature des choses une opinion définitive et indiscutable. Il a seulement indiqué une méthode pour en découvrir une définition relativement meilleure que celle que lui avaient proposée les sens. L'étendue, qui est objet de connaissance distincte, n'est pas, comme il le croyait, la substance même de la nature, mais seulement la forme inévitable des représentations que l'esprit peut se former des choses de la nature. Au surplus c'est à cette propriété de n'être que le mode constant et *uniforme* de la représentation des choses dans notre expérience qu'elle doit de donner lieu à une science analytique et exacte, les mathématiques.

6. — Relativisme. Positivisme et Kantisme.

Par relativité de la connaissance il faut entendre que notre science n'atteint pas la réalité absolue. Elle n'atteint pas les choses en elles-mêmes mais seulement dans leur rapport à notre propre point de vue, et par suite dans leur relation avec tous les êtres de la nature. L'esprit humain est un microcosme, c'est-à-dire la réduction de la diversité des choses au point de vue particulier de chaque esprit percevant. Dans cette réduction, les choses perdent nécessairement leur physionomie essentielle. Nous ne pouvons jamais connaître que la manière dont nous sommes impressionnés par la nature, et non pas la nature elle-même.

Mais il ne faut pas entendre par cette relativité une déformation si entière du réel par notre perception que nous en soyons réduits à regarder toutes nos connaissances comme étant tout à fait trompeuses, et n'ayant aucun droit de *représenter* le fond de la nature. Or, justement les sceptiques, comme nous venons de le voir, et, de nos jours, le *positivisme* et une certaine interprétation du *kantisme* concluent à cette parfaite ignorance métaphysique.

a) **Positivisme**. — Le positivisme est d'abord, historiquement, l'héritier de l'empirisme. Cependant un empirisme conséquent, tel que celui de Hume, ne croyait pas pouvoir atteindre les lois réelles de la nature. Il ne voyait dans les lois établies au cours de l'expérience, et par suite dans les prévisions scientifiques, que des croyances instinctives et aveugles. Rien ne justifiait à ses yeux notre attente de l'avenir, si ce n'est une routine et un préjugé injustifiables. Il concluait donc logiquement au scepticisme.

Suart Mill depuis, et Spencer après lui, ont prétendu tirer du spectacle empirique même des lois suffisamment établies et d'ailleurs incessamment vérifiées. On pourrait même découvrir, par cette méthode d'observation, le procédé constant de la nature dans toutes ses productions. Exemple : le spectacle incessant et toujours plus étendu de la succession régulière des événements, ou de la production des mêmes conséquents après les mêmes antécédents, nous autorise finalement selon Stuart Mill, à regarder le procédé de la causalité, constant dans le passé, comme un règlement auquel on est assuré de voir se soumettre les événements de l'avenir. Spencer, de même, tire du spectacle du mode de groupement des êtres de la nature, la certitude que tout être se produit et se développe par la loi, infailliblement observée, de l'évolution ou de la différenciation croissante et de l'intégration toujours plus parfaite.

Ainsi, dans les deux cas, les phénomènes, c'est-à-dire les événements de la nature, pourvu qu'ils aient été assez longuement et assez exactement observés, nous révèlent d'eux-mêmes et par la vertu de la simple observation le procédé essentiel et définitif de la production des choses. Tel est le positivisme.

Le développement des sciences positives et leurs succès de plus en plus nombreux et de plus en plus assurés, voilà ce qui a donné lieu de croire que la méthode inductive des physiciens était un instrument infaillible pour la découverte de la vérité, puisqu'elle suffisait à établir des règles définitives pour le cours des événements naturels. La connaissance des agents moraux devait être obtenue par une induction semblable, faite à partir des événements ou des manifestations historiques. Ainsi les sciences morales peuvent être assimilées aux sciences physiques. La sociologie, et avec elle la psychologie qui en résulte, n'est autre chose qu'une *physique sociale*.

D'ailleurs, les méthodes inductives n'ont pas besoin, pour se diriger et aboutir, d'autres principes que les idées de la causalité et du déterminisme qui sont fournies par l'induction elle-même. L'induction vulgaire, qui se fait sans principes, fournit ainsi l'idée directrice de l'induction scientifique. Chez Spencer, l'analyse, qui parcourt les phénomènes et qui constate les modes constants de leur groupement et de leur production, fournit les éléments d'une synthèse constructive, contrôle et vérification des explications ou hypothèses d'abord suggérées par l'analyse.

Aussi, la philosophie qui prétendait fournir, et une étude directe de l'âme par la psychologie, et, par cette psychologie même, les règles et les procédés pour découvrir le vrai dans toutes les sciences, se trouve ainsi dépossédée et sans raison d'être. Les sciences morales qui ont pour objet l'activité mentale sont des sciences positives comme les autres. Elles étudient l'âme et toutes ses facultés par des procédés inductifs, et non par intuition ou conscience.

Les autres sciences se constituent d'abord et se développent sans ces idées directrices qu'il appartenait, disait-on, à la philosophie de leur fournir à priori. Elles se développent, en effet, spontanément une à une, chacune à part et chacune à son heure. La science sociale dégage ensuite inductivement *les lois de la production de leurs résultats*. Elle trouve ainsi par une méthode, positive, ce que la philosophie se flattait de connaître par une vue à priori, c'est-à-dire par l'étude directe de l'âme humaine, antérieure à l'observation de ses produits.

La philosophie par conséquent n'est plus que la *science des plus hautes généralités*. Elle est une vue d'ensemble qui embrasse toute l'étendue des événements naturels, depuis les faits astronomiques jusqu'aux événements historiques, ramenés d'abord à leurs lois particulières par les sciences positives. Elle les résume dans l'énoncé du mode constant de leur apparition. Il n'y a, en somme, rien de plus dans cette loi générale ou dans cette vue d'ensemble que ce que l'observation des faits de détails, dans chacune des sciences particulières, a pu nous révéler.

« L'étude de la philosophie positive, dit Auguste Comte, en considérant les résultats de l'activité de nos facultés intellectuelles, nous paraît le seul vrai moyen rationnel de mettre en évidence les lois logiques de l'esprit humain... Tout se réduit à étudier la marche effective de l'esprit humain en exercice, par l'examen des procédés réellement employés pour obtenir les diverses connaissances exactes qu'il a déjà acquises, ce qui constitue essentiellement l'objet général de la philosophie positive... En un mot, regardant toutes les théorie scientifique comme autant de grands faits logiques, c'est uniquement par l'observation approfondie de ces faits qu'on peut s'élever à la connaissance des lois logiques. »

La psychologie réflexive, n'est donc plus une science *préliminaire* indispensable. D'ailleurs, elle est incapable de se développer par ses propres moyens ou par une *méthode qui lui soit propre.*

« Le caractère fondamental de la philosophie positive est de regarder tous les phénomènes comme assujettis à des *lois* naturelles invariables... en considérant comme absolument inaccessible et vide de sens pour nous la recherche de ce qu'on appelle les *causes* soit premières, soit finales... Dans nos explications positives, même les plus parfaites, nous n'avons nullement la prétention d'exposer les *causes* génératrices des phénomènes.,. mais seulement d'analyser avec exactitude les circonstances de leur production, et de les rattacher les uns aux autres par des relations normales de succession ou de similitude ». Or, « comment procéder avec sûreté à l'étude positive des phénomènes sociaux, si l'esprit n'est d'abord préparé par la considération approfondie des méthodes positives déjà jugées pour les phénomènes moins compliqués... » En résumé. « Tel doit être le premier grand résultat direct de la philosophie positive, la manifestation par expérience des lois que suivent dans leur accomplissement nos fonctions intellectuelles, et, par suite, la connaissance précise des règles générales convenables pour procéder sûrement à la recherche de la vérité ».

Quel sera maintenant, d'après Auguste Comte, *la tâche propre du philosophe* dans une entreprise ainsi limitée, et ainsi définie ?

1°. Le but de la philosophie est, après avoir élaboré la physique céleste, la physique terrestre, soit mécanique, soit chimique, la physique organique, soit végétale, soit animale, de compléter d'abord le système des sciences d'observation en fondant la physique sociale. « Il devient alors possible et même nécessaire de résumer les diverses connaissances acquises, parvenues alors à un état fixe et homogène, pour les coordonner en les présentant comme autant de branches d'un tronc unique, au lieu de continuer à les concevoir seulement comme autant de corps isolés. »

Pourtant Auguste Comte ne se flatte pas de retrouver par là, comme Spencer, le réel de la nature, et de présenter tous les phénomènes naturels comme étant au fond identiques. Il n'y a d'unité indispensable que l'unité de méthode, qui est accessible et déjà, d'ailleurs, établie en majeure partie. « Quant à *la doctrine*, il n'est pas nécessaire qu'elle soit une, il suffit qu'elle soit homogène... Tout en tendant à diminuer le plus possible le nombre des lois générales nécessaires à l'explication positive des phénomènes naturels, ce qui est, en effet, le but philosophique de la science, nous regarderons comme téméraire d'aspirer jamais, même pour l'avenir le plus éloigné, à les réduire rigoureusement à une seule. »

La position, prise ici par Auguste Comte, est, comme intermédiaire entre le scepticisme radical de Hume et l'empirisme, volontiers métaphysique, de Spencer. Il ne renonce pas pourtant à fonder la certitude des lois sur la simple observation ou l'induction exclusivement à posteriori.

2° Un second résultat de la philosophie positive serait de remédier aux inconvénients d'une trop grande spécialisation des recherches individuelles, inconvénients qui s'aggravent à mesure du progrès des sciences positives. Mais, d'après Auguste Comte, pour obtenir ce résultat, il ne faut pas revenir à l'antique confusion des travaux. Il faut perfectionner la division du travail elle-même qui a dépossédé progressivement l'ancienne philosophie de son objet chimérique, la science de l'être et la science de l'esprit, antérieures à toute observation et à toute recherche positive. « Il suffit, en effet, de faire de l'étude des généralités scientifiques, une grande spécialité de plus. Qu'une classe nouvelle de savants, sans se livrer à la culture spéciale d'aucune branche particulière de la philosophie naturelle, s'occupe uniquement, en considérant les diverses sciences positives dans leur état actuel, à déterminer exactement l'esprit de chacune d'elles, à découvrir leurs relations et leur enchaînement, à résumer, s'il est possible, tous leurs principes propres en un moindre nombre de principes communs, en se conformant sans cesse aux maximes fondamentales de la méthode positive ».

Examen du positivisme d'Auguste Comte. — Il nous appartient maintenant de montrer qu'une science relative, établie par un esprit sans rapport avec l'absolu et dépourvu, par suite, de toute idée directrice à priori et de toute conception autorisée sur la nature des choses, serait incapable de justifier à nos yeux ses propres résultats. Elle n'en pourrait, par suite, marquer même la valeur relative. Elle ne fournirait donc aucune matière au philosophe chargé de confronter ces résultats et d'en assurer l'unité, la convergence et le progrès.

On devrait d'abord, et manifestement, renoncer à trouver par cette méthode une définition de la nature. Il serait impossible, en effet, de faire sur ce point quelque conjecture que ce soit. Aucune ressemblance suffisante entre les lois découvertes dans chaque science n'autoriserait leur réduction à l'unité. *L'homogénéité des doctrines* devient ainsi, de l'aveu même d'Auguste Comte, un but chimérique et, à tout le moins, présentement inaccessible.

Mais à défaut de ce résultat, dont cet auteur aurait fait bon marché, mais qui enlève pourtant au philosophe la tâche, d'abord assignée, « de résumer en un seul corps de doctrine homogène l'ensemble des connaissances acquises, relativement aux divers ordres de phénomènes naturels », peut-on espérer d'atteindre à *l'unité de la méthode*, tâche expressément réservée à la philosophie, en tant que distincte des sciences particulières ? En d'autres termes, peut-on établir par induction le principe même de toute induction ?

Le prétendre, c'est oublier que chaque science se sert d'une méthode par laquelle elle enseigne, contrôle, et réforme l'expérience, c'est-à-dire invente des hypothèses et réalise des expérimentations. L'esprit, qui est à l'origine de ces procédés, ne peut pas dépendre de leurs résultats puisqu'il les engendre. Au surplus, il n'y a pas de loi vraiment générale ou universelle à tirer de la comparaison des lois découvertes dans chaque domaine scientifique par chaque science particulière. Auguste Comte dénonce à bon droit ces généralisations hâtives, arbitraires et incontrôlables.

On ne pourra donc définir la méthode et le principe de la connaissance du point de vue de l'observation ou de l'induction a posteriori. En effet, chaque science découvre ses lois propres par l'emploi d'une méthode, et ne se tient assuré des résultats obtenus que par l'examen préalable ou la critique de cette méthode comparée aux principes directeurs de la connaissance. « L'athée, dit Descartes, (c'est-à-dire celui qui ne croit pas à la raison), ne peut être géomètre. » En outre, on ne peut marquer les différents degrés d'exactitude ou de pénétration des diverses méthodes que par une comparaison à l'idéal même de la vérité, que ces méthodes sont par elles-mêmes, donc, incapables de nous fournir.

La *science positive* a sans doute raison de limiter ses recherches et son ambition à la *mise en ordre des phénomènes*. Mais elle ne peut entreprendre, diriger et faire aboutir cette tâche scientifique de la recherche des lois qu'en vertu d'une *critique préalable de l'esprit connaissant* ou d'une étude de la *raison à priori*. Il faudra donc, ou bien avec Hume, et même Stuart Mill, s'en tenir strictement aux faits et conclure au scepticisme, ou bien alors recourir aux principes directeurs de la connaissance et s'adresser à une critique de la raison pour trouver les fondements d'une induction valable et d'une science assurée. On peut, pratiquement, se désintéresser des principes qui fondent la science. Théoriquement, il n'y a pas de science réelle et croyable sans le recours à ces principes.

b) **Kantisme**. — Le kantisme propose une solution qui peut être présentée sous une forme excessive et inacceptable. Les phénomènes viennent bien de la nature et du fond des choses ou du noumène, mais, en tant que phénomènes, ils sont inconsistants, ne donnent lieu à aucune constatation de succession régulière et ne fournissent donc aucune loi. C'est notre esprit qui renferme, à priori, des règlements, comme le *temps*, l'*espace* et la *causalité*, qui relient ces phénomènes entre eux et les rendent immanquablement prévisibles pour notre expérience à venir. En effet, toute perception ou toute connaissance ne nous sera jamais *donnée* que sous la forme imposée par notre esprit à tout phénomène représenté. Par conséquent, tout ce qui nous apparaîtra jamais sera assujetti aux lois ou *catégories* que notre perception lui impose. La science a dès lors le droit de prévoir l'apparition des phénomènes ou événements naturels dans un certain ordre de succession ou sous certaines formes de groupement. Mais du même coup nous sommes avertis de ne voir dans ces arrangements que des modes *relatifs à notre manière de percevoir*. La science énonce donc des lois qui seront vérifiées par notre expérience à venir, mais qui n'ont aucun rapport au réel. Les mathématiques, par exemple, soumettent une fois pour toutes à leurs lois tous les modes d'apparition *dans l'espace*, des influences naturelles, mais elles ignorent ou méconnaissent ce qu'il y a de singulier et d'original, donc de réel, dans ces diverses influences.

Ainsi 1° les lois que nous imposons aux phénomènes, pour en former des objets prévisibles, résultent entièrement de notre constitution mentale, et, partant, n'expriment exclusivement que cette constitution. 2° Par suite, les lois ou les objets ainsi définis ne sont certainement pas une définition réelle ou expression fidèle de la nature des choses. Cette nature nous reste à tout jamais impénétrable et inconnaissable. Dans cette première interprétation de la relativité, la connaissance n'est pas seulement relative à l'esprit humain, elle est complètement ignorante de la nature des choses.

Examen du relativisme de Kant. — Cette législation que l'esprit impose aux phénomènes sous le nom de *formes a priori* de la sensibilité, de concepts ou de *catégories de l'entendement*, ou même d'*idées de la raison pure*, nous garantirait tout au plus une science indéfiniment vérifiable dans *notre expérience*, c'est-à-dire prévoyante de l'avenir de *nos perceptions*. Mais ce serait au prix de l'irréalité d'une telle connaissance.

D'ailleurs, le relativisme kantien ne nous garantirait

même pas la reproduction des événements conformément à de telles lois. Il y a en effet dans la connaissance deux éléments : 1° la *forme* que l'esprit impose à tout ce qu'il perçoit et se représente; 2° la *matière*, objet de l'intuition sensible, qui résulte de l'influence sur notre esprit de la nature des choses (noumène inconnaissable mais existant). Or ce dernier facteur est source de diversité, donc d'incertitude. Il ne nous permet pas d'assurer que notre manière de percevoir sera toujours prépondérante et décisive dans la représentation à venir de l'objet perçu. Cela serait tout au plus vrai pour la connaissance mathématique, qui est à peu près infaillible, mais par la raison fâcheuse qu'elle est à peu de chose près irréelle.

En effet, c'est seulement et précisément dans la mesure où les influences naturelles se laissent encadrer dans l'espace homogène, *forme de notre perception empirique*, qu'on peut espérer de définir, à priori et une fois pour toutes, les relations que les événements ne manqueront pas d'avoir en tant qu'insérés dans cet espace, et soumis par conséquent à ses lois ou propriétés immuables. Dans tous les autres cas, la manière dont la nature nous influencera, et par suite le mode à venir de la production des phénomènes ne peut plus être prévu une fois pour toutes par notre esprit d'après un cas unique de perception. On peut compter avec une entière certitude que 2 + 3 feront 5 dans toutes les circonstances, quelles qu'elles soient, parce que cette relation n'existe que par et dans notre acte de percevoir. Toutes les fois, au contraire, et c'est le cas de toute connaissance concrète, que l'action des êtres doit avoir influence sur notre représentation, notre mode empirique de percevoir ne peut suffire à nous renseigner sur toutes les manifestations à venir, qui ne dépendent plus exclusivement de ce mode. Donc, à défaut de quelque lumière fournie par la raison intuitive sur la nature absolue des êtres, il nous sera impossible de prévoir par une simple consultation de la *forme* de notre savoir quelles sont les lois de la production des phénomènes et quel sera le mode infaillible de la représentation future.

La *forme* de notre savoir est immuable; elle ne peut, par suite, nous instruire que de l'aspect immuable imposé à la nature des choses par la nécessité d'être perçue empiriquement par nous. La *réalité multiple et diverse* n'est pas inscrite dans cette *forme immuable*. Ses manifestations ne peuvent pas être prévues par une simple définition de cette forme. Il nous sera inutile, par exemple, de savoir par une catégorie de l'entendement qu'une même cause produira toujours un même effet. Nous ne saurions être informé par là de ce que *sera* la cause à venir et par suite de ce que *devra être* son effet. Bien plus, une catégorie de l'entendement ne saurait même pas nous enseigner qu'un même effet suivra toujours une même cause, c'est-à-dire qu'un même conséquent sera joint à un même antécédent. La jonction *synthétique* du conséquent à un antécédent est un événement réel. La production d'un effet dans le temps est une *nouveauté* que l'esprit ne peut pas se flatter de renfermer, et qu'il ne peut donc nous donner à prévoir dans le moment précis de la perception de la cause ou de la perception de l'antécédent.

Si donc nous ne possédons pas, dans notre activité mentale, un instinct de la vérité, si nous ne sommes pas avertis, par l'exercice même de cette activité, de la conformité des événements traversés avec les exigences qui nous constituent et nous mettent en relation avec l'absolu et le plan total de l'univers, il nous sera impossible, soit de compter sur la reproduction des événements, soit de les tenir pour suspects ou de les regarder comme faux.

Déjà, dans les mathématiques, l'obligation de lier entre elles des parties de l'espace, qui sont *synthétiques* ou juxtaposées, nous oblige d'emprunter les raisons qui nous font croire aux groupements constants et aux rapports infaillibles à quelque connaissance de l'absolu. Dans les autres sciences plus concrètes, il nous serait tout à fait impossible de prévoir, avec sécurité, les événements à venir si nous n'avions, pour fonder notre induction ou notre croyance, qu'un mode de percevoir employé uniformément dans chaque cas de la représentation. Il est indispensable d'établir le rapport de cette représentation avec la vérité absolue par son rapport avec les besoins essentiels de notre raison, véritable critère de l'ordre, du réel et du véritable.

7. Conclusion sur la relativité de la connaissance.

Il n'est pas d'ailleurs nécessaire de sortir de l'esprit pour conférer aux groupements des phénomènes, lois ou notions formées par notre activité mentale, une valeur vraiment objective. Il suffira d'accorder à l'activité mentale : 1° un besoin inné de l'ordre ; 2° une orientation de nos recherches, instinctive d'abord, scientifique et méthodique ensuite, déterminée par ce besoin ; 3° une définition ou idée de plus en plus exacte de la vérité, à mesure que notre appétit se satisfait et s'instruit en se réformant au cours de recherches de plus en plus avisées et de moins en moins déçues. Nous aurons alors le droit de regarder comme suffisamment solides, et par conséquent de plus en plus probablement prévisibles, les groupements de phénomènes constitués par une telle activité mentale.

Seulement aucun de ces groupements ne peut prétendre à une consistance définitive, ni par suite à une vérité absolue. L'esprit qui les forme n'est pas, comme dans le dogmatisme, dirigé par des idées décisives qui reçoivent ou rejettent les objets sensibles en raison d'une conformité ou d'un désaccord faciles à reconnaître avec l'idéal qu'elle propose. Notre activité cherche, à travers l'expérience, quels événements sont plus conformes à ses besoins et satisfont, après une épreuve assez longue et réfléchie, à ses exigences essentielles. Notre connaissance est donc relative et non pas définitive et absolue.

Mais, toute relative que soit cette connaissance, nous

avons le droit de prévoir les événements conformément aux lois et notions qu'elle renferme. En effet, si notre esprit est d'abord soumis à la nécessité de subir l'expérience, il est capable d'analyser l'expérience, de la juger et de la rendre véritable.

D'ailleurs, toutes nos découvertes sont, tour à tour, limitées à un aspect particulier de la nature, qui nous sera toujours imposé par la constitution empirique de notre esprit ; mais *pour chacun de ces aspects*, mathématique, physique, biologique ou historique, les lois découvertes sont certaines. Sans doute, elles n'expriment qu'un côté du réel, mais comme nous sommes condamnés à ne percevoir le réel que de ces différents points de vue et puisque nous ne pouvons le contempler que de ces différents côtés, chaque science légifère avec une parfaite sécurité dans son domaine propre. Les vérités mathématiques conformes à l'identité, les vérités de physique conformes à la causalité, et de même toutes les autres vérités établies d'après le principe qui leur est propre, peuvent être assurées de n'être pas démenties aussi longtemps que l'esprit humain conservera sa constitution actuelle. Elles sont donc valables pour tous les temps, pour tous les lieux et pour tous les esprits.

CHAPITRE II

THÉORIE DE L'AME. LA PERSONNALITÉ. L'IDÉE DU MOI.

SOMMAIRE : **8.** Le moi est identique à l'activité mentale. — **9.** Il n'est donc pas une substance séparable de ses manifestations. — **10.** Mais il ne peut pas être réduit à ces manifestations, regardées comme phénomènes. — **11.** Il est l'activité raisonnante aux prises avec les influences naturelles. — **12.** Ces influences sont la raison d'être et l'explication de l'automatisme psychologique. — **13.** Le physique et le moral.

8. Identité du moi et de l'activité mentale.

Nous ne pouvons rien connaître de la nature des choses que par des lumières tirées de notre raison, donc par un exercice de notre activité mentale. Par suite, si nous pouvons avoir quelque connaissance véritable, la première et la plus assurée est celle de l'existence et des propriétés de l'esprit connaissant, c'est-à-dire de nous-même. C'est, en effet, en lui et par lui seulement que nous pouvons connaître ce qui existe.

Le *moi* ou *l'âme* sera donc cette activité même qui, d'abord, perçoit toutes les choses et s'en forme, par son effort propre, une notion plus ou moins définitive et qui, ensuite, se trouve capable d'agir sur les choses ou les événements à proportion de la vérité ou de l'exactitude de son savoir. Le moi ne saurait donc être cherché parmi les *objets* de sa connaissance qui sont aussi *le terme* de son action. Il est le *sujet* même de la connaissance et le centre de l'influence que cette connaissance lui procure.

On a méconnu cette identité de l'activité mentale consciente et du moi, du « je pense », et du » je suis ». Les uns ont fait du moi une substance dont l'on pouvait établir l'existence et conjecturer la nature en s'appuyant sur les *faits* psychologiques ou le spectacle des opérations mentales. Les autres ont nié l'existence de ce moi qu'ils réduisaient à *une idée* formée au cours de l'expérience psychologique, simple résultat de cette expérience.

Nous aurons dans les deux cas une *idée du moi*, regardée comme vraie dans la première théorie, traitée d'illusoire et trompeuse dans la seconde. Or, 1° nous pouvons établir que le moi ne peut pas être connu d'une manière inductive, étant *l'opération même d'induire* par laquelle on prétendrait le connaître; 2° les faits ou événements psychologiques auxquels on veut réduire, dans la seconde thèse, l'idée du moi n'existent eux-mêmes que dans ce moi. Ils n'auront de consistance, même apparente, et n'engendreront l'illusion d'un moi que par l'exercice d'une activité mentale, qui est justement le moi lui-même.

9. Le moi n'est pas une substance distincte de ses manifestations.

1° D'abord, le moi n'est pas une *substance*. Il ne doit pas être regardé comme un être distinct de la pensée, celle-ci étant seulement son principal attribut. Nous ne devons légitimement conjecturer, à l'origine des phénomènes, pour expliquer la constance et la vérité de leur groupement, qu'une activité percevante et appétitive comme la nôtre, et non pas une substance inerte, une et identique.

Le moi n'est pas, dans la rigueur du terme, une *chose pensante, res cogitans*. Il n'existe pas comme un sujet d'inhérence qui résiderait au-delà et en dehors de l'activité pensante. Le moi n'est autre chose que cette activité même.

Le témoignage de la conscience attribue au moi deux propriétés principales : l'*unité* et l'*identité*. Mais cette *unité* n'est pas une simplicité absolue qui aurait à se diversifier en facultés séparées et en actions multiples, chose impossible et contradictoire. Elle est seulement un effort orienté dans une unique direction. Cet effort ramène incessamment à son exigence d'unité la diversité des impressions sensibles par le moyen de la connaissance, comme il peut tenir en échec et dominer de plus en plus la variété et l'instabilité des désirs par le vouloir.

De même l'*identité* du moi n'est pas la permanence d'un état immobile, subsistant immuable sous l'incessante mobilité des modifications de la conscience. Une telle identité empêcherait de comprendre la variété, pourtant réelle, de nos opérations ou de nos modifications. La logique nous interdit de rattacher cette variation à une pareille immutabilité. Exemple : notre âme est diversement affectée, ou sollicitée tantôt par le plaisir et tantôt par la peine ; elle est, tour à tour certaine, incertaine ou ignorante de la nature des choses, tantôt résolue et tantôt hésitante dans ses démarches. Or on ne saurait relier ces divers états que par la continuité dynamique d'une activité orientée vers l'ordre, qui tantôt s'en rapproche et tantôt s'en éloigne, mais qui en poursuit obstinément, par des voies directes ou détournées, la réalisation.

Il résulte de là un troisième caractère, la *personnalité*. Elle consiste dans l'initiative ou l'autonomie que possède une activité ainsi orientée. Seule, cette autonomie fait, en même temps que notre indépendance à l'égard des influences naturelles, notre individualité propre, impénétrable et incommunicable comme la conscience même. Nous ne pouvons concevoir l'être que nous attribuons aux diverses réalités que sous cette forme. Toute autre manière d'exister nous paraîtrait exclusivement dépendante des éléments qui la constituent ou des influences qui se rencontrent pour la former, et serait par suite un *mode* ou un *attribut*, mais non pas une véritable *substance*. C'est pourquoi nous refusons l'existence aux objets en tant qu'inertes, ou aux choses. C'est pourquoi encore il nous est impossible d'attribuer une existence autre que spécifique aux animaux. Leurs manifestations ne témoignent ni de la conception personnelle d'un but, ni d'un emploi prévoyant et libre de moyens pour le réaliser. Le vivant n'est pour la biologie qu'un système d'éléments ou un composé de phénomènes, qu'il convient d'étudier par les méthodes d'observation et par les procédés de la science expérimentale. Ou bien alors nous sommes obligés de reconnaître que l'activité qui préside aux fonctions *vitales* échappe à nos moyens d'interprétation et d'investigation.

C'est donc un sophisme d'attribuer au moi, qui est *activité* pensante, l'espèce d'unité et d'identité mathématiques que notre pensée est obligée, par sa constitution empirique, de conférer à la diversité et à la variété des données sensibles pour en faire des lois et des notions.

Nous savons déjà (59 a) que la notion commune de substance est une fausse idée de la raison. Cette notion n'est pas tirée de notre conscience active, mais de notre expérience passive. Elle est par suite mal informée de notre propre nature et, du même coup, de la nature des choses. « La psychologie rationnelle, dit Kant, tire son origine d'une pure confusion. L'unité de la conscience qui sert de fondement aux catégories est prise ici pour *une intuition du sujet en tant qu'objet*, et la catégorie de la substance y est appliquée. Mais cette unité n'est autre que celle de la pensée (Kant veut dire par là qu'elle est le procédé par lequel la pensée met de l'ordre et de l'unité dans les phénomènes), qui à elle seule ne donne point d'objet, et à laquelle par conséquent ne s'applique pas la catégorie de la substance qui suppose toujours une intuition donnée (c'est-à-dire des données empiriques ou des phénomènes). » « Comment, avait dit précédemment Kant, serait-il possible de sortir de l'expérience à l'aide de l'unité de la conscience (prise en tant qu'activité percevante ou entendement qui réduit l'expérience à des lois) que nous ne connaissons que parce qu'elle est pour nous la condition indispensable de la possibilité de l'expérience. »

Kant exagère ici la relativité de la connaissance que nous pouvons avoir de nous-même, à qui il interdit d'atteindre, par la conscience de sa propre activité, ou dans son effort pour comprendre et rejoindre la raison qui l'anime, la dirige et la soutient, une réalité et un moi. Mais il a raison de dénoncer comme sophistique et illusoire l'application au moi de la *catégorie de substance ou d'objet* qui n'existe que dans et *par l'expérience* et qui n'exprime pas, par conséquent, la vérité du moi-sujet qui reçoit et ordonne les phénomènes. Il y a toutefois dans l'opération même d'induire un effort de l'esprit vers l'unité, et une persistance ou identité dans cette poursuite, qui ne sont pas conjecturés, mais sentis et qui constituent le moi véritable.

Il n'y a donc pas de moi absolu, c'est-à-dire de substance ou de réalité qui renfermerait, en elle-même ou indépendamment de toute relation à l'univers, la diversité de ses états. Le moi n'existe et ne se connaît que dans son rapport avec la diversité de l'expérience et dans ses tentatives mêmes pour la réduire à l'unité.

10. Le moi n'est pas une collection de sensations.

Le moi ne doit pourtant pas être confondu avec l'expérience même, et réduit aux éléments ou phénomènes qu'elle renferme, ainsi que le prétendent les empiristes. Le moi est pour eux une *simple collection de sensations*, une chaîne de souvenirs conservés et juxtaposés les uns aux autres, ou, selon le mot de Taine, un polypier d'images.

Voici les arguments de l'empirisme :

1° Le moi, ou plutôt l'idée illusoire du moi, n'apparaît qu'après un certain nombre d'expériences traversées, et seulement quand un certain nombre de ces impressions se sont groupées par association et sont ainsi devenues capables de s'évoquer tour à tour les unes les autres à l'occasion de chacune d'elles.

On convient d'abord que le moi peut être caractérisé par la *simplicité* et l'*identité*. Mais on croit démêler, à la réflexion, que ces deux aspects ne sont qu'une apparence et qu'en réalité le champ de notre conscience est constitué d'un amas de phénomènes toujours complexe et incessamment transformé et changeant. Selon Hume, la mémoire, et l'idée de causalité qu'elle engendre, sont les facteurs de l'illusion d'un moi *un* et *identique*. Leibniz sur ce point, faisait déjà à Locke une objection décisive. On ne peut pas fonder l'idée du moi sur une opération de la mémoire, puisqu'il ne saurait y avoir de mémoire sans l'existence préalable d'un moi ou d'une activité pensante, capable d'assimiler les unes aux autres, ou de réduire à la liaison et à l'unité, les éléments de son expérience.

Stuart Mill a essayé de mettre au point l'explication empiriste de l'idée du moi, mais il confesse à la fin le sérieux de l'objection leibnizienne : « Notre notion de l'esprit, aussi bien que celle de la matière, est la notion de quelque chose dont la permanence contraste avec le flux perpétuel des sensations et des autres sentiments ou états de conscience que nous y rattachons, de quelque chose que nous nous figurons comme *restant le même*, tandis que les impressions particulières par lesquelles il révèle son existence changent..... Je ne vois rien qui nous empêche de considérer l'esprit comme n'étant que la *série de nos sensations* (et sentiments) telles qu'elles se présentent effectivement, en y ajoutant des *possibilités indéfinies de sentir* qui demandent, pour leur réalisation actuelle, des conditions qui peuvent avoir ou n'avoir pas lieu, mais qui, en tant que possibilités, existent toujours, et dont beaucoup peuvent se réaliser à volonté. » Autrement dit, la mémoire évoque autour de chacun des états de conscience toute une série d'autres états. Par cette suggestion invincible, elle les rattache les uns aux autres et les fait vivre et subsister, indéfectiblement, autour de chacun d'eux. Telle est du moins la croyance et l'idée qu'elle engendre.

Mais, venant à considérer de plus près les conditions de la formation d'une telle croyance, Stuart Mill trouve une difficulté invincible à expliquer comment l'anneau d'une chaîne peut trouver en soi, c'est-à-dire dans l'état de conscience passager qui le constitue, le sentiment et la conscience des autres anneaux et de toute la chaîne. « Si nous regardons l'esprit comme une série de sentiments, nous sommes obligés de compléter la proposition, en l'appelant une série de sentiments qui se connaît elle-même comme *passée et à venir* : et nous sommes réduits à l'alternative de croire que l'esprit ou moi est autre chose que les séries de sentiments ou de possibilités des sentiments, ou bien d'admettre le paradoxe que quelque chose qui, *ex hypothesi*, n'est qu'une série de sentiments peut se connaître soi-même en tant que série. »

Cette objection nous fait connaître l'indispensable nécessité d'une activité mentale en qui se succèdent, se lient et se groupent les états de conscience. Ceux-ci sont dispersés et séparés par leur origine afférente; ils ne revêtent leur aspect conscient et ne prennent physionomie de moi, simple et identique, que par leur rapport à une activité raisonnable qui les rattache les uns aux autres et les fait subsister les uns dans les autres.

A plus forte raison ne peut-on pas, comme le font certains biologistes, réduire le moi au groupement mécanique d'éléments étendus, qui, pris chacun à part, n'ont aucune vertu de percevoir, de se souvenir et d'avoir conscience, c'est-à-dire de penser. Leibniz objecte à Locke que Dieu lui-même ne peut pas donner à l'étendue la propriété de penser (74, p. 243.)

On peut seulement dire, comme nous le verrons, que cette vertu d'unifier, possédée par le moi et qui le constitue, s'exerce, d'abord, à notre insu et qu'elle est, ensuite, sujette à des lacunes et à des défaillances. Mais elle est aussi nécessaire pour l'opération de former et de définir quelque objet que ce soit, que les principes le sont pour penser, alors même qu'on ne s'en aperçoit pas.

2° La preuve, dit-on encore, que le moi n'est rien de plus que la collection des sensations, et peut-être même le simple reflet d'un groupement organique, c'est que ce moi, *prétendu un et identique*, est souvent interrompu et divisé par les défaillances de la mémoire et l'inconscience du sommeil. Il est même exposé à se dédoubler lorsque les impressions s'associent en deux systèmes distincts, comme il arrive dans les troubles connus sous le nom de *maladies de la personnalité*.

Cette objection et les faits constants sur lesquels elle s'appuie ne sauraient mettre en échec qu'une théorie qui prétend faire du moi un *objet ou une chose donnée*. Un objet de ce genre ne peut en effet se dissoudre et se reconstituer d'éléments nouveaux, ou seulement diversement groupés, qu'en détruisant irrémédiablement l'unité et l'identité de la représentation. Mais si le moi est, au lieu d'un objet connu, la faculté de connaître tout objet, la diversité et le changement des objets de la connaissance, et par conséquent l'oubli d'un ou de plusieurs de ces objets, n'interrompt pas réellement et ne compromet pas la continuité de l'effort par lequel nous comparons les divers objets de l'expérience, et tâchons de les réduire à une cohérence de plus en plus étroite et de plus en plus stable. La continuité de cet effort, qui est manifestement impliquée dans toutes les opérations de se souvenir, d'imaginer, de raisonner, et par suite dans toutes nos perceptions et nos connaissances, *suffit à assurer l'unité et l'identité de l'activité mentale*. C'est par cette comparaison et cette liaison que nous retrouvons les souvenirs de la veille, même après l'interruption du sommeil.

S'il s'agit, par exemple, des maladies de la personnalité dans lesquelles le malade subit l'alternative de deux existences : un état B pendant lequel il oublie les événements de l'état A et réciproquement, il est constant que le sujet retrouve, à l'occasion d'une émotion forte ravivée en lui, tous les souvenirs qui ont du rapport à cette émotion. Or une telle association implique une conscience continuée, faute de laquelle le sujet tomberait dans une dispersion mentale absolue, exclusive de toute mémoire, de toute représentation et, partant, de toute illusion.

11. Le moi est une activité raisonnable.

La définition du moi ou de la personnalité que nous venons de donner ne fait pas de notre puissance propre ou activité consciente une activité séparée ou seulement séparable des influences de la nature. Ce moi n'est pas sans doute, comme le prétend l'empirisme, une simple suite ou reflet des influences extérieures qui se traduiraient, dans la connaissance, par un amas de sensations ou d'images, et, dans l'action, par un faisceau plus ou moins lié de tendances et de désirs. Mais il n'est pas non plus une activité pure, qui tire d'elle-même ou de Dieu toute son énergie et tous les produits dont elle est capable.

Nous sommes cette activité par laquelle notre pensée élabore et réduit aux termes de la raison la diversité des expériences et essaie d'unifier et d'équilibrer la contrariété des tendances. Par conséquent, si cette définition rend le moi indépendant, dans une certaine mesure, des influences étrangères, elle le laisse dépendant de l'expérience qu'il ne peut manquer de subir. C'est ce qu'on appelle ou bien *influence du physique sur le moral*, ou bien *automatisme psychologique*.

12. Automatisme psychologique. Influence du physique sur le moral.

On appelle automatisme un mode d'action qui traverse l'être ou l'activité qui en est seulement le théâtre. Ne présidant pas à cette action, l'être qui la subit n'en peut prendre qu'une conscience minime. Descartes, par exemple, parle de l'automatisme des bêtes, entendant par là que les actions, par lesquelles les animaux subsistent (se nourrissent, chassent, s'abritent, etc.), ne leur appartiennent pas en propre, mais sont le produit d'une influence qui leur est extérieure et les détermine mécaniquement.

Un tel automatisme n'existe jamais à la rigueur. Déjà, dans les animaux, il y a une vertu propre, ou instinct au moins spécifique, qui maintient la forme de l'animal à travers toutes les acquisitions et toutes les pertes. Cette vertu prévient et choisit les circonstances favorables à son développement, évite ou élude les autres. A plus forte raison, ce qu'on appelle *automatisme psychologique* chez l'homme diffère-t-il d'un mécanisme pur. Il y a toujours, dans tout acte psychologique, quelque rapport à l'activité profonde de la conscience, et, par conséquent, quelque sentiment de tous les actes auxquels cette activité participe.

En principe, notre conscience, qui contribue plus ou moins activement à toutes les modalités qu'elle traverse dans le sentiment, la pensée et le vouloir, n'est pas seule efficace dans la production de ces modalités. Elle peut même, dans certains cas, être réduite à une intervention instinctive ou provoquée, et, du même coup, à peu de chose près inconsciente.

Les cas de somnambulisme naturel ou provoqué ont attiré l'attention sur l'automatisme psychologique et l'inconscience qui en résulte. Mais déjà, dans les faits normaux de la vie mentale, se manifestent plus ou moins clairement cet automatisme, cette inconscience et cette dépendance de notre âme à l'égard des influences ou des suggestions naturelles.

Toute *la vie organique* en nous, confusément consciente dans ce qu'on appelle la cœnesthésie ou *les sensations internes*, est une vie presque exclusivement instinctive et par conséquent automatique. Nous vivons, en effet, c'est-à-dire nous respirons, nous digérons, notre sang circule etc., à notre insu et sans notre aveu. Cependant, il y a deux marques au moins que cette activité vitale ne nous est ni complètement inconsciente, ni complètement étrangère. La première est que nous sommes avertis des changements qui réclament notre attention et nous mettent en demeure d'intervenir, comme la faim, la soif, et tous les malaises. La seconde est que l'activité intelligente intervient, par le moyen de *la science*, et souvent avec succès, pour prévenir ou guérir les troubles auxquels cet organisme est sujet (hygiène, médecine). Nous avons donc une action réelle, efficace et qui peut indéfiniment s'étendre, même sur notre vie organique.

L'automatisme subsiste encore et prédomine, à peu près, dans ce qu'on appelle *la vie affective* proprement dite. Nous avons des inclinations primitives ou prédispositions naturelles qui nous font tendre vers certains objets avant même de les connaître, et qui nous font jouir de ces objets sans en connaître ni la présence, ni la nature ou la raison des affections qu'ils nous font éprouver. Les plaisirs naturels des sens, comme ceux du goût, de l'odorat, de la vue, de l'ouïe, sont des états d'âme qui nous laissent ignorer la nature des objets qui les causent, et par suite ne nous donnent aucun moyen de nous les procurer ou de les écarter. Les mouvements ou les démarches que ces sensations déterminent sont donc encore automatiques. Nous assistons, par conscience, à leur développement et nous les constatons au passage ; nous ne présidons pas à leur production. Les réflexes sont des mouvements de ce genre.

Passons à la *mémoire*, qui est le premier mode de connaître, et à l'*imagination reproductrice* qui en résulte d'abord. L'automatisme s'y manifeste dans la conservation latente et dans la réapparition des souvenirs sans reconnaissance. L'organisation des produits trompeurs de l'imagination, formés de ces souvenirs spontanés, est un procédé automatique. Ce procédé est encore manifeste dans celle de nos habitudes qui deviennent une seconde nature, instinctive et inconsciente comme la première. La mémoire qui nous a fait prendre ces habitudes était inactive, et par conséquent faite pour nous acheminer vers l'inconscience et la dépendance de plus en plus grande. Toutes les fois qu'une impression a été subie à la suite d'une autre impression qui ne la laissait pas prévoir, ces deux impressions s'associent d'abord et s'évoquent ensuite l'une l'autre, mais en nous laissant ignorer quelle est la valeur de ce lien, et par suite le degré de représentation qu'on peut attribuer à l'image qui se forme de leur assemblage. Il y a donc là un cas de représentation, et souvent de démarche automatique que nous subissons sans comprendre ni discuter. Le cours des pensées dans la rêverie, dans le rêve, et dans l'aliénation mentale est régi par cette loi du souvenir, spontanément révoqué, ou de la suggestion, subie sans critique et sans discussion.

Les cas de suggestion mentale dans le somnambulisme et dans l'hypnose ne sont qu'une exagération des cas de suggestion et d'automatisme auxquels nous sommes sujets dans les tics, les rêveries et les distractions de l'état normal, et dans les songes du sommeil.

Dans la vie proprement active l'automatisme subsiste, mais il est plus spécialement apparent dans les cas d'habitudes vicieuses où nous avons préalablement choisi de nous laisser envahir, accaparer et dominer par une idée fixe, de subir l'ascendant d'un seul objet à l'exclusion de tous les autres. C'est le cas de *la passion*. Pourtant cette dépendance à l'égard du physique ne laisse pas d'exister, quoique à un moindre degré, même dans les cas d'activité volontaire, où nos décisions sont immanquablement influencées par nos habitudes de sentir et nos modes de penser, lorsqu'il s'agit de la résolution même la plus réfléchie.

Réciproquement d'ailleurs, il y a une influence manifeste du moral sur le physique, c'est-à-dire de la volonté autonome sur les suggestions des sens et les impulsions des tendances. Nous pouvons déjà, comme nous l'avons vu, ou bien modifier les sensations organiques et supprimer la douleur, ou, à tout le moins, tenir en échec les impulsions qui en résultent. Les stoïciens ne faisaient qu'exagérer ce pouvoir lorsqu'ils prétendaient conférer au sage l'apathie et l'ataraxie qui doivent accompagner la sagesse, c'est-à-dire la connaissance des lois de la nature. A plus forte raison pouvons-nous discuter et réformer les sentiments qui naissent des images trompeuses, et faire succéder à l'inquiétude qu'elles engendrent un espoir fondé et une sécurité relative. Enfin la volonté peut, par le moyen de l'intelligence, nous rendre maîtres des passions ou des influences naturelles, et s'élever à une autonomie suffisante pour prévenir les rencontres ou en subir sans dommage le choc inévitable.

13. Rapports du physique et du moral. La matière et la pensée.

Il y a donc une influence réciproque du physique et du moral l'un sur l'autre. Les faits que nous venons de rapporter, par lesquels ont établis l'action bienfaisante ou malfaisante que l'extérieur exerce sur nous, et aussi bien les remèdes que l'esprit peut employer pour développer le bien-être et réduire le malaise, posent la question des *rapports de l'âme et du corps*.

a) **Position du problème.** — Remarquons tout d'abord que la question posée dans ces termes est inexistante. En effet, si nous avons conscience et, par là, une connaissance assurée de l'existence et de la nature de notre activité pensante, nous ne connaissons le corps, qui est dit agir sur notre âme, que par les sens, ou mieux par l'imagination ou l'induction, constructive de notions. Nous n'avons donc de ce corps qu'une *définition spécifique* ou *générale*.

Cette définition est un produit de notre activité mentale. Elle en manifeste à la fois la force et les limites. La force ou la *portée* s'exprime par la précision relative obtenue dans cette définition. Notre âme a dans la nature une action d'autant plus efficace qu'elle a, sur cette nature, des notions ou des vues plus exactes. Les *limites* sont marquées par l'impuissance de notre esprit à élucider la notion, c'est-à-dire par la borne infranchissable d'une notion *spécifique*, représentation interposée entre l'individualité de l'être et la pénétration de notre entendement. Cette définition ne définit donc pas *un être* ou une *réalité*. Elle n'exprime directement que la force de notre pensée. Celle-ci entreprend de définir la nature, en la ramenant à ses facteurs réels ; mais elle n'aboutit qu'à une image infidèle des choses, où se rencontrent et se mêlent indistinctement tous les êtres de la nature ramenés au point de vue particulier d'un centre individuel de perception.

Il n'y a pas alors de rapports à établir entre un *être réel* comme *l'âme*, et une *simple représentation* inévitablement abstraite et générale, comme est *le corps* que nous nous attribuons, mais qui est semblable, par cette définition, à tout corps en général.

Celui qui oppose un corps à une âme tombe dans l'illusion d'attribuer à chaque âme un seul corps, ou, plus exactement, de la mettre dans la dépendance d'une portion particulière de matière, délimitée dans l'espace ; tandis qu'en réalité tous les corps à la fois, c'est-à-dire toute la nature, agissent sur cette âme.

L'univers tout entier, en effet, est en rapport avec chaque âme et agit sur elle. Il est arbitraire de vouloir la faire dépendre exclusivement, ou seulement plus spécialement, d'un corps particulier que l'on regarde, à tort, comme exactement défini par la portion d'espace qui le délimite. Cette portion d'espace est solidaire de toutes les autres portions d'espaces. On ne peut pas lui attribuer de vertu propre, qu'elle ne tienne de tout l'univers et par laquelle elle puisse agir d'elle-même sur une âme.

Si, au contraire, on reconnaît cette action globale de l'univers, mais si, en même temps, on croit pouvoir en marquer la véritable origine et en définir la réalité par les lois universelles, mathématiques, qui régissent le *spectacle de l'univers*, on supprime, comme nous le verrons, toute réalité, par suite toute influence réciproque du physique et du moral.

On a donc été conduit, avec Leibnitz, à substituer, au *faux problème des rapports de l'âme et du corps*, le seul problème véritable de la *communication des substances* entre elles.

On a, au total, expliqué les rapports du physique et du moral :

1° En faisant de l'âme ou de la conscience un simple reflet intermittent du corps, inséparablement mêlé, lui-même, à tout l'univers matériel. C'est le *monisme matérialisme* ou la supposition d'une seule et unique étendue, substance qui produit éternellement l'univers.

2° En voyant dans l'âme et dans le corps, ou plus exactement, dans la pensée et dans l'étendue, deux manifestations parallèles d'une seule et unique substance qui ne serait ni une pensée ni une étendue, mais une réalité impénétrable, manifestée également sous ces deux aspects (*dualisme cartésien et parallélisme*).

3° Enfin on peut regarder, avec Leibniz, toutes les substances de l'univers comme des activités pensantes ou inétendues. Le rapport qui les relie n'est plus le parallélisme de manifestations inexplicablement hétérogènes, mais la convergence d'êtres analogues qui fait participer chacune de ces réalités, avec un degré d'efficacité ou d'autonomie plus ou moins grand, à l'œuvre commune et finale de l'univers (*monadisme.*)

b) **Monisme matérialiste: conscience épiphénomène.** —
Dans cette hypothèse, un organisme corporel n'est qu'un moment de l'évolution générale de la matière. Il n'a donc qu'une indépendance trompeuse à l'égard de tous les moments précédents de l'évolution et de toutes les autres manifestations contemporaines de cette unique évolution. En conséquence, l'âme, qui n'est que le reflet de ce corps, et encore un reflet intermittent et trompeur, n'a qu'une individualité trompeuse. L'unité qu'elle s'attribue, comme la permanence et la personnalité dont elle a l'illusion, ne sont, au total, que la méconnaissance des influences qui la produisent, qui la soutiennent et qui la déterminent.

Deux points condamnent cette hypothèse :

1º Il n'y a pas de passage assignable de l'étendue à la pensée. Par suite il n'y a pas d'avènement concevable de la conscience, à une étape quelconque de l'évolution. En effet, on trouve dans tout état de conscience, depuis la cœnesthésie la plus obscure jusqu'aux raisonnements les plus élaborés et aux délibérations volontaires les plus distinctes, une unité, une continuité, une orientation incompatibles avec l'homogénéité de l'étendue, la juxtaposition de ses parties et l'instabilité de ses composés. Cette incompatibilité, déjà sensible dans les *sentiments de la vie affective*, devient manifeste dans l'*opération du souvenir*, dans la *combinaison des images* et la *constitution des notions*; elle est tout à fait indiscutable dans les mouvements d'une activité qui se sent liée à la loi du devoir, *autonome* dans ses actions, et *responsable* de les avoir accomplies.

2º Cette hypothèse est encore condamnée par le fait de l'influence incontestable du moral sur le physique. L'intelligence humaine, mue par le vouloir ou l'énergie morale, a transformé le monde sensible. Elle a pourvu notre activité de moyens d'actions, qui la prémunissent contre les influences externes et souvent même les lui ont ren   s favorables.

c) **Dualisme cartésien. L'étendue et la pensée.** — Descartes suppose qu'en face de la pensée (*res cogitans*), dont notre conscience nous garantit l'immédiate réalité, Dieu a créé une étendue mathématique (*res extensa*), qui est la véritable substance de la nature. Ces deux substances sont d'ailleurs sans action directe l'une sur l'autre, puisqu'elles sont clairement et nettement distinctes dans l'idée que nous en avons, et puisque toutes nos idées claires et distinctes sont par là même des idées *vraies*.

Il faudrait donc, ou bien renoncer à toute explication des rapports du physique et du moral, ou bien ne pas opposer l'étendue et la pensée comme deux réalités hétérogènes et inconciliables. Descartes, pour son compte, renonce à expliquer et se borne à constater le fait des rapports en affirmant une union intime et comme substantielle de l'âme et du corps. « La nature m'enseigne par les sentiments de douleur, de faim, de soif, etc., que je ne suis pas logé seulement dans mon corps ainsi qu'un pilote en son navire, mais outre cela que je lui suis conjoint très étroitement et tellement confondu et mêlé que je compose comme un seul tout avec lui. Car, si cela n'était, lorsque mon corps est blessé, je ne sentirai pas pour cela de la douleur, moi qui ne suis qu'une chose qui pense ; mais j'apercevrais cette blessure par le seul entendement, comme un pilote aperçoit par la vue si quelque chose se rompt dans son vaisseau (6ᵉ *Méditation*.) En d'autres termes, un entendement passif, réduit à la contemplation des idées, sans pouvoir intervenir pour les former, ne saurait modifier l'étendue ni en recevoir aucune modification. Il faudra donc ou bien recourir à un miracle pour établir cette correspondance, ou bien recevoir comme un fait cette action réciproque sans pouvoir la comprendre. Et même elle apparaîtra non seulement comme inexpliquée, mais encore comme inintelligible et inexplicable.

Descartes entrevoit cependant l'explication véritable quand il attribue, décidément, l'efficacité à l'intelligence et la passivité à l'étendue. « Nos passions ne peuvent directement être excitées ni ôtées par l'action de notre volonté, mais elles peuvent l'être indirectement *par la représentation des choses* qui ont coutume d'être jointes avec les passions que nous voulons avoir, et qui sont contraires à celles que nous voulons rejeter (*Pass.*, 45). »

Mais de deux choses l'une : Ou bien l'étendue est une substance au même titre que la pensée, et alors la pensée est sans action réelle sur cette substance et ses modifications. Elle ne peut que constater cette réalité et la subir. Ou bien elle agit efficacement sur ces modifications ; c'est qu'alors elle n'est point soumise à enregistrer le déterminisme de ces modifications d'une étendue mécanique, et qu'elle peut, au contraire, par son activité libre, en modifier la représentation et l'influence.

Si l'on prend à la lettre, avec Malebranche et Spinoza, le dualisme cartésien ou l'hétérogénéité des deux substances, l'action réciproque de l'une sur l'autre devient inconcevable. Il faut donc réduire cette hétérogénéité au minimum, ou bien recourir à l'intervention miraculeuse de Dieu pour maintenir la correspondance entre deux ordres hétérogènes de manifestations. Cette seconde solution est celle de Malebranche, dans la théorie *des causes occasionnelles*. Elle aboutit nécessairement à la première, qui est celle de Spinoza. Celle-ci revient, par le détour du *parallélisme*, au monisme matérialiste déjà réfuté. Nous verrons que la théorie de *l'harmonie préétablie* de Leibniz est tout autre et peut être interprétée dans un sens acceptable.

Malebranche recourt, pour expliquer le rapport de fait, observable entre les modifications de l'étendue et les événements de la pensée, à une théorie dite des *causes occasionnelles*. Chaque modification dans chacune des substances, pensée ou étendue, est l'*occasion* pour Dieu de produire une modification parallèle dans l'autre. Si ma pensée veut mouvoir mon bras, Dieu exécute le mouvement de ce bras. Réciproquement, à l'occasion de toute modification corporelle, Dieu fait naître en la pensée le sentiment ou l'idée correspondants.

Dans l'hypothèse des causes occasionnelles, il est constant, d'abord, que les mouvements de l'étendue sont éternels et qu'aucun d'eux n'a d'indépendance propre. Mais de la même manière, si les pensées de l'âme dépendent des mouvements du corps qui en sont l'occasion déterminante, on ne trouvera pas plus d'indépendance ou d'existence réelle du côté de l'âme que du côté du corps. Par suite, le même principe éternel, qui meut et transforme l'étendue, meut et transforme la pensée, par la même puissance et la même décision. Malebranche reconnaît d'ailleurs que Dieu est l'unique lumière des esprits et l'unique moteur des vouloirs. Il est donc la seule cause de toutes nos pensées comme de tous nos mouvements.

En effet, ni l'étendue ni la pensée, ni le corps ni l'esprit, ne sont capables de la moindre initiative. En ce qui regarde l'étendue, elle est régie par des lois mathématiques, donc soumise à un déterminisme inflexible dans la production de toutes ses modalités. En conséquence, l'action divine, qui s'exprime par ce règlement des mouvements de l'étendue, ne peut manquer d'y conformer les modifications ou événements de la pensée qu'elle y accommode pour les y faire correspondre. S'il n'y avait de réalité que du côté de la pensée, l'étendue, et par suite tout ce qui s'y déroule ou s'y encadre, n'étant que représentation ou expression inadéquate de l'être, on pourrait subordonner cette *représentation*, plus ou moins fidèle, aux démarches plus ou moins libres et plus ou moins efficaces de l'âme. Mais si l'étendue est une réalité au même titre que la pensée, le déterminisme de l'étendue se reflète immanquablement dans une pensée déterminée à son tour, et nous sommes logiquement conduits à concevoir Dieu lui-même, inflexiblement régi par le mécanisme de l'étendue à travers lequel il s'exprime.

Le spinozisme tire du cartésianisme cette conséquence

nécessaire, Leibniz appelait, à bon droit, le spinozisme un cartésianisme immodéré.

« Dans la philosophie de Descartes, dit Spinoza, la distinction entre l'âme et le corps est si radicale qu'il n'aurait pu assigner une cause déterminée ni à cette union (d'une pensée étroitement unie à une portion d'étendue) ni à l'âme elle-même, et il aurait été contraint de recourir à la cause de l'univers, c'est-à-dire à Dieu. »

En effet, il n'y a plus dans tout l'univers qu'une unique substance, Dieu (panthéisme, monisme). Tout le reste n'est qu'attributs de cette unique substance ou modifications de ces attributs. Nous connaissons, parmi les attributs infinis de Dieu, deux attributs seulement : l'étendue et la pensée. Les corps sont des modes de l'étendue divine, et les âmes des modes de la pensée divine. Mais l'étendue étant mathématique, et les lois qui la régissent étant mécaniques, l'âme ne peut être qu'un développement ou un déroulement mécanique de pensées, qui reflètent les transformations mécaniques de l'étendue. L'ordre et la connexion des idées est le même que l'ordre et la connexion des choses.

« La substance pensante et la substance étendue ne font qu'une seule et même substance, laquelle est conçue tantôt sous l'un de ses attributs et tantôt sous l'autre. De même un mode de l'étendue (le corps) et l'idée de ce mode (l'âme ou la conscience) ne font qu'une seule et même chose exprimée de deux manières... Nous trouvons toujours un seul et même ordre, une seule et même connexion de causes... L'âme et le corps étant une seule et même chose, qui est conçue tantôt sous l'attribut de la pensée, tantôt sous celui de l'étendue, il en résulte que l'ordre, l'enchaînement des choses est parfaitement un, soit que l'on considère la nature sous tel attribut ou sous tel autre, et partant que l'ordre des actions et des passions de notre corps et l'ordre des actions et des passions de notre âme sont simultanées de leur nature. »

Cette théorie aboutit chez Spencer et les évolutionnistes à l'expression suivante : les séquences internes (ou modes de conscience) sont le reflet exact des séquences externes (ou groupements de l'étendue). Une différence subsiste pourtant entre ce dualisme cartésien, qui aboutit au panthéisme de Spinoza, et le monisme matérialiste. Chez Spinoza, la pensée est contemporaine de l'étendue ; elle lui est éternellement et partout coexistante, tandis que, dans l'évolutionnisme, la pensée ou conscience n'apparaît qu'à un moment de l'évolution des organismes, et encore, ne l'accompagne, après cette apparition, que d'une manière intermittente et sous certaines conditions. Mais, dans les deux cas, nous avons affaire à un monisme matérialiste ou mécaniste.

d) *Monalisme leibnizien. Harmonie préétablie*. — Tout d'abord, pour Leibniz, la question des rapports de l'âme et du corps se transforme en le *problème de la communication des substances*. L'âme est une réalité, tandis que la nature étendue n'est qu'une apparence. La nature qui agit sur nous n'est donc pas constituée par l'étendue, elle se compose, dans le fond et en réalité, de principes individuels analogues à l'être que nous connaissons en nous-même par la conscience. Les véritables éléments de la nature, et nous sommes l'un d'entre eux, s'appellent des *monades*. Le problème est de comprendre l'action réciproque de ces monades entre elles.

Il ne faut pas se laisser tromper par les passages où Leibniz parle du corps, qui est particulièrement affecté à l'âme, non plus que par ceux où il paraît conserver le parallélisme spinoziste de l'étendue et de la pensée. En effet, chaque monade créée (notre âme en particulier) représente *tout l'univers*. Elle représente seulement *d'une manière plus distincte* le corps organique qui lui est affecté particulièrement.

Mais il ne faut pas perdre de vue que chaque portion d'étendue, nommée corps (et notre corps organique n'est rien de plus qu'une telle étendue) n'est pas une substance :

elle est un amas de plusieurs substances. Ces substances sont d'ailleurs en nombre infini, n'étant rien de moins que la *totalité* des substances ou monades qui composent l'univers. S'il n'en était pas ainsi, notre âme, ni aucune âme en général, ne saurait représenter *tout l'univers*. Le corps propre ne sera donc pas une substance particulière, ni un groupe particulier de monades, opposé et imposé à notre âme. Il est le résumé, dans notre point de vue, de tout l'univers c'est-à-dire de toutes les monades qui le constituent. Le rapport à établir entre le moral et le physique n'est donc pas celui d'une âme et d'un corps qui lui serait propre. Il est la relation d'une substance à toutes les autres substances à la fois, celles-ci étant exprimées par le spectacle étendu, et selon le degré de clarté dans la perception ou représentation dont chaque âme est capable.

Un corps organique n'a pas d'autre unité, et par suite d'autre réalité, que celle de l'âme ou monade centrale qui le domine; il n'exprime rien d'autre que le point de vue particulier de cette âme sur l'ensemble des choses. Il ne faut donc pas dire que « l'âme suit ses propres lois et le corps aussi les siennes », puisque, selon Leibniz lui-même, le règlement mécanique du corps est *subordonné* au règlement moral des âmes dans la pensée divine, et partant dans l'œuvre de la création. Les lois propres des corps ne sont en vérité que des *lois de l'apparence* ou *de la représentation*. Elles ne font qu'exprimer d'une manière inadéquate et même indistincte et obscure, le point de vue de chaque âme ou la nature de ses rapports avec tout l'univers. Les lois propres de l'âme seules traduisent assez exactement la réalité de la nature, et c'est en elle qu'il faut chercher la clef ou le principe de l'explication des rapports des êtres entre eux, c'est-à-dire des âmes ou des monades qui *sont les seules substances constitutives de l'univers*.

Cette connaissance des lois propres de l'âme ou de ses procédés de connaître est d'ailleurs le seul moyen de pénétrer le symbolisme des lois du corps. Par elle nous comprendrons, dans la mesure du possible ou dans les limites de la connaissance relative imposée à notre point de vue particulier, quelles facilités et quels secours nos organes apportent à notre activité mentale et à notre puissance, ou quels obstacles ils lui opposent.

Quel sera donc le mode d'action ou l'influence de chaque monade sur l'ensemble de toutes les autres ?

L'action d'une monade sur les autres, dit Leibniz, ne saurait être directe ou transitive, c'est-à-dire transmise immédiatement d'une monade à une autre monade. D'où la fameuse parole : « Les monades n'ont point de fenêtres par lesquelles quelque chose y puisse entrer ou sortir. » En effet, une *action transitive* ne peut se concevoir que dans la continuité apparente et trompeuse de l'espace ou de l'étendue. Or, cette étendue, loin d'être une idée claire et distincte, comme le prétend Descartes, et, partant, la représentation exacte d'une réalité, n'est, au contraire, qu'une idée confuse. Tout ce que cette étendue renferme et tout ce qui s'y passe est, comme elle, indistinct, apparent et trompeur. Elle est une multiplicité sans éléments, un tout sans parties, un composé de points qui sont eux-mêmes étendus et divisibles à l'infini. Quant au mouvement qui la parcourt, il est sans origine et sans explication. Le mouvement se transmet d'un point à un autre, sans commencement ni fin. C'est la sphère dont parle Pascal, dont le centre est partout et la circonférence nulle part. Pour expliquer l'étendue, il faut, dit Leibniz, la rapporter à des unités véritables qui ne soient pas elles-mêmes des étendues. Pour expliquer le mouvement, il faudra des points d'origine qui ne soient pas eux-mêmes engagés dans un mouvement indéfiniment propagé. Autrement, cette origine réclamera une explication qui recule à l'infini. La causalité transitive, ou la propagation du mouvement d'un point à un autre point, est donc une apparence. C'est tout au plus un symbole qui exprime, confusément et par la solidarité du continu, la liaison réelle qui unit, dans l'unité du plan divin, l'indépendance réciproque des monades.

La causalité ou action efficace des substances ne peut être qu'*immanente*, c'est-à-dire exercée, de l'intérieur de la monade même, sur la monade elle-même. Chaque monade influe sur les autres monades seulement par le moyen de l'unité divine à laquelle toutes ces monades sont rattachées et dont elles dépendent exclusivement. Il faut donc supposer une *harmonie préétablie* dans l'intelligence divine, c'est-à-dire un plan éternel conçu par l'intelligence de Dieu, voulu et exécuté par sa volonté et sa puissance. En conséquence de cette harmonie universelle, chaque être sera dit agir sur les autres, à proportion de sa participation plus ou moins volontaire à l'accomplissement d'un plan dont il a une intelligence plus ou moins claire. L'action dépend donc toujours du degré d'intelligence possédé par une monade à un moment donné. Ce degré d'intelligence dépend lui-même du degré de vouloir que cette monade déploie pour comprendre. Leibniz dit en effet que chaque être n'a d'existence qu'à proportion de sa perfection. Ce qui revient à dire que le principe du meilleur est le vrai principe ou la raison suffisante de tous les effets et de tous les événements.

« La créature est dite *agir au dehors* en tant qu'elle a de la perfection, et *pâtir d'une autre* en tant qu'elle est imparfaite. Ainsi, l'on attribue l'action à la monade, en tant qu'elle a des perceptions distinctes (c'est-à-dire : des connaissances ou notions exactes) et la passion en tant qu'elle a des perceptions confuses. Et une créature est plus parfaite qu'une autre en ce qu'on trouve en elle ce qui sert à rendre raison, à priori, de ce qui se passe dans l'autre, et c'est par là qu'on dit qu'elle agit sur l'autre ». D'ailleurs, il y a toujours quelque mélange de distinct et de confus, donc d'action et de passion en tout état de la monade. Il faut seulement considérer ce qui l'emporte. « Mais dans les substances simples (qui seules sont réelles, les substances composées n'étant qu'un agrégat confus dans l'étendue ou l'apparence), ce n'est qu'une influence idéale d'une monade sur l'autre, qui ne peut avoir son effet que par l'intervention de Dieu, en tant que dans les idées de Dieu une monade demande avec raison que Dieu, en réglant les autres dès le commencement des choses, ait égard à elle. (*Monad.* 39 sqq.) Ainsi, l'âme agit sur le corps par ses idées claires ou ses perceptions distinctes qui la mettent en mesure, par la connaissance de lois plus exactes, de modifier la nature et son propre corps. Au contraire, la nature, et notre corps qui en dépend, agit sur notre âme à proportion de notre ignorance des lois véritables ou de la confusion de la vue perspective que notre âme prend sur l'ensemble des choses.

La *matière*, qui fait obstacle à l'âme et influe sur elle, n'est en effet, selon Leibniz, rien autre chose que l'imperfection ou la relativité inévitable de notre savoir, et l'obscurité ou l'indistinction des perceptions qui en résultent. C'est donc un principe interne ou un obstacle qui fait partie de notre nature. Notre effort tend à vaincre cet obstacle intérieur et c'est par cet obstacle intérieur seulement que se fait sentir notre dépendance à l'égard des autres substances. *Notre corps propre* devient alors la perception résultant de ce conflit à chaque moment donné, ou encore notre degré propre de puissance à éclaircir le spectacle de l'univers et à le réduire à ses lois véritables.

Exemple : un pilote sur un bateau se propose avec succès une direction, parce qu'il possède une science, et tient en mains des organes ou des machines qui lui permettent d'atteindre le but qu'il vise. Dans ce cas le bateau, *animé par le pilote*, doit être regardé comme *la cause* du mouvement des flots qu'il produit. Si, au contraire, le pilote n'a ni les instruments qu'il faut, ni la science qui propose le but et donne les moyens d'y tendre, alors le bateau et le pilote doivent être dits *patients*. C'est, dans ce cas, le mouvement même des flots qui dirige le navire et qui est *agent*. Pourtant, du dehors, ou, comme dit

Leibniz, dans la précision mathématique, il est impossible de démêler si c'est le bateau qui fend les flots pour passer, ou si ce sont les flots qui s'entr'ouvrent et se referment pour diriger le navire. Telle est l'action réciproque de l'âme sur la nature par le moyen du corps, et de la nature, par le même corps, sur l'âme.

L'action des substances les unes sur les autres n'est donc pas transitive ou physique ; elle est immanente. Elle est une influence de l'intérieur de chaque monade sur l'intérieur de chaque autre monade, mais sans passer par l'étendue. Il ne faut pas entendre l'harmonie préétablie, selon une comparaison trompeuse de Leibniz lui-même, comme si, au moment où la pensée de Virgile méditait les vers de l'*Énéide*, le décret divin disposait la main de Virgile à les écrire, ou encore d'après deux horloges qui, réglées une fois pour toutes par un ouvrier habile, marquent toujours la même heure en vertu de son décret préétabli. Ces comparaisons nous ramèneraient au parallélisme et aux causes occasionnelles. Il vaut mieux comprendre l'harmonie des substances entre elles comme l'accord qui existe entre les diverses parties d'une symphonie, réglée et distribuée par l'auteur même, selon un ordre qui subordonne les parties les unes aux autres. Il faut même entendre, pour être plus exact, que ces parties sont exécutées, voire inventées en partie et réalisées, avec la collaboration des divers exécutants.

CHAPITRE III

TRÉORIE DE LA MATIÈRE

Sommaire : 14. La matière est la représentation des influences naturelles qui s'opposent au libre jeu de l'activité mentale. — 15. Elle ne se réduit pourtant pas à cette représentation, comme le prétend l'idéalisme empiriste. — 16. Elle ne peut pas être rapportée à l'étendue mathématique. — 17. Elle se fonde et s'explique par les monades leibniziennes, analogues à nos âmes.

14. L'idée de matière. La matière n'est pas une réalité.

L'idée de matière ou de corps nous est imposée par la forme spatiale de nos représentations sensibles. En effet, cette forme, qui consiste en une juxtaposition de parties indéfiniment séparables l'une de l'autre, s'oppose nettement à la continuité et à la liaison qui enchaînent les modifications successives ou temporelles de la conscience.

Notre entendement, dans son entreprise de comprendre et de relier les éléments empiriques pour les ramener à l'ordre et à l'unité du réel, rencontre la résistance invincible de l'espace. Cette *forme d'espace*, qui juxtapose et dissémine sous nos regards la matière de la représentation, s'interpose entre notre effort pour comprendre et le réel que notre esprit s'efforce de saisir. Quelque succès que nous obtenions dans cet effort pour relier les éléments de l'expérience, cette matière nous demeure impénétrable.

En conséquence, notre esprit sent, d'une part, immédiatement en lui-même la continuité de son effort qui passe, par un progrès de perception et d'intelligence, d'un degré moindre à un degré plus grand de savoir et de puissance. Mais, d'autre part, il éprouve, en contraste avec cette continuité, cet enchaînement et ce progrès, la dispersion et la discontinuité irréparable des éléments de l'expérience, qu'il ne peut arriver ni à analyser complètement, ni à rejoindre et à relier dans une unité consommée. L'espace, qui nous est ainsi irrémédiablement opposé, est donc une représentation confuse qu'il nous appartient d'éclaircir, mais qu'il n'est pas en notre pouvoir d'élucider entièrement.

Cette représentation est-elle une réalité ? Si elle n'est que le symbole et l'expression indistincte du réel, comme le prétend à bon droit l'*idéalisme philosophique*, que cache-t-elle, que signifie-t-elle et que faut-il supposer à l'origine de cette représentation pour en expliquer les modalités, telles qu'elles nous sont données, et dans la connaissance sensible, et dans la connaissance scientifique ?

Tout d'abord cette représentation spatiale ne peut pas être prise en elle-même pour une réalité. On ne trouve en elle ni l'unité, ni l'identité ou permanence, ni l'activité spontanée qui sont les traits caractéristiques du réel. Les perceptions spatiales ne sont donc, d'abord, qu'une représentation interposée entre la réalité des choses et notre esprit qui les perçoit. Elles sont, comme le veut Leibniz, la manière résumée et confuse dont tous les êtres de l'univers se traduisent et s'expriment en chacun d'eux, avant toute pénétration de l'entendement et en dépit de tous ses efforts.

Mais si la perception, en tant que sensible ou spatiale, ne constitue pas la réalité de l'objet perçu, à tout le moins elle postule cette réalité. Notre propre perception est condamnée en effet à rester confuse ou *matérielle* justement par le fait de l'existence d'autres êtres que nous-même. Si nous étions le seul être de l'univers, la perception que nous aurions de cet univers serait tout entière dépendante de notre conscience. Elle serait partant distincte et non confuse. Le problème de la matière est donc bien le suivant. Comment faut-il concevoir la nature des êtres dans leur réalité, pour justifier et fonder les apparences, telles qu'elles sont groupées et enchaînées dans la connaissance sensible et dans la connaissance scientifique ?

L'illusion du sens commun, qui prend la représentation en nous pour la réalité en soi, une fois écartée, on a proposé trois solutions du problème. Elles sont toutes trois idéalistes.

1° L'idéalisme empiriste ou phénoméniste ; 2° l'idéalisme cartésien ou intellectualiste ; 3° l'idéalisme objectif proposé dans la monadologie de Leibniz.

15. Théorie phénoméniste de la matière.

Le phénoménisme peut-être résumé dans cette formule de Berkeley : tout l'être des choses est d'être perçu (*esse est percipi*).

Cet idéalisme réduit la matière aux perceptions que nous en avons ; il refuse l'existence à quoique ce soit en dehors des objets, tels qu'ils sont figurés dans notre expérience. Or, il est impossible, comme nous allons le voir, d'expliquer notre croyance en un fondement réel de l'objet matériel par le *simple prestige d'une hallucination*, qui résulterait d'une association mécanique et fortuite de sensations.

Pour le phénoménisme, notre conception d'une réalité, indépendante de nos propres perceptions ou modalités, et qui serait l'origine et la raison d'être de ces états de notre conscience, est une pure illusion.

Hume ne voit dans cette croyance à une existence *continue* des objets matériels pendant l'interruption des sensations, et partant *distincte* de ces sensations, qu'une habitude invincible prise au cours des expériences précédentes. Par elle, nous sommes contraints d'attendre, après les mêmes sensations, le groupe ordinaire des sensations qui les ont toujours accompagnées dans le passé. *Stuart Mill*, à son tour, réduit le prétendu réel de la matière à n'être qu'une *possibilité permanente de sensations*. Entendons par là que nous nous croyons assurés, après une longue expérience, d'éprouver de nouveau un même groupe de sensations (celles qui accompagnent l'éclat du feu par exemple) toutes les fois que nous éprouverons l'éclat du feu lui-même.

La vérité est que nous avons cette croyance. Notre idée ou notion d'un objet matériel ne consiste, en effet, que dans cette attente invincible et toujours justifiée (les circonstances étant les mêmes) d'un même ensemble de propriétés groupées autour de l'une d'elles. Mais il s'agit justement de savoir si l'on peut *fonder cette croyance* et en expliquer l'*incessante vérification*, si nous n'avons aucun moyen de savoir que quelque chose répond dans la nature aux combinaisons qui se forment dans notre esprit. Or : 1° L'association mécanique des idées, par laquelle un esprit passif reçoit, retient et enchaîne des impressions produites sans règle et au hasard, ne saurait, sinon par un miracle inexplicable, aboutir à des groupements constants et à des prévisions uniformes. 2° Des groupements ainsi formés ne nous donneraient aucune garantie de leur reproduction dans l'avenir.

En effet : 1° Notre esprit ne joint ensemble, pour les grouper en objets infailliblement prévisibles, que celles de nos impressions qui répondent à son appétit d'équilibre et favorisent son développement. Faute de ce besoin instinctif, qui met notre activité en rapport avec la vérité des choses qu'il lui fait pressentir, nous ne ramènerions pas à l'unité les impressions successives ; nous ne joindrions pas dans un groupement, toujours reformé et incessamment consolidé, ce système d'impressions dont nous constituons les objets sensibles et auxquels notre croyance s'attache d'une prise inséparable. 2° Par là seulement, d'ailleurs, nous sommes autorisés à attendre un avenir semblable au passé. Il n'est plus miraculeux de voir les impressions se grouper toujours de la même manière, dans toutes les rencontres futures. Il n'y a plus à craindre que des événements soudains viennent rompre le faisceau de nos associations, et contredise à des habitudes légitimement formées et assurées, par suite, de n'être pas déçues.

Ainsi notre vision instinctive de la *vérité des choses*, agissante et directrice dans nos appétits physiques et nos besoins vitaux, nous est une garantie de l'existence des réalités qui sont à l'origine de nos impressions. Elle fonde et rend croyable le spectacle du monde sensible formé par le sens commun et confirmé par les découvertes scientifiques. Elle en fournit la seule explication valable.

16. Idéalisme cartésien. L'étendue.

Mais cette réalité serait-elle ce que Descartes et ses disciples affirment, à savoir une simple étendue mathématique et les lois mécaniques du mouvement qui la régissent?

Descartes ne veut trouver de réalité dans le monde que ce qui pourra se renfermer et s'exposer dans une idée claire et distincte, ou *exactement intelligible*. En effet, la raison seule a droit d'objectiver les phénomènes. Il n'y aura donc de véritable dans les phénomènes que ce qui peut satisfaire aux exigences rigoureuses de la raison. Pour Descartes, cette exigence est exprimée dans le principe d'identité. Seul, il permet de ramener les objets auxquels il s'applique à une parfaite analyse ou aux termes d'une démonstration lumineuse et achevée.

« Il est très évident que tout ce qui *est vrai* est quelque chose, la vérité étant une même chose avec l'être, et j'ai déjà amplement démontré que toutes les choses que je connais clairement et distinctement sont vraies. » (5ᵉ *Médit.*) Aucune des qualités sensibles, couleur, résistance, son, odeur et saveur, que l'on a coutume d'attribuer aux objets ne se laisse réduire à la parfaite distinction des idées vraies. Elles sont toutes confuses et inanalysables. Il n'y a que les propriétés mathématiques, et par conséquent la seule étendue, qui supportent une pareille analyse. Donc, selon Descartes, l'*étendue*, seul objet clair et distinct au regard de l'esprit, sera la substance ou *le réel même du monde*.

« La nature de la matière ou du corps pris en général ne consiste pas en ce qu'il est une chose dure, ou pesante, ou colorée, ou qui touche nos sens en quelque façon, mais en ce qu'il est une substance étendue en longueur, largeur et profondeur. »

C'est ce qu'on appelle le mécanisme cartésien, qui s'exprime, en particulier, dans la théorie de l'animal-machine ou l'explication mécaniste de l'organisme ou du vivant.

1° L'idéalisme cartésien se fonde sur une idée de la raison qui est inexacte. Le principe d'identité est une conception de l'ordre, et par suite un principe directeur de la connaissance, empruntée à la connaissance mathématique. Or cette connaissance est abstraite et non réelle ; elle n'exprime donc pas la vraie nature des choses.

La clarté ou la distinction qu'on attribue à l'étendue n'est d'ailleurs qu'apparente, ou, plus exactement, elle n'a lieu que dans l'apparence des choses. Elle n'a lieu, en effet, que si l'on considère le mode sous lequel la réalité nous apparaît, et non pas la réalité elle-même, ni tout ce qui peut la manifester et la signaler dans la variété des phénomènes. En d'autres termes, l'étendue n'est que la manière dont les choses se mesurent, c'est-à-dire leur *quantité*. Elle ne renferme pas leur *qualité* ou ce qu'elles sont elles-mêmes et ce qui les définit. Leibniz a démontré que l'étendue était une idée confuse, dès qu'on prétend lui faire exprimer le réel de la nature. L'étendue, en effet, est un tout dont on ne peut découvrir les parties ou, selon une très exacte formule, l'étendue est un tout que ses parties divisent mais ne constituent pas. Si l'on divise une ligne, on ne trouvera jamais les points dont cette ligne est constituée. Car, ou bien ces points sont inétendus, et une somme quelle qu'elle soit de tels points ne formera pas la ligne, ou bien, ces points sont étendus eux-mêmes et ils sont à leur tour divisibles à l'infini et sans principes d'explication. De la même manière, l'étendue peut être considérée comme la trace parcourue et laissée par un mobile en mouvement. Mais alors cette étendue suppose le mobile, c'est-à-dire une force ou tendance qui enveloppe d'avance les différents points qu'il doit parcourir et qui en explique ainsi la synthèse successive, c'est-à-dire la production de l'espace. Nous sommes donc conduits par la continuité de l'étendue même, et à plus forte raison par les liaisons ou systèmes particuliers qui se dessinent dans cette étendue, à la supposition d'un principe d'unité qui enveloppe d'avance tout le chemin parcouru ou explique toute l'étendue circonscrite.

2° Mais d'ailleurs si, comme le prétend Descartes, le sensible était réellement réductible à l'intelligible, c'est-à-dire la qualité à la quantité, alors le sensible ne serait plus expliqué mais supprimé. Or, le sensible existe au moins dans notre pensée; il oppose une résistance invincible à une analyse qui le réduirait à des termes intelligibles. Il n'y a pas d'illusion à la rigueur. Il faut donc expliquer au moins cette illusion et cette tromperie, c'est-à-dire en rendre compte, puisqu'on ne peut pas la supprimer. Dans l'hypothèse cartésienne, l'étendue *claire et distincte* serait seule interposée entre Dieu et nous. Étant une idée parfaitement intelligible, elle ne saurait être qu'une idée absolue ou une idée de Dieu même. A travers elle ou mieux, en elle, nous voyons Dieu lui-même. Malebranche, en effet, place l'étendue mathématique dans l'intelligence divine, et Spinoza, tout à fait logique, veut que notre pensée, qui n'est autre chose que l'intelligence ou l'idée même de cette étendue, se confonde à son tour avec la pensée et la réalité divines.

« Il est certain, dit Malebranche, qu'on ne voit les corps que dans l'étendue intelligible et générale, rendue sensible et particulière par la couleur ; et que les couleurs ne sont que des perceptions sensibles que l'âme a de l'étendue lorsque l'étendue agit en elle et la modifie. » Ce même auteur nous est, au surplus, un bon témoin de la difficulté ou, pour dire vrai, de l'impossibilité de rendre compte de l'*illusion des objets sensibles* dans la théorie cartésienne. « Toute étendue intelligible pouvant être conçue circulaire, ou avoir la *figure intelligible* d'un cheval ou d'un arbre, toute étendue intelligible peut servir à représenter le soleil, un cheval, un arbre, et par conséquent être soleil, cheval, arbre du monde intelligible, et devenir même *soleil, cheval, arbre visible et sensible*, si l'âme a quelque sentiment *à l'occasion* des corps pour attacher à ces idées, c'est-à-dire si ces idées affectent l'âme de perceptions sensibles. » C'est manifestement recourir comme Berkeley a fait depuis, à l'arbitraire de Dieu, pour lui faire peindre dans nos âmes des images d'objets, mais des images *trompeuses*, puisqu'elles sont sans rapport avec la seule réalité, qui est mathématique, analysable, intelligible. Leibniz exigeait que le sensible traduisît, au moins, l'intelligible, comme une projection traduit la figure projetée sur le plan.

Descartes, d'ailleurs, convient lui-même (6ᵉ *Médit.*) que l'illusion du sensible est une preuve de la création effective par Dieu, d'un monde à la fois distinct de lui et de nous-même. Comme il le dit, c'est la présence en nous d'une imagination, jointe à notre entendement, qui est la preuve que Dieu a créé une nature. Mais comme cette nature est pour Descartes purement intelligible, c'est-à-dire constituée par l'étendue mathématique, il n'arrive pas à expliquer pourquoi cette étendue, claire et distincte, nous apparaît comme obscure et confuse, en d'autres termes, pourquoi elle n'est pas *entendue*, mais seulement imaginée et *sensible*.

17. Idéalisme leibnizien. La monade.

Leibniz définit le monde sensible un rêve *bien lié*, parce que, dit-il, les phénomènes ou les événements en sont *bien fondés*. En d'autres termes, la perception des phénomènes régulièrement liés ensemble, et plus manifestement dans la connaissance scientifique, nous oblige à les rapporter à des objets réels. Nous pouvons nous faire quelque idée de ces objets d'après la manière même dont leurs manifestations se groupent dans les lois vérifiées ou les notions rationnellement formées de notre savoir.

Leibniz tire, de l'examen des représentations valables que nous nous formons de la nature, la conviction que le principe du meilleur (finalité), qui dirige la connaissance, et qui lui procure ces notions réelles ou ces lois véritables, doit correspondre, en quelque manière, à la nature des choses, dont les manifestations se groupent, s'objectivent et se réalisent, conformément à ce principe. Or nous trouvons dans le mouvement même de notre activité connaissante le type d'un être ou d'une réalité constitué justement par cet appétit de finalité. Seulement, dans le moi ou le sujet conscient, la connaissance se confond, à peu près, avec l'existence, la pensée avec l'être. Dans tous les autres êtres, que le moi connaît, il y a une distinction entre la manière dont nous les connaissons, et leur réalité intime qui nous échappe dans cette même mesure. Nous sommes donc réduits; 1° à prendre en nous les traits constitutifs de l'être qui sont *la perception* et *l'appétition*; 2° à appliquer ces traits aux autres êtres, et à définir leur existence et leur nature à proportion que leurs phénomènes ou manifestations nous autorisent à leur attribuer ces caractères distinctifs.

1° Être, c'est manifestement, aux yeux de notre conscience, faire effort pour réduire à l'unité que nous désirons la diversité des expériences qui nous choque. C'est ce que Leibniz appelle l'*appétition*; et dans cet effort incessant, constitutif de notre être, c'est traverser des états de *perception* plus ou moins clairs ou plus ou moins réduits à l'unité. *Perceptio nihil est quam multorum in uno expressio*. L'appétition devient ainsi le passage incessant d'un état de perception à un autre, et, le plus souvent, d'une perception plus confuse à une perception plus claire et plus distincte. Telle est la monade.

2° On peut distinguer avec Leibniz trois catégories de groupements de phénomènes auxquelles s'applique, plus ou moins complètement, ce signalement de l'être.

a) Il y a d'abord ce que Leibniz appelle les *esprits*, c'est-à-dire cette sorte de monade qui transparaît dans les faits psychologiques. Ceux-ci sont des événements et des démarches visiblement inspirées par *la raison*. La connaissance des vérités nécessaires et éternelles est ce qui nous distingue des simples animaux, et nous fait avoir la raison et les sciences. » Ajoutons : et toutes les démarches auxquelles préside la connaissance scientifique.

b) Vient ensuite ce que Leibniz appelle des âmes (*animæ*). D'après leurs manifestations, qui sont les démarches instinctives de l'animal, il semble qu'on puisse leur attribuer, avec la mémoire, une espèce de consécution, qui imite la raison, mais qui en doit être distinguée. « Par exemple, quand on montre le bâton aux chiens, ils se souviennent de la douleur qu'il leur a causé, et crient et fuient. Mais ces consécutions ne sont que l'effet d'une simple pratique sans théorie, et, par suite, dépendent à peu près exclusivement de l'extérieur. »

Aussi ne pouvons-nous donner des animaux qu'une définition spécifique, mais non pas individuelle ou réelle, comme celle qui nous représente la nature de l'homme.

c) Venant à la matière ou à l'inerte, on ne trouve plus, dans les phénomènes qu'on y rapporte, assez d'unité ni assez de suite dans les mouvements par lesquels elle se manifeste à nos yeux pour voir en elle un être réel. Par suite, nous ne pouvons concevoir comme principe des manifestations matérielles que la seule unité de notre pensée, qui enveloppe dans une perception unique la multitude des impressions reçues. Il semble donc que nous ne devions voir dans l'étendue matérielle qu'une *apparence*. Sans doute cette apparence elle-même doit être fondée sur des substances de l'ordre réel ou psychologique, mais il nous est impossible de pénétrer et de définir ces réalités.

Cependant, si les monades ne sont pas *les parties* de l'étendue, elles en sont du moins les « réquisits », c'est-à-dire *ce qu'il est requis* de supposer pour en expliquer les mouvements et la forme. On peut s'autoriser aussi du fait que l'analyse scientifique découvre, de plus en plus, le vivant sous l'inerte. Leibniz compare alors chaque portion de la matière à un jardin plein de plantes ou à un étang plein de poissons. Chaque rameau de la plante, chaque membre de l'animal, est encore un tel jardin ou un tel étang, et ainsi il n'y a rien d'inculte, de stérile et de mort dans l'univers. La matière serait donc une confusion seulement en apparence, à peu près comme il en paraîtrait dans un étang, à une distance de laquelle on verrait un mouvement confus et un grouillement de poissons, sans discerner les poissons mêmes.

Leibniz essaie de définir cet *atome formel* ou monade qu'il faut supposer, au minimum, à l'origine des phénomènes les plus mécaniquement déterminés. « Il faut qu'il y ait des substances simples, puisqu'il y a des composés; car le composé (c'est-à-dire l'étendue, multitude indéfiniment divisible) n'est qu'un amas ou agrégation des simples ». D'ailleurs la matière est au moins résistance, impénétrabilité, inertie, *antitypie*. Cette résistance ne consiste pas dans l'étendue, mais dans *l'exigence de l'étendue*, c'est-à-dire dans la résistance que nous oppose la nature, et que nous éprouvons à éclaircir nos propres idées et à vaincre les obstacles. En effet, cette résistance, nous ne pouvons la concevoir qu'en fonction de notre effort propre pour comprendre.

Il y aura donc au fond de la matière ou au principe de ses manifestations quelque effort analogue au nôtre, convergent avec le nôtre vers la réalisation du monde sous la loi de l'harmonie préétablie. Seulement cet effort sera réduit au minimum de perception et d'appétition, de connaissance et de vouloir. Cette simple monade sera un vivant presque insensible ; les perceptions en sont comme instantanées et ne se survivent pas. Les simples monades sont ainsi incapables des souvenirs et de l'imagination des animaux proprement dits : *Omne corpus est mens momentanea.*

« Au surplus, nous expérimentons en nous-même un état où nous ne nous souvenons de rien et n'avons aucune perception distinguée, comme lorsque nous tombons en défaillance ou quand nous sommes accablés d'un profond sommeil, sans aucun songe. Dans cet état, l'âme ne diffère point sensiblement d'une *simple monade*. Mais comme cet état n'est point durable et qu'elle s'en tire, elle est quelque chose de plus » (*Monad.*, passim).

CHAPITRE IV

THÉORIE DE DIEU

Sommaire : **18.** L'idée de Dieu est impliquée dans la définition de la pensée humaine. — **19.** La preuve cosmologique ou par le spectacle du monde est insuffisante. — **20.** Les preuves cartésiennes par l'idée de l'infini, postulant ou même impliquant l'existence de Dieu, sont inefficaces. — **21.** Il faut recourir à une preuve par l'appétit rationnel de la volonté.

18. L'idée de Dieu est impliquée dans la définition du moi.

Nous avons défini le moi une activité orientée vers la raison ou l'ordre éternel. Cette activité orientée, en quoi consiste toute l'existence et la nature du moi, postule donc immédiatement l'existence de cet ordre et de ce plan, c'est-à-dire de Dieu.

L'existence de Dieu est ainsi généralement regardée comme un postulat impliqué dans la possession de la raison, et cette existence de la raison est impliquée à son tour dans l'exercice de l'activité pensante, dont l'existence est vraie d'une vérité immédiate et indiscutable.

19. Preuve cosmologique ou preuve physico-téléologique.

Avant Descartes, on donnait pour preuve de l'existence de l'être parfait l'existence constatée d'un monde contingent, qui, ne pouvant pas tenir son existence de soi-même, devait nécessairement l'avoir reçue d'un être nécessaire, éternel, premier moteur indispensable de toutes les existences et de tous les événements. Or cette preuve a un double inconvénient.

1° Elle nous renvoie à l'existence d'un auteur de la nature qui n'est pas nécessairement parfait. En effet, la nature physique ou observable, *en tant que telle*, ne renferme que quelques traces d'ordre, mêlées à beaucoup de désordres ou d'imperfections. Aussi, chez Aristote comme chez Platon, le premier moteur n'est considéré que comme un démiurge (artisan), qui doit lutter avec une matière rebelle, nécessaire et éternelle, et qui ne parvient pas à y introduire toute la perfection qu'il peut concevoir. On pourrait dire ici, avec l'objection classique, que ce qu'il y a de bien dans le monde implique Dieu, mais que ce qu'il y a de mal en contredit la perfection, donc l'existence. *Si Deus est, unde malum, si non est, unde bonum?* Cette preuve nous conduit à un Dieu architecte ou organisateur du monde, mais non à un Dieu créateur.

2° Il pourrait arriver que notre esprit, par des ressources qui lui sont inconscientes, fût l'auteur de cette représentation d'un monde imparfait, ou encore le constituât comme le veulent les empiristes de l'amas des expériences traversées. Notre idée de l'infini ne serait alors que l'idée de l'indéfini, et n'exprimerait plus un être parfait et achevé.

20. Preuves cartésiennes.

On a cherché plus fructueusement la preuve de l'existence de Dieu, non pas dans l'objet de la représentation ou le spectacle du monde, mais dans le sujet même, c'est-à-dire la pensée, qui se représente cet objet. Cet argument a été mis en œuvre par Descartes. Il est tiré de *l'idée d'infini*. Mais cette preuve peut être conduite de deux manières.

1° Dans un premier cas on se borne, comme Descartes dans la troisième Méditation, à regarder l'idée de Dieu comme une *idée* présente en nous qui postule l'*existence* de Dieu pour sa cause. Mais alors, l'idée que nous avons de Dieu et qui est en nous, c'est-à-dire dans notre pensée, se trouve nécessairement réduite aux dimensions finies de notre connaissance imparfaite. Ce n'est donc pas cette *notion incomplète de Dieu*, qui, par son contenu objectif, ou ce qu'elle a de représentatif de l'objet, peut nous obliger à conclure à la réalité d'un être parfait.

2° Descartes a été ensuite amené à voir, dans cette idée même de Dieu ou du parfait, *l'existence* ou la réalité même de Dieu *impliquée*, comme, dans la définition du triangle, est impliquée l'égalité de ses angles à deux droits (5e Méditation). C'est ce qu'on appelle l'*argument ontologique*.

a) Preuve par l'idée d'infini. Cette idée que nous possédons ne peut s'expliquer que par l'existence d'un être infini qui en est la cause indispensable.

Il est d'abord constant, dit Descartes, que nous avons une telle idée, c'est-à-dire la notion d'un être infini, parfait, absolu. Notre pensée ne chercherait pas la vérité, ne se sentirait pas plus éloignée ou plus rapprochée d'elle, dans l'ignorance, le doute et la certitude, si nous ne possédions pas une telle notion, principe de nos recherches et critérium de nos progrès.

Mais cette idée est telle, c'est-à-dire renferme *objectivement* ou *par représentation* un tel contenu, qu'il n'y a que l'existence d'un être parfait, infini, absolu qui puisse nous expliquer sa présence dans notre pensée. En effet, je suis, de moi-même ou par conscience, une substance finie, imparfaite ; je ne peux donc pas tirer de là le contenu de mon idée du parfait ou de Dieu.

Il ne servirait à rien d'alléguer que ma connaissance et toutes mes propriétés s'accroissent incessamment, et que je peux concevoir par là un idéal de perfection à venir qui constitue ma notion du parfait. Car une connaissance qui s'accroît est, par là même, une connaissance imparfaite, et l'idée que j'ai de Dieu est celle d'un être immédiatement et invariablement parfait.

A plus forte raison ne peut-on pas composer l'idée du parfait de toutes les perfections relatives et fragmentaires dont les choses perçues par nous peuvent nous donner le spectacle. Ce serait revenir à la preuve cosmologique ci-dessus écartée. L'unité et l'achèvement de toutes les perfections fait partie de mon idée de l'absolu, et exclut la possibilité de la constituer par une somme quelconque de perfections relatives et séparées.

Mais s'il s'agit vraiment *d'une idée* ou *représentation* de *l'infini*, il ne s'en trouvera pas de telle dans un esprit fini comme le nôtre. Malebranche marque très clairement le défaut de cette preuve dans le passage suivant : « Par divinité nous entendons l'infini, l'être sans restriction, libre, infiniment parfait. Or *rien de fini ne peut représenter l'infini*. Donc il suffit de penser à Dieu pour savoir qu'il est..... Je suis convaincu que rien ne peut avoir assez de réalité pour représenter l'infini. Or je suis certain que je vois l'infini ; donc l'infini existe, puisque je le vois et *ne peut le voir qu'en lui-même.* »

Nous sommes ainsi amenés à recourir à la preuve ontologique, fondement et nerf de la précédente.

b) *Preuve ontologique* tirée de la considération que l'existence de *l'être* ne peut pas être distinguée de l'*essence* ou notion lorsqu'il s'agit de l'idée de Dieu.

« Il est certain, dit Descartes, que je ne trouve pas moins en moi l'idée de Dieu, c'est-à-dire d'un être souverainement parfait, que celle de quelque figure ou de quelque nombre que ce soit ; et je ne connais pas moins clairement et distinctement qu'une actuelle et éternelle existence appartient à sa nature (essence ou définition) que je connais que tout ce que je puis démontrer de quelque figure appartient à cette figure (5º *Méditation*). »

Déjà, contre une preuve semblable alléguée au moyen âge par saint Anselme, saint Thomas répondait d'une manière décisive : « Pour ceux qui voient l'essence divine en elle-même, c'est une vérité évidente par elle-même que Dieu est, puisque son essence est son existence ; mais comme nous ne pouvons voir son essence, nous ne parvenons pas à le connaître par son essence, mais seulement par ses effets. »

Kant a manifesté, avec plus de précision, ce qu'il y avait de sophistique dans cet argument. Il n'est pas possible, dit-il, que *l'idée* même de Dieu renferme *l'existence* de Dieu, parce que l'existence ne peut jamais être renfermée analytiquement dans quelque idée que ce soit. Toute idée, en effet, n'est que *représentative* du réel, et ne saurait par suite renfermer d'autre réalité que cette représentation même. L'idée de triangle elle-même ne renferme analytiquement l'idée de l'égalité à deux droits que si l'on ne voit dans le triangle *qu'un mode de représentation* que l'on peut identifier à *un autre mode*. Mais cette identité dans la pensée n'entraîne en aucune manière l'existence d'un triangle réel qui aurait ses trois angles égaux à deux droits. *L'idée de Dieu* pourrait donc tout au plus renfermer *l'idée de l'existence* de Dieu ; mais ni l'essence de Dieu n'y est renfermée, ni son existence. C'est ce qu'on a expliqué depuis en disant que penser Dieu ou avoir l'idée de l'absolu, c'était le réduire aux conditions et aux limites de la pensée humaine et, par conséquent, le rendre relatif.

Ainsi, 1° l'idée de Dieu ne renferme pas un *contenu objectif* (ou représentatif de l'objet) qui soit absolu et parfait ; la réalité *objective* de l'idée ne réclame donc pas une cause infinie ou absolue, puisqu'elle ne *représente* pas l'absolu et l'infini ; 2° à plus forte raison, cette même idée du parfait ne saurait-elle renfermer en elle-même ou impliquer l'existence même de Dieu.

21. — Preuve morale de l'existence de Dieu.

Mais si nous n'avons pas une *idée* ou *représentation* de Dieu, du moins en avons-nous incontestablement un *besoin* et un *appétit* qui est l'âme même de notre conscience ou personnalité. Cette aspiration prouve l'existence de son objet ou de son idéal d'une manière aussi indiscutable qu'elle établit sa propre existence. Ainsi, à défaut d'une démonstration *proprement logique* de l'existence de Dieu, et pour en compléter l'insuffisance, on pourra fournir une démonstration, ou mieux *une intuition pratique*, qui nous rend présente cette existence de Dieu dans la voix même de la conscience ou dans la loi du devoir.

Kant prétend, pour sa part, qu'il n'y a pas de démonstration logique de l'existence de Dieu, mais seulement une croyance en cette existence comme postulat nécessaire de l'existence, en nous, de la loi du devoir. 1° Nous avons certainement le sentiment du devoir; autrement dit, il existe en nous une conscience morale. 2° Il est impossible que nous soyons obligés au devoir, si en même temps que la liberté qui nous en rend capables, il n'existe pas un pouvoir absolu et inévitable qui nous la commande avec toute l'efficacité d'une autorité armée de sanction. Dieu n'est donc plus qu'une croyance qui résulterait directement du mouvement même de la volonté, sans passer par les lumières contestées de l'intelligence. L'agnosticisme de Kant rend cette preuve suspecte, et en tout cas insuffisante. Dieu devient l'objet d'une foi aveugle et tout individuelle.

Toutefois, le principal de cette preuve peut être conservé. A défaut d'une intuition de l'absolu, elle nous accorde, au moins, un besoin de l'absolu et une confiance entière dans la satisfaction de ce besoin. Il faut seulement faire remarquer que le devoir ne consiste pas exclusivement dans l'autonomie de la volonté. Il implique, dans le sentiment même qui nous le fait connaître, et dans le commandement qui nous l'impose, quelque idée ou notion de l'existence d'un ordre éternel, d'où naît l'obligation de nous conformer à cet ordre, à proportion que nous en connaissons les exigences. L'idée de Dieu n'est donc pas un *postulat* de la loi du devoir, elle en est un *élément indispensable* et se trouve impliquée en elle et comme confondue avec elle.

Nota : *La question des rapports de la métaphysique, d'une part avec la science, et d'autre part avec la morale sera traitée, la première au commencement de la logique, et la seconde, au commencement de la morale.*

ESTHÉTIQUE

NOTIONS SOMMAIRES SUR LE BEAU ET SUR L'ART

Une théorie de l'esthétique comprend trois parties :
1° Une théorie du sentiment esthétique ou du goût.
2° Une définition du beau dans la mesure où la théorie du goût aura autorisé cette entreprise.
3° Une théorie de l'art qui indiquera les procédés appropriés à la réalisation du beau et à la production de l'émotion esthétique.

CHAPITRE PREMIER

SENTIMENT ESTHÉTIQUE. THÉORIE DU GOÛT

Sommaire : Le beau n'est pas connaissable en lui-même, mais à travers des émotions esthétiques.

Une théorie du beau et de l'art ne peut être établie qu'à partir d'une *analyse du sentiment esthétique*, comme la logique et la morale sont établies sur le sentiment de la certitude, ou sur la présence en nous d'une conscience ou d'un sentiment moral.

On a donc dû poser une question préliminaire. Le goût, dans les jugements qu'il prononce sur le beau et le laid, s'appuie-t-il sur une vision plus ou moins consciente de l'ordre de la nature, et juge-t-il des choses autrement que par empirisme et habitude ?

Or les sceptiques prétendent justement que les jugements du goût, par leur incertitude, par leur inconstance, par l'ignorance évidente des raisons de décider, et surtout par les erreurs grossières où ils peuvent tomber, manifestent clairement qu'ils ne relèvent que d'expériences incertaines et d'habitudes arbitrairement formées.

On fait remarquer, en effet, que la mode fait l'agrément comme elle fait la justice (Pascal) ; qu'il y a une diversité de goûts, de plaisirs et d'émotions esthétiques telle, qu'il faut décidément renoncer à les ramener à un critérium et à un idéal communs. Ainsi des goûts et des couleurs il ne sera pas permis de discuter. Déjà les sens, par lesquels sont guidés nos appétits inférieurs, sont façonnés, pour leurs décisions, par des rencontres dont ils dépendent. De la même manière, l'agrément que nous trouvons aux choses dites belles dépend exclusivement de nos manières de vivre, des conditions du climat, du sol, etc., qui règlent ces manières de vivre.

Il est certain qu'on ne peut pas rattacher les décisions du goût à un critérium fixe qui permettrait de décider, sous toutes les latitudes et à toutes les époques, de la beauté indiscutable d'une chose. Déjà dans l'activité logique, et surtout dans l'activité morale, il y a, en nous, un développement de l'idéal par une réalisation progressive de cet idéal au contact de l'expérience. Les épreuves condamnent notre idéal ou nos idées directrices à subir les variations et à connaître les incertitudes de l'expérience même. Mais aussi ce développement est un progrès par lequel l'entendement s'instruit au cours même de ses erreurs. Il se forme donc à la longue un goût qui n'a rien d'exclusif ou d'absolu, mais qui est en possession de condamner ou d'approuver les œuvres qui lui sont soumises. En d'autres termes, il y a un homme de goût qui est la règle et la mesure du beau, comme Aristote voulait qu'il y eût un homme de bien, capable de fournir la règle et la mesure du bien.

Puisqu'il n'y a pas, dès l'origine et invariablement, un goût assuré qui puisse servir de règle à toutes nos décisions sur la valeur esthétique des objets, il y a lieu de penser que l'idéal du beau ne se confond pas exactement, dans une notion unique, avec le suprême utile, la vérité absolue et le souverain bien. Il y a donc une originalité du sentiment esthétique qu'il s'agit maintenant de dégager. En d'autres termes, nous n'avons pas à définir la beauté absolue, mais à expliquer un sentiment esthétique qui se perfectionne, à mesure de son exercice et qui ne peut être défini que par son orientation, à défaut de pouvoir l'être par son objet. En effet, ce ne sont pas toujours et partout les mêmes objets qui sont qualifiés beaux par l'humanité. Par suite, on ne peut pas tirer, de leur examen même et de leur comparaison, une notion du caractère commun qui serait leur qualité esthétique. Sans même parler des variations du goût et des diversités irréparables, la beauté naturelle, imitée dans les arts du dessin, par exemple, n'est pas la même que la beauté morale traduite par les arts d'expression.

CHAPITRE II

THÉORIE DU BEAU

SOMMAIRE : Le beau diffère à la fois de l'utile, du véritable et du bon.

Nous définirons donc la beauté par les sentiments qu'elle fait naître, ou par l'analyse des plaisirs du goût. Les sentiments que nous pouvons avoir peuvent être répartis en quatre sortes bien distinctes, parmi lesquelles se signale, par son originalité, le sentiment esthétique proprement dit.

1° *Le beau et l'utile.*

Nous rencontrons d'abord le sentiment de l'utile. Ce qui le caractérise, c'est la satisfaction immédiate et égoïste. Par exemple, le plaisir de la nourriture, le plaisir du repos, et en général toutes les émotions instinctives par lesquelles nous nous installons dans la vie et nous nous y maintenons en équilibre. Tel est aussi le plaisir du succès, de l'amour-propre, de la sympathie intéressée.

On trouve, au contraire, dans le sentiment esthétique, du désintéressement dans la recherche de l'objet. Exemple : un fruit peut nous paraître beau, à condition que le désir de boire ou de manger ne nous le rende pas immédiatement nécessaire. De la même manière, les représentations des événements humains données par les beaux-arts ne nous intéressent pas directement et immédiatement. Nous en sommes spectateurs et non pas acteurs.

En conséquence, de ce premier caractère, le plaisir de l'utile est exclusivement égoïste et répugne à tout partage. Il fait lutter les hommes les uns contre les autres et ne permet entre eux que des conciliations intéressées et des accords précaires. Le plaisir esthétique, au contraire, qui consiste surtout dans l'exercice de l'activité désintéressée, gagne à se communiquer et à se partager. Les satisfactions du goût s'augmentent par l'adhésion d'un nombre plus grand de suffrages. Ces opinions semblables confirment la vérité de notre goût propre en le partageant.

Cette remarque se vérifie encore par l'examen du rôle esthétique des sens. Celles de nos sensations qui sont le plus étroitement utilitaires, et comme exclusivement affectives, ne fournissent guère de matière pour la création de l'œuvre d'art. Telles sont la saveur et l'odeur. Cependant, déjà, il y a un art de la cuisine et un art des parfums, parce que, outre le besoin de nourriture ou de respiration, il existe encore une harmonie intime qu'on peut percevoir entre nos besoins et les objets propres à les satisfaire. Cette perception de l'harmonie ou de l'ordre est l'ébauche d'une représentation objective ou désintéressée. Mais les sens supérieurs comme l'ouïe, le toucher et la vue, qui sont surtout représentatifs, ou qui commencent à définir les objets en eux-mêmes, indépendamment du caprice de nos impressions individuelles, deviennent des sens esthétiques. Nous pouvons contempler alors d'une manière désintéressée leurs objets, n'étant plus obligés de prévoir immédiatement leur influence sur nous et d'y pourvoir sans délai.

On ne peut donc pas espérer, comme le veut l'évolutionnisme, faire dériver les émotions esthétiques, actuellement éprouvées par l'humanité, d'émotions primitivement utilitaires ou intéressées.

Dans cette théorie, ce qui, d'abord, aurait été utile, serait devenu par une répétition constante une émotion spontanée et sans but. Par conséquent, ce qui aurait été, à l'origine, un travail et un effort, chose toujours pénible, se serait transformé en un jeu facile et désormais agréable. La représentation succéderait donc à l'action. Tout le plaisir esthétique, aussi raffiné qu'il soit, ne serait que la reproduction désintéressée d'une ancienne activité de travail qui fonctionne désormais sans but, sans préoccupation, sans effort; en un mot, qui se complaît dans son propre exercice ou dans le *jeu*.

On donne pour preuve de cette théorie les jeux des animaux, des enfants, des peuples primitifs. Les animaux répètent dans leur jeu les actes qui leur furent utiles pour vivre: les chiens luttent, les souris rongent sans utilité, les chevaux galopent, la girafe continue de brouter le toit de la cabane où on l'enferme. De même, les enfants et les sauvages imitent dans leurs jeux leurs anciens travaux, alors que ces travaux sont visiblement inutiles. De la même manière, dans la vie civilisée, la connaissance ou le dévouement sont, d'abord, une nécessité de la vie sociale : il faut faire effort pour connaître et se diriger dans la vie, pour s'accommoder à autrui et poursuivre l'accomplissement des tâches communes et profitables. Mais une fois en possession d'une certaine sécurité sociale, l'homme reproduit, sans utilité et par jeu, les actes de connaître et de se dévouer ou de s'accommoder à autrui. Ces actes, faits sans visée immédiate, et même sans espoir d'un résultat à venir, nous procurent une satisfaction vraiment esthétique.

Il y a d'abord dans cette théorie deux affirmations qui se contredisent. Le jeu étant la simple imitation du travail ne peut pas, à la fois, reproduire les tâches pénibles du labeur et se trouver désintéressé et agréable. En effet, si le travail renferme déjà quelque chose de plaisant et de désintéressé, nous le découvrirons peu à peu dans son exercice même, nous dégagerons ensuite cet élément pour le reproduire à part et en faire un simple jeu. Mais, dans cette hypothèse, il y a déjà une réflexion dans le travail, c'est-à-dire une connaissance de son rapport à l'ordre général qui nous le rend agréable, en l'exemptant de l'inquiétude d'un effort incertain, ou bien alors le jeu ne sera en effet qu'une stricte imitation du travail mécanique et pénible. Mais dans cette hypothèse, le jeu ne sera pas plus plaisant que le travail lui-même ; il ne donnera donc pas lieu à l'émotion désintéressée et sociale, en laquelle consiste le sentiment esthétique.

En fait, dans les jeux par lesquels ils imitent les travaux primitivement nécessaires, les sauvages perfectionnent le travail même, en dégageant ce qui peut le rendre plus facile et plus aisé. Par exemple, ils introduisent le rythme dans les efforts communs, parce que ce rythme facilite visiblement l'effort et accroît le résultat. De même, dans les jeux proprement dits, par lesquels nous imitons les compétitions réelles de la vie utilitaire, nous recherchons surtout l'habileté ou l'économie de l'effort. Nous nous soumettons à des règles qui empêchent le combat fictif ou représenté de dégénérer en une lutte intéressée et violente, qui n'aurait plus pour nous rien de plaisant. A plus forte raison, dans les productions supérieures de l'art, ne conservera-t-on des efforts et des mouvements utiles, imités du réel, que ceux qui convergent vers un effet d'ensemble et s'ordonnent d'après une loi supérieure.

2° *Le beau et le vrai.*

Il y a donc un rapport du travail, en tant qu'il devient un jeu, avec la vérité des choses. Par là l'esthétique se rapproche du logique, la beauté de la vérité. Mais il ne faut pas oublier que la vérité n'est pas pour nous un objet donné, c'est-à-dire possédé et contemplé sans effort. Elle est seulement une réussite expérimentale, obtenue par une activité intelligente, indispensablement limitée par la nature empirique et soumise à son contrôle. Par conséquent, l'activité scientifique en quête du vrai est encore trop visiblement *intéressée* pour être confondue avec l'activité esthétique.

La science cherche la cause efficiente, c'est-à-dire la cause productrice d'effets immédiats et utiles ; son horizon est trop strictement borné par l'expérimentation et le contrôle des faits pour nous donner le plaisir désintéressé qui est la caractéristique du sentiment esthétique.

Cependant, il y a dans la recherche scientifique, par opposition à la connaissance vulgaire, l'usage d'idées *a priori*, qui nous promettent la découverte de l'ordre et qui d'ailleurs nous en facilitent la recherche. En d'autres termes, il y a un instinct de finalité par lequel nous recherchons l'ordre en lui-même à travers toutes les expériences. Cet instinct, qui préside à la découverte des causes efficientes, introduit dans la recherche scientifique un élément d'esthétique et de beauté. Toute hypothèse est certainement l'œuvre de l'imagination créatrice, donc d'une imagination désintéressée et esthétique. En effet, l'hypothèse n'est commandée ni par le souvenir, ni par le besoin d'un résultat qui n'a pas encore été découvert et dont on n'a pas encore pu, par suite, éprouver les avantages. Par conséquent, il y a dans la recherche d'une solution et dans l'activité créatrice qui la découvre, ou qui l'invente, un libre jeu qui est proprement esthétique.

Toutefois, comme les recherches scientifiques n'aboutissent jamais à nous donner de l'ordre général une idée ou représentation suffisamment exacte, l'art supplée à la science et satisfait à notre besoin d'ordre par l'invention d'objets *inutiles* et esthétiques.

3° Le beau.

L'essentiel du sentiment esthétique consiste donc dans *cet effort, conscient de l'ordre* où il tend et où il est assuré de parvenir. Il est produit par toute œuvre qui émeut en nous la faculté de chercher l'ordre et de l'introduire dans les spectacles empiriques. Le privilège de l'artiste est de savoir dégager l'ordre du spectacle vulgaire des œuvres naturelles ou des manifestations morales, et d'en rendre la perception évidente ou plus facile à ceux qui sont d'eux-mêmes, incapables de cette invention. Travail analogue à celui de l'inventeur dans le raisonnement scientifique, qui livre, au démonstrateur et au disciple, la vérité en même temps que les moyens de la goûter et de la reproduire.

Le beau pourrait se confondre avec le vrai, si nous connaissions vraiment l'ordre définitif des choses ; si par conséquent dans la peinture ou dans la représentation que nous formons d'un objet, nous pouvions percevoir sa place dans la hiérarchie universelle. Il n'y a pas, disaient les stoïciens, de demeure vile dans la maison de Jupiter. Mais nous n'avons pas une telle connaissance. Si donc on prétend saisir le vrai par représentation, sans vouloir tenir compte de la relativité de la connaissance et de l'imperfection de toute image, si on veut le peindre sur ce modèle inexact, on tombe alors dans des idées de symétrie, de réduction à l'unité, de proportions mathématiques, qui ne sont que le symbole, le schématisme du vrai, mais non le vrai réel. C'est l'inconvénient où tombe l'art idéaliste, qui veut peindre les choses sans rien emprunter au sensible.

Toutefois, comme l'a dit Pascal, il faut de l'agréable et du réel, et il faut que l'agréable lui-même soit pris au vrai. On peut expliquer cette pensée en disant que dans toute peinture, plus ou moins imitée de la réalité observable, il nous appartient de marquer le rapport de cette chose à un idéal. La peinture d'un événement, passion ou crime, doit manifester, pour être réellement véritable, le défaut de cette passion et la malice de ce crime. Autrement cette peinture n'imite plus le véritable état de l'homme qui se critique infailliblement lui-même, et par conséquent se juge.

La différence qu'il y a entre le beau pour l'intelligence, c'est-à-dire la symétrie exacte, les proportions faciles à percevoir, et le beau pour la volonté, c'est-à-dire proportionné à l'effort humain, est la différence qui sépare *le beau du sublime*. Le *sublime* sera tout ce qui nous fait éprouver le sentiment d'un effort tendu vers une perfection qui n'est pas encore atteinte. Nous passons ainsi de la beauté intellectuelle à la beauté morale.

4° *Le beau et le bien.*

L'activité mentale, qui se déploie dans la recherche du vrai, peut être tantôt déterminée surtout par les expériences ou par les attraits, tantôt, au contraire, particulièrement autonome ou créatrice. Elle consiste, dans ce dernier cas, dans un effort volontaire pour découvrir la réalité cachée derrière le sensible et devient une activité morale.

L'activité esthétique précède l'activité morale et doit même lui venir en aide, mais elle ne peut pas se confondre avec elle. Une différence les sépare. L'activité morale est entièrement désintéressée, et elle aboutit au sacrifice ; tandis que le sentiment esthétique est une satisfaction ou un contentement obtenu. Il n'a donc pas ce caractère de volonté pure, dévouée, qu'exige l'accomplissement du devoir.

Les anciens confondaient volontiers ces deux sortes d'activité. Pour eux, l'activité esthétique se confondait avec l'activité morale. Mais cela vient de ce qu'ils estimaient l'intelligence capable d'atteindre la vérité, et de nous engager, par la séduction de l'ordre contemplé, à l'accomplissement de cet ordre. Leur morale était un *eudémonisme* rationnel ou une théorie du bonheur. Elle nous donnait à préférer le bonheur au plaisir. Elle regardait le bonheur comme une félicité durable dont nous pouvions avoir, par la science même, une idée suffisante et les moyens certains d'y accéder.

Chez les modernes, la volonté doit contribuer à la découverte de la vérité par son effort propre. Par suite, l'accomplissement du bien devient une vertu et un sacrifice. Cependant l'idée de l'ordre en nous ne va pas sans une certitude que cet ordre existe, et qu'il est à la fois le souverain bien et le véritable utile. Il y a donc quelque élément d'esthétique dans la vertu morale. Mais l'esthétique se distingue toujours du moral, en ce que le sentiment du goût est un plaisir, tandis que le sentiment du devoir est celui d'un effort et, d'abord ou essentiellement, d'une peine.

CHAPITRE III

THÉORIE DE L'ART

Sommaire : Réalisme et idéalisme dans l'art. Son rapport à la moralité.

L'art est l'ensemble des procédés par lesquels on entreprend de réaliser la beauté, et d'éveiller dans l'esprit les émotions esthétiques.

On a conçu l'opération de l'art de deux manières : tantôt comme un *réalisme* qui copie la nature et l'imite servilement ; tantôt comme un *idéalisme*, qui cherche au contraire à s'affranchir de l'imitation de la nature, pour copier et reproduire la beauté des idées, que la nature sensible nous masque, mais que la raison pénètre. De là deux tendances de l'art manifestées, d'une part, dans les arts d'imitation, de l'autre, dans les arts d'expression.

1° *Du réalisme dans l'art.*

On prétend alors que le maximum d'effet esthétique est obtenu par une stricte imitation de la nature, à l'exclusion de toute convention, et, par suite, de toute transformation du sensible. On allègue à l'appui de cette prétention les arts du dessin, qui en effet s'appliquent à reproduire de leur mieux le réel et à en donner l'impression la plus exacte possible.

Mais on peut d'abord objecter que ce réel lui-même, que l'on prétend seulement observer pour le reproduire, est déjà le résultat d'une interprétation ou d'un choix préalable. D'ailleurs, même ainsi et préalablement interprété, il peut n'être pas source d'émotions esthétiques.

Le vrai peut quelquefois n'être pas vraisemblable.

Seule la vraisemblance, dont la raison est juge, est véritable.

En tout cas, l'imitation du vrai aurait l'inconvénient de nous intéresser trop immédiatement aux objets, de nous ramener ainsi aux émotions pénibles ou inquiètes. Un trompe-l'œil séduit ou répugne. Il n'est donc pas une imitation par laquelle nous sommes désintéressés de l'objet empirique.

En outre, cette imitation exacte du réel est chose impossible à réaliser avec les ressources de l'art humain. Nous ne pouvons égaler par nos procédés la subtilité de la nature. Il nous faut donc figurer et suggérer par artifice ce que la nature réalise par une infinité inépuisable de détails. Les causes efficientes d'un objet sont en nombre indéfini. Nous ne pouvons pas, par l'amas de ces causes, l'expliquer, encore moins le faire vivre. Toutes les descriptions du physicien, toutes les explications du biologiste n'arrivent pas à réaliser un rayon de lumière, ni à faire vivre un organisme. Le prestige de l'art est précisément, par un choix habile des causes efficientes ou des éléments sensibles sous l'inspiration de l'idée de finalité, de savoir grouper tous ceux de ces éléments qui constituent une réalité vivante. La peinture d'un caractère fait vivre un personnage, alors que l'histoire la plus complète et la plus détaillée de ses manifestations ne sauraient l'animer et le rendre réel.

Au surplus, une simple imitation du réel sensible serait inutile, puisque nous avons ce réel sous les yeux et que la copie ne pourrait être qu'une abréviation, un appauvrissement de l'original.

Mais, en vérité, ce ne sont pas les objets eux-mêmes

qui sont beaux ; c'est l'interprétation que l'habileté de l'artiste en peut faire, et par laquelle il en manifeste la beauté à ceux-là mêmes qui en avaient eu d'abord inutilement la vision originale. L'art est donc l'œuvre d'une imagination inventrice et créatrice, et non pas simplement une copie servile et reproductrice.

Le réalisme se méprend, en somme, sur la nature du réel ou du vrai. Il le cherche avec le sens commun et avec la science positive, dans les éléments amassés par l'expérience, et croit le saisir à mesure du succès obtenu par l'expérimentation. Mais les objets ainsi formés ne peuvent exprimer que la manière plus ou moins durable, mais toujours provisoire, dont nous avons été impressionnés ou satisfaits, mais non pas la véritable nature des choses. Ils ne manifestent donc pas la vérité du réel en soi, mais seulement par rapport à nous. Les objets empiriques, même après que le succès expérimental en a consacré la notion ou la définition, ont besoin d'être idéalisés ou interprétés pour être rendus véritables.

2° *L'Idéalisme dans l'art.*

Il y a un idéalisme chimérique et abstrait qui prétend atteindre la vérité des choses indépendamment de toute expérience, et entreprend de peindre, selon un mot imprudent de La Bruyère, les hommes tels qu'ils *devraient* être et non pas tels qu'ils sont. Dans ce cas, et avec cette prétention, on ne saurait aboutir qu'à une représentation, chimérique et arbitraire de la part de celui qui crée l'œuvre d'art, inaccessible ou méconnaissable pour tous ceux à qui on la propose.

Le véritable idéalisme consistera donc à extraire et à combiner des données observables, mais par le moyen d'un esprit qui se représente ces données et qui, se les représentant, les groupe suivant l'idéal de la nature, autant qu'il lui est donné de le concevoir. Tout spectacle pourra donc devenir matière d'art, à condition que l'imitation qu'on en propose, ou l'interprétation qu'on en donne, soit ajustée aux exigences profondes de l'esprit tendu vers l'ordre, et satisfasse en lui ce sentiment de l'ordre qu'elle a éveillé.

> Il n'est point de serpent ni de monstre odieux
> Qui par l'art imité ne puisse plaire aux yeux.

Il y aura donc plusieurs degrés de l'art, selon que les objets imités peuvent être plus ou moins analysés et par là même rapprochés de l'idéal dernier, c'est-à-dire insérés et ordonnés dans l'harmonie suprême.

Les arts d'imitation (arts du dessin) se bornent à peindre le spectacle des objets matériels dont la réalité intime nous est malheureusement impénétrable. Mais cependant on peut déjà dégager de ce spectacle ce qu'il y a de puissant ou de souple, c'est-à-dire de réel ou de durable dans son apparence passagère. La sculpture et la peinture, par exemple, doivent se borner par le dessin, la ligne ou la couleur, à des imitations ou à des expressions de ce genre. Il leur est interdit de vouloir pénétrer au delà de l'expression sensible des objets, pour atteindre et dégager l'expression psychologique. Nous avons affaire alors à des beautés naturelles qui nous sont révélées par les arts d'imitation.

Les arts d'expression entreprennent de réaliser et de traduire à nos yeux les beautés morales. La littérature, par exemple, imite encore ou mieux traduit les objets réels, mais non plus avec des moyens sensibles, étant capable d'employer les pensées et les mots. Sans doute elle est encore tenue à l'imitation du réel sensible ou de l'expérience; mais elle dégage avec plus de succès les passions, les sentiments, les idées et les actions qui sont la vérité même de la nature et la source des manifestations sensibles. Elle ne se rapproche de la peinture et des arts du dessin que par l'emploi des métaphores et pour rendre plus sensibles, plus accessibles et généralisables, les sentiments qu'elle veut évoquer. La musique, pour sa part, semble s'affranchir de tout moyen d'expression imité du sensible et traduire directement, par une gamme et une combinaison de sons entièrement inventés, la nature profonde de nos pensées et de nos sentiments invisibles.

3° *La moralité dans l'art.*

On peut, tour à tour, asservir l'art à la moralité jusqu'à en faire un moyen de prédication directe ou un enseignement de la vertu, ou l'affranchir complètement de tout souci de moralité.

La fonction de l'art est sans doute indépendante de la prédication morale; mais l'art peut aussi servir d'auxiliaire à la moralité, en même temps qu'il est important pour lui de tenir compte de ses exigences.

On peut dire tout d'abord que l'artiste est un homme, et, comme tel, tenu de soumettre aux règles de la morale l'exercice de son activité esthétique. Mais on doit surtout montrer qu'il ne gagnerait rien à s'en affranchir, puisqu'il tomberait immédiatement dans l'inconvénient d'intéresser les passions humaines, qu'il solliciterait involontairement ou que même il se proposerait d'émouvoir. Par là il priverait lui-même et les autres du désintéressement et de la liberté nécessaires pour la création et la contemplation d'une œuvre d'art.

Enfin il y a dans l'art lui-même un rapport à la moralité. La recherche de l'ordre idéal nous élève au-dessus de l'expérience et nous affranchit de nous-même en tant qu'individus égoïstes. Le sentiment de la beauté est un goût de l'ordre, donc un plaisir qui nous engage à le chercher et à le réaliser. C'est pourquoi la vertu est belle à contempler et agréable à pratiquer. On ne peut méconnaître dans l'enseignement des beaux-arts l'existence d'une vertu pédagogique indispensable à utiliser pour l'éducation générale.

TABLE DES MATIÈRES

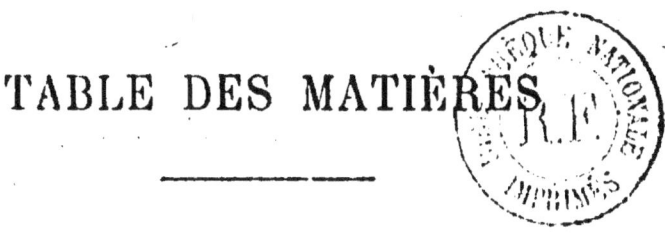

	Pages.
INTRODUCTION. — Objet et divisions de la philosophie	1

PREMIÈRE PARTIE

PSYCHOLOGIE

LIVRE PREMIER

OBJET DE LA PSYCHOLOGIE

CHAPITRE PREMIER. — Caractères propres des faits psychologiques. La conscience 8

1. L'objet étudié par le psychologue est caractérisé par cette propriété singulière d'être une conscience. . 8
2. Existence de la conscience 10
3. Définition de la conscience 13
4. Définitions de la conscience à rejeter 14

CHAPITRE II. — Portée et limites de la connaissance par conscience. Degrés de la conscience. Les petites perceptions. L'inconscient 16

5. Notre conscience ne renferme pas seulement des produits de son activité autonome. 16
6. Différents degrés de la connaissance par conscience. 17
7. Principales objections faites à la psychologie réflexive ou subjective 20

		Pages.
8.	Procédés auxiliaires de la psychologie.	21
9.	Conclusion sur la méthode appropriée à la psychologie	27

LIVRE II

LA VIE INTELLECTUELLE (CONNAISSANCE VULGAIRE)

Chapitre premier. — Les données de la connaissance. Sensations. Images. 29

10. Il y a, dans toute connaissance, objet sensible ou notion, des éléments donnés que l'esprit reçoit, élabore et transforme 29
11. Des différents modes de sentir, depuis la sensation à peu près exclusivement subjective, jusqu'à la vision objective ou représentative 32
12. De l'opération psychologique ou consciente, au cours de laquelle se constitue la signification ou valeur représentative des sensations et des images. . . 35

Chapitre II. — Mémoire et association des idées. De l'opération par laquelle l'activité instinctive, consciente dans le sentiment de l'effort, constitue les images de la perception sensible 40

13. L'image sensible n'est pas le souvenir d'un objet perçu, mais l'objet lui-même tel que nous le percevons 40
14. L'enregistrement passif des impressions est la raison d'être de leur conservation latente dans le souvenir. 43
15. Deux remarques établissent la présence invisible, mais réelle, des souvenirs à l'état latent. 45
16. Du rappel des souvenirs sans reconnaissance ou de l'association des idées 47
17. Réduction de tous les procédés d'association et de tous les modes d'évocation des idées à deux catégories : contiguïté et ressemblance 49
18. Il n'y a pas d'association par simple contiguïté. . . 50
19. La loi de la ressemblance, alléguée exclusivement, n'explique pas mieux le fait de la réapparition. . 52
20. Ressemblance sentie et non perçue. 55
21. De la reconnaissance des idées ou de l'association par ressemblance expressément perçue. 56

22. Formation des points de repère pour la localisation des souvenirs. 59
23. Principales lois de l'association des idées. 61

CHAPITRE III. — Formation de l'idée de corps. Perception du monde extérieur. 65

24. La perception des objets sensibles n'est pas naturelle, mais acquise 65
25. Théorie de la connaissance intuitive des objets sensibles. 68
26. La perception sensible est, pour l'empirisme, le résultat d'une simple association d'idées (idéalisme empiriste). 72
27. De l'opération de l'esprit par laquelle se constitue l'image des objets corporels 77
28. Caractère imaginaire ou illusoire des objets de la perception sensible 80

CHAPITRE IV. — Imagination et entendement. Les images et les idées 81

29. La connaissance par imagination est abstraite, générale et trompeuse 84
30. La connaissance réfléchie substitue à l'image l'idée concrète, particulière et critique 89
31. L'homme d'imagination et l'homme d'entendement . 91

LIVRE III

LA VIE INTELLECTUELLE (CONNAISSANCE SCIENTIFIQUE)

CHAPITRE PREMIER. — L'attention et la réflexion . . . 93

32. L'attention volontaire et l'attention provoquée . . 93
33. Caractères de l'attention volontaire 97
34. La raison à priori est le principe de toute attention aux choses et de toute réflexion sur soi 101

CHAPITRE II. — La formation des idées abstraites et générales. Le raisonnement et le jugement . . . 103

35. Les idées générales, notions et définitions, sont le produit du raisonnement 103
36. Le raisonnement : invention et démonstration . . 105
37. Facteurs du raisonnement : l'expérience et la raison. 109
38. De l'analyse et de la synthèse dans tout procédé de raisonnement. 111

	Pages.
39. Théorie empiriste du raisonnement. Synthèse à posteriori.	115
40. Théorie intellectualiste du raisonnement. Analyse à priori.	117
41. Du jugement par lequel on affirme les relations établies au cours du raisonnement.	120
CHAPITRE III. — L'idée générale. La définition.	125
42. L'idée générale n'est pas un extrait de l'image ou de l'objet sensible ; elle est l'œuvre du raisonnement.	125
43. Nominalisme des empiristes.	127
44. Réalisme des intellectualistes	129
45. Conceptualisme.	130
CHAPITRE IV. — L'activité créatrice de l'esprit. Théorie de la croyance, ou véritable ou erronée.	133
46. Notre connaissance n'est jamais qu'une croyance plus ou moins fondée et plus ou moins justifiée	133
47. L'évidence sensible et la certitude physique	136
48. L'évidence rationnelle et la certitude logique ou mathématique.	139
49. La certitude morale et le rôle de la volonté dans la croyance	141
50. Théorie de l'erreur	143
CHAPITRE V. — Les signes. Rapports du langage et de la pensée.	148
51. La connaissance humaine est tout entière constituée de représentations significatives. Signes naturels et signes artificiels.	148
52. Origine du langage. Influence de la pensée sur le langage.	151
53. Influence du langage sur la pensée.	157
CHAPITRE VI. — Les principes rationnels. Leur développement et leur rôle	160
54. De l'existence de la raison ou théorie de l'absolu	161
55. De l'origine des principes.	164
56. Théorie empiriste de l'origine des principes.	165
57. Théorie évolutionniste de la formation des principes.	167
58. Théorie idéaliste de l'origine des principes	172
59. Développement des principes : formules successivement rencontrées par l'activité mentale au cours de l'expérience.	177
60. Rôle des principes dans les différentes sciences	194

LIVRE IV

LA VIE AFFECTIVE

	Pages.
CHAPITRE PREMIER. — Le plaisir et la douleur. . . .	197
61. L'explication du plaisir et de la douleur peut et doit être psychologique	199
62. Principaux caractères du plaisir et de la douleur dont la théorie doit rendre compte	202
63. Théorie intellectualiste.	203
64. Explication biologique ou mécaniste du plaisir et de la douleur	206
65. Théorie psychologique. L'appétit ou la tendance, principe de nos affections de plaisir et de peine .	211
CHAPITRE II. — Les émotions	213
66. Les émotions sont des inclinations déterminées par les leçons de l'expérience.	213
CHAPITRE III. — Les passions	217
67. La passion est une émotion exclusive et tyrannique.	217
68. La genèse de la passion et ses effets	218
CHAPITRE IV. — La sympathie et l'imitation.	223
69. La sympathie et les sentiments désintéressés . . .	223
70. L'imitation principe des tendances sociales et de l'altruisme	225
71. Insuffisance de l'imitation pour expliquer la sympathie durable et le dévouement	228
CHAPITRE V. — Les inclinations. Les instincts. . . .	234
72. La théorie de l'instinct consiste en une hypothèse sur le principe des démarches de la vie animale .	234
73. Principaux caractères des démarches animales. . .	235
74. Explication mécaniste de l'instinct. Cartésianisme. Évolutionnisme.	242
75. L'instinct et l'intelligence. Pychologie de l'animal .	251

LIVRE V

LA VIE ACTIVE

CHAPITRE PREMIER. — L'habitude	254
76. Définition de l'habitude. Elle a son principe dans la spontanéité relativement aveugle de notre activité.	254

	Pages.
77. Procédé général de la formation des habitudes.	258
78. Effets généraux de l'habitude.	260
79. Habitudes et éducation de l'intelligence	264
80. Habitudes du sentiment. Education du sentiment	269

Chapitre II. — La volonté et le caractère 275

81. Habitudes de la volonté. Formation du caractère . . 275
82. Définition et classification des différents caractères. 281

Chapitre III. — La liberté 291

83. La liberté n'est pas un objet d'expérience. Aucun acte observable ne la manifeste 291
84. Examen des différentes définitions de la liberté . . 294
85. Preuves de la liberté. 303
86. Objections contre le témoignage de la conscience prise pour une faculté d'observation. 307
87. Preuve de la liberté par la conscience de notre activité à la fois et indivisiblement mentale et morale. 311
88. Le déterminisme. Principales objections faites à l'existence du libre arbitre. 314

DEUXIÈME PARTIE

MÉTAPHYSIQUE

Chapitre préliminaire. — Objet et divisions de la métaphysique 339

1. Objet de la métaphysique. 339
2. Divisions de la métaphysique 343

Chapitre premier. — Valeur et limites de la connaissance. 344

3. La connaissance humaine est relative 344
4. Scepticisme. 347
5. Dogmatisme . . . .
6. Relativisme. Positivisme et kantisme . . . . . .
7. Conclusion sur la relativité de la connaissance. . . 361

Chapitre II. — Théorie de l'âme. La personnalité. L'idée du moi 366

8. Identité du moi et de l'activité mentale . . . .

	Pages.
9. Le moi n'est pas une substance distincte de ses manifestations	364
10. Le moi n'est pas une collection de sensations	367
11. Le moi est une activité raisonnable	371
12. Automatisme psychologique. Influence du physique sur le moral	372
13. Rapports du physique et du moral. La matière et la pensée	375
Chapitre III. — Théorie de la matière	389
14. L'idée de matière. La matière n'est pas une réalité	389
15. Théorie phénoméniste de la matière	391
16. Idéalisme cartésien. L'étendue	393
17. Idéalisme leibnizien. La monade	397
Chapitre IV. — Théorie de Dieu	401
18. L'idée de Dieu est impliquée dans la définition du moi	401
19. Preuve cosmologique ou preuve physico-téléologique	401
20. Preuves cartésiennes	402
21. Preuve morale de l'existence de Dieu	405

TROISIÈME PARTIE

ESTHÉTIQUE

Notions sommaires sur le beau et sur l'art.

Chapitre premier. — Sentiment esthétique. Théorie du goût	410
Chapitre II. — Théorie du beau	413
Chapitre III. — Théorie de l'art	420

2091. — Tours, imprimerie E. Arrault et Cⁱᵉ.

www.ingramcontent.com/pod-product-compliance
Lightning Source LLC
Chambersburg PA
CBHW070606230426
43670CB00010B/1426